弥生農耕集落の研究

― 南関東を中心に ―

浜田晋介 著

雄山閣

まえがき

　本研究は、南関東の弥生時代集落（以下、弥生集落）を題材に、考古学的なデータを分析し、南関東の弥生集落は水稲・畠作を基本的な生業とする、頻繁な移動を繰り返す集団によって、形成されたことを論じたものである。従来の弥生集落研究は、水稲農耕を基幹生業とする、定住的・大規模なものであるという未検証の仮説を前提に、集団関係や社会的な特徴など弥生時代の社会像を描いてきた。しかし、本研究の分析・検証によって、従来の前提は確認できず、今後は本研究の結果を前提に、弥生時代の社会像を考察すべきことを展望した。

　弥生時代の社会が水稲を選択したことは間違いない。しかし、その影響をどの程度考えるかによって、導き出される解釈や時代像は異なったものとなろう。「食」は、どの時代にあっても個人や集団を規定する最も基本的な事柄であることから、歴史や文化、時代性を解明するためには、最優先で取り組むべき研究課題と考える。大げさな言い方かもしれないが、人類の歴史は「食」をいかに確保するかの歴史であるといえるのではないだろうか。不安定な食料調達方法よりも安定的な方法を望み、複雑な調理方法・材料よりも簡便な調理方法・材料を見つけ、短期よりも長期の保存方法を開発していくことの歩みは、人類の進歩の一側面と重なっている、と考えている。したがって、その時代の「食」や「食」をめぐる問題を、研究者がどのように扱うかによって、研究者が推測する集団関係や時代像は大きく変わってくる。そして「食」や「食」に関わる問題に対しては、現在でもそうであるように、時期や地域によって違いがある。

　弥生時代になると、本州・四国・九州が水稲耕作に関わる文化—弥生文化—になったとして、斉一的に理解しようとするこれまでの研究は、画一的な時代理解を目指し、個別の検証をなおざりにしてきた研究成果を基礎にしている部分があると感じる。南関東地域からみて西方に位置する九州や近畿地域とは、文化要素の共通性—環壕集落や方形周溝墓の存在—があるとともに異なった側面も多い。例えば、弥生時代中期に他地域で隆盛する磨製石庖丁は、南関東地域の発掘調査で出土した事例はほとんどない。また、弥生時代の祭りの遺物である銅鐸も、後期後半～終末に伴う小銅鐸を除けば出土例はない。南関東地域の集落は低地にも高地にも環壕集落が確認されているが、高地の集落の同じ場所には縄文時代・古墳時代・奈良時代・平安時代の集落も確認され、弥生時代だけが特別に高地に集落を構えるわけではない。環壕集落が谷を挟んで存在する事例のように、近接して複数の環壕集落が構築される。環壕集落から石鏃・銅鏃などの武器が多く出土することもない。中期後半に鉄斧の出土は多いが、後期になると極端に少なくなり石斧も存在する。このように、必ずしも「西方」の水稲耕作文化との共通性では測れない事象が存在するのである。ここに南関東地域の弥生社会をさぐる鍵が潜んでおり、南関東地域をフィールドとする筆者が、これまでの弥生集落の解釈や説明、弥生時代像に対してもっている違和感は、まさにここにある。

弥生時代の農業は水稲作と畠作が行われていたと考える立場でも、水稲作が社会に与える影響の大きさは論じても、畠作の位置づけを正面から取り組んで論じた研究は多くない。水稲が主でありほかの雑穀類は従の関係であった、あるいはコメが主食で雑穀は補助的なものにすぎない、という前提から出発する研究の多くは、畠作に比べ水稲作の連作できる点や収穫性の高さを証拠に、水稲作の側面から分析した弥生集落像を描いてきたといえる。しかし、少したちどまって考えてみれば、過去の日本の歴史のなかで、天候不順や病虫害による民衆への壊滅的な影響が再三にわたって語られ、現在でもこのことを完全に克服できないのが水稲作なのである。こうした歴史的な背景をもつ水稲作経営の問題を、弥生時代には克服できており水稲とそれに関連する事柄によって集団が成長していったとする理解には、筆者は疑問をもっていた。むしろ、水稲耕作以外の方法も併せ、リスクを分散しながら食料を確保し、そのことを通じて集団が関係をもったと推測するほうが現実的だと考えた。その一つの食料が畠作物であり、もう一つが縄文時代以来の植物食料である。こうした筆者なりの問題を体系的に示したのが、本書である。

＊

本研究は以下の6章から成っている。

第1章は研究の目的とその範囲を示す。弥生時代の社会像や弥生集落を分析するために、その主役である弥生時代の人々を支える食料生産の解明を基本に据えて、本研究を行うことを示す第1節と、その活動の舞台となった南関東の地理的・地形的特徴と遺跡との関係を説明する、第2節から成っている。

第2章は考古学研究での集落研究の学史をひも解き、現代的な問題点を論じた章である。研究の歴史は明治期から始まるが、研究者がおかれているその時々の社会状況によって考古学の集落研究も変化してきた。太平洋戦争以前と以後の研究は、歴史研究を規定していた皇国史観からの開放（パラダイムシフト）を伴う劇的な変化を遂げた。戦前の研究史はすでに発表しているので（浜田2006）、第1節ではそれを要約する形で明治期から戦前までの研究史を概観した。第2節では戦後の研究史を取り上げる。戦後の研究は、パラダイムシフトが起こったこともあり、研究視点や方法が多岐にわたり行われてきた。そのため本節では、戦後集落研究史へのアプローチ、弥生社会の時代像の形成、集落群モデルの構築、大規模集落と集住、水稲農耕開始時期の遡及と初期水田の姿、出土穀物の多様性の認識と畠作農業の確認、南関東での低地遺跡と水田の確認、高地性集落論と関東の集落の8項目に分け学史をふりかえった。第3節ではこれらの集落研究史から、谷水田の検証と分析、水稲耕作以外の農業生産物・植物質食料についての集成と分析、食料加工に関わる石器の検討と分析、集落が展開する地形の整理と分析、集落と生産耕地の確認と分析、集落の集住・定住の検証と分析の6点の問題点の抽出を行い、それ以後の検討項目とした。

第3章は上記6点の問題提起に対して、その項目選択の意味と分析手法を提示・検討し、本書で行う研究のための理論的な考えを論じた。第1節では分析の基本的な考え方を示し、水稲耕作が弥生社会を規定する、というこれまでの思考方法から脱却する必要を論じた。第2節では検

討項目1の谷水田の個別・具体的な検討。検討項目2の産出状況別の弥生時代炭化種実の検討。検討項目3の食料加工に関わる石器の検討と分析。検討項目4の南関東の弥生集落の立地の整理・検討。検討項目5の集落と生産耕地—水田と畠—の関係についてその整理と検討。検討項目6の集住や大規模な集落が継続的に（連続して）長期間存在していたという仮説の検証に対する、理論的前提を示した。

　第4章では、前章で設定した検討項目1から6を個別に検討する。第1節は谷水田の検証（検討項目1）である。稲の植物的な特性を検討し、稲の生育には水温状態の維持が重要な要素であることを確認した。これを現在までに検出している谷水田を用いて検討し、弥生時代の谷水田は行われていたとしても、生産性の低い不安定な耕地であることを提示した。第2節は弥生時代炭化種実の検討（検討項目2）である。これまで弥生時代出土の炭化種実は、出土種実の偏りやコンタミネーションの危険性が多いなどの問題が指摘された。そこで集成する過程で産出状況を細かに調べ、土器内出土、床面・炉内大量出土の炭化種実とそれ以外の炭化種実に分け、弥生時代に食されてきた確実な食料を抽出した。第3節は弥生時代の石皿と磨石の検討（検討項目3）である。前節の炭化種実の検討を行うなかで、粉食される食利用の存在が想起されたため、植物質食料の加工に用いられた弥生時代の石皿・磨石を、赤色顔料製粉および石器加工のための石皿・磨石と区別し、数種類の石皿と磨石の組み合わせに植物質食料加工のための石器を推測した。第4節は弥生集落の立地類型の検討（検討項目4）である。これまでの弥生集落を台地・丘陵上と低地に存在する集落に分けて類型化を行い、南関東の基本的な集落立地を確認した。第5節は弥生集落と生産耕地の立地論的検討（検討項目5）である。これまで報告されている事例から、集落と生産耕地の位置関係、集落と生産耕地の同一時期が推定できる遺跡群をもとに、その関係を整理した。第6節は弥生時代の重複住居からみる集落の移動（検討項目6）である。弥生集落の中には複数の住居が不連続（不規則）に重複する住居が存在しており、これを検討材料として集落の移動を検討した。

　第5章は前章で行った個別要素の検討から導き出された成果を前提に、南関東弥生時代集落の構造を分析した。第1節はその導入部分であり、個別要素の検討結果と従来の集落論である、「高地性集落論」、「拠点的集落論」、「集住・定住・大規模集落」論の3つの学説を対比させて、新しい集落論を示す本章の目的を記した。第2節は「高地性集落論」との関係について具体的に論述した。従来高所にある非水稲農業的な集落に対して、軍事的側面からの性格づけがなされてきた。検討項目1ならびに検討項目4・5で検討・分析したように、南関東の集落の多くが、不安定な谷水田と水稲作に適さない高位面に存在していることは、従来の「高地性集落」と同じような性格を南関東の集落がもっている可能性があった。そのため「高地性集落論」を参考に南関東の高位面集落と低位面集落を分析し、その結果、低位面集落が農業集落であると従来定義づけてきたことと同じ手法による限り、高位面集落も低位面集落と変わらない農耕集落であった、と結論できた。第3節は「拠点的集落論」との関係である。弥生集落には大規模な集落（拠点的集落）と小規模な集落（周辺的集落）があり、両者は谷水田の開発・経営で結びあう姿が、弥生集落の一般的な姿で

あると定義づけられてきたが、谷水田が不安定な耕地であるとする検討項目1の結論から、当初設定された「拠点的集落論」の前提は崩れ、成立しなくなる。これを千葉県内の遺跡事例に照らして、想定可能な集落間の関係を検討した結果、「拠点的集落」には新たな概念を適用すべきであると考えた。検討項目2-6で実証した、稲作以外の農業経営の在り方や、弥生集落は頻繁に移動することからみて、新たな農耕地を目指して移動を行う非定着的な集団が、回帰性の高い場所に移動を繰り返すことによって累積された集落が、従来言われてきた「拠点的集落」であり、一、二度だけの居住地が「周辺的集落」であるという解釈ができた。第4節は「集住・移動・大規模集落」論との関係である。近年の調査事例から弥生集落の中には、同一時期で100軒を超える住居址が確認された事例や、5,000㎡を超える規模の環壕を有する集落が確認されてきた。従来こうした大規模な集落からは、出土土器の同時代性を根拠にした住居群の同時性、周辺集落との同時性を推測して、集住するという特徴を導き出してきた。こうした集住する集落や大規模集落と規定された集落は、住居が重複するものが多く、検討項目6や前節で検証してきたように、連続する土器型式を出土していても、同じ場所に連続して集落が営まれたのではなく、移動を繰り返した結果の集落景観なのである。移動する集落を前提にした時に周辺の遺跡との関係から、一定の領域をもちながら移動していたことをこの節で示した。第5節では短期間の内に頻繁に移動を繰り返す集落が、南関東以外でも確認できるかを検討した。大阪府古曽部・芝谷遺跡、岡山県用木山遺跡の弥生集落を題材に分析した。古曽部・芝谷遺跡では不規則な重複住居が古墳時代後期まで埋りきらないで存在している事例から、住居に住まわなくなった後すぐに、人為的に埋戻さないことが理解できた。これは南関東の事例が火災住居から推定した方法と異なるものの、住居に住まわなくなった後すぐに上屋を取壊しあるいは解体した後に埋戻していないのであり、南関東と共通する現象であった。また、用木山遺跡では不規則な重複住居が存在し、火災住居の検討から南関東と同じ現象が確認できた。両遺跡の分析から南関東以外の弥生集落でも、頻繁な移動が推測でき、これまでの集落の分布と矛盾しないで解釈をすることができた。

　第6章ではこれまでの論説の総括と展望を行った。第1節は総括で、南関東の集落は畠作を含めた農業経営を基盤とする低位面と高位面の集落があり、それぞれ短期間に頻繁な移動を繰り返しながら、相互扶助を行う相手として存在し、生活していたと結論づけた。第2節は本論で触れることができなかった集落と墓との関係についてと、階級社会へと向かう集団がどのような道筋を経るのか、についての展望をまとめた。

＊

　なお、本書で使用した用語について、二、三記しておく。「畠」と「畑」については引用文献を除いて「畠」で統一した。「畠」「畑」ともに国字であり、両字とも水田ではない耕作地を示すと認識している。「畠」は白田、「畑」は火田をもとにしたものであるが、火田＝焼畑という意味をとるならば、弥生時代に確実な焼畑を示す調査事例がないので、本書では「畠」を水田以外の耕作地を示す用語として使用することとした。また、「環壕集落」は「環濠集落」とはしていない。基本

的に台地・丘陵上から確認されている事例の多い南関東地域の環壕集落は空堀であり、近年発見が相次いでいる低位面の環壕集落でも、水をたたえたものかの確証がないことが、「濠」よりも「壕」を使用した理由である。以上を最初に明示しておくこととする。

著　者

弥生農耕集落の研究―南関東を中心に― 目次

まえがき ･･･ 1

第1章 研究の目的とその範囲
第1節 研究の目的と弥生時代の農業問題 ･･･････････････ 7
第2節 南関東の地形的特色と遺跡の分布 ･････････････ 10

第2章 日本における集落研究の学史的検討
第1節 戦前から「原始聚落の構成」発表までの集落研究概略 ･･･ 19
第2節 戦後の集落研究史 ･･････････････････････ 23
第3節 弥生集落研究の問題点 ････････････････････ 39

第3章 農耕集落分析のための方法論的検討
第1節 分析の基本的な考え方 ････････････････････ 43
第2節 分析の手順と項目の抽出 ･･･････････････････ 45

第4章 個別要素の検討
第1節 検討項目1：谷水田の検証 ･････････････････ 51
第2節 検討項目2：弥生時代炭化種実の検討 ･･････････ 76
第3節 検討項目3：弥生時代の石皿と磨石 ･･････････ 101
第4節 検討項目4：弥生集落の立地類型 ･･･････････ 130
第5節 検討項目5：弥生集落と生産耕地の立地論的検討 ････ 145
第6節 検討項目6：弥生時代の重複住居からみる集落の移動 ･･･ 161

第5章 弥生時代集落の構造
第1節 はじめに ････････････････････････････ 183
第2節 「高地性集落論」との関係 ･････････････････ 184
第3節 「拠点的集落論」との関係 ･････････････････ 194
第4節 「集住」論・「移動」論・「大規模集落」論との関係 ････ 201
第5節 南関東以外の集落の分析 ･････････････････ 217

第6章 総括と展望
第1節 総　括 ･････････････････････････････ 227
第2節 展　望 ･････････････････････････････ 230

あとがき ･････････････････････････････････････ 233
引用文献 ･････････････････････････････････････ 237
索　引 ･･････････････････････････････････････ 261

第1章　研究の目的とその範囲

第1節　研究の目的と弥生時代の農業問題

　日本における原始・古代の集落研究には、明治期以来の深い関心と膨大な学問的蓄積が存在する。現在にいたるまでの研究の歴史のなかで、いくつかの画期が存在したが、弥生時代に水稲耕作が行われていたことを解明したことは、そのなかでも大きな事柄の一つである。このことは、弥生時代の人々がどのような集落を作り出したとしても、集落構成員を支える食料供給あるいは生産体制が確立していなければ、集落の成立や維持は行えないことは明白であるから、集落の理解に食料生産体制―生業の分析は欠くことのできない研究テーマとなり得ることを意味している。

　第2章の研究史で明らかにするように、戦後の集落研究は、唯物史観あるいは史的唯物論を基本とした方法によって進展し、縄文時代から古墳時代までの時代像を構築し、各集落の姿をその時代像にあてはめて理解してきた。特に、狩猟採集漁撈をもととした縄文時代の社会から、農業社会へ変化した弥生時代以後の研究の視座は、水田・水稲耕作による生産行為を社会基盤にとって最も大きな、最も影響力のある生業とした。これは米（コメ）・水田が社会を動かす原動力であることを前提とし、弥生時代の資料を水稲耕作に伴う道具や水稲耕作に付随する諸行動に、無批判にあてはめる傾向を醸成することとなったと考える。すなわち、農業のもう一つの側面である畠作や、縄文時代以来の狩猟採集漁撈活動を充分に検討しないまま、また各地の自然や地理的環境などの特性に配慮しないまま、斉一的な社会像で理解してきたといえるであろう。

　しかし、弥生時代に水稲耕作が行われていた事実と、弥生時代の農業経営では水稲耕作が主体であり、そのほかの生業は補足的なものであったと措定することとは同じレベルの問題ではない。例えば台地・丘陵上に存在する集落をこれまで多く調査し、分析してきた本書で対象とする南関東地域の場合、これらの集落に近接する谷水田や台地直下の河川氾濫原が水田であると想定してきた。しかし、いずれの生産耕地もその生産性に伴う問題点や、集落との関係は未検証のまま、それを自明のこととして社会構造を論じ具体的な検討を行わないまま、斉一的な弥生時代像が各地で適用されてきたと感じるのである。近世以降の各地に残る農書や記録から推察される農民の姿や農業技術、戦前までの農業経営からも理解できるように、農耕社会の枠組みで生活してきた日本列島の生活者は、それぞれの地形の在り方、土壌の特性、日照や温度の条件、水利の状態などによって、生産する作物の種類や生産の方法について、実にさまざまな対処を行ってきたのである。弥生時代についても、地域に即した検討と考古資料の分析を行うことにより、これまでの弥生時代像とは異なった姿を提起することが可能となると考える。すなわち水稲耕作と、それに付随する灌漑用水利用に関わる集団関係の形成といった、従来措定されてきた事柄以外にも、社会を規定する食料生産体制の存在が想定できるのではないか、ということである。農作物の増産を目指しながら、試行錯

誤してきた農業経営の歴史に私たちは真摯に学ぶ必要がある。現在私たちが見ている水田の姿は、戦後の大規模な土壌改良や農薬、品種改良などによって広がった水田耕地、飛躍的に生産高が延びた稲の品種であることを忘れてはならない。

　仮に弥生時代が水稲耕作主体の社会だと規定したとしても、単一作物の栽培は自然環境の変化や害虫の影響による壊滅的な打撃を受けた時、耕作集団—集落構成員に甚大な生命の被害を与えるという大きな問題を抱えている。その実例は過去の歴史が物語っており、このリスクを最小限に止めるようにさまざまな方策が現在でも行われており、同じように弥生時代にも水稲以外の作物の栽培や食利用植物の調達をしていたのではないか。弥生時代に米や水田以外の食とその技術体系を考える必然性はここにある、と考える。また、現代人と弥生人に根本的な相違がないならば、弥生人が米以外のものは食利用してこなかったとすることは、栄養学的にも不可能な話である。したがって水稲耕作が主体の社会であったとしても、米以外の動植物食料の存在が想定でき、その栽培技術や獲得方法なども存在していたわけであり、そのような技術体系や道具利用の総体として、弥生時代農業は存在していた、と考えるべきである。米以外の食料が米や水田と同じように研究されなければ、弥生時代の真の農業像を描くことはできないであろうし、多様な弥生時代の社会を理解するためにも、多くの側面からのアプローチは必要なのである。

　米がもつ多収穫性という植物的な特質や、水田とその諸施設（灌漑用水・堰など）の管理を通じた集団の協働や利害関係などから階級が生まれていく、という展開過程の視座からは、米と水田は弥生時代を考えるうえで大きな要素であることは間違いない。しかし、こうした展開を行うには、上述した米や水田にまつわる未検証の問題の確認作業は行わなければならないであろうし、米以外の食利用された植物に対する具体的な検証も行う必要があろう。そのためには、これまで前提となっていた水稲耕作をもとにした思考過程から一度離れ、遺物・遺跡・遺跡群の用途や在り方を再吟味することが重要だと考える。こうした方法によって、従来の弥生時代像を根本から変える可能性がある。自己反省的にいえば、例えば弥生時代の諸施設を含めた水田の造営と管理を前提にした場合、諸施設の維持・点検・利用などから考えて、集落は定着的・集住的・協業的な姿となると想定してきた。しかし、水田を造営しなかった集落が存在していたとすれば、定着的・集住的・協業的な姿ではなく、移動を繰り返す集落という想定も可能になる。実はこうした想定は、水田を造営していたとしても成立する想定ではあるが、稲作を中心とした従来の発想では生まれてこなかったのではないだろうか。そこには、一度造られたらよほどの事情がない限り水田を放棄しない、という思いが研究者の中に存在していたのかもしれない。また、同時期の定着的・集住的な集落が近接する場合、その集落群の関係をめぐって、これまで分村・争乱・ネットワークなどをキーワードに議論してきた。しかし集落が移動を常態とすると想定すれば、集落群の関係もかなり違った解釈を生むこととなろう。土器型式で同一時期である近接する集落は、同時に存在していたとする前提にも、再考を促すことになるし、集落と墓にも、同時存在の対応関係について異見が提出される可能性を含んでいる。

以上のような立場に立ち、本研究はこれまでの水稲耕作を第一義の生業活動ととらえ、社会構造を考えてきた方法に対して、水稲耕作によってのみ弥生社会が進展してきたのかという疑問をもち、従来とは異なった視点・方法で弥生時代集落（以下、弥生集落と略記）を分析し、新たな弥生時代の社会像を再構築することを目的とするものである。

　この目的を達成するために分析する対象地域を埼玉県・千葉県・東京都・神奈川県の南関東地域にとり、その周辺の北関東、東海、中部地域の事例も援用しながら、地域や場所によって単一な姿ではない、初期農耕集落—弥生集落と、その社会の姿を描き出すこととする。また、第2章の研究史でも触れるように、縄文時代にも稲や豆などの作物の存在が確実視されてきた。これは、磨製石器や土器の出現などと併せて、世界史的に見ても縄文時代が初期農耕社会である、と考える素地もある。しかし、食物栽培が敷衍化し人間が行動する際の規範や規律が、農業によって規定されるようになる、すなわち本格的な農耕社会となるのは、従来考えられていたように、弥生時代と位置づけられるであろう。したがって、弥生時代を日本において本格的な農耕社会の定着時期であったととらえ、研究対象の空間的・時期的な範囲を、南関東地域・弥生時代に設定し、本論を進めていくこととする。

第2節　南関東の地形的特色と遺跡の分布

1　南関東の概観

　本書の研究フィールドとする南関東は、現在の行政区画でいえば、神奈川県、東京都、埼玉県、千葉県にあたり、日本で最大の面積をもつ関東平野の南部と、その周辺の平野や山地などから構成されている。しかし、関東平野という言葉から受ける平坦なイメージとは異なり、平野内は沖積低地や砂州・砂丘とともに、台地・丘陵とその間を細かく刻む大小の河川や谷地形を多くもっており、人間生活において決して平板な自然環境ではない。自然環境と人間行動の関わりあいを理解するための一つに、遺跡の立地環境がある。特に農業が本格化した弥生時代以降にあっては、居住域と生産耕地の選定は、食料の確保を行ううえで最も重要な要素であったことは間違いないであろう。それはどちらも弥生人の活動にとって必要なものであり、逆説的にいえば遺跡の立地には、

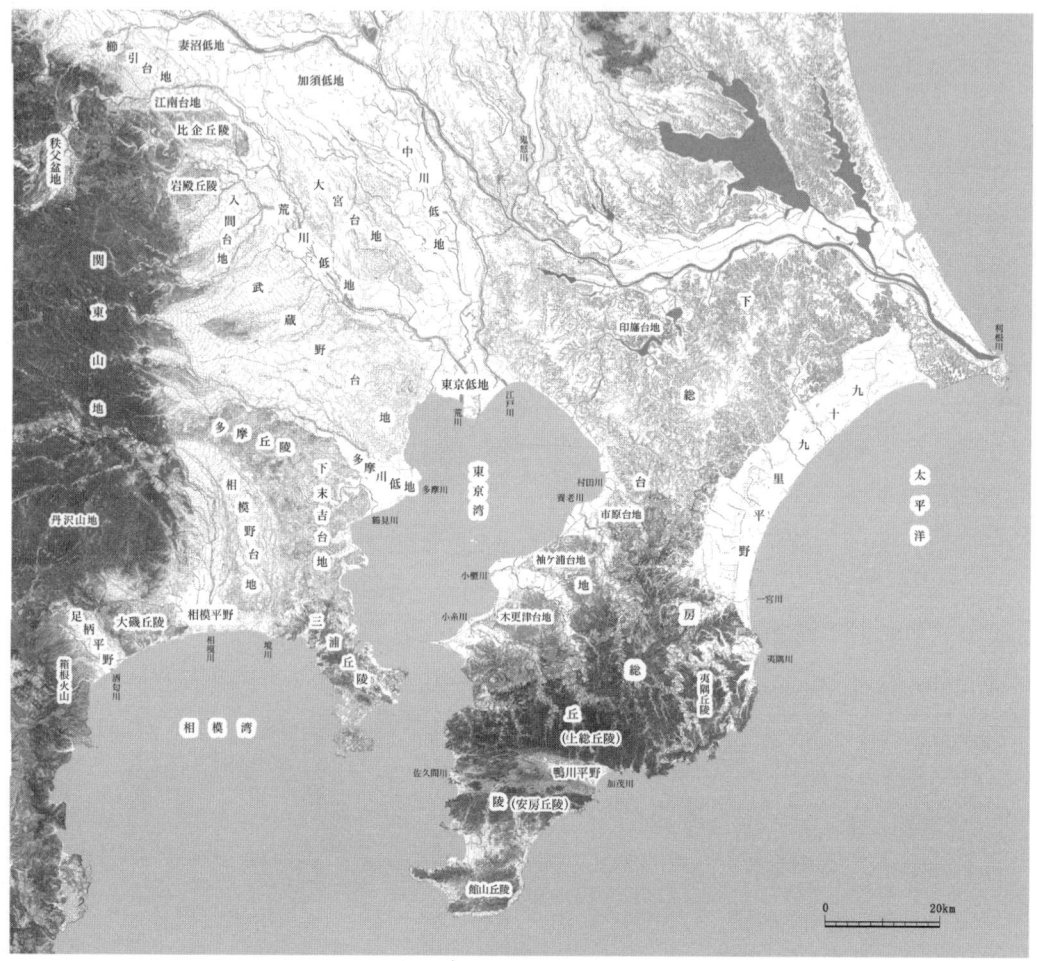

図1　南関東の地形

弥生人がその場所を選定した意味が込められていると考える。したがって、これから本論を展開するにあたって、遺跡が立地する環境や地理的な特徴を概観し、弥生時代に生活の舞台となった遺跡の立地環境と遺跡の在り方を整理し、これからの記述の理解の助けとしたい。

本論で対象とする南関東の地形をおおまかに述べれば、関東平野の西を画する関東山地・大磯丘陵、南を画する三浦丘陵・房総丘陵、東を画する太平洋、そして利根川に囲まれた範囲に、大宮台地・武蔵野台地・多摩丘陵・相模野台地・下総台地などの洪積地があり、この地を利根川・中川・荒川・多摩川・相模川・養老川・小櫃川・小糸川などの大小河川が開析し、谷地形や下流域の低地帯を形成している。また、関東平野の南西を画する大磯丘陵の西側には、酒匂川などによって沖積化された足柄平野があり、これに箱根火山からのびる丘陵を含む範囲が、本論で扱う南関東の区域である（図1）。以下、南関東の地形の特徴とともに、代表的な遺跡の所在を確認しておこう。本書で分析に利用した遺跡は、ゴシックで示した。なお地形の理解については貝塚爽平氏らの研究（貝塚・小池・遠藤・山崎・鈴木編2000）を参考にした。

2　秩父盆地・妻沼低地・加須低地・櫛引台地・江南台地・比企丘陵・岩殿丘陵・入間台地

甲武信岳を水源とする荒川は、秩父山地を開析しながら秩父盆地に入り、盆地内に大きく3つの段丘を発達させる。その低位の段丘上に秩父市下ッ原遺跡（小林・吉川1982・1989）、に代表される中期後半（石川2007）の時期の集落が確認されている。

荒川が秩父盆地から関東平野に流れ出たところで、北側に櫛引台地、南側に江南台地が発達し、この先に荒川扇状地・荒川新扇状地を形成する。その下流に自然堤防が発達した低地が形成されるが、これが妻沼低地である。櫛引台地・江南台地と利根川と大宮台地に挟まれた地域にあたり、この南は荒川低地に続く。妻沼低地には中期前半の再葬墓が確認された熊谷市（旧妻沼町）飯塚南遺跡（宮本2007）、中期中葉から中期後半の熊谷市**池上遺跡・小敷田遺跡**（宮1983、中島1984、吉田1991・2001、石川2001b）、中期後半の熊谷市**北島遺跡**（吉田2003・2004）などの集落が確認されている。荒川扇状地では中期末の熊谷市前中西遺跡（吉野2002・2003）が存在している（菊池2007）。妻沼低地の東から利根川の下流域南方に広がるのが加須低地であるが、弥生時代の遺跡はほとんど確認されていない。加須低地・妻沼低地は関東造盆地運動によって、古墳時代以降に地盤沈下があり、遺跡がローム面ごと埋没している地域である。行田市斉条第5号墳（6世紀中葉）は現表下1～1.5m、羽生市小松古墳（7世紀）は玄室床面が現表下3mに位置しており、これらが基盤の沈降運動（関東造盆地運動）に伴って埋没してしまった結果と推定している（堀口1981）。すなわち、弥生時代の遺跡も埋没している可能性が理論上考えられ、未発見の集落の確認が今後期待できる地域である。

櫛引台地・江南台地・比企丘陵・岩殿丘陵・入間台地は、関東山地から張出しこれを取巻くように展開する台地・丘陵である。入間台地の南は入間川を挟んで武蔵野台地に接続している。それぞれの台地・丘陵の代表的な遺跡とその特徴は、櫛引台地・江南台地では中期後半の環壕集落である

美里町神明ヶ谷戸遺跡を中心として、寄居町用土・平遺跡などがあり、入間台地では中期後半の環壕集落である坂戸市木曽免遺跡を中心に同市附島遺跡、川越市登戸遺跡などが近接した距離に存在している。比企丘陵・岩殿丘陵でも中期後半の環壕集落こそないが、集落がまとまった範囲に展開している。これらは、後期に入っても同様な傾向にあり、比企丘陵の東松山市岩鼻遺跡、同市吉ヶ谷遺跡や岩殿丘陵の東松山市根平遺跡、同市駒堀遺跡、入間台地の川越市霞が関遺跡などを代表に、多くの遺跡がある（柿沼2007）。

3　大宮台地・荒川低地・中川低地

　加須低地から南方に大宮台地が存在し、この大宮台地と西方の武蔵野台地に囲まれた地域が荒川低地、大宮台地と下総台地に挟まれた地域が、中川低地である。大宮台地は標高15～30m、荒川低地・中川低地との比高差5～10mの比較的低い台地である。この地域は現在の埼玉県中央部にあたる。現在千葉県銚子沖で太平洋に注いでいる利根川は、近世初期に付替えられる以前には東京湾に注いでおり（大熊1981）、縄文海退時には、利根川・荒川とも大宮台地西側の荒川低地を南下したと考えられている。

　大宮台地は南東半に遺跡が集中し、中期後半以降後期後半まで多くの集落が展開する。さいたま市大和田本村北遺跡（笹森1995・1998）、さいたま市御蔵山中遺跡（山口・渡辺1989）の中期後半の環壕集落を代表に、非環壕集落もある。これに続く後期前半の段階の環壕集落は確認されず、中葉の段階の環壕集落も、さいたま市大谷場小池下遺跡（駒見2005）で確認されているにすぎない。これに対して後期後半になると、さいたま市中里前原北遺跡（西口・金子1996）・同市中里前原遺跡（秦野1980、伊藤・福田1981、岩田1999）・同市上太寺遺跡（奥村1988）の3つの環壕集落が隣接し、ほかに中里前原遺跡群や北袋新堀遺跡（笹森2001）など多くの環壕集落と非環壕集落が存在している。環壕集落は、さいたま市本杢遺跡（柳田1989）を代表に古墳時代前期まで存続することとなる（小出2007）。また、後期の炭化アワ（あるいはヒエ）を出土したさいたま市A-214号遺跡（笹森1992）も大宮台地に存在している。

　荒川低地では和田吉野川や入間川によって形成された自然堤防上に、弥生時代後期後半以降の遺跡の分布が顕著である。戸田市上戸田本村遺跡（小島1996）やふじみ野市伊佐島遺跡（笹森1997）などの環壕集落は、その代表的な遺跡である。さいたま市土屋下遺跡からは、古墳時代前期の環壕集落も確認されており（笹森1994b）、この時期まで低地に環壕集落が存在することがわかる。

　中川低地からは弥生時代の遺跡の報告は少なく、中期中葉の再葬墓を検出した、春日部市須釜遺跡がある（柿沼2007）。

4　東京低地・武蔵野台地

　東京低地は大宮台地・武蔵野台地と下総台地に挟まれた、現在の東京都墨田、江東、足立、葛飾、江戸川区と台東、荒川、中央、北区の一部の低地部にあたる地域である。この地域は、縄文海

退期以降に北西部から徐々に沖積地化していき、足立区毛無川流域の伊興遺跡から縄文時代後期の土器、葛飾区水元飯塚遺跡、同区柴又河川敷遺跡、同区御殿山遺跡（葛西城）・江戸川区上小岩遺跡（熊野・小田1987）、同区勢増山遺跡から弥生時代後期の土器が出土している（谷口1994）。これらはいずれも微高地上にある。また北区御殿前遺跡から弥生時代後期後半の集落、伊興遺跡、江戸川区上小岩遺跡からは古墳時代前期の集落が存在していることから、この頃には生活領域として意識されていた、と考えられる。

　武蔵野台地は多摩川、東京湾、荒川、入間川に囲まれた台地で、多摩川の扇状地に起源をもつ台地である。現在の東京都区部の西側の大部分と調布市、立川市以北などの多摩地区、埼玉県所沢市、川越市などを包括する広域な地域でもある。このうち下末吉面に相当する淀橋台と荏原台は、傾斜勾配が緩く、台地の内部に侵食が進む、規模の小さな谷が密度濃く存在する傾向がある。これはほかの武蔵野・立川面上台地の谷が段丘の傾斜方向に流下する河川が形成する、全体に長く連続性を保ちながら延びている谷と比べて著しい特徴がある。こうした谷は多摩川を挟んで南側の下末吉台地にも顕著な傾向である。都区部にあたる武蔵野台地は、近世以降の開発が激しく遺跡の分布には偏りがあるものの、中期中葉・中期後半の遺跡は少なく、後期の遺跡が多く確認される傾向がある（松本1999）。中期後半の環濠集落は、板橋区**四葉地区遺跡**（山村・佐藤1988）、北区亀山遺跡（小林・中島1992）、北区**飛鳥山遺跡**（鈴木・富田1996）、荒川区道灌山遺跡（水野1989、水谷・笠原1980）などがあるが、後期になると新宿区**下戸塚遺跡**（谷川1993、松本・車崎1996、徳澤2003）、世田谷区下山遺跡（寺畑・久末1982）、大田区久ケ原遺跡（野本1993）など20遺跡を超える環濠集落が確認されるなど、集落が増加する。北区**十条久保遺跡**（穐田・牛山1999、牛山・新井2001）、同区**南橋遺跡**（陣内・中島1987、中島1996、新井・坂上2003、富田2004、板倉・高橋2006）、同区**赤羽台遺跡**（大谷1992）、同区**田端不動坂遺跡**（新井2003）なども武蔵野台地上にある。

　荒川低地に面する武蔵野台地からは、中期後半では和光市午王山遺跡、同市花ノ木遺跡、富士見市北通遺跡、南通遺跡など、数は少ないものの、午王山遺跡、花ノ木遺跡では後期前半、北通遺跡では後期中葉、同市南通遺跡では後期後葉に、それぞれ環濠集落が形成されるようになり、ほかにも後期前半の朝霞市中道・岡台遺跡、後期後半の和光市吹上遺跡、朝霞市稲荷山東遺跡などの環濠集落が、近接して形成されている（小出2007）。炭化したイネ・アワ・マメ類が多量に出土した志木市**田子山遺跡**（尾形1998）もこの場所にある。

5　多摩川低地・多摩丘陵・下末吉台地

　多摩川に沿って広がる多摩川低地は、北東方向を武蔵野台地、南西方向を多摩丘陵・下末吉台地、南東方向を東京湾によって画されている地域である。現在の東京都大田区と神奈川県川崎市川崎、幸、中原、高津各区の低地部にあたる地域である。縄文海退時から沖積地化が進行しているが、生活や墓域として確実な遺跡は5世紀末頃の二子塚古墳である。ただし、古墳時代前期に遡る土器が出土した、川崎市中原区宮内遺跡、同市川崎区駅前本町遺跡などもあり、この段階までは遡

りえるであろう（浜田1998）。また、多摩川低地から多摩川沿いに8km離れた現河川敷の埋没ローム面から、縄文時代早期と後期に水場として利用された川崎市多摩区№61遺跡（戸田1998）が確認されており、低地面の恒常的な利用が縄文時代に遡る可能性も含んでいる。

　多摩丘陵と下末吉台地は北を多摩川低地、西を関東山地、南西は相模野台地、南を三浦丘陵、東は東京湾によって画される範囲に広がる。多摩丘陵の東側、川崎市高津区・横浜市港北・鶴見・神奈川区を境に海岸方向では一段低くなり、これを下末吉台地として区別している。多摩丘陵・下末吉台地の遺跡としては、広い範囲を悉皆的に調査した、横浜市北部の港北ニュータウン地域内の遺跡群が展開する。横浜市都筑区**大塚遺跡**（武井・小宮1991）、同区**歳勝土遺跡**（小宮1975）、同区**折本西原遺跡**（石井・倉沢1980、松本1988）などとともに、川崎市高津区**千年伊勢山台遺跡**（河合2005）、同区馬絹神社北遺跡（大坪・相川・杉本2005、浜田2003）、川崎市幸区加瀬台遺跡（浜田1997）、横浜市青葉区朝光寺原遺跡（岡本1968・1969）や横浜市磯子区三殿台遺跡（和島1965）など多くの中期後半の集落が調査されている。それらの集落は多摩川低地や大岡川の河川敷を臨む場所に展開する場合もあるが、横浜市の諸集落の場合鶴見川に沿って、狭い谷底低地を臨む位置に存在することがほとんどである。こうした傾向は、鶴見川の上流である東京都町田市と横浜市にまたがる環壕集落である町田市**東雲寺上遺跡**（相川・若井2000、阿部・相川・小林2005）・横浜市西ヶ谷遺跡（大川・青木1986）でも認められる。また、多摩丘陵と相模野台地を分ける境川に沿った、多摩丘陵の中位には、**多摩ニュータウン遺跡群**（松崎2004、原川2002など）や町田市**金井原遺跡**（大坪1987）、同市**椙山神社北遺跡**（浅川・先崎1982）など小規模な集落が狭い範囲にまとまって存在しており、必ずしも大きな低地を臨む丘陵・台地上に集落が展開しているわけではない。中期末葉～後期前半では遺跡数は減少するが、横浜市南区横浜市道高速2号線遺跡群（岡田1982・1983・1984）、東京都町田市**本町田遺跡**（久保1969）、横浜市青葉区**受地だいやま遺跡**（橋本1986）、川崎市多摩区長尾台北遺跡（伊東・碓井1997）、川崎市高津区久本富士見台遺跡（浜田2003）などで集落が確認されている。後期中葉～後半になると川崎市宮前区**影向寺遺跡**（ようごうじ）（野中1988）、同区**三荷座前遺跡**（みかざまえ）（小林1997）、同市高津区千年伊勢山台遺跡など、近接して環壕集落が構築されていたり、同市宮前区元石川遺跡のように、それまで集落が確認されていなかった地域で、環壕集落が形成されるようになる。また、同区下原宿遺跡（呉地1993）では、後期後半の土器を出土する環壕が確認されており、中期後半から後期後半の各段階で、環壕集落が数kmの狭い範囲で形成される事例もある。また、環壕集落ではないが、**小黒谷遺跡**（谷1973）を含む横浜市青葉区**赤田遺跡群**（渡辺1998）のように、周辺に河川氾濫原が存在しない地域に展開する遺跡も存在しており、この点は中期後半と同じ傾向である。

6　相模平野・相模野台地

　相模平野は、相模川に沿って南に広がり、相模野台地と関東山地（丹沢山地）・大磯丘陵によって画される低地である。現在の厚木市より南に展開する低地で、伊勢原市・秦野市・海老名市・

平塚市・寒川町・茅ヶ崎市・藤沢市およびその一部が該当する。相模平野は縄文海退後、南部に砂州・砂丘地帯、北部に相模川による河成地帯が形成された。このうち相模川の両岸にそって、近年多くの弥生時代遺跡が発掘されその概要が示された（弥生時代研究プロジェクトチーム2007）。それによると中期中葉では、土器が出土した海老名市中野桜野遺跡がある。中期後半の環壕集落である海老名市河原口坊中遺跡のほかに環壕は見つかっていないものの、中野桜野遺跡や土坑を検出した平塚市田村館跡などがあり、後期に入ると環壕集落の寒川町宮山中里遺跡、環壕は確認されていないが、海老名市社家宇治山遺跡など、さらに遺跡数は増してくる。砂州・砂丘地帯は、相模川西岸では10数列、相模川東岸では5から6の砂丘列が確認されている（見上1978）。この砂丘列や河成地帯に発達した微高地上に、多くの遺跡が確認されている。弥生時代中期後半では、環壕集落の茅ヶ崎市居村A遺跡や平塚市南原B遺跡、環壕は確認できないが平塚市大原遺跡、方形周溝墓が確認された平塚市坪ノ内遺跡があり、後期以降も南原B遺跡、大原遺跡、藤沢市若尾山遺跡、同市大源太遺跡などのほか、環壕集落の平塚市厚木道遺跡が確認されている。

　相模平野の西にある丹沢山地の裾部分には、大磯丘陵の北東に北金目台地、その北に伊勢原台地が存在する。このうち北金目台地では中期後半に秦野市砂田台遺跡（宍戸・上本1989、宍戸・谷口1991）、同市根丸島遺跡（伊東・杉山1985）、平塚市真田・北金目遺跡（河合2003）から環壕集落が確認されており、北金目台地の南側の大磯丘陵北端にある平塚市原口遺跡（長谷川1997・2001）からも、中期後半の環壕集落が確認されている。後期に入ると原口遺跡以外の環壕集落は確認されていないが、集落の数は多くなる。

　相模野台地は相対的に弥生集落の発見は少ないが、南端に低地との比高差4mほどの位置にある環壕集落の下寺尾西方A・B遺跡や環壕集落である倉見才戸遺跡、環壕は確認されていないが臼久保遺跡などがある。後期前半では倉見才戸遺跡に引き続き環壕集落が築かれ、後期後半になると、綾瀬市神崎遺跡、藤沢市藤沢No.208遺跡、寒川町大蔵東原遺跡、同市高田遺跡、臼久保遺跡などの環壕集落が、近接して存在するようになる。

7　足柄平野・大磯丘陵・箱根火山（八幡丘陵・谷津丘陵）

　神奈川県の西部、酒匂川・狩川によって沖積化された平野が足柄平野で、東を大磯丘陵、北を関東山地（丹沢山地）、西を箱根火山によって取り囲まれている。一般に関東平野とは区別される。現在の小田原市、南足柄市、松田町、箱根町などが該当する。平野の南東部の酒匂川北西には、沖積地との比高差3～5mの鴨宮段丘があり、大正期の関東大震災で1～2mの隆起が記録されたが、長期的には沈降している地域である。

　足柄平野からは中期中葉の小田原市中里遺跡、中期後半と後期の同市三ツ俣遺跡、同市小八幡東畑遺跡などの住居群・墓域や、同市矢代遺跡からは後期終末から古墳時代初頭にかけての水田の杭列畦畔が確認されている（弥生時代研究プロジェクトチーム2007）。中里遺跡からも杭例が確認されており、水田の存在が想定されている（河合2008a）。また、中里遺跡からは、東部瀬戸内系土器

などの畿内系の搬入が3％、ほかに東海系、北陸系、中部高地系、北関東系、南東北系などの土器も出土しており、足柄平野の弥生集落の形成の動向が注視されている。

　大磯丘陵は西を足柄平野、北を丹沢山地・秦野盆地、東を相模平野、南を相模湾に画された丘陵である。プレートの沈み込みによって造られた大規模な変動地形であり、沖ノ山堆列の陸側延長に位置している（貝塚・小池・遠藤・山崎・鈴木編2000）。大磯丘陵は高麗山山塊と呼ばれる標高150～180ｍの地域、西小磯から国府本郷の背後に広がる70～100ｍの地域、鷹取山（219ｍ）を中心とする西部の地域からなり、丘陵裾部には沖積地や河岸段丘、砂丘などが広がっている（近藤2007）。遺跡は土器の採集・出土の事例も含め、高麗山の標高150ｍを超える場所から40ｍほどの伊勢原市栗原遺跡、平塚市向原遺跡（中田・伊丹1982）。環壕集落である平塚市**原口遺跡**（長谷川1997・2001）まで、比高差140～20ｍほどの分布を示す（岡本1994）。また大磯丘陵の裾部には、河岸段丘上に中期後半と後期前半の大磯町馬場台遺跡が確認されている（立花2008）。

　箱根火山は足柄平野の西側に存在し、内側の平坦な頂面をもつ新期外輪山とその外側のカルデラを古期外輪山と呼んでいる。古期外輪山が足柄平野と接する境界には、約6万年前に噴出した箱根新期軽石流堆積物が形成される（貝塚・小池・遠藤・山崎・鈴木編2000）。そこには標高70ｍ前後の丘陵地が数本延びており、小田原市内でも諏訪の原丘陵、久野丘陵、八幡丘陵、谷津丘陵などの名称がつけられている。遺跡はこれらの丘陵上にあり、後期中葉の環壕集落である小田原市**愛宕山遺跡**（浅賀2008）や、狭い谷中に中期中葉と後期中葉から末葉の住居が密集する小田原市**香沼屋敷遺跡**（小林2004）などがある。

8　三浦半島

　三浦半島から房総半島南部にかけては、プレートの沈み込みによる付加作用の累積で造られた、陸側斜面の構造的な高まりがあり、三浦半島では、これを境にした北部の丘陵地帯と南部の海成段丘群からなる台地地帯にわけられる（貝塚・小池・遠藤・山崎・鈴木編2000）。遺跡は主に南部の台地地帯に形成されているが、標高50～100ｍ、比高差4～85ｍを測る急峻な台地である。現在の葉山町、逗子市、横須賀市、三浦市が該当する。三浦半島には弥生時代の遺跡が集中する、いくつかの地域が存在する（中村2008）。相模湾岸では、半島の付根にあたる中期後半と後期前半の逗子市地蔵山遺跡（佐藤・浜野2002）や逗子市持田遺跡（赤星1975）などを代表とする地域、後期前半の環壕集落である横須賀市**佐島の丘遺跡群**（大坪・横山2003）などを代表とする地域がある。半島南端には中期後半と後期前半、後期後半の集落である三浦市**赤坂遺跡**（川上1953、岡本1977、中村1992・1994、中村・諸橋・須田2001、中村・諸橋2001・2002・2004・2006）がある。東京湾沿岸では中期後半と後期前半の横須賀市佐原泉遺跡（中村1989）、横須賀市蛭畑遺跡（河合2008b）などの集落が確認された地域がある。これらの地域ではいずれも水稲耕地の候補地は谷底平野にしか想定できず、大きな特徴の一つとなっている。

　これらの台地の裾には砂浜や谷が形成されているが、逗子市**池子遺跡**（桝渕1994、桝渕・高村

1995、桝渕・新開 1996、桝渕・植山 1998、山本・谷口 1999a・b、山本 1999)・**池子桟敷戸遺跡**（若松 2000）はこの谷中および谷口に展開する集落であり、三浦半島南部の海蝕洞穴群は海に向かって開口するものが多く、谷底低地や海岸低地での活動痕跡も存在する。

9　房総丘陵（上総丘陵・安房丘陵）と海岸平野

　房総丘陵は房総半島南部に広がる丘陵で、北を下総台地に、それ以外を海によって限られた地域である。鴨川平野を境に北側を上総丘陵、南側を安房丘陵と区別して呼んでいる（貝塚・小池・遠藤・山崎・鈴木編 2000）。房総丘陵で確認できた遺跡は多くない。一宮川およびその支流である埴生川流域の独立丘陵上には、中期後半の標識遺跡である茂原市宮ノ台遺跡（杉原 1935・1942）があり、いくつかの谷を挟んだ南の台地には長南町能満寺遺跡、睦沢町北山田遺跡などが発見されている（小高 1989）。また、東京湾側では佐久間川に近い比高差 80 m の丘陵先端に位置する後期前半、後期中葉の集落である鋸南町田子台遺跡（滝口 1954）や後期の南房総市（旧千倉町）健田遺跡（玉口 1978・1979）、などの存在が知られている。

10　下総台地と東京湾岸の海岸平野

　下総台地は利根川、現江戸川と房総丘陵に画された、現在の千葉県北半を占める台地である。房総半島に接する地域から北西に向かって標高が低くなり、利根川・現江戸川に挟まれた地域で 20 m、利根川の河口付近で 50 m、房総半島に接する付近で 100 m 程の標高がある。下総台地は大小の谷が刻まれているが、房総丘陵に近い地域ほど深く長い谷を形成する。それに伴い下総台地として包括されている台地も、木更津台地、袖ケ浦台地、市原台地などに区分されている。また、河川流域では台地縁辺に段丘が形成された。中期前半の墓域は標識遺跡となった市原市須和田遺跡（杉原 1967）や佐倉市岩名天神前遺跡（杉原・大塚 1974）、市原市武士遺跡（加納 1996）など再葬墓の遺跡で集落の発見はされていない。しかし、中期後半になると佐倉市**大崎台遺跡**（柿沼 1984a・1986・1987）で環濠集落が形成され、その後、後期の集落も確認されている。下総台地では台地の平坦面が狭い場所が多いものの、こうした場所にも環濠集落が近接して形成されている。中期後半の市原台地では市原市**草刈遺跡**（三森 1983、高田 1986、大西・西野 2004、大村 2005a、小林・大谷 2006）、同市**大厩遺跡**（三森・阪田 1974）、同市**大厩浅間様古墳下遺跡**（浅川・田所 1999）、同市**菊間手永遺跡**（近藤 1987）、同市**菊間遺跡**（斉木 1974）、同市**菊間深道遺跡**（高橋 1994、田所 1995）が 2 km ほどの範囲、袖ケ浦台地では袖ケ浦市根形台遺跡群の中で境 No. 2 遺跡（牛房 1985）と I 地点・Ⅲ地点の同一環濠（當眞・安藤 2001）の西方 300 m ほどに別の環濠が存在する（安藤 1997）。木更津台地では市原市**根田代遺跡**（大村 2005b）と市原市**台遺跡**（半田 2003）が 200 m の距離、木更津市**鹿島塚 A 遺跡**（岡野 1994）と市原市**千束台遺跡**（小沢 1995・西原 2002）が 2 km の距離、鹿島塚 A 遺跡と**東谷遺跡**（酒巻 2007・2008）が 1.5 km の距離で形成されているのが、典型例である。これらは後期になっても継続し、鹿島塚 A 遺跡と千束台遺跡、東谷遺跡で環濠集落が形成される。

また、市原市中郷谷遺跡（豊巻1991）は鹿島塚A遺跡のある木更津台地の谷中に存在する後期の集落である。後期前半の集落から多量のイチイガシを出土した袖ケ浦市下向山遺跡（黒澤1994）、クリを出土した千葉市城の腰遺跡（野村・菊池・谷1979）も下総台地にある。

　この下総台地の東京湾沿岸地域には、小糸川・小櫃川・養老川・村田川流域に海岸平野が形成され数列の砂州が発達しているという。こうした海岸平野では近年集落が確認されてきた。代表的な遺跡だけでも、小糸川下流域で中期中葉の方形周溝墓と住居が確認された君津市常代遺跡（甲斐1996、小高1998）、小櫃川（矢那川）下流で、中期後半と後期の集落が確認された木更津市鹿島塚B遺跡（豊巻1991、當眞2003）、後期の集落が確認された木更津市本郷1丁目・同市本郷3丁目遺跡・同市高砂遺跡・同市松山遺跡・同市水深遺跡・四房遺跡（高梨2001）、後期の住居と水田が確認された木更津市芝野遺跡（神野・加藤・沖松1992、笹生2000）などが微高地、砂丘上に展開する。養老川下流では木更津市菅生遺跡（土屋・城田1998）、村田川下流域では中期後半の水田が確認された市原市市原条里制遺跡（佐藤・新田1997、小久貫1999）、中期後半の環濠集落である市原市潤井戸西山遺跡（鈴木1986、半田1992、高橋2004、小川2005）・同市潤井戸中横峰遺跡・同市潤井戸鎌之助遺跡（千葉県教育委員会1998・1999）などがあり、このほかにも多くの環濠・非環濠集落が存在している。

11　九十九里平野

　海岸線の距離が60kmにも達する九十九里浜は、幅10kmの海岸低地である。弥生時代には現在の海岸線とほぼ等しいか、現在よりも沖に海岸線があったと推定されている（森脇1979）。遺跡は砂堤跡、砂丘跡などにあり、弥生時代中期後半、後期中葉の土器が出土することから、時期的にはこの頃に形成された集落だと考えることができる（小高1989）。

12　地形と遺跡の関係

　以上、南関東の地形と弥生時代の遺跡との関係をまとめれば、次のようになろう。
① 　南関東の地形は、小河川によって複雑に開析された、比較的なだらかな扇状地形・台地・丘陵が大部分を占め、これに大小河川が開析した谷底低地や沖積低地・砂丘の低地部が加わる。
② 　集落は台地上、谷底低地、沖積低地、砂丘とも存在しており、その時期は類例の少ない弥生時代前期の集落を除けば、弥生時代中期中葉から中期後半、後期前半、後期後半の遺跡が形成される。
③ 　集落は各地形ごとに、中期中葉～後期後半まで確認することができ、特定の時期で特定の地形に偏る傾向は見られない。

第2章　日本における集落研究の学史的検討

第1節　戦前から「原始聚落の構成」発表までの集落研究概略

　日本考古学における集落研究は、明治期の穴居論争に始まり、人種論争を経て、竪穴から竪穴群の認識、唯物史観・土器編年研究の導入、原始農耕集落の探求など、大正から昭和戦前までのそれぞれの時点での、研究環境を反映させながら推移してきた。そして1936～1938（昭和11～13）年にかけて集落研究の一つのエポックがあり、この時の研究成果が戦後の集落研究の基礎となったことは、以前まとめたことがある（浜田2006）。この時期の代表的な研究は、縄文土器編年をもととした形態変化（八幡1934）、同じように土師器の編年案を示しそれに基づいた竪穴の形態変遷の分析（奥田1936b・c・d・e）、空堀（環壕）で囲まれた状態の「聚落」を定住性の現れとみる見解の提示（奥田1936a）、竪穴住居と高塚古墳との関係の論究（三須田1936）、九州の弥生遺跡の分布から大小の集落が共存し、そこから階級的な集団の発展を考える研究（三友1937）があり、また、加古川流域の弥生時代遺物採集地や古墳・古代寺院の悉皆的な分布から「聚落」の消長を論じ（赤松1937）、竪穴住居址の発掘方法を実践例で紹介し（杉原1937）、大きい竪穴と小さい竪穴の相関関係を暗示し（和島1938）、竪穴住居に拡張がなされたことを論証する（関野1938）など、現在の研究の基礎となってつながっている。しかし、エポックとなった1938（昭和13）年以降、一時研究は衰退することになり、その継承的発展は戦後をまたなければならなかった。

　1945（昭和20）年8月、日本はポツダム宣言を受諾し太平洋戦争が終結する。これは同時に皇国史観に縛られないで歴史研究を行うことが開始されたことをも意味した。前年から戦局が激化し、多くの研究者が徴兵されあるいは投獄されているなかにあっては、学問的研究の推進は望むべくもなかったが、反面戦争終結によってその状況が劇的に改善されたわけでもなかった。

　戦後GHQはその占領政策として、これまでの歴史教科書を1945年12月に廃止し、日本国家の成立についてこれまでの神話ではなく考古資料を用いた、新しい教科書の編纂を文部省に命令する。これを受けて翌年9月に石器時代から解き明かした「くにのあゆみ」、「日本の歴史」ができあがるが、これにあわせて教科書の副読本『新しい日本の歴史』に考古学の資料が使われる（松島・和歌森・後藤・駒井・斎藤・杉原・家永1946）。しかし、そこにはまだ戦前の歴史研究・考古学研究がもっていた、皇国史観（神武東征）を引きずっていたり、神話を題材とする研究を取り上げていたり、学問的に解消しなければならない問題のある段階であった。こうした教科書編纂は政治的な意図の下に改竄されたことも予想されるが（柳沢1995）、敗戦による価値観の転換—この場合では国民に対する国の歴史認識の変換—を、多少の変更を加えながら提示するのか、それとも一切否定して新しい歴史認識を示すのかを求められていたことだけは確かであり、結果としては前者の考えに基づいた教科書編纂事業となったことを端的に表している。

こうした問題は、戦争を挟んで中断していた古代史・考古学の研究をいかに進めていくのか、に対する一つの答えになった。したがって新しい研究成果を吸収しながらも、これまでの記紀などの文献の記載を基層に据えて研究を続ける者や（例えば後藤 1947a・b）[1]、考古学的遺物によって国家成立・民族の歴史の出発点を組み立てることはできないとする考え（例えば佐野 1946）も、引き続き述べられてきた[2]。しかし、戦前との決定的な違いは皇国史観への批判、この当時でいえばその対局にあった唯物史観による研究が「公然」と行えるようになったことである。

戦前に行われてきた研究業績の多くは、戦後の混乱が収まった 1947（昭和 22）年頃から活用されるようになるが[3]、戦前から唯物史観によって語ってきた者以外にも、戦前沈黙していた研究者が唯物史観を研究に適応する事例も戦後多くなってくる[4]。これに加え、これまでの皇国史観という制約を越えて土器編年を媒介として「聚落」を分析する魅力、そしてその材料と方法として生業と唯物史観を利用できる魅力は大きかった（ねづ 1947）という。研究する環境も次第に整えられ、1947（昭和 22）年には静岡県登呂遺跡の調査が再開され、全国の考古学者・考古学徒が参加した一大プロジェクトとなる。そしてその成果は、復刊した人類学雑誌や考古学雑誌、あるいは単著でいち早く多面的に紹介されることとなる。例えば和島誠一氏は住居群と水田が一体化しており、この水田の運営の実態を掴む事で社会組織を解明できること（和島 1947）、八幡一郎氏は登呂の水田址に考えをめぐらす過程を示し、日本の農業・文化・社会の構造を考えるための重要な遺跡であること（八幡 1947）、大場磐雄氏は古代の家と家族の単位について（大場 1948）、それぞれの立場から論を展開した。そしてこれは、戦前に積み残した研究がようやく再開されたことを告げることとなった。

こうしてこれまでの研究における総括がされ、戦後の「聚落研究」の出発点となる見解が示される。戦前いくつもの竪穴を調査し、竈をもつ「聚落」を調査してきた和島氏は、これまで調査された縄文時代・弥生時代・古墳時代・古代の「聚落遺跡」を分析し、その変遷を提示することで、ひとつの仮説を提示した（和島 1948）。

「原始時代から古代への変換期を通じて聚落の構成に本質的な変化が起こった。即ち原始時代には同質の劣弱な単位としての竪穴が集まって、強い統一体をなす聚落を構成し、その聚落の内部に於いて更に幾つかの共同体が分かれる契機を持たず、またその事実を示さなかった。古代への変換は、聚落の内部に竪穴の小集団が一群をなして分岐し、氏族の分裂を想わせる傾向を生ずるのである。しかもそのうちの特定の一群は、聚落内の要点を占拠し、他の群との間には截然たる障壁を設けるに至り、更にそれは農民の聚落から分離し建築の様式を異にする貴族屋敷に発展すべき性格をもつものである」(p.503)。

和島氏が提示した集落遺跡からみた各時代の社会のありようは、縄文時代には同質の竪穴が集まって一つの集落を形成しているが、弥生時代になって集落の内部に数個の住居が集まった一単位が現れ、これが農業の一定の発達に伴う集団の関係の変化を背景にもつことを推測した。さらに古代にいたると住居の規模が大小ありながらも小規模のものが多く、また出土する遺物に違いが見出

せない考古学的な状況に、古代大島郷の養老五年の戸籍を参考に、大小の竪穴は大家族の構成員が世帯を分離して存在していた姿であり、弥生集落のような溝で囲まれた現象はみられないと結論づけている。和島氏の提示した仮説は、史的唯物論にそった公式的な粗い「聚落」の変遷観であり、演繹的な仮説の提示であったが、この時期までに存在する資料をもととした分析としては理論的なものとなった。和島氏のこの論文によって、大正期以来続けられてきた「聚落」研究は、その画期となった昭和前半期を経て、ようやく一つの見通しをつけることとなったのである[5]。和島氏のこの論文に込められた意識は、集落を構成する住居とそこに住まう成員が、その集落でどのような関係であるのか（ということを住居の規模や形態の格差あるいは環壕や竈の存在などを見ることによって推測する）、どのような歴史的な発展過程にある集団であるのか（ということを各時代の集落を比較することによって推測する）、ということを表出することにあった。その見通しをこの論文で示すことによって、和島氏が戦前より展開してきた唯物史観・史的唯物論の考古学研究への適用をさらに一歩進めたのである。以後、この研究を基礎に「聚落」研究は新しい段階へと進むことになる。

註
(1) 後藤氏はこのほかに1956（昭和31）年に出版した概説書に次のように述べている（後藤1956）。「西暦三世紀に古墳が発生したということを、われわれ考古学者は、専ら遺物・遺跡で述ぶべきであり、卑弥呼の墓は古墳である。だから西暦三世紀代に古墳が現れたのだというような考え方は間違っているかもしれない。しかし正直をいうと、発生とか出現とか、どれを最初とするとかいうようなことを、はっきり論じ得るものではない。多少態度はあいまいとなるが、文献や考古学的事実をまぜ合わせたところに解明の途が開かれるのだとする私は、今までの私の論法を是認し、さらにもう一歩を進めよう」（pp.15-16）。
(2) 佐野学氏は戦前日本共産党の委員長を勤めたが、いわゆる転向後、反ソ連・反唯物史観の立場をとることとなる。戦後直後に出版されたこの『日本古代史論』では、政治経済の側面から古代史を研究する態度は唯物史観的な色合いが強いが、原始国家が発展するためには征服国家が必要であることを説き、内部からの変革を重要視する唯物史観とは異なった説明を行っている。また、民族の歴史の出発点は主として古典に求め、考古学的な遺物は傍証に使うべきであると力説する。
(3) 1947（昭和22）年以前の発掘調査や研究業績が発表された事例は誠に少ない。これはいうまでもなく8月のポツダム宣言受託後の食・住生活の混乱、政治の混乱、物資流通の混乱、交通網の混乱など、正常ではない社会生活の渦中においては当然のことであろう。しかし、こうした中にあって1946（昭和21）年には日本大学考古学会が東京都八王子古墳を調査し、1947（昭和22）年に愛知県瓜郷遺跡の発掘が和島誠一氏によって開始され、登呂遺跡の発掘が多くの研究者と学生によって再開されたことは記憶に留めておく必要がある。また、小林行雄氏（小林1947）や禰津正志氏（禰津1949）などがこの年に著作物を発刊しており、戦前の方法論的反省とこれからの方向性を示した、この時期の刊行物として内容も含め、注目すべきものである。
(4) ただし、渡部義通氏は戦後の「マルクス主義史学」についてこう発言している（渡部1974）。「戦後、アカデミーが"マルクス主義化"したかにみえることとか、そうしたアカデミシャンが自分はマルクス主義、あるいは史的唯物論を理解しているように思いこんで、自前の"史的唯物論"で細別的な研究に

むいていく傾向とか、マルクス主義史学がアカデミーに武器を供する、あるいは影響を与えるつもりで、実はアカデミー側から水増しされて非マルクス主義的になる傾向とか、双方を通じてマルクス主義理論の研究に発展がみられないとか、そういったことがらについては、いくらか論文や新著を読んでみても、同感のものがあるよ。(中略) 一般的条件として"マルクス主義史学"の戦後の流行ということがあったと思う。まず国定教科書の廃止、歴史の書き換えがあって、発展史的なものが主流をなしてくると、戦前戦中からの教師の多くは勉強のし直しを迫られる。そのさい、戦前の社会経済史関係の蓄積やマルクス主義史学の成果（戦後の先駆的な仕事として、民科学歴史部会編の教科書ふうな『日本歴史』が出ている）などの吸収が一つの出発点になるほかはなかったわけだ。とくに学生運動がさかんになって、学生は高校時代からマルクス主義を勉強するものが多くなり、史的唯物論の定式もろくに知らないようでは一般学生からさえ相手にされなくなるわけだから、終戦までマルクス、レーニンの本などおっかなびっくりで手にしたこともないような教師たちも、大急ぎで付け焼刃をしなければならないはめになる。まもなく『マルクス＝エンゲルス全集』『レーニン全集』等々、文献はいくらでもころがっていて、研究室に見せびらかしておいても強権没収の憂いはないし、講義でその文章をとくとくと引用してみせても治安維持法にひっかかる気づかいもない。しかも、マルクス主義が理論として方法としてすぐれていることは確かなんだから、毎年拡大再生産される若い研究者たちが、その何パーセントかは頭脳のできふできはべつとして、いずれ教職にありつくわけなんだが、マルクス主義へマルクス主義へとよそおっていく、これは自然の勢いだった。こうして"マルクス主義"の氾濫現象が起こったわけです。また、この氾濫のなかで、"マルクス主義みたいなアカデミズム"および"アカデミズムみたいなマルクス主義"の素地といったものがつくられるわけです」(pp.237-238)。

(5) 原秀三郎氏は、原始社会史研究が自立した科学となるために必要な社会構成＝共同体研究の基礎はつくった、とこの論文の史学史的意義を認めながら、「日本原始社会の構造的特質の理論化・抽象化までには未だ到達しているとはいえない」と評している（原1972）。また、記述が複雑で文意がとらえにくいが、藤森栄一氏は縄文時代中期に穀物・地下茎類・クリ・ドングリ・ワラビなどを対象とした焼き畑による原始陸耕を行っていたと考える立場から、環状集落・広場集落を原始共産制集落として理解することには慎重になっている（藤森1951b）。

第2節　戦後の集落研究史

1　戦後集落研究史へのアプローチ

　和島氏の集落の変遷を追った枠組みの提示は、その後の集落研究にさまざまな影響を及ぼし、研究の方向性を与えることとなった。

　その一つは、和島氏が原始から古代への変遷を見るうえで、各時代の集落の大枠を提示したことによって、これ以後縄文時代から平安時代までの時代別の集落研究が進行するようになり、特に農耕社会以前（縄文時代）と以後（弥生時代以後）を切り離して、別々に唯物史観に根ざして分析するようになってきたことである。すなわち、農業が一般化した弥生時代とそれ以前の社会は、経済的な基盤、唯物史観の考えで言えば生産力の段階の違いがあるために、集落の内容も当然異なっている、ということを前提に集落遺跡の分析が行われるようになる。経済基盤をもととした唯物史観による考古学資料の解釈である。

　二点目として古墳時代の社会が階級社会であるということを基準に、この階級社会が何時、どのような変遷を経て発生していくのかという問題を解決していくために、集落遺跡の変化とともに墓制ともからめた分析が現れるようになる。発展段階論的な変遷観の提示であるが、その発展の過程には集団と集団の利害関係が生まれ、「争乱」という政治的な面からのアプローチも検討されることとなった。また、鉄器や威信財などの確保を通した集団関係を扱う社会的な面からのアプローチも検討されることとなった。政治的・社会的な解釈と上記の経済基盤をもととした点とを合わせた解釈が、後述するように、現在の弥生時代像の形成の基礎となったのである。

　第三に唯物史観をもととした集落研究の提示によって、唯物史観とは異なった研究法で集落を分析する方法が、意識的に現れるようになる。その一例であり縄文時代の研究に顕著な、遺跡の在り方から遺跡を概念化し、遺跡群の関係性のなかで、その地域がどのような文化や社会構造をもっていたか、という小林達雄氏が示したセトルメントシステムの考え方は（小林 1973）、弥生の集落群研究のなかにも反映された（田中 1976、酒井 1984 など）。

　戦後の集落研究の歴史は大局的にはこのような方向性をもちつつ、時代ごと・地域ごとに各種の問題提起がなされ、その問題解決のための課題が設定されながら、さまざまに分化して研究が行われてきている。また、弥生時代に限定しても、戦前とは比べものにならないほど調査事例や研究成果が提出されている。したがって、戦後の考古学における集落研究を、前稿（浜田 2006）で取り上げたとおり戦前のように全時代にわたって網羅的に概観することは、煩雑で理解を妨げることとなろう。本書で述べる個別の問題に対する研究史は、個別の問題を分析するなかで触れていくこととし、ここでは戦後の集落史研究の中から、弥生時代の集落と集落群の問題、そして集落が存在するための基盤となる生産物・生産耕地との関わりに絞って概観していくこととする。そして「原始聚落の構成」以後の南関東を中心とした集落研究をたどり、弥生集落研究の現代的問題点を抽出し

ておくこととする。

2 弥生社会の時代像の形成

「原始聚落の構成」以後、集落を支える生業の在り方と集団との関係が、戦後の大きな問題点の一つとなった。和島氏は「物の歴史的本質を明らかにするためには、その物の背後にある生産関係やその社会全体を動かしている生産様式をつかむことがどうしても必要になる」（和島1953：p.116）として研究方法の指針を示し、その後藤沢長治氏と共に一歩踏み込んで、弥生時代の社会が水稲耕作を基盤として成立していることは否定することは出来ないことであり、水稲耕作は共同体を血縁的なものから地縁的なものへ導き、また、剰余生産物から階級の発生が行われる（和島・藤沢1956）として、水稲耕作が与える集団規定原理や階級社会の発生原理を規定し、以後の弥生時代像の枠組みを提示していった。

こうしたなか、岡山県下で後期古墳の分析からその前代の開拓者像に迫っていた近藤義郎氏は（近藤1952・1953）、弥生時代の遺跡の分布から前期には後背低湿地が耕地の対象であったものが、中期以降谷水田の開拓が行われていたことを述べた（近藤1957）。そして、この推測を前提とし、谷を眼下に望む台地上の数棟で構成される小さな集落は、生産と消費を同じくする共同体（単位集団）であり、谷水田を経営する単位ともなりえたと仮説をたて、水稲耕作に伴う治水施設の管理と運営を通じた単位集団の結びつきが存在したと説いた（近藤1959）。この共同体論は実際の遺跡の在り方から帰納して類推したこともあり、実証的な研究成果としてとらえられ、以後の研究に大きな影響を及ぼすこととなった。近藤氏の研究と前後し和島氏も、横浜市域の弥生遺跡の在り方を通して近藤氏と同じく、谷水田の経営を示唆した（和島1958）。

近藤・和島両氏の想定した弥生時代の谷水田およびその経営は、両者の集落論が優れて理論的なものであり、実際の集落の在り方を推論の根拠としたために、谷水田の存在が動かしがたいという感覚に陥ってしまうが、これはあくまでも論理上の存在、作業仮説であることを見逃してはならない。和島氏や近藤氏が示したのは、集落が台地・丘陵上に占地し、平地にはない状況から、最も適した水田の場所を推測するとすれば、それは谷水田しか考えられない、とする推測方法なのである。両者のこうした弥生時代集落と谷水田の関係は山崎純男氏による（福岡市教育委員会1979b、山崎1987）、前期から灌漑型の高燥な水田をもっていたことの実証以後も、なお谷水田以外には水田候補地が存在しないケースの場合には、水田候補地として推定され続けている（例えば佐原1995）。しかし、谷水田が存在したか否かの具体的な検証や谷水田経営の特異性（冷湧水対策・低生産性）に対する議論は行われず、いわば仮説のまま現代の弥生時代集落論の前提となったものであり、谷水田を含めた水稲耕作を前提とする、典型的な弥生時代像の一つとなったといえるであろう。

同じ頃こうした水稲耕作を基軸とした新しい弥生時代像に対して、コメを含めた穀物や果実栽培の存在を想定する、戦前以来の伝統的なもう一つの社会像も再検討されていた。小野忠凞氏が高地に存在することの多い、山口県島田川流域の弥生集落をどのように考えるべきかという問題、す

なわち、現在の「高地性集落論」の先鞭をつけたのはその一つである（小野1953）。この高地性集落の性格をめぐる一連の考察（小野1958・1959）のなかで、高地に集落を営んだ要因をいくつか推定しながら、最終的には畠作に重きをなす集団であった、と位置づけを行った[(1)]。こうした低地以外に居を構えた弥生集落の研究史については、本節「8　高地性集落論と関東の集落」として後述するが、小野氏の指摘するように高地に存在する集落については、森本六爾氏や小林行雄氏（小野氏は述べていないが中谷治宇二郎氏・八幡一郎氏の先行研究を含めて）が注意していたが、台地や丘陵に集落が立地しなければならない理由について、それまで議論されてこなかった（小野1953）ことは不思議なことであった。

　また、南・中央両アルプスに挟まれた、長野県飯田地方の弥生時代の石器が特異なものであることは、藤森栄一氏によってすでに戦前に取り上げられていた（藤森1936）が、戦後飯田市北原遺跡の採集資料をもとにこれらの石器が高燥な台地に発達した陸耕の農具であると結論づけ、弥生時代中期には特殊な地域に陸耕が行われたと述べていた（藤森1951a）。その後天竜川流域に展開する河岸段丘上の弥生集落の様相は、藤森論文の端緒を開いた北原遺跡の資料を採集していた松島透氏によって深められ（松島1951・1953a・b・c・d・e・f・g・1954）、近藤義郎氏によって再度畠作用の耕具として位置づけられた（近藤1960）。さらに天竜川河岸段丘の弥生時代遺跡の時期的、垂直位置的な分布をからませて、この問題を論じた松島氏は弥生時代中期には、高い段丘に集落が形成され、石器の分化がおこり、後期中葉にいたり集落が爆発的に増え、高い段丘・低い段丘にも存在する様相を、具体的に示して、陸耕の時空的なあとづけを行うこととなる（松島1964）。

　天竜川流域で示された水稲耕作に適さない立地条件での検討は、森貞次郎氏によって九州でも行われた（森1966）。森氏は、九州の縄文時代晩期にはすでに麦や粟・豆などの穀物類を栽培していたと位置づけ、弥生時代にはこれを前提として、集落の占地や出土穀物の状況から前期から後期まで、弥生時代全般で畠作が行われていたことをあとづけた[(2)]。

　また、木製農具を分析した木下忠氏は、これまで水田用の農具と考えてきた踏み鋤を、日本在来の民具を検討していくうちに、踏み鋤は畠の深耕や開墾に関わる民具であると訂正し、注意を促した（木下1966）。

　しかし、1950〜1960年代のこうした研究にもかかわらず、島田川および天竜川、あるいは東部九州の弥生時代集落から導き出された畠作の存在は、前者が後述する「倭国乱」「倭国大乱」の実存を追究する研究における、高地性集落が戦いに関係した遺跡であるという意見によって[(3)]、あるいは後二者は天竜川流域の伊那谷や九州に特異な現象として理解されることによって、全国に敷衍化して考えることを怠ったのは、いかにも残念であった。それには先述した和島・近藤両氏が示した枠組みにそって、水稲耕作を基軸に据えた研究が行われて（杉原1956、和島1962・1966、近藤1962・1966、都出1970・1979、佐原1975・1987）、現在にも引き継がれる弥生時代像の大きな研究の潮流が影響したと考える。特に近藤・和島両氏の枠組みを理論的に整理・秩序だてを行って、弥生社会の構造をモデル化した都出比呂志氏の研究は、以後の研究に強い影響を与えた。都出氏は階級

社会の在り方を規定したものを、水稲耕作の労働編成と社会的分業の特質に見出し、土地と水利を基軸とする地縁的編成として[(4)]、農業共同体が中期に形成されたとした（都出 1970）。そして、農業共同体の結びつきから首長が成長し、次第に首長のなかから大首長が生まれ古墳時代の階級関係誕生の理論的道筋を示すことで、農業開始以後の一貫した歴史叙述を描いた。また、弥生時代を日本で食料生産を基礎とする生活が開始された時代と位置づけた佐原眞氏は、稲作農業の着実な定着が金属器の製作を行う専門工人を生み出す原因となり、金属器の登場が階級の成立に加速度を与えたと論じた（佐原 1975）。

こうした一連の業績の論旨は、水稲耕作が必要とする灌漑などの技術や水利をめぐる諸関係が集団を結合させ、水稲耕作からは余剰生産物や専門工人が発生するという特質によって階級が生まれた、と集約できるだろう。そして弥生時代の集落も、水稲耕作に規定されると理解されるようになる。これが戦後の弥生時代研究の一つの到達点となり、現在にも続く、考古学研究上での普遍的な考えであるといえる。しかし同時に、弥生時代の研究は社会を規定する水稲耕作を追究すること、とする一部研究者の姿勢がここに生まれたのではないか、と筆者は考えている。

3　集落群モデルの構築

1970年代に示された上記の弥生時代像は、1960年代に進展した高度経済成長による列島の開発の活発化、発掘調査が急増したことに伴う、検討材料の増加した時期に重なり、その資料にも支えられていた。その中心的なフィールドの一つとなったのが、戦後の和島氏が集落研究のフィールドとした横浜市域の下末吉台地での調査であった。和島氏の研究以後、鶴見川本・支流を中心とした横浜市北部地域に大規模開発が計画され、この地域の悉皆的な遺跡確認調査が岡本勇氏を中心に行われた（岡本編 1971）。その結果、鶴見川本・支流によって形成された谷や支谷が複雑に入り組むこの台地先端部には、環壕をめぐらす集落が中期後半になって爆発的に増えることが確認されるようになっていた。そして一つの水系で同時期の集落が複数集まる在り方から、この時期（宮ノ台期）を弥生文化が南関東に定着した時期だと位置づけた岡本孝之氏の研究（岡本 1976）や、田中義昭氏の大規模な集落の周囲に小規模な集落が点在し、水系に沿ってまとまりのある農業集団を形成し、そうした集団がいくつか存在していたとする分析（田中 1976・1979・1982）など後に影響を及ぼした研究も、谷水田を含めた水稲耕作が前提での議論であった。田中氏が拠点的集落と周辺的集落の二つのタイプに分けた集落が、谷口の低湿地を耕地として開発・経営することを通じて結びあう、弥生集落の基本的な姿であるというモデルは、谷水田を平地の灌漑水田に読み替えれば、全国的に類似する事例も存在していたことや、遺跡の在り方から遺跡を分類し、その分布から文化や社会構造をとらえる、セトルメントシステムの手法（小林 1973）に似た、それまでの唯物史観に新たな視点を加えたためか、これ以降の弥生集落研究に大きな影響を及ぼした。その背景には西日本で前期から中期に本格的な農耕社会が確立するとの想定があり、「人口が増大し、生産がたかまり、集落は大きくなり、分村がすすみ、耕地は加速的に水田化されていった」（佐原 1975：p.152）という考

えにも合致していた。そして現在でも弥生集落を理解する手法として、認識されている。

　しかし、田中氏の集落群研究は、本来地形を意識した立体的な遺跡分布が必要であったものを、平面的な分布としてとらえ分析したため、結果として低地の集落と台地・丘陵の集落を同質として見做すこととなった。田中氏が検討した横浜市港北ニュータウン地域では、確認された低地の集落がなかったこともあり、この時期の研究としては致し方ない面もあるが、その後の研究者による低地集落や生産耕地の確認と、想定した谷水田の検証とその生産性を議論する必要があった。すなわち、港北ニュータウン地域での弥生集落論では、低地に集落や生産耕地が存在した場合、これまで解釈してきた台地・丘陵上の集落の性格は異なっているかどうか、低地に存在しない場合、谷水田の生産性が集落をまかなうことが想定されるのか、の検討が必要であった。田中氏の拠点的集落・周辺的集落という弥生集落の概念は、その後大規模集落と集住という問題のなかで、一部議論されていく。しかし、こうした集落を考えるうえでの基礎的な部分が未検証のまま、作業仮説だけが一人歩きし、現在までそれを無批判で援用することが続いているといえるだろう。

4　大規模集落と集住

　1970年代を前後する時期から、遺跡発掘対象面積が広く調査されるようになると、環濠集落の全域あるいは全体の構成を窺える調査報告がなされるようになってきた。横浜市朝光寺原遺跡や大塚遺跡など、環濠に囲まれた弥生時代の住居跡が数十軒を超える規模で存在する事例も確認された。田中義昭氏が概念化した拠点的集落は、こうした住居数の検出数の多い大集落を想定していたのである。大阪府池上遺跡が環濠で囲まれた部分での比較で、大塚遺跡の4倍以上であること（石神1977）や奈良県唐古・鍵遺跡などの各地で確認され検討され始めた大集落は、弥生集落の一つの在り方として存在することを示していた。

　こうした大集落、あるいは大規模集落、大型集落などと呼称される遺跡の理解として、田中氏が概念化した拠点的集落ととらえることもできるが、異なった考えも生まれていた。例えば大村直氏が東京都神谷原遺跡の分析から、農業経営の主体は世帯共同体規模で、これが集落の基礎単位となり、拠点的集落はこの世帯共同体が軍事的緊張状態に対処するために集合離散した結果であるとして、拠点的集落・周辺的集落の盛衰は基本的な集落景観とはならない、とする判断がその一つである（大村1983）。また、甲元眞之氏は、横浜市三殿台遺跡、大塚遺跡、朝光寺原遺跡を取り上げ、これらの拠点的集落とされるものは（環濠）集落が形成される当初に大規模な集団構成をとるが、三殿台遺跡が一定の大きさの集団で長期間継続するのに対して、大塚遺跡・朝光寺原遺跡はその後、大型住居と一般住居数戸の単位集団として縮小継続していく。そして後二者の集落では住居の重複がほとんどないので、集団の絶えざる移動が想定されるとし、このことから大塚遺跡と朝光寺原遺跡は拠点的集落とは考えにくいとした（甲元1986）。両者の論文は、拠点的集落・周辺的集落を批判するとともに、特に後者は東日本の集落が畠に代表される生産耕地の不安定さから見て、定着することなく移動を続ける、とした点に大きな意義がある。

大規模集落、拠点的集落と把握する集落は、単位集団を基礎としたものであり、常に大規模、拠点となりうるわけではないとする上記の理解に対して、都出氏は軍事的・政治的緊張状態を前提に大規模集落を取り上げた。都出氏は東日本を代表する大塚遺跡が、隣接する方形周溝墓群（歳勝土遺跡）のグルーピングの分析から、居住の小グループの存在を導きだせるが、それが大塚遺跡で明確化しないのが特徴であることを挙げ、弥生時代中・後期の政治的動乱に南関東が巻込まれたとする大村の意見を参考にして、次のようにまとめた。「これに（動乱に：筆者註）備えて防禦を固めた大集落に集住して政治的に結束し、全体の収穫稲も共同体の倉庫に貯蔵して管理するように経済的にも大集落全体の共同体的規制が強化され」たとした（都出1984：p.139）。そして、畿内の平野部の中心集落の大規模化も高地性集落との関わりを根拠に、政治的緊張と関連づけて理解すべきであり、環壕内に集住するほうが有利であるとまとめている。都出のこの考えは、近藤義郎氏が想定した共同水田開発・管理・運営のために集団が結集したとする意見とは、異なった視点で扱ったものとなった。

こうした大規模、大型、環壕と呼ぶ集落やその集落内での大型建物の発見は、大規模な環壕集落を地域の政治権力の中枢地であるとする見解を生み、「弥生都市論」として近年議論されるようになってきた。そのきっかけの一つは大阪府池上曽根遺跡をめぐる遺跡内容の性格論であったが（池上曽根遺跡史跡指定20周年記念事業実行委員会編1996）、広瀬和雄氏はこうした大規模環壕集落への集住の契機を、首長権力による強制であり、政治権力を再生産するための人的・物的資源・情報の集中地として、大規模環壕集落を「都市」と規定する（広瀬1998）。大規模環壕集落を「都市」とする見方（乾1996）に対して、都出比呂志氏（都出1997）、寺沢薫氏（寺沢1998）、武末純一氏（武末1998）、秋山浩三氏（秋山2007）らによって、弥生都市論には実証的な面で問題があることが指摘されている。それを踏まえて秋山氏は、大規模環壕集落へ集住する契機は、水稲農業生産における効率化・安定的な増産の必要性から生まれてきたものであり、環壕集落が継続する遺跡（唐古・鍵遺跡）では、周辺地域での水田開発が連続して展開できたが故に、後期以降労働力を分散させる必要がなかった、すなわち同じ場所に居住することができたとし、大規模環壕集落の集住の説明を行っている。

大規模環壕集落の代表である奈良県唐古・鍵遺跡の長年の調査から、奈良盆地の弥生集落の動向を整理した藤田三郎氏によって、唐古・鍵遺跡を巨大集落とする巨大集落―大規模集落―小規模集落に類別化し、拠点的集落（巨大・大規模）のなかにも、階層差が存在することが提起されてきた（藤田1999）。こうした傾向は田中氏が拠点的集落・周辺的集落を設定した、横浜市鶴見川地域でも適用されるようになった。大塚遺跡や朝光寺原遺跡をはるかに凌ぐ規模の環壕をもち、流域内で最大規模の住居址があり、集団墓地から離れた大型の方形周溝墓が単独で築かれた、折本西原遺跡の存在に安藤広道氏は注目した。安藤氏はこの遺跡が、これまで拠点的集落として評価されてきた環壕集落の上位に位置づけられると想定し、折本西原遺跡を頂点とする地域的なまとまりが存在する考えを提示した（安藤2001a）。折本西原遺跡を頂点とする社会組織は、この地域で次第に発

展して形成されたものではなく、ほんの短い期間で大集落が一気に形成され、一気に廃絶する（安藤1991b）ことから、集落群の形成段階ですでに存在していたと推定し、このような社会組織全体で移動を行う状況が、この地域には存在するとした。安藤氏の大集落が一気に形成され、一気に廃絶する想定は、周辺地域の遺跡分布から筆者の批判が提出されている（浜田2003）。

　以上のように、弥生時代には地域によって時期の相違はあるが、大規模環濠集落に集住するという理解は、研究者間の共通認識であるといえよう。しかし、大規模環濠集落は単純に集落の規模が大きく、住居数が多量に存在する集落に適用された概念であり、その中には重複する住居が存在することに注意しなければならない。すなわち、大規模環濠集落内の住居数は一定の時間（例えば弥生時代中期後半）内での集積された姿であり、このままでは一定の時間内での同時性・連続性を示していないことである。それを補う同時性の検証は、集積された住居から出土する土器の型式細分化および住居の重複による時間差、配置、主軸方位などによって論じられてきた。そして集積された住居出土の同一細分型式を同時代性の根拠として、「同一細分型式」という限定的ではあるが、その細分型式が使用されていた範囲内での同時と考えてきた。また、連続する細分土器型式が住居から出土することをもって、これも限定的ながら、連続して集落が営まれてきた、と解釈してきたといえるだろう。しかし、同一細別土器型式や前後する細分土器型式を出土する重複住居や近接した住居が存在することは、限定された時間内においての同時性および連続性の保証を揺るがすものであり、少なくとも検証が必要なのである[5]。また、南関東での台地上の大規模環濠集落が、水稲耕作を主体とする近畿地域の低地の大規模環濠集落と、同じような理由で集住を説明できるのか未検証のままであり、こうした基礎的な前提の検証を抜きにして、集落論が推移しているのが現状といえる。

5　水稲農耕開始時期の遡及と初期水田の姿

　1980年を前後する時期からの考古学的資料の増加と解釈および、自然科学的手法を用いた考古学的資料の分析が、弥生時代の農業像に修正を迫る材料をつきつけた。それらを大きく分ければ水稲農耕の遡及・縄文イネの確認と弥生時代の食利用植物の多様性の認識・畠作農業の確認ということができる。

　水稲農耕の開始時期の問題については、九州北部において最古の弥生式土器を追及する過程で考えられていった。戦後直後から森貞次郎氏・岡崎敬氏・中原志外顕氏によって注意された夜臼遺跡や板付遺跡の出土土器が（森1961、森・岡崎1961）、日本考古学協会弥生式土器文化総合研究特別委員会で調査され、最古の弥生土器の板付Ⅰ式に夜臼式が伴い、炭化米や大陸系磨製石器が出土したことで、この段階に農業を基盤とした社会に入っていたことが推測されていた（橋口1985）。これに確証を与えたのは1977～1978年にかけて発見された、板付Ⅰ式期の水田の発掘であった。開発行為に対処した発掘によるこれら板付遺跡周辺の調査によって、低地に営まれた初期水稲農耕集落の実態が明らかにされ、弥生時代開始期から、畦畔・堰・取水口などをもつ完成された灌漑水田の形で導入されていたことが、明らかにされたのである（福岡市教育委員会1979a・b、

山崎1987)。すなわち初期農耕技術の発展的図式であった湿田から乾田へ、谷水田から灌漑水田へ、という図式があてはまらないこととなった。とはいえ、こうした初期水田の完成された姿が確認されて以降も、本節3で述べたように谷水田は全面的にその存在を否定されずに、状況によって高位面の集落の推定水田として、遺跡の説明や地域の弥生社会の叙述に適用されてきた。しかしいずれにしてもこうした初期水田の姿が判明しながらも、水稲耕作の開始の時期がまだ遡及する可能性があることを、多くの研究者は感じていた。その背景には西日本を中心とした、いわゆる「縄文晩期農耕論」（賀川1960・1961・1972、坪井清1967）とともに、宇木汲田遺跡の調査によって夜臼式土器の単純層から炭化米が発見されていたこともあった（九州大学1966）。こうした考えに方法論的な不備が指摘され、一部に批判を加えられる側面もあった（赤松1964、乙益1967、佐原1968）が、板付遺跡での水田の発見の2年後、稲作遡及の予想に呼応するように、佐賀県唐津市の菜畑遺跡から夜臼式以前の縄文時代晩期後半の山ノ寺式の段階にすでに水田が営まれていたことが確認されたのである。菜畑遺跡は、砂州によって閉じられた谷に、畦・矢板列・水路などを構築した水田が確認され、同時に朝鮮半島と同様の石庖丁・磨製石斧類が出土し、半島経由で水稲耕作の技術が伝播したことを裏付けることとなった（中島・田島1982、山崎1987）。この成果によってそれまで認識していた縄文時代晩期後半の段階に、一部の地域ではあるが、水稲耕作が行われていたことが実証され、それまで間接的な材料であった縄文時代の水稲耕作の存在は、生産遺構—水田址の確認によって確実なものとなったのである。そうした研究の進展に刺激されるように、従来行われてきた籾圧痕・炭化種実の発見や自然科学的方法を用いて、より古い稲作の存在を証明する試みも行われるようになった。その一つの土器圧痕については、岡山県南溝手遺跡の後期後半の福田KⅢ式土器から籾圧痕が確認された（平井・渡部1995）のを古い事例として、シリコン樹脂によるレプリカ法（丑野・田川1991）を駆使した観察によって、長野県石行遺跡の晩期後半の五貫森式に、また、縄文時代晩期終末から弥生時代前期初頭の、島根県石台遺跡、板屋Ⅲ遺跡、北講武氏元遺跡から稲籾の圧痕が見つかっている（中沢・丑野2003）。

　炭化種実としては、わずかに青森県風張遺跡の後期の炭化米（D'Andrea. A. C1992）があり、関東地方では神奈川県中屋敷遺跡の弥生時代前期の土坑からトチノキ、コメ、アワ、ヒエの炭化種実が出土している。トチノキ、イネのAMS法による放射性炭素年代測定では、紀元前5～4世紀と報告された（山本・小泉2005）。

　また、土器の胎土からプラント・オパールを分析する方法がある（藤原1981）。プラント・オパール分析は、分析精度やコンタミネーションの問題があり、一部の分析事例については疑問視されている（佐藤編2002)[6]ものの、稲の土器圧痕も存在している縄文時代後期後半以降については、その有効性が考えられている。東日本においてはこれまで、山梨県宮ノ前遺跡の弥生前期土器からプラント・オパールが検出されていたにすぎなかった（外山1992）が、神奈川県川崎市下原遺跡の晩期前半（安行3c式期）および後半（安行3d式期）の土器胎土から、プラント・オパールの検出が行われており、今後関東地域でも縄文稲作が遡及する可能性が提起されている（外山2001）。

6　出土穀物の多様性の認識と畠作農業の確認

　弥生時代以前のイネの存在—縄文イネの証拠は次第に市民権を得てきたが、そのイネは水稲ではなく、陸稲すなわち畠作物であることを想定する研究者は多い。それは、縄文時代の水田が未確認であり、農耕具の希少性や土器組成の在り方が根拠となっている。こうした理解の前提には、いわゆる縄文農耕論（大山 1934a・b、藤森 1950、澄田 1955、酒詰 1957、佐々木 1971 など）や縄文時代の植物質食料をまとめた渡辺誠氏の研究（渡辺 1975）によって、弥生時代以前の植物質食料に対する研究の深化が存在していたことを忘れてはならないだろう。一方、渡辺氏の研究と同じように弥生時代の出土種子を集成し、弥生時代の畠作物あるいは食利用できる植物の存在から、弥生時代の水稲農業以外の存在の重要性を指摘した寺沢薫・寺沢知子両氏の研究は、1970 年代までに直良信夫氏（直良 1956）をはじめとして蓄積されてきた資料から一歩踏み出した分析がなされ、大きな問題提起となった（寺沢・寺沢 1981）。寺沢両氏はこれまでの弥生時代研究が水稲農耕という画期的な生産形態の解明に多くをさいてきたが、その生産性や全摂取量に占める米の割合など、前農耕社会に対してどれほど画期的であったかの検証が不十分とし、農業活動の実態を解明する直接的な証拠である、植物遺体や花粉分析などの資料に対して、考古学的な位置づけ・その価値を確認することを行い、弥生時代の遺跡から多くの畠作物が出土していることを実証した。寺沢両氏が示した食利用植物はイネ・オオムギ・コムギ・アワ・ヒエ・キビ・ソバなどの雑穀、アズキ・ダイズ・ササゲ・リョクトウ・エンドウ・ソラマメなどのマメ類、シイ・コナラなどのドングリ類、モモ・ヤマブドウなどの果実類など、豊富な植物質食料であった。また、コメの収穫はそれ自身では充分な供給食料にならないと結論づけた。寺沢両氏の問題提起は先述したように、戦前の弥生時代の生業観の系譜につながる伝統的、実体的なものであり、ここに至りようやく弥生時代畠作農耕の全国的視野の研究が開始された、といえるだろう。

　一方で民俗学や文献史学からも畠作の検討がこの前後の時期になされ、寺沢両氏を含めた以後の考古学研究に大きな影響を与えた[7]。その一つは坪井洋文氏による民俗学的なアプローチ（坪井 1967）で、これまでの日本民俗学が米に生活のシンボルとしての価値を認め、米の価値体系に沿って分析を行ってきたことに対して「少なくとも水田稲作を基盤とする文化の体系に加わらない民俗の存在を意識する必要がある」（p.68）として「米以外の食物にも米と等価値な体系の存することについての問題点を提出し、やがて両者の関係を考えようとしているのである」（p.65）といった視点から研究を行った。そして坪井氏は畑作物（焼畑）として「イモ」に着目する（坪井 1967）。また、網野善彦氏や木村茂光氏が進めた日本中世史からの、水田稲作以外の生業研究方法の視点の提示（網野 1980・1981・1985、木村 1977・1982・1996）が与えたものも大きかった。特に、網野が提起した「水田中心史観」の克服という視点は（網野 1980）、過去の歴史研究が制度としての水田、非水田・非農業分野の存在、年貢などの多様性の理解のうえで行われたわけではないことを指摘し、実態として庶民の生活を描いてこなかったことに、反省を促すものとなった。これまでの研究が水

田農業以外をおきざりにしたまま進み、結果として当時の生産力として存在していた畠や林を考慮しない、実態から遠ざかった民衆の生活を描いてきたとする主張は、木村氏によって（木村1996）その方法論的弱さを指摘されたものの、水田や稲作だけを基盤に日本の農業や文化を理解しようとする考え方の見直し（「水田単作史観の見直し」）の提起として受け継がれた。網野氏の「水田中心史観」の克服で提起された視点は、戦後の歴史学における稲作生業観を基本とする研究姿勢のなかにあっての問題提起であり、多くの考古学研究者にも新鮮な視点として映ったのは間違いなかった。

このように整理すると寺沢両氏の基礎的な研究が1970年以前に登場していたならば、静岡県目黒身遺跡の畠址と報告者が論じた遺構（小野1970）の評価も異なっていたはずである。とはいえ、弥生時代の畠の遺構が明確な形で発見されなかった段階でも、さきに示したように、畠作に関わる農具の抽出・台地や丘陵上の集落の存在、そして炭化種実の集成から、次第に弥生時代の畠作の存在は注意されるようになった。こうした頃に前後して、群馬県では芦田貝戸遺跡をはじめ（高崎市教育委員会1980・1994）、古墳時代前期に降下した火山灰の直下から、水田とともに畠が検出されるようになってきたこともあり、次第に南関東の弥生時代にも畠作が営まれていたことが意識されるようになっていた。しかし、こうした研究動向は、戦前に水稲耕作を追究していったアプローチと同じでありながら、水稲耕作ほど認知されていない点は、注意するべきである。

新たな資料や研究成果の蓄積に対して、都出比呂志氏はそれまでの自身の研究成果をまとめるなかで、弥生時代の畠作の重要性に言及した（都出1989）。都出氏はこれまでの資料の蓄積からみれば、弥生時代の成立期から畠作が一定の比重をもって存在していたと考えることが合理的であり、畠作技術体系のなかにすでに畝立て法が存在していたことを想定した。そして、水田の傍らに畠を営む水田・畠結合型と、本節2に示した天竜川や東部九州に代表される水田の比重が低い畠卓越型に、弥生以降の農業形態が区別できることを提唱したのである。

さらに広瀬和雄氏は既往の弥生文化の概念的枠組みを整理し、新たな資料と研究成果を検討し、新しい歴史像の構築をめざした。そのなかで稲作が弥生文化を形成するという、一元的なとらえ方に疑義を唱え、縄文時代後期後半には稲作が将来されている点および食料獲得方式に水田稲作、畠稲作、資源の採集・狩猟・漁撈が存在している点を挙げ、縄文時代から弥生時代にかけて、時期や地域に即した食料獲得が行われたことを想定した[8]（広瀬1997）。そして縄文時代の畠稲作の存在を指摘するが、この点は安藤広道氏によって、その根拠とした「打製土掘り具」と「打製穂積具」の畠稲作との安易な関連づけを批判されている（安藤2002）。また、その妥当性は疑問があるものの（山口2008）、池橋宏氏による、稲作は株分けから始まるため、畠稲作が縄文時代に存在していたということはできない、とする考えからも批判された（池橋2005）。そしてこの広瀬氏の畠稲作は長期的な定住を前提としていることにも、注意をする必要がある。

都出・広瀬両氏の示した見解は多くの未検証の問題を含みながらも、包括的な弥生農業・農業経営を、全国的な視野に立って論じたもので、1970年代以前に推測していた伝統的ともいえる弥生農業・弥生食に立ち戻りながら、今日的な新たな認識として、その後の多くの検討・再検討を促

すものとなった。その一つの表れとして、日本考古学協会が 2000 年秋にテーマ設定を行った「はたけの考古学」があるといえるだろう（日本考古学協会 2000 年度鹿児島大会実行委員会編 2000）。

7　南関東での低地遺跡と水田の確認

　水稲農耕の遡及や弥生農業の多様性の認識が展開されていた一方で、南関東での水田・畠などの生産遺跡・低地集落の確認は進んでいなかった。低地遺跡の存在自体は、戦前に千葉県木更津市菅生遺跡（大場 1980）の大溝から木製品の出土があったが、基本的には台地・丘陵上の高位面の集落を対象に展開していった。

　本格的な低地遺跡の確認と検討は、菅生遺跡を含め 1970 年代末から活発化する。埼玉県北部の妻沼低地にある池上遺跡が 1978～1982 年、池上遺跡と同一の集落である小敷田遺跡（以下、池上・小敷田遺跡と略記）が 1984～1985 年に調査され、竪穴住居と方形周溝墓が確認された。池上・小敷田遺跡は、中期中葉の時期の集落であるが、この時期の住居事例が少なかったこともあり、中期中葉の本格的な集落という点が強調されたが、低位面の集落である点も重要であった。

　その後 1980 年代後半から 1990 年代初頭にかけて、多くの低地遺跡が確認されてきた。神奈川県内では三ツ俣遺跡、池子遺跡、中里遺跡、千葉県内では芝野遺跡、市原条里制遺跡、常代遺跡、菅生遺跡、長須賀条里制遺跡など、中期中葉から後期全般にわたり、住居や方形周溝墓、水田などが検出され、南関東においても低地に集落と生産域が展開することは確実となった。しかし、その正式報告は一部を除いて 1990 年代後半以降に示された関係もあり、南関東における低位面の遺跡の研究はこの頃から活発になる。

　低位面に展開する遺跡は、高位面と同じような竪穴住居、方形周溝墓、水田、土坑などが確認されていたが、そのなかで方形周溝墓と認識していた遺構には、「周溝を有する建物跡」であるという重要な指摘がなされた（及川 1998）。及川良彦氏のこの仮説は、これまで多数重複する方形周溝墓に対する合理的な説明を与えることとなり、周溝内のピットの存在から復元した実証的な研究として、大きい成果であった。これによって従来、竪穴住居が確認できない、あるいは竪穴住居が少ない低地遺跡に対して、集落を再確認できるようにもなり[9]、低地遺跡の実態解明に向けた端緒が開かれたといえる。石川日出志氏による神奈川県中里遺跡、埼玉県池上・小敷田遺跡、千葉県常代遺跡などの事例をもとに、関東の中期中葉から後半にかけて、地域の再編成を伴う大きな社会変革があったとした研究（石川 2001）は、こうした低地遺跡の調査成果に基づくものであった。従来、南関東の集落は台地上の縁辺に立地する特徴があったが、水稲耕作を基礎とする弥生時代集落は、低地に存在することが一般的であることからすれば、中里遺跡など低地の遺跡が中期中葉段階に定着（普遍化）したことは合理的であるとする石川氏の解釈は、その後の南関東集落研究の指針となった。水稲農耕社会と想定した、多摩川・鶴見川流域の高位面弥生集落群に対する、低地の遺跡の存在を証明する重要性を筆者は示した（浜田 1998・2002b）が、これは石川氏の解釈と同じところから出発していた。

また、大陸に系譜を求められる農業文化要素を主軸として形成された弥生文化を「大陸系弥生文化」、これに対して伝統的（縄文的）文化要素が多く認められ、政治的社会化現象が希薄な弥生文化を「縄文系弥生文化」と設定した設楽博己氏（設楽 2000）は、東日本において縄文時代晩期から弥生時代前期後半までは「縄文系弥生文化」ととらえ、畠作に依存する社会であったと措定した。そして、この段階までの集落が台地上に小規模に展開していたのに対して、中期中葉の段階で低地に複数の小規模集団からなる、大規模集落が展開することを、神奈川県中里遺跡を媒介として分析した（設楽 2006）。すなわち、台地上に展開する縄文時代晩期～弥生時代中期前半の集落から、中期中葉に本格的な農耕集団が平地に進出する要因は、「畠作依存の伝統的分散居住小集団が灌漑水田稲作をめざして結合した結果」とするのである。弥生時代中期前半までの集落が小規模で台地上にあり、畠作に依存していたため移動性に富む集団である、とする推測は、竪穴の浅さや再葬墓をもとに検討が行われており、実証的なものであった。そしてこれは、中期中葉以降、後期後半まで台地上に小規模な集落が展開する南関東の地域にあっては、畠作を中心とした生業を行っていたために、集落が移動を繰り返していた、とした筆者の中期後半以降の分析（浜田 2003）と、時代的につながるものである。

　南関東での水田の検出事例は、中期後半の埼玉県北島遺跡以外は、千葉県芝野遺跡（笹生 2000）、菅生遺跡（土屋・城田 1998）、市原条里制遺跡（佐藤・新田 1997、小久貫 1999）など多く発見されているが、千葉県常代遺跡（甲斐 1996、小高 1998）、潤井戸西山遺跡（鈴木 1986、半田 1992、高橋 2004、小川 2005）、神奈川県宮山中里遺跡（井澤ほか 2004）、東京都高ヶ坂丸山遺跡（吉田・小林 2006）など、中期中葉～後半の時期の低位面集落が 2000 年以降報告されてきているので、これらの集落の周辺に水田を想定できるようになってきている。南関東での低位面での弥生時代集落と水田の両者が有機的な関係をもった事例は少ないものの、両者の基本的な立地が、南関東以西の地域と変わらないことを示唆している。すなわち、南関東でも西日本的な低位面での集落と水田がセットになって機能していたタイプと、台地・丘陵上に展開する高位面集落が低位面にある水田とセットになるタイプの想定を促すことになった。灌漑水田の弥生社会における位置づけを重く見る多くの研究者は、後者のタイプを推定しているといえるだろう（安藤 1992・2004）。しかし、後者のタイプの在り方を検証する基礎的な分析――立地類型・住居と耕地の位置関係や時間的整合性など――は充分に行われているものとは言い難い。特にこれまで多くの調査が行われてきた、周辺に河川の氾濫原や広い沖積地をもたず、狭く深い谷に囲まれた高位面の集落では、灌漑水田の候補地が見つからず谷水田を想定するしかない、という問題点が存在することに注意する必要があるだろう。ただし、こうした狭く深い谷に囲まれた、水稲耕作には不向きな高位面集落については、これまで次の高地性集落論として議論されてきた。

8　高地性集落論と関東の集落

　戦前に低地性集落に対する高地性集落の存在が提起され（森本 1933）、戦後の 1953 年に小野忠凞

氏が『三国志 魏書』にある「倭国乱」や『後漢書 東夷伝』にある「倭国大乱」の記事を参考にした、軍事的な性格をもつと再提起された高地性集落の存在は（小野 1953）、その後、小野氏自身が畑作に重きをなす集落という位置づけを変更していたが、1960 年代以降その性格についての議論が盛んになる。

村上行弘氏は会下山遺跡の分析（村上 1964）から、海上権を司る集団が成立させた集落であると位置づけた。また、佐原眞氏による紫雲出遺跡の分析（小林・佐原 1964、田辺・佐原 1964）では、武器の発達と高地性集落の関係を結びつけ、畿内を中心とした政治的結合への対立・抗争に関わる軍事関係の遺跡と位置づけるなど、その後の性格論に対する大枠が形成された。1970 年代には森浩一氏による逃げ城的な性格（森 1970）や、佐原氏による弥生時代中期後半に石製武器の増加と高地性集落が出現することを「倭国大乱」に関係づける意見が提出された（佐原 1970）。そして間壁忠彦氏は瀬戸内の高地性集落が、鉄や銅の入手を目的として営まれた集落である可能性を探り（間壁 1970）、春成秀爾氏は鉄器の取得をめぐる農業共同体間の闘争のための集落、と闘争の原因に触れる提起を行った（春成 1975）。また都出比呂志氏は、軍事に関連する通信施設として、高地性集落の性格を考え（都出 1974）、その間石野博信氏によって、高地性集落には、弥生時代中期、後期、古墳時代前期の 3 時期の盛行期間があることが示された（石野 1973a・b）。

1970 年代に提出された高地性集落に関する性格論は、集落が水稲耕作に向かない立地に存在すること以外に、石製武器の多量出土、環壕集落の存在、「倭国乱」との時期的整合性などを根拠に、軍事的・防禦的性格が与えられ、次第にそれを支持する研究者が増えてきた。

しかし、こうした性格論の項目のなかで、「倭国乱」に関する時期的な整合性は、九州と近畿の相対年代のズレを検討し修正することによって、新たな展開が生まれてきた。この土器編年の見直しは、北九州の後期初頭に位置づけていた「原ノ辻上層」式を畿内第Ⅳ様式と並行させたが（小田・佐原 1979）、「原ノ辻上層」式が実年代で紀元を前後する時期であるから、Ⅳ期は「倭国乱」の桓・霊帝の間（147～188 年）には比定できなくなった。また、これに伴い畿内が高地性集落が発生する古い地域とする考えも、瀬戸内により古い高地性集落の存在が明らかになったことで、「倭国乱」を根拠とした畿内での高地性集落の登場＝軍事関係論が成立しなくなった。しかし、「倭国乱」とは関わりはなくなったが、Ⅳ期に軍事的緊張状態が存在していた、という考えがなくなったわけではなかった。

1980 年代まで高地性集落に関わる形成原因や性格論については、さまざまな議論が行われてきたが、それらに対して検討を行った都出氏は、以下のように総括する。氏はまず畑作の必要性から高地性集落が形成された説に対しては、高地性集落が弥生時代の終末には姿を消し、古墳時代には低地に集落が形成されることの説明がつかないことから、これを退ける。また、洪水を避けて平野部を脱出した結果という説に関しては、大阪平野の集落は洪水に見舞われているが、遺跡の分布から集落が放棄されたわけではないことと、洪水の埋没が考えにくい六甲山麓や瀬戸内の島々でも高地性集落が存在することから、洪水説がなりたたないことを述べている。そして高地性集落が出現

する原因はこれらの2点を除けば、戦闘行為が活発な時期における防禦集落とすることが妥当だと結論づける（都出 1989：pp.195-202）。具体的には、集団防衛のための前進基地や通信連絡などの役割をになって、平野部の大集落から意識的に派遣されたもの（都出 1984：p.143）、とする。都出氏の高地性集落の性格に対する作業仮説は、ほかに推測される事項を論理的に否定することで、自説の確証を高めている。ただし、畠作の必要性の否定は、高所に集落を構える時期が、弥生時代から古墳時代初頭の、ごく限られた時期にしか存在しない考古学事例を根拠としているが、こうした事例は縄文時代、弥生時代、古墳時代、奈良時代、平安時代にいたるまで台地や丘陵に集落が作り続けられる、南関東にはあてはまらない。したがってその畠作の否定については注意しておかなければならない。

　1990年代に入ると、高地性集落が関東にも存在することが指摘され始める。関東地方の高地性集落については、1975年から開始された高地性集落の総合研究（小野編 1979）で、横浜市大塚遺跡が高地性集落として挙げられていたが、すでに佐原氏によって海抜50m以下の台地・丘上に存在し、付近に水稲耕作地を控えた集落は弥生集落の一般的な在り方、とする定義によって（田辺・佐原 1964）、佐原氏の高地性集落の概念からははずされおり、多くの研究者も同調していた。それを踏まえ岡本孝之氏は主に神奈川県の海浜部にある遺跡間の見通しに重点をおいて、高地性集落を認定する方法から、見張りの性格をもつ高地性集落を摘出している（岡本 1991a・1994）。群馬県の中高瀬観音山遺跡からは、鉄鏃の多量出土があり（坂井 1995）、これに立地・矢倉状の建物・木柵や堀を考慮すれば、高地性集落の条件を満たしていると森岡秀人氏は認定している（森岡 1996）が、広瀬氏は否定する（広瀬 1997）。

　高地性集落に軍事的性格を与える論調は、戦後50周年にあたる1995年に「戦争」をテーマにした研究集会が開かれたこともあり、活発化していたが、反面、各地の資料の増加によって、必ずしも軍事関連や監視所・見張台とはとらえられない事例も多くなってきた。その一つが、小野氏の初期の高地性集落研究の段階から注目されてきた、高地性集落に伴うことの多い貝塚の分析がある。そのなかで貝の成長線の分析から、高地性集落とは季節性の移動を伴う集落であるとする池田研氏の分析がある（池田 1999）。

　また、軍事的性格を強く主張してきた佐原氏は、静岡市登呂遺跡には環壕がなく一部の木製の武器形祭器と盾以外は戦争と関わる事実が希薄であり、神奈川県池子遺跡などからは、木製農耕具や漁撈具、オニグルミ・クリなどの堅果類やモモ・ヒョウタンの種実の出土から、食料採集に大きく依存しているとし、駿河より以東は戦争を知らない社会に見える、と発言している（佐原 1999）。

　こうした2000年までの研究状況に対して森岡氏は、高地性集落研究の特集を企画し、そのなかで資料の増加による「倭国乱」との関係性に新たな枠組みを作る必要性や、鉄資源の流通拠点・物資の通行ルートを媒介に理解していく方向性や、東日本では前期古墳の出現を誘発する視点の提示など、研究の視座が変化していったことを指摘した。そして、高地性集落の研究は、渾沌とした状況にあり、研究方針の転向、研究の方向性の見直しがあると問題提起を行った（森岡 2002）。また

同じ特集号のなかで、これまでの研究とは異なる視点で高地性集落を分析する論文がでてきた。荒木幸治氏は、日常生活の場ではない高所に移住する異常性の意味を、さまざまな状況証拠を統合してさぐっていく必要を提示し（荒木2002）、角南聡一郎氏はすべての高地性集落の性格を、軍事的なイメージだけで解釈することの危険性を、焼畑農耕との関係を例示しながら述べている（角南2002）

　その4年後に同じ雑誌により再び高地性集落の実態をさぐる特集が組まれ、そのなかで下條信行氏は非軍事集落の立場から、これまでの高地性集落の性格について、集落実態が不明のまま議論が進み、規制も少なく自由に構想が開陳される領域であったと批判した（下條2006）。そのうえで、鉄や銅などの文物を得るために作られた監視所・見張所という性格づけに対して、竪穴住居数の不必要な集中、監視所・見張所の規模としては大きすぎること、破損した石庖丁から穀物栽培が行われていたことが推測でき、任務とは異なった活動が行われていること、常に寄港を繰り返して航海したと予想される当時にあって、非友好的な浦の存在は想定しにくいこと、文物の収奪方法が沖を通る船舶を捕らえる偶発的な機会を待っていたと想定されること、などを挙げて、これまでの高地性集落の性格論を否定している。さらに、徳島県大谷尻遺跡、愛媛県行道山遺跡の高地性集落を分析し、これらが穀物栽培をベースとし重層的な生業を営む集落であり、低地の農業集落と変わるところがない、と推断した。

　同じ特集号では、近藤玲氏が弥生時代以外にも高所に集落を構える事例はあり、弥生時代だけ社会的緊張を強調することに疑いを表明している。そして、谷を挟んで同じ台地上にある丸山遺跡と大谷尻遺跡とを比較し、大谷尻遺跡は環壕をもち存続期間が短く、大型化する石鏃が出土するのに対して、丸山遺跡にはそれらが認められないことから、同じ高所にある集落でも性格が異なる事例を提示した。また、後期初頭の段階には高所と低所に集落が存在することも指摘している（近藤2006）。このことは、荒木幸治氏が指摘するように（荒木2006）、短期間だけ高所に存在する集落、ということに特別の性格を与えてきた高地性集落の概念が、通用しなくなる問題をはらんでいる。さらに、小沢佳憲氏は、高地性集落の一律的な性格づけのうち軍事的な関連を強調する説には、軍事的な関連を示す遺物や低地集落との相違、軍事的緊張の具体的な内容が不明であるとし、通信基地とする説は近接する高地性集落すべてを通信基地（烽火）とすることの不自然さ、高地性集落が属すると想定する母集団との関係性を示す考古学的証拠がないことなどを挙げて、一般的な解釈とはできないとしている。そして生業に起因するとの解釈でも、中期後半～中期末と後期中葉から末の2段階に成立して消滅する現象を、説明できないことを表明している（小沢2006）。

　高地性集落をめぐる性格論は、初期の経済状況を基礎に分析を行った段階から、立地・出現から消滅までの期間の短さ、石製武器の発達などを根拠とした、軍事関連という性格を前提に議論されてきた。しかし南関東において高地性集落の軍事関連的性格を考える前提のもととなった根拠は、西日本ほど顕著ではないことは留意する必要がある。

註

(1) この考えの基本には「弥生式文化＝稲作農耕＝低地村落といった、謂ば一種の観念化された公式論が一般に信じられてきた。（中略）しかし上記のような単純で公式論的な年代観は、弥生時代の一般的な傾向や生産生活趨勢を示しているに過ぎず、文字通りすべての村落が水稲経済に依存した低地の稲作村落だけであったとは考えられない。事実各地で、高い山頂や丘陵の頂きとか、山腹や斜面の急な高い台地や砂浜などのような、水田経営に不適当か不可能な場所にも弥生村落の遺跡が見出されている。したがってわれわれは、時代の支配的な一般的通説を追求するとともに、もっと地域に即した、文化小期的な核時代社会の生活文化の実態を究明しなければならない」（小野 1959：p.108）とする、現実の遺跡を前提とした配慮があった。

(2) その考えの根底には「少なくとも前期末には米・大麦・小麦・粟が栽培されていたことがあきらかである。したがって、水稲耕作とともに畑作農耕についての立地条件も考慮されなければならない」（p.61）、「有肩打製石斧は鉄製耕具に祖形がもとめられるだろうが、これらの石器の使用は、この地域が火山灰あるいはシラス地帯であるため生産性がひくく、鉄製農耕具が普遍的に使用される段階にいたらなかったからであろうが」（p.67）、とあくまで実証的な観察があった。

(3) 高地性集落が畠作を主とした集団ではなく、戦いに関連した遺跡であるという理解は、①石鏃などの武器の多量出土、②弥生時代の一時期に出現し、以後には高地性集落があまり見られないこと、③現代でも畠作を含めた農耕に適さない標高の高い高地性集落が存在すること、などを根拠にする傾向が強い。しかし、南関東の集落はこれがすべてあてはまらない。

(4) ただし、東日本では血縁関係が引き継がれた地域の可能性を示唆している（都出 1970：p.50）。

(5) 竪穴住居址が重複あるいは近接する事例は、縄文時代の集落研究では、以前から分析されている（八木 1976a・b、石井 1977、黒尾 1995・2001、小林 2000など）。こうした分析から縄文時代の集落は、それ以前に分析されていた竪穴住居の遺物の出土状況（小林 1965）や最初に堆積した覆土「第一次埋没土層」の形成時間の問題（末木 1975）を前提に、移動を繰り返すという判断が提出されている。ところが同じ考古学的な現象、考古学的な分析資料である重複・近接住居に対して、弥生時代の竪穴住居にはこのような視点で分析を行った事例はほとんどない。「第4章第6節　弥生時代の重複住居からみる集落の移動」の研究史でも触れるように、その背景には、水稲農耕社会では一度造った水田は、よほどの理由がなければ放棄することはない、あるいは、階級社会へと進んでいく弥生時代にあっては、生産力の拡大・集団規模の拡張は継続的な定着がなければ行い得ない、という前提が存在していたと愚考する。しかし、この前提は個別の資料での検討が行われないまま、確定した前提として現在にいたっている点に注意が必要なのである。

(6) 甲元眞之氏は、プラント・オパールが20〜40ミクロンであれば、土器の表面を通過する可能性を挙げている。一方コンタミネーションの危険性に対して、汚染指標となる40ミクロン程度のガラスビーズを分析する部屋にまき、分析器具（ビーカーなど）は未使用のものを使う。また、複数の研究者のクロスチェックなどに取り組んでいるという（佐藤編 2002）。

(7) 文献史学の研究状況については、橋口定志氏から多くのご教授をいただいた。

(8) 広瀬氏は弥生社会で階級を形成するきっかけとなったのは、灌漑水田システムであったとするが、これは前述したように近藤義郎氏が提起し、都出比呂志氏が体系づけた、灌漑システムを基軸とした弥生社会観・階級社会観に通底する。

(9) 例えば埼玉県外東遺跡、千葉県常代遺跡、芝野遺跡、東京都豊島馬場遺跡、神奈川県中里遺跡など。

第3節　弥生集落研究の問題点

　明治期から、現代までの弥生集落研究のおおまかな学史を検討してきた。その検討から1938～1940（昭和13～15）年に行われた研究が、戦後に取り上げられる研究と同様の視点で行われており、集落研究史上一つの画期が存在したことが理解できた。しかし、画期となった研究群は唯物論的な研究方法に近いにもかかわらず、戦後顧みられることが少なく、学史の中に埋没することとなった。それに代わって戦後の皇国史観から唯物史観へ研究方法のパラダイムシフトが起こり、これに登呂遺跡の発掘による弥生時代水稲農耕社会の実証という成果もあり、戦後の弥生時代の研究のスタートは水稲耕作を媒介とした、唯物史観による社会の解明という方法が主流となったといえる[1]。集団の生産関係と生産様式の矛盾が社会構造を変化させるとする、唯物史観の研究方法にあっては、水稲農耕が弥生時代以降、現代まで続く生業の中心と位置づけることによって、体系的に社会構造や社会体制を理解できるため、弥生集落を解明する場合、一部の事例を除いて、水稲耕作はすべての地域や状態にもあてはまることを前提として研究が進んでいくこととなった。しかし、こうした前提で進展してきた弥生集落の研究は、高度経済成長期以後の発掘調査件数の急増や、大規模調査事例の増加による資料の蓄積から、従来のモデルがそのまま適用しにくい実態も顕在化してきた。

　その事例の一つは、戦後の研究が開始された当初に南関東や吉備で確認されていた台地上や丘陵上に展開する集落と水稲耕地の関係をめぐる仮説である。研究史で触れたように、台地上・丘陵上に存在する集落は、谷水田とセットとして存在することを、いくつかの遺跡をモデルとして仮説を立ててきた。その後、日本における水稲農耕はその当初から谷水田のような湿田ではなく、沖積地などの乾田で灌漑施設をもつものであることが確認された。これによって沖積地の自然堤防などの低位面集落だけではなく、台地・丘陵地などの高位面の集落も眼下の沖積地を耕作面にしたという推定が行われてきた。しかし、この推測は未検証であり、事例に則した集落と水田の立地・位置関係・立地的整合性を検討する必要性がある。そしてそれ以前に谷水田の存在を検討する必要がある。仮に高位面の集落が低位面の水田を耕作していたというセット関係があったとしても、高位面集落の周辺に水田が物理的に形成できない、狭く深い谷しか存在しない南関東の多くの遺跡が、このセット関係では説明できないので、こうしたケースの場合依然として谷水田が有力な耕作地として推定されているからである。本来、こうした仮説を証明するには、台地上・丘陵上の集落と谷水田を確認することであるが、集落は盛んに調査され事例も増えたものの、谷水田の事例が非常に少ないという現状がある。また、候補となる谷を調査して弥生以前の包含層がありながらも、谷水田が確認できなかった発掘事例も存在するなど、この仮説は未検証のまま現在まで引き継がれてきているといえる。弥生集落をめぐる現在の問題点の一つは、谷水田の検証と分析である。

　二つ目の問題として水稲耕作以外の生業の解明が挙げられる。この問題は、弥生時代が水稲・陸稲を合わせた稲作が生産の中心であり、食料生産のかなりの比重をコメが占めていたとしても、弥生時代の人々がコメだけを食していたことは、現代でもそうであるように、また、栄養学的にも不

可能な想定であることから発生する問題である。また、水稲耕作が集落人口をまかなえるだけの一定の生産量を高い確率で毎年保ち続けていた、と想定することは過去の日本歴史からみて不可能であろう。特に農薬によって現代になってようやく克服しつつある稲作の病虫害の問題や、現代でも克服できない冷害の問題を、弥生時代にすでに克服されていたと考えることはできない。このように品種改良や技術の進歩した現代においても、克服すべき問題が存在することからしても、弥生時代の稲作に安定した生産量や余剰を想定することはできないと推測する。

　仮に弥生時代において食料比率のコメの依存度がかなりの割合を占めていたとしても、100％でないならばそれ以外の食料生産、食料採集が行われていたことは自明のことであり、弥生時代の食料事情はコメとそれ以外の食料が複合して食体系を形成していたと考えるのが当然である。コメ以外の食料については、漁撈や狩猟による獲得食料も存在するが、農業生産物あるいは植物質食料に絞ってみれば、これまでの弥生時代の研究は、コメや水稲耕作技術に対する研究は盛んに行われてきたが、それ以外の食料に対しての研究は遅れており、水稲をもととした弥生時代像を無批判に各地であてはめ、実態とは遊離した偏った分析をしてきたといえる。水田を分析し安定的な生産が行われていたことが実証されていない現在、水稲耕作の不安定な収穫を補う、そのほかの農業生産物あるいは植物質食料についての検討が必要となるのである。さらに、先に述べた谷水田が物理的に形成しにくい場所にある集落やさらに周囲に水稲耕作地を望めない場所にある集落も報告されてきており、これらの集落の生業を農業と仮定した場合、水稲耕作以外の食料生産を想定する必要がある。そのためにも、これまで出土している水稲耕作以外の農業生産物あるいは植物質食料についての問題を検討し、分析する必要がある。

　三番目の問題として、こうした水稲耕作以外の植物質食料についての問題を検討する過程において、食料加工具に関わる遺物の検討がある。食料加工具についての実態は、木製臼や杵などの存在が示すように木製の加工具を想定しているが、南関東では木製品の検出が少ない現状から検討は進んでいない。一方、縄文時代以来の伝統的な石器については、弥生時代が石器の消滅の時期に重なるという前提から、弥生時代の石器の食料加工具については、これまで等閑視されてきた。特に縄文時代以来の伝統的な石器である、製粉に関わる石皿・磨石などの食料加工具は、コメが脱穀することで粒食できるという、私たちの日常の経験則によって、粉食の体系を想定していない一面があるためか、食料加工用の工具研究は進んでいないのが現状である。弥生時代の植物質食料にはドングリ類やクルミなどのように、殻を潰す必要があるものや、植物的特性や民俗事例で粉にして食することを常態とする秕（しいな）、コムギ、アワ・ヒエなども存在する。したがって、これまで存在していながら、検討されてこなかった、食料加工に関わる石器の検討・分析を行うことによって、コメ以外の植物質食料の実態を補強する必要がある。

　四番目に弥生集落が展開する地形の整理と分析の問題がある。これまで南関東における弥生時代の集落研究は、圧倒的に調査事例の多い台地や丘陵に存在する高位面集落をもとに進められてきた。しかし、近年にいたり低地に展開する大規模な集落が、複数調査・報告されるようになってき

たため、これまで高位面集落が一般的と考えてきた南関東の弥生集落が、西日本と同じように、低地と台地・丘陵の集落を関連づけて、社会復元を行う必要が出てきた。関西地域や瀬戸内地域の弥生集落研究では、沖積地と台地・丘陵に存在する集落、すなわち低地性集落と高地性集落があり、弥生時代が水稲農耕を基幹とする社会であるという前提で、水稲農業に適さない高地に集落を構える遺跡群に対して、どのように理解していくかということが問題となった。そこに高地性弥生集落の特性を見出そうとしてきた。そして弥生時代にのみ存在する高地という特徴、弥生時代にのみ存在する環濠集落という形状、石製武器の発達、中国史書による記録などを根拠とした、社会的争乱に関わる軍事的性格をもつという高地性集落の性格に対する仮説が提出されていた。しかし増大した類似遺跡の分析によって必ずしも軍事的な側面ばかりではなく、いくつかの性格が想定されているのが研究の現状である。西日本を中心とした高地性集落に対する研究は、前述したように南関東においても低地性遺跡の確認によって、同じような問題を抱えることとなった。しかし、南関東においては、高地性集落と低地性集落の立地や分布などをもとにした集落の類型化が整理されておらず、その作業を通した南関東弥生集落の共通性の摘出が急務と考える。

　五番目として一番目の問題として取り上げた谷水田の問題に関わるが、集落と生産耕地との関係確認がある。南関東の集落の類型化が行われた後には、その集落を支えた食料の生産耕地との地理的な関係を確認する必要がある。近年ようやく増加してきた低地性遺跡のなかには、集落以外にも水田や方形周溝墓などが確認される事例があるが、そのなかで生産耕地とそれを経営した集落との関係は、必ずしも明らかになっているわけではない。低地性遺跡と生産耕地、高地性集落とこれらの低地に存在する水田や方形周溝墓との関係、高地性集落と畠の関係などを、実際の遺跡を通して確認しておく必要がある。

　六番目に集落の集住・定住の検証の問題がある。これまでの弥生時代研究によって、弥生集落は多くの住居が集まり、長い期間にわたり定住していた、とする考えが支配的である。弥生時代は水稲耕作を基幹とする農業社会であって、生産の主体は集落が担い、農耕地特に水田・灌漑水路の開発と維持管理を、集落が結合した地域集団によって行われてきた、という弥生時代像を描いてきた。そこからは、一度開拓された水田や畠などの可耕地は、基本的には維持されていくものであり、その証左として集落が大規模化し、分村が発生し、細分された土器型式が連続して出土するということが、研究者のいわば暗黙の了解事項として存在している。こうした了解事項が生まれる背景には、狩猟採集経済である縄文時代との比較において、農業経済である弥生時代のほうが、土地に定着しやすいとする研究者の思いもあるだろうし、農業社会と定住の関係は疑いの余地がないとする思いもあるであろう。また古墳時代に顕在化する階級社会へ向かう前時代として、地縁的な集団関係の結びつきを維持するためにも、土地への定着は前提となるという考えも影響していると考える。しかし、これらは未検証の仮説であって、弥生時代の集落がすべてこうした仮説をもとに解釈できるわけではないことは、研究史の上からも明らかである。例えば、細分土器型式が１型式しか出土しない、数軒の住居だけの集落の場合、この集落は細分土器型式が使われた、短い期間に機

能し、その後放棄されたと考えられるわけであり、その集落放棄には集落構成員がすべて亡くなったか、集落構成員がどこかへ移動したかの二つの事由が想定されるわけである。これを母村から分村した集落と想定しても、周辺には母村となるような大規模な集落がなく、小規模な集落が近接して存在する事例もある。あるいは、大規模な集落が近接して複数存在する事例もある。こうした事例に対して、集住・定住の結果であるとともに、移動による結果の景観という可能性もある、ということを研究の視野に入れ分析を行う必要がある。これまでの研究では、集落が廃絶した時の事由について深く考えてこなかった。どこからかやってきて、そこで定着するのか、それとも移動を繰り返すのか、少なくともどちらかの事由についての検証を行う必要がある。

　これまでの研究を踏まえ、弥生集落が抱える問題点については、以上のような整理ができる。提示した問題点を分析していく方法を次章に示し、論を進めていことととしたい。

註

(1)　唯物史観による研究方法が、当該社会の全体を解明できる魔法の研究法でないことは、また当然のことであって、心理的・宗教的な側面を対象にしない限界性や階級闘争を社会発展の基礎と据えることの妥当性、またこれまでの史的唯物論に見られる生産様式の公式の是非などの理論的な問題点などが指摘され、検討されてきた。そして、この研究方法が本来、多様化・複雑化している社会や経済関係を、単純化して一つのモデルで代表させようとする方向を生んでいるのも事実であろう。弥生時代以降の生業研究では農耕民、それも水稲農耕民を唯一のモデルとして、それ以外の生業の民衆は描こうとしてこなかった、あるいは等閑に付して顧みていない。その理由には、現に水田と一体になって存在する集落があるのに加え、水稲耕作が共同体の発生・成長・変身を表すモデルとして、唯物論の中で組み立てやすいからであると考えるが、平地の集落も台地・丘陵の集落も水稲農耕民による集落、組織であるという括りのなかで理解しようとしている。しかし、水田も畠も、狩猟も漁撈も行うことを前提とした、その比重のかけ方の分析は必要であるし、あるいは分業化していた場合の社会組織や社会構成の研究はどのようなものになるのか、といった問題についての議論は、ごく一部でなされているにすぎない。古くから指摘されている長野県天竜川流域の河岸段丘（松島 1964）や大分県大野川上流域の台地（賀川編 1980）、あるいは戦後の（水稲耕作）弥生社会のモデルとなった、神奈川県の多摩丘陵・下末吉台地にある弥生時代集落が、水田だけで食料生産することが困難であることが正しいならば（浜田 2002b）、灌漑水田型モデルとは異なった集落構造の在り方を想定することはできるのである（浜田 2003）。各地域の条件に適応した集落とそこから構成される社会組織は、現代の日本列島内において違いが見られるが、弥生時代には水稲耕作モデルをあてはめる研究が多く、実態から遊離していると私の眼には映る。「原始聚落の構成」（和島 1948）以後、こうした問題がいかに展開し、解決されてきたか、あるいは未解決のまま現在に引き継がれているのかは、本文にまとめた研究史の通りであるが、こうした唯物史観の限界性を打ち破るような方法論の提示は、1960 年以降に起こった考古学の新しい方法論によっても、残念ながら唯物史観が昭和年間に起こしたパラダイムシフトを再現するまでにはいたっていない。唯物史観に変わり得る理論の構築とともに、従来の唯物史観により単純化されたモデルから脱却して多様化・複雑化した社会構造の解明方法の検討と必要が、集落研究を含めた考古学全般の問題である。

第3章　農耕集落分析のための方法論的検討

第1節　分析の基本的な考え方

　弥生時代の社会を分析する重要な資料の一つは、住居群・建物跡（倉庫）・生産域・墓域などを含めた、集落である。集落は弥生時代の人々の生産活動や消費活動など、生活一般にわたる本拠地であり、そうした活動を終えた個人の、死後の安住の地ともなった場所である。この考えに従えば、墓域・生産域だけが発見される事例でも、周囲に人々の営みが存在していたことが推定できる。したがって、集落を分析すれば、その時代の社会を解明する手がかりとなる。集落でどのようなことが行われていたかを分析する材料は、分析者がどのようなことを解明するべきかを選択することによって、その分析材料と方法は多岐にわたり存在する。そうしたなかで、生産活動、すなわち食料獲得の在り方をもとに集落を分析していく方法は、「食」が人間が生存するうえでの根源的な営みであるだけに、集落を規定し、社会に影響をもたらす最も重要な分析視点と考える。集落間に発生する政治的な関係や交易活動、儀礼行為など、弥生時代の諸活動は、それを支える「食」があって初めて実行可能となるであろう。例えば農業社会に入って顕著となる専業的な職能集団の想定は、その前提に食料を供給する集団の存在がなければならないのであるから、弥生時代の社会像を考えるためには、食料供給集団の生産活動の分析が重要な問題となるのである。

　本書は弥生時代の社会を解明する一つの手がかりとして、食料生産活動に分析の視点を与え、研究を進めていくものであるが、こうした研究の方向性は、戦前に導入され戦後の考古学研究の主流となった唯物史観が、社会を規定するものは生産関係である、として進めてきた視点と同じである。しかし、第2章で問題点として指摘してきたように、これまでの弥生時代の農耕集落の分析は水稲耕作を前提に行われたが、水稲耕作を行うには不適切な地形にある集落の事例もあり、これに対する分析や解釈は不十分であった。すなわちこれまで水稲耕作以外の農業活動の分析と検討が、充分に行われてきたとはいえないのである。実態にそぐわない弥生集落・弥生社会の解釈にいたる要因はさまざまなものが想定できるが、研究史の回顧から筆者は、水稲耕作と米（コメ）に対してこれまで多大な評価を行ってきたことがその最大の原因であると考えている。すなわち、これまでの水稲耕作を中心とした弥生社会像は、偏った時代像を結んでいた可能性が高いのである。

　近年盛んに検討された弥生集落「都市論」において、大規模な掘立柱建物をもつ集落に、工業的な製品生産の跡を見出し、そこから弥生集落の「都市」的な要素を認めようとしても、同じ（隣接する）集落からは、石庖丁の出土など農耕民としての側面もあり（秋山2007）、食料の生産集団と非生産集団に分別された社会であるという証明には至っていない。秋山浩三氏の想定するように基本的には各集落によって、食料生産・食料獲得（食料供給）は自給自足で行われていたと前提するほうがよいと考える。もちろん石材の分布や金属器製品の分布などから、交易が行われていたこと

は確かであり、このなかに食料が含まれていた可能性はある。したがって、すべての集団が食料を全面的に自給自足によってまかなっていたことを想定するのもまた不自然である。しかし、非食料生産に特化した集団を、特に本書の対象とする関東南部の地域から、積極的に裏付ける発掘成果はあがっていないことは、西日本よりもさらに自給自足的な色合いを高めることになるであろうし、西日本集落との違いを表していると考える。

　弥生集落がその大部分の食料を自給自足による食料供給でまかなっていたとすれば、食利用する品目を特定して栽培することは、安定した食料供給技術や食料供給体制でなければ、リスクが大きすぎる。単一作物の食料自給は、その単一作物の収穫が不作であった場合、耕作者に甚大な被害を及ぼすことになるからである。単一作物が水稲耕作による稲と想定した場合、気候変動・病虫害による被害は近世・近代でも頻繁に記録されている。それを克服すべく水稲耕作の日本列島への導入以来、絶え間ない品種改良や農業技術の向上を図ってきたと考えることは、大きな間違いではないだろう。現代においても、未だ不作の作況を呈する年が存在することからすれば、こうした不作の原因となる諸問題を、弥生時代にすでに克服していたと考えることはできないし、弥生時代を通じて常に安定的な食料供給が存在したとは到底考えられないのである。これは、ほかの穀類や食利用植物にも適用することができ、特に単一作物を栽培する場合は、その危険性が高くなることは明白であろう。弥生時代の水稲耕作以外の食料生産・食料獲得について、さらに分析を行う必要があるとするのは、こうした理由を考えているからである。

　そのためには、水稲耕作が弥生社会を根源的に規定する要素である、と考えるこれまでの思考方法を大胆に変革し、水稲耕作以外の食料生産や食料獲得の問題について、分析と検討の必要があろう。そのことなしに、実態にそぐわない部分が出てきていると感じる現在の弥生集落像を見直すことはできない。つまりこれまで弥生集落を根源的に規定してきた水稲耕作からいったん離れて、それ以外の食料生産・食料獲得を分析・検討することが必要なのである。これは灌漑水田や水稲耕作を否定することではなく、水稲耕作とその成果物である米も、粟や稗、豆類やドングリ類などと同じように、弥生社会での食料生産物・食料獲得物の一つとして、考えてみるということにほかならないのである。

　ところで、現在の考古学的なデータは、集落の構成要素のうち、住居群・墓域・建物跡（倉庫）・生産域の順で少なくなり、圧倒的に住居群のデータが多い。そのため、本書でも「集落」という時に、主に住居群を指し示す場合が多くなっている。厳密には住居群や建物群という呼称のほうが、実態に沿っているであろうが、本書ではこれら居住や倉庫に供した建物を総称した言葉として、「集落」としている。また、食料生産活動を中心に研究を進めていくため、必然的に生産域やその生産物は分析の対象となるが、墓域や墓については住居に関係する以外は、ほとんど触れることができなかったことをお断りしておく。

第2節　分析の手順と項目の抽出

1　手　順

　本書で課題とする弥生時代の新たな社会像を構築するために、どのような項目を取り上げ、分析を行っていくべきか。その項目選択の意味と分析手法を以下に提示・検討し、本書で行う研究のための理論的な考えを示しておく。

　まず、弥生農耕集落を分析する大きな枠組みとして、個別的な問題についての検討を行い、個別要素について分析・検証した後に、南関東初期農耕集落の特徴と構造を導き出していくという手順を踏むこととする。

2　検討項目

　個別的な検討項目として、以下のようなことがある。

　第2章の研究史でまとめたように、現在の弥生時代集落研究は水稲耕作を基軸にしており、そこから弥生集落像・社会像が結ばれていると考える。ところがそうした集落像や社会像を導き出す前提となる、個別具体的な遺物・遺構・遺跡・遺跡群などの考古学資料は、すべてにおいて分析・検討を行って実証された事象ではなく、未検証の事象を含みながら、検証されたと仮定しているものも多く存在する。

検討項目1

　その一つに「谷水田」の存在とその内容に対する分析がある。「谷水田」の検証は弥生時代の集落を考える場合、南関東に顕著な台地・丘陵上などいわゆる高位面に展開する集落の水稲耕地として、重要な位置づけが与えられてきた。しかし、いくつかの事例を除けば、「谷水田」は理論上想定された存在でしかない。弥生時代集落は水稲耕作を行う集団であるという前提のもとで想定されてきた「谷水田」は、生産耕地という以上に、弥生社会の共同体を結びつける装置の役割や弥生社会の階層や階級を生じさせる存在であると、理論上措定されてきた。しかし、理論的な展開を行う上で重要な考古資料であるにもかかわらず、これまで実証的な検討がなされてこなかったといえる。また、沖積地や河川氾濫原に灌漑水田を想定するにしても、灌漑水田を拓けない地形に展開する集落が南関東には多く存在している。こうした立地条件に存在する集落に対応する耕地を求めるならば、谷水田しかないこととなる。すなわち「谷水田」の問題は、単に集落と生産耕地の関係確認にとどまらず、弥生社会像を左右する大きな事象なのであり、「谷水田」の分析・検討は、南関東に特徴的な高位面集落の評価を行うためには、必要不可欠な要素なのである。

　第4章第1節で後述するように、想定されてきた「谷水田」はその後各地で発見されることとなり、そのことをもって「谷水田」を実証したとする見解もある。たしかに発掘によって検出した「谷水田」は考古学的に確認したということができるが、問題は「谷水田」の内容であり、その

「谷水田」が安定的な耕地であったかの検討が必要なのである。いいかえれば、水田を拓いたとしても、そこにコメが稔るのか、ということが本来は問題になるべきことである。こうした問題に対してこれまで植物的な特性を無視し、水と耕地があればコメは稔るという錯覚を、多くの考古学研究者がもっていたことは否めないであろう。しかし、一般的に水や土壌以外にも、日照時間（量）・温度・水温・病気対策など、稲の生育だけではなく、コメの収穫量を作用する要素は存在している。そして「谷水田」からのコメの収穫をあげるために工夫すべきことを、農民がこれまで行ってきた記録がありながら、これまでの多くの考古学研究は参考としてこなかったのではないか。こうした反省点を含め、稲が生育する植物的な環境と、歴史的に「谷水田」をどのように経営してきたか、という観点から、「谷水田」の個別・具体的な検討を行うこととする。

検討項目2

　二つ目に戦後の考古学研究が弥生時代以降を水稲農耕社会と規定し、そこから研究が進展してきた経緯から、それ以外の農業生産行為が社会へ影響を与えることは少ないという研究姿勢が長い間存在していた。稲以外の農業生産物や関連資料（以下、稲以外の食利用植物）について、積極的な検討とその評価が行われていたとは言い難いが、それでも稲以外の食利用植物については、遺跡出土の炭化種実を集成することで、これまでもその存在を裏付けてきた経緯がある。しかし、集成にあたってはすでに指摘されているいくつかの課題が存在しているのは事実であり、なかでも弥生時代以降の炭化種実の混入（コンタミネーション）を、どのような方法で峻別していくか、という大きな課題がある。炭化種実が弥生時代のものなのかどうか、ということを推定する方法の一つに、理化学的な年代決定法があり、これによって判断することは可能である。炭化種実のコンタミネーションを判別する方法の一つとして選択肢にいれることはできるが、これまで蓄積されてきたデータの実物が残っている場合はともかく、残っていない炭化種実もあることから、理化学的な年代推定方法は今後の新出資料にあてはめるほうがよい。既存のデータのなかから、コンタミネーションを取り除き、弥生時代に存在した穀類を峻別する方法として、出土状況（産出状況）から判断する方法がある。発掘調査によって出土した炭化種実の検出状況のなかで、出土した弥生時代の遺物や遺構に伴うと認識するレベルには、いくつかの段階が存在するが、最も強い段階、すなわちコンタミネーションの危険性が最も少ないのは、壺や甕に入れられた状態で出土する事例と、多量の炭化種実が床面直上や炉から確認される事例であろう。こうした出土状況は、例えば壺からの大量出土は貯蔵、甕内は粒食する調理に伴って残ったものという解釈をすることができるし、床面直上については、天井などに吊るしておいた穀類が落下した状態、炉内は調理の際にこぼれた状態を想定することができる。すなわち、その炭化種実がそこに存在する理由を整理し、合理的な説明を行うことができるという意味で、こうした事例が最も遺跡・遺構に伴う蓋然性が高いと判断できる。したがって、稲以外の食利用植物を証明する方法として、炭化種実集成を行い、そこから上記した意味のある出土状況を抽出して判断していくこととしたい。ただし住居からは穀物類に限らず、ドングリなどの堅果類、モモなどの果物が出土することがあり、これらが食の対象として存在して

いたことは想定できる。したがって野生種、栽培種にかかわらず、稲以外の食利用に付される植物種実についても対象範囲として集成を行い、弥生時代の食利用植物について、稲との比較を行う材料としていきたい。

検討項目３

検討項目２で行った炭化種実の分析の過程のなかで、粉食される食利用植物が想定できた。仮にこれが正しいとすれば、弥生時代の遺物のなかに、製粉具に関わるものが存在しているはずである。その最も可能性のある資料として、縄文時代以来の製粉具である石皿と磨石がその対象となる。これまで弥生時代の石皿・磨石についてはその研究の蓄積が少ないが、筆者が過去にそれを試みた（浜田 1992）。しかし、この論文執筆時での石皿・磨石に対する認識が乏しく、その後の調査事例の増加や新資料の出現もあり、この分析は不十分であったため再考し、石皿と磨石の集成と分析を行う必要がある。検討項目３では、この問題について検討を加えたものである。

検討項目４

南関東において水稲耕作を行うには不利・不自然な、台地・丘陵上に集落が展開する遺跡が多いことは、すでに第１章第２節などで説明したきた。しかし、このような立地的特徴をもちながら第２章第２節で触れてきたように、戦後からこれまで深く問題提起されてこなかったが、1990年代以降、低位面にも集落が展開する可能性の議論が加えられてきた。そして、それに呼応するように、低位面にも集落が存在することが確かめられてきた。

集落が立地する地理的環境は、集落に住む人々の生活を左右する重要な要素であり、時代を超えて普遍的な課題だといえる。特に水稲耕作が一般化される弥生集落については重要である。集落が展開する地形が河川の氾濫原、自然堤防や微高地などいわゆる低位面か、あるいは台地・丘陵の高位面に存在するかによって、集落のもつ性格や機能が異なっていた可能性を、従来の弥生集落研究は検討してきた。こうした状況は端的に言えば、主に愛知県以西の西日本では、低位面の集落は水稲耕作を主体にした集落であり、高位面にある集落は高地性集落として争乱に関連した集落、あるいは交易関連も含めた見張台としての機能をもつ集落という性格づけがなされてきた。一方静岡県以東から北関東南部までの東日本では、低位面の集落数が僅少であった頃に研究が開始された影響もあり、高位面の集落が西日本の低位面に展開する集落と同じ性格をもつと措定してきた。しかし、東日本にも低位面集落や水田が確認され、その事例が増加し始めてきた現状においては、これまでの東日本の集落を、高地性集落が存立するか否かも含めながら、検討する段階に入ったといえるであろう。本稿の主体的論点である、畠作も含めた弥生集落を論じるにあたっても、その問題は同様に分析する必要があり、そのために、検討する個別項目として、二つの問題（検討課題４・５）が挙げられる。

一つは現状の東日本の弥生集落の立地が、具体的にどのようなものであるかを整理することである。これには単純に遺跡が低位面・高位面にあるというだけでなく、共同体として組織化された社会の一つとして、集落を想定してきたこれまでの研究との整合性を高めるためにも、両者の平面

的・立体的な位置関係が重要になる。南関東の弥生集落は、高位面の集落の調査がほとんどであったため、いわば高位面に集落が展開していることを常態として認識してきたが、低位面の集落が確実に存在することが確認されはじめた今日、従来の集落のとらえ方は再検討する必要が出てきた。しかし、南関東における集落立地について、具体例に沿って整理・検討した事例は少なく、この作業は集落を理解するための基礎的なデータ整備であり、必要不可欠な課題として位置づけられるため、これを検討する。

それを検討する方法として、低位面集落あるいは高位面集落というカテゴリーごとに集成・整理しても、この場合は意味をもたない。これまでの集落景観を見直し、従来の研究との分析条件の共有化をするためには、一つの集落が周辺の同時期とされる集落とどのような関係であったか、また、時間の変遷とともにそれがどのように変化していったか、が重要である。それを検討するためには低位面集落と高位面集落の両方が確認されている、比較的狭い範囲をケーススタディとして、集落の類型化を行ったほうが有効となる。そしてそこで得られた集落の類型をもとに、それが南関東全体に敷衍できるかを探り、弥生集落の在り方を整理していく。景観上低位面の集落と高位面の集落が隣接、ないしは近接して存在するのか、離れて存在しているのかを区別しておく必要がある。高地性集落を第5章で包括的に検討する場合にも、この区別に基づいた考察が必要となるからである。

検討項目5

遺跡の立地に関する二つ目の検討項目として、上記の低位面と高位面の集落の関係にも密接なつながりがあるが、弥生集落と生産耕地がどのような関係であるか、を整理しておく必要がある。低位面・高位面に集落が存在することが確認されてきたが、それらの集落が運営した水田と畠の生産耕地の関係を把握できる調査事例は、少ないながらも南関東でも近年確認されてきた。これまで南関東では低位面の集落の確認が少なかったこともあり、高位面集落が低位面の水田を拓き経営をしてきたと推測されてきたが、これは未検証の問題である。また、水稲耕作以外の農業生産行為については、これまで畠跡の事例が少ないこともあり、高位面に展開する集落の生産耕地の候補は、必然的に眼下の低位面を考えてきた。しかし、若干例ながらも畠跡の確認は、数例が知られるようになり、集落と生産耕地の関係を考察するうえで、再考を促し検討することが可能になってきたと考える。

この問題については、具体的には集落と生産耕地が確認された遺跡を取り上げ、両者の位置関係を見ていくが、集落と生産耕地を直接結びつける方法は現在確立されているわけではない。集落と同時期に生産耕地が周囲にあれば、常識的にこの両者を結びつけてきた。今回もこうした推測方法を踏襲し、具体的な遺跡の事例をもとに、集落と生産耕地の関係を導き出すこととする。

検討項目6

弥生集落はしばしば環壕をもち、多数の住居が存在する「大規模」な遺跡が存在する。そして連続する数型式にわたる土器が出土するため、こうした集落は長期間にわたり定住した集落であると

理解するのが一般的である。その背景には、連作可能な水田が長期定住化を可能にするという考えが、意識的ではないにしろ多くの研究者の中にあると考える。しかし、「集住」「定着」したとされる弥生集落像も、短期間だけ集落が展開する事例や、土器型式の間が抜けて出土する状況などからみて、同一集落への定着性は、高くないことが示唆される。

また、中期後半の宮ノ台式期に顕著なように、竪穴住居の不連続（不規則）な重複が多数存在することは、そこに連続的に住居が構築された可能性と、一定期間が経過した後に新たに住居が構築された可能性の二つが想定される。この問題はこれまでは未検証のまま連続する土器型式が使用された時間内では、連続的に集落が構築されたと解釈してきた。不連続に重複する古い竪穴住居の廃棄と新しい竪穴住居の建設時期に、時間差があるかどうかと言う問題は、古い住人が移動するのかしないのか、という問題になる。つまり、重複する新旧の住居に時間差が認められるならば、その間ここに住んでいた住人は、どこかに移住していたわけであり、それが周辺の同一時期の集落として私たちがとらえる、別の集落に移ったことも考えられることとなる。

これまで問題にされてこなかった、同時あるいは前後する細別土器型式の時間内での集落の移動の可能性を検証する具体的な方法として、竪穴住居の上屋の存在に着目して分析・検討していく。これは竪穴住居址の不連続な重複事例をみれば、古い竪穴の覆土を掘込んで新しい竪穴が建築されていることから、古い住居の覆土の形成が、人為的に一気になされたのか、自然の状態で覆土の形成が開始された（その間の一定期間は上屋が存在していた）のかの判別ができれば、上記の古い竪穴住居の廃棄と新しい竪穴住居の建設時期に、時間差があるということが証明されることとなるからである。

本書では、以上のような方法と検討項目を据えて、分析・検討を進めていく。

第4章　個別要素の検討

第1節　検討項目1：谷水田の検証

1　問題の所在

　前章で示した本書の検討課題のうち、本節では谷水田の検証を行う。

　日本の考古学研究において、戦前から推測されていた弥生時代の水稲耕作存否の問題が、戦後静岡県登呂遺跡からの水田の発見によって確定したことは、その後の研究に大きな勢いをつけた。特に生産力と生産関係を社会が成立する基盤として、発展的にその変化を分析して原始・古代の社会復原を行う唯物史観にとって、水稲耕作経営を前提とすることで、弥生時代から現代までの社会構成の変遷観を、統一的な視点で描くことが可能となった。そして、古墳時代の社会構成に発展する変遷観を如何に説明するかという命題に対して、これを説明するモデルとして、弥生時代以降は灌漑用水を伴う水稲耕作による生産体制が一般化し、これが社会を動かす原動力であるとして各時代を理解しようとしてきた。したがって、戦後の研究はこれまで、この灌漑用水型の水稲耕作モデルを各地の弥生時代の遺跡にあてはめて、弥生時代を理解しようと試みてきたといえる。灌漑用水を引けない（分水線となっている）丘陵・台地・段丘上などに展開する集落についてもこのモデルを準用し、生産耕地は丘陵・台地下にある谷に想定し、灌漑をもたない水稲農耕集落であると想定してきたことは、当時にあっては説得力のある意見として受け入れられてきた（近藤1952・1959）。

　本稿で対象とする南関東の集落は、まさにこうした丘陵・台地・段丘上に存在することを典型とし、集落が展開する地形面は分水線となっており、基本的に水田を作り得ない場所に立地している。そうした前提で集落を支える水稲耕作地を考えた結果、集落の眼下にある谷が候補地として挙げられ、ここに水田が想定されることになったのである[1]。

　和島・近藤両氏が想定する水稲農耕のなかでの谷水田（「谷田」「谷戸田」「谷津田」「谷地田」と同義語であって、こちらのほうが一般的であろうが、これらを包括する用語として、本稿では「谷水田」とする）の位置づけは、理論的に大きく二つにわけられる。

　一つは水稲農耕初期の段階で大規模な灌漑用水を敷設する水田を造営することはむずかしかったものが、鉄器化が進み技術的にも灌漑用水を沖積地に開削することが可能になったと考え、湿田から乾田へ、天水田から灌漑水田へ発展していくなかでの位置づけである。つまり、谷水田は農業技術史的に未熟な段階にあるという認識である。もう一つの位置づけは、集落が用水の確保が容易な平地ではなく、用水確保が困難な分水線をもつ丘陵・台地に存在する場合に、その集落を支える水稲耕作地の候補地としての位置づけである。いわば集落と生産地との関係を重視した位置づけであるといえるだろう。そしてこうした集落の場合は、地形的な制約によって生産地域が限定される

ことから、必然的に谷水田が推定されたのである。

　しかし、前者についてはその後の研究の進展によって、岡山県津島遺跡、福岡県板付遺跡の発掘から（昭和44年津島遺跡発掘調査団1969、下條編1970、福岡市教育委員会1979a・b）、弥生時代の当初の段階から沖積地での灌漑用水をもつ水田があったことが知られてきたため、農業技術の発展段階論から谷水田の存在を位置づけることはできなくなった。弥生時代の水田にはその当初から、灌漑用水をもつ水田経営技術が存在していたのであり、農業技術の発達度に関係なく、実際に水田を開く場所の条件によって谷水田は存在することが想定できるようになった。そのため考古学研究のなかで、谷水田は丘陵・台地の集落とその居住人口を支える生産地域としての位置づけが生き残り、その後の集落研究へ引き継がれることとなる。

　本稿で主な分析対象とする南関東地域なかでも横浜市北部では、昭和40年代に行われた大規模な開発調査に伴う悉皆的な分布調査および発掘調査によって、沖積地ではなく、台地上に弥生時代集落が密集するように存在しているのが判明してきた（岡本1968・1969・1970）。こうした集落群を分析した田中義昭氏は、大規模な環濠の中に複数の住居がある集落（拠点的集落）と小さな環濠集落あるいは環濠をもたない小規模な集落（周辺的集落）の二つのタイプが、谷を望む台地に占地している特徴を見出した。そしてこの二つのタイプの集落が、谷を耕地として開発・経営することを通じて結びあった姿であることを提示した（田中1976・1979）。田中氏の提示した集落構成のモデルは、その後各地の弥生時代集落で検証が試みられ、同一のモデルがあてはまる事例も報告されてきた。しかし、田中氏の一連の研究は、土器の細分研究の推進とともに見直しがはかられることとなる。その具体的な事例は安藤広道氏が行った、自らの土器の細分研究を踏まえた、弥生時代中期後半から後期初頭の集落の分析である。安藤氏は田中氏が対象とした鶴見川流域の弥生時代集落が、少なくとも3回は集落が変遷することを提示した（安藤1991b）。そしてこうした大規模な環濠集落を含む多数の集落人口が、従来想像されていた狭い谷戸田からの生産によって、まかなわれていたのかに疑問を呈する。安藤氏はこうした問題意識を前提に、宮ノ台式期の集落に見合う水田面積を、集落の人口、食性、水田生産量などから計算した結果、鶴見川流域の宮ノ台式期の環濠集落が10万㎡前後以上の水田を必要とすることを推測した。この計算値から、環濠集落周辺に広がる谷部を全面的に利用したとしても必要な水田面積は得られないことから、間接的に谷水田を批判し、河川氾濫原に水田が営まれていたと想定した（安藤1992）。谷水田に代わり河川の氾濫原を、台地・丘陵上の集落の生産耕地に想定した氏の考えは、新たな視点を切り開いたといえ、現在の一般的な考え方となった。

　しかし、安藤氏が想定した河川氾濫原への水田耕地の想定方法には問題がある。このことは以前に取り上げたが（浜田2002b）、その一つは水田面積の算出方法に使用する数値の採用によって、結果が大きく作用されることである。特に不確定要素が強いのは、環濠集落の人口、水田のコメ生産量、当時の食性に占めるコメ食の比率であり、この数値によって、得られる値は大きな幅で推移する。したがって、この分析方法では数軒から十数軒からなる小規模集落を対象とした場合、大規

模環壕集落でも可能性はあるが、算出した谷水田の推定生産量の数値しだいでは、集落人口をまかなえる結果となる可能性もある。その場合は谷水田を耕作地として想定できることとなる。さらに二つ目の問題は、鶴見川の宮ノ台式期の集落群を構成するのは、氾濫原の開発を行い得る社会組織をもつ移住集団であり、移住地の開発を一気に推し進めていく戦略をもった集団でもあった、とする分析結果である。仮に開田に関わる用排水路の掘削、堰の構築などの技術や、組織的な労働力編成などを所持した集団がこの場所に移動したとして、なぜ最初に広い河川氾濫原の多摩川流域ではなく、狭小な耕作地しかない鶴見川流域に集住したのか。また大塚遺跡など河川氾濫原に直接面していない遺跡が存在することなど、この分析結果では必ずしも説明がつかないのである。後期に入れば鶴見川流域の弥生時代集落は少なくなり、逆に多摩川流域の弥生時代集落が多くなる分布を示すので、後期集落も河川氾濫原を利用する集団と想定するのであれば、両河川の氾濫原の肥沃度などは大きな障害とはならない。鶴見川流域にしろ多摩川流域にしろ、水田や畠に関連した遺構が未確認である現状からすれば、河川氾濫原への水田耕地化は想定の域を出るものではない、と判断できる。

　ところが近年に至り千葉県市原条里制遺跡（佐藤・新田1997、小久貫1999）から、安藤氏の想定していた中期後半の集落がある台地下の沖積地に作られた、弥生時代中期後半の水田が確認された。水田は比高差15mほどの台地の裾に設定した調査区から検出され、その台地上には、菊間遺跡・菊間手永遺跡が存在しており、沖積地の水田はこの台地の集落構成員が耕作した可能性を報告者は述べている。現状ではこうした想定も可能であろう。しかし、第4章第4節・第5節で詳説するように、入り込むことが想定しにくい大量の土器が、水田水路内から出土したことは、水田周辺の河川氾濫原の微高地上に集落が存在する可能性が強く、台地上の集落と氾濫原の水田との関係性が確定しているわけではない。また、神奈川県三浦市赤坂遺跡（岡本1977ほか）、神奈川県横須賀市大塚西遺跡（玉口・大坪1997）、神奈川県横浜市赤田群遺跡（大川・渡辺1994、渡辺1998）、千葉県木更津市東谷遺跡（酒巻2008）、千葉県市原市マミヤク遺跡（小沢1989・1993）など、こうした河川の氾濫原が近辺に見いだせない集落も存在する。したがって台地・丘陵上の集落が、河川氾濫原の水田を耕すというモデルを敷衍化することはできないであろう。

　また、民俗学から摘田稲作法の系譜を追求するうえで、植田と直播（摘田・蒔田）の稲作法が、初期稲作農業段階まで遡れるか、という問題提起をした小川直之氏の研究は、弥生時代の谷水田の検証とも深い関わりをもつこととなる（小川1995）。小川氏は近世以来の文献・伝承から南関東、特に本稿で対象とする地域に摘田が多く認められ、そのほとんどが谷水田であることを明らかにし、摘田固有の儀礼も存在していることから、植田の関与が比較的遅かったことを指摘する。そして延暦23（804）年の儀式帳などからこの時期に植田と直播が行われていたことを確認し、「直播による稲作は台地・丘陵地や山地地帯の谷間やその縁辺部の小規模な水田で展開していたが、植田法の普及にともなって、いわばヤマの稲作法であったのが沖積低地のサトへも下り、大河川沿岸部では植田代用型の方法として（摘田が：筆者注）取り入れられるようになった」（小川1995：p.588）

と問題を提起した。摘田を行う谷水田が多い南関東では、摘田に伴う固有儀礼が現代にまで残ることから、摘田（谷水田）が初期農耕段階以来の稲作法の可能性がある、という問題提起でもある。その問題に対しては、考古学的に見て弥生時代に谷水田の経営が行われていたのか、の解明が一つの鍵を握っているといえる[(2)]。

　これまでの研究成果によって、丘陵・台地上に展開する弥生集落の水田の候補地は、谷水田と河川の氾濫原の二つが存在することが理解できる。そのうち河川の氾濫原については、現在充分分析するだけの材料をもっていないため、今後の研究の見通しとして最後に簡単に触れるにとどめ、本稿ではまず谷水田についての分析を行っていく。

　分析対象となる谷水田は、具体的に発掘によって確認された事例は少なく、谷部の発掘調査を実施したにもかかわらず、水田が確認されなかった事例も存在する。また、実際に谷の発掘を行っていなくとも、集落の眼下にある谷の地形状況や規模、海岸との距離などの自然環境や歴史的に見た谷の土地利用などから、弥生時代の谷水田の存在を想定するのが困難な地域も存在する。集落が展開する丘陵・台地・段丘下の谷に安定した耕作地がなかったならば、この集落を支える生業基盤は何か、丘陵・台地・段丘上に集落を構える理由は何か、そしてこれまでの弥生時代の集落像にあてはまるのかなど、谷水田の存否はこうした問題提起をはらんでいるのである。

　こうしたことを前提にした場合、まず、谷水田が台地・丘陵上の集落を支えるだけの食料を安定的に生産できていたのか、という谷水田の生産性の問題と、二つ目に谷水田の耕作者は、谷を臨む台地・丘陵上に集落を構える集団であったのか、という谷水田と集落の関係性の問題を、さしあたって検討する必要がある。

2　「谷水田」の範囲とその特性

（1）谷水田の類型化

　谷水田の検討に入る前に、対象となる「谷水田」についての概念規定をしておこう。

　谷水田は、谷間の湧水を水源とする舌状台地（丘陵）と舌状台地（丘陵）との間にある谷に作られた水田のことである。谷水田はおおまかに定義すれば、谷間に作られた田を総称する言葉があてはまるが、谷の形状・規模・台地との比高差・耕作面のある位置・集落との関係などによって、さまざまに分類しうる。しかしここでは本稿で関連する、二、三の問題に絞って論を進めて行こう。

　まず耕作面のある場所についてはおおまかに分けて、次の二種類が想定できる。一つは狭小な谷（以下「小谷」と呼ぶ）の中に作られるもので、もう一つは小谷の出口である谷口にあたる部分に作られる（図2）もので、その先に河川の氾濫原が存在する場合は、そこもこの範疇に入る。前者を谷中水田、後者を谷口水田と呼んで区別しておく。両者は、河川が流れる本谷と本谷から分かれて形成された支谷に作られたものの区別ともいえるであろう。支谷に作られた谷中水田は小谷の湧水が唯一の水源であるのに対して、谷口水田はほかの小谷から流れた水や本谷を流れてきた河川を水源として利用できる利点があり、谷中水田に比べて広い耕地を確保できるのが特徴である。

図2　谷の概念図

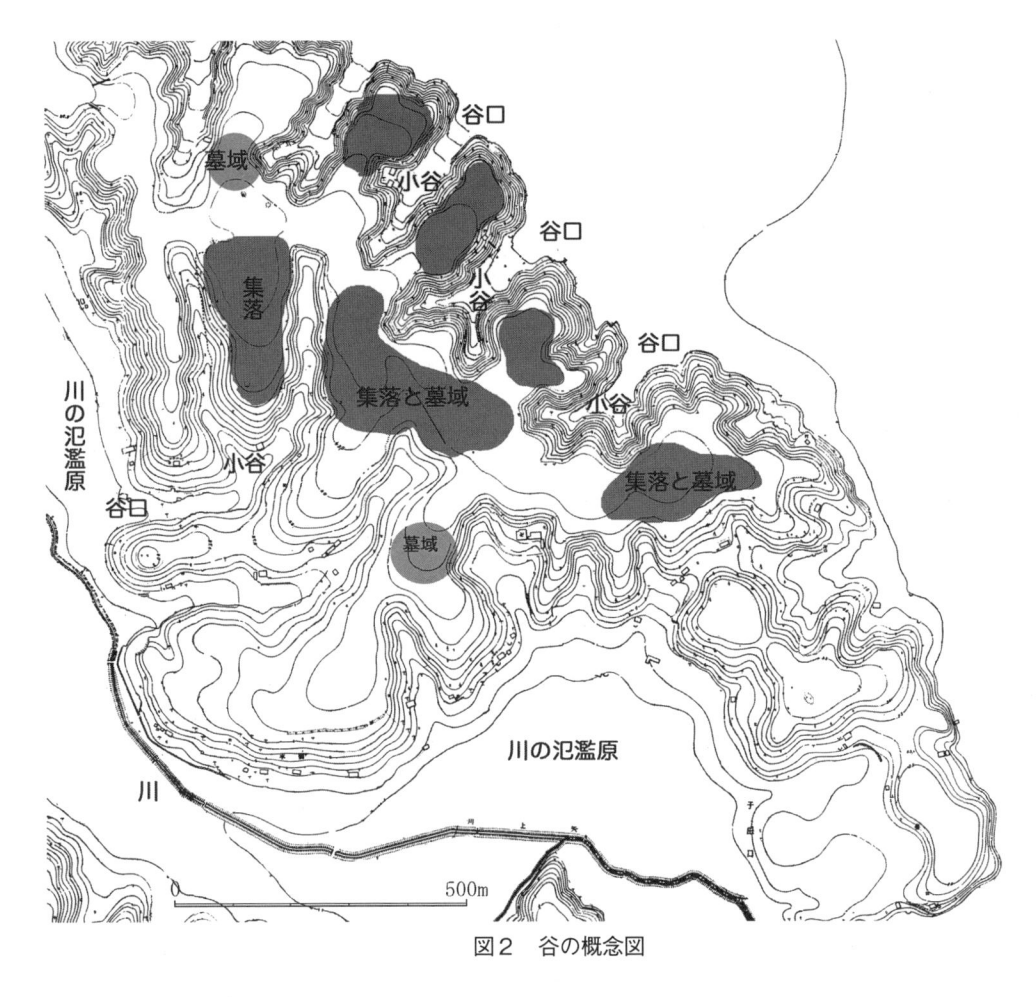

　次の分類基準は、谷の両側にある丘陵や台地などの高位面の状態によって措定するものである。耕作面のある場所で区別したものが平面的な分類であるとすれば、この分類は立体的な基準である。谷は、その両側にある谷よりも高い部分があることによって成り立っているわけだが、この高位面の高さや広がり、つまり土壌堆積量が大きくなればそれだけ保水量も増え、それによって谷に湧き出る水量も増える。もっとも高位面の基底・頂部の広さや高位面の傾斜度の緩急による違い、水脈の在り方などの諸条件によって湧水量は変わってくるが、高位面の高さは谷水田を考える際のわかりやすい分類基準であろう。例えば谷部と高位面の比高差が数mと20m前後の事例とは、一般的に谷部への湧水量に大きな違いが存在するといえる。ただし、どの程度の比高差があれば谷水田と呼べるか、ということについては具体的な数字として表すのは、ほかの不確定要素があって厳密に規定できるものではない。本稿で対象となる南関東地域には、集落とその眼下の谷の比高差が20m前後をもつ事例が多いので、この比高差を目安として便宜上設定しておく。前者を微高地型、後者を台地型と呼ぶ。
　こうした分類により、微高地型の谷中水田と谷口水田、台地型の谷中水田と谷口水田に細分さ

れるが、従来、集落との関係で弥生時代の谷水田として想定してきたのは、主に台地型の谷中水田と谷口水田であった。その一方微高地型の谷水田は景観上では「谷水田」の姿をしているが、後述する台地型の谷水田の特性と比較すれば、水をめぐるさまざまな要素（水温・水量・日照条件）を考えた場合、むしろ沖積低地に展開する水田に近い条件にあったといえるであろう。微高地型と台地型の谷水田は、後述するように台地型の水田のほうが、前者に比べ日照条件が悪く水温が上がりにくい点や、水はけが悪く長い間低温の地下水の影響を受けやすいなど、水稲栽培にとっては大きな違いが存在していると考える。両者を谷水田と分類して同じ条件で分析を行うことは、慎重にすべきであろう。一つの事例として、谷水田として提示されてきた群馬県高崎市の日高遺跡は、水田面と集落がある台地との比高差はわずか約50cmであり、微高地型の谷中水田である。日高遺跡の古墳時代以前（浅間C軽石層堆積以前）の地形は、現況と大きく異なっていて、深く狭い流路となっている。しかし、その比高差を加えても3mであり、これを比高差20m前後の小谷にある台地型の谷中水田と同一に扱うことはできない。このことは微高地型の谷口水田にも言えることである。

　以上の点から、本稿では微高地型の谷水田は検討対象から外して、台地型の谷水田について、その一般的な特性と谷水田での稲栽培の問題点を次に整理しておく。

（2）　谷水田の生産性と水稲栽培の特性

　谷水田は湿田である。両側の台地土壌で保水している水分が、谷との境から湧水として地上に出て、谷に流れ込む。谷に流れ込んだ水は谷の土壌を湿潤化させ、水分過多の状態となる。湿潤化の度合いは、両側の丘陵の規模や谷幅の狭広によっても異なってくるが、乾田と比較すれば、その湿潤の度合いは極端に高い。一般的な傾向として谷水田は、灌漑用水の整った乾田と比較した場合生産性の低い水田である。その生産性の低さを一律に数字で表すのは簡単なことではないが、江戸時代初期の石盛を谷水田が多い武蔵国久良岐郡・都筑郡・橘樹郡（現在の横浜市・川崎市）で見ると、全国的には上田十五が標準であるのに対して、三郡内ではそれを満たす村はほとんどなく、十二から十の石盛となる村が多い。また各郡内の中田は九斗～一石二斗、平均一石の収穫量であるのに対し、隣国の相模国の酒匂川流域の平野部では一石三斗～一石五斗の収穫量があり、同じ中田でも収穫量に大きな違いがある（古島1958：p.487）。三郡内の比較のなかでも一反あたりの予想収穫量の比較のうえで、灌漑用水を使う沖積低地の水田と谷水田とを比較すると、顕著な差を見ることができる。

　谷水田地域のなかには、灌漑用水の水田とあまり変わらない一石平均の石高となっている村もあるが、一方には一石の六割にも達しない村も相当数にのぼり、その中間の数値を示す村が無いという極端な差が存在することが理解できる。この史料を分析した古島敏雄氏は、ここから天水田（谷水田）の農業生産が不安定な状況におかれていることをくみ取っている（古島1958：pp.618-621）。谷水田を灌漑用水が整備された乾田と比較した場合、耕地としての生産量が劣っていることは、各地に残る農書や聞き取り調査による耕作農民の実感として多く報告されている[3]。

このような近世から現代にいたる谷水田と乾田との生産量の差は、栽培に関する知識や耕作技術、農耕具の種類、作物品種などの農業条件や温度、日照時間、雨量などの検討項目が同じ条件での比較による差であることから、谷水田と乾田の生産性の差は時代を越えて一般化することができると考える。すなわち、近世からさかのぼり中世および古代においても、各々の時代の農業条件や自然条件は谷水田と乾田との間では同一であり、そうした条件下であるならば、谷水田と乾田の生産性には常に差があると判断して良いであろう[4]。こうした谷水田の低生産性に対して、農民は過去どのようなことが原因であると考えてきたのか。そしてこれまでどのような方法で対処をして、生産向上を目指してきたのか。その谷水田の史的経営の特性を抽出するためには、水稲栽培の一般的な問題をまず整理しておく必要がある。

水田には、水稲の植物的な特性に由来する水稲栽培技術が存在するわけであり、植物的な特性を無視した水稲栽培が存在するとしても、その栽培からは安定的な米生産を得ることは後述するように極めて困難なことである。これまでの日本における水稲栽培や水田耕作技術の改良は、生産性の向上のために、まさに水稲の植物特性をその時々・各地の自然環境にあわせて、効率的に対処する方法をさぐる歴史であった、といえるであろう。水稲の植物特性としての優秀性は、水田を利用することによって連作が可能となり、ほかの植物との比較で収穫率も高いことなどがこれまで挙げられてきた。しかし水稲とその農業技術の優秀な部分は理解されているが、反面水稲栽培に際して、これまであまり取り上げられてこなかったが留意すべき点もいくつかある。すなわち水稲栽培にあたっては病虫害や休耕田、日照など検討すべき問題は多々あるが、ここでは谷水田に普遍的な事象である、冷害を引き起こす水温の問題を取り上げて具体的に検討してみよう。

稲は水分が極端に不足すると障害を受けやすい植物であることは、過去の歴史の中で旱魃の被害として記録されているため最も知れ渡った特性である。それとともに良く知られているのはほかの食利用植物と異なり、水分が多い場所のほうが良く成育することである。そのため先に述べたように、高温多湿で湿潤地の豊富な日本では水稲の導入を必然化させたとする近藤氏の見解は、特に異論もなく受け入れられた。しかし、水が豊富にありさえすれば水稲が育つというほど、その栽培は単純ではない。特に水田における水温状況によって不稔（実が実らない）となる確率が左右され

表1　水田水温（6月30日〜9月12日）と反当り精籾重（貫）との関係（小沢1955 原表を一部改変）

昭和15年						昭和16年					
気温			水温			反当り精籾重貫(kg換算)	気温			水温			反当り精籾重貫(kg換算)
最高	最低	平均	最高	最低	平均		最高	最低	平均	最高	最低	平均	
			25.2	15.5	20.4	1.2(4.5)				23.9	14.1	19.0	0.0(0.0)
			27.6	15.5	21.6	57.6(216)				24.2	14.7	19.5	0.0(0.0)
24.9	17.6	21.3	27.2	17.4	22.3	85.2(319.5)	23.0	15.9	19.5	24.6	15.4	20.0	5.8(21.75)
			26.9	17.5	22.6	75.6(283.5)				25.5	16.5	21.0	21.0(78.75)
			28.4	19.8	24.1	119.9(449.6)				25.9	17.5	21.7	48.2(180.75)

備考　1．供試品種：奥羽172号　　2．昭和15年の標準区（水温30.0℃,20.7℃,25.5℃）は119.9貫

るのである。

　田中稔氏が行った7月10日から8月13日までの実験報告から、平均水温（最高・最低の平均値）が24～26℃以下では不作になり、23℃以下では作況が70％以下の凶作となることが、和田定氏によって報告されている（和田1992）。実験日の7月10日から8月13日までは、出穂前40から50日前にあたり、稲が最も水温の影響を受けやすい時期である（田中稔1982）。また一般気象条件に大きな差がなく水温だけが異なった場合に、水稲作柄がどのように変化するかの実験も田中氏によって行われ（表1）、それによれば平均水温20℃以下では収穫が皆無に近く、22℃前後で半数近くの収穫になり、24℃でほぼ標準の作柄と同じになることが確認されている（小沢1955）。さらに別のデータ（千葉・山田1970）によれば、出穂の遅れと不稔の発生から見た場合、水温25℃以下では出穂の遅れ方・不稔の発生とも極めて著しいというデータが出されている。実際に水温は流入水量、気温、水深、灌漑方法などの水利条件によって影響を受け、測定の時間や場所によって一様ではないが、こうした実験によって確かなことは、水温が下がれば下がるほど不稔の稲が多くなり、収穫が少なくなるということが水稲の一般的な特性だということである。そしてその境界となるのは、22℃を挟んだわずか数℃の違いであり、谷水田の生産性の低さの原因の一つに、こうした冷水を灌漑用水に使用することがあることを確認しておきたい。

(3) 谷水田経営の技術的問題

　これまで、水稲栽培の特性のなかで、水温の問題を見てきた。谷水田から少しでも収穫量を増やし、安定的な収穫を行うためには水温の問題を考慮しながら耕作を行い、低水温を補う方法を導入して対処しなければならない。そうした条件に対して、これまで谷水田の経営者はどのような対応をしてきたのであろうか。そのことを追究することによって、谷水田の具体的な経営と米生産者の姿が理解できると考えられる。

　この問題に関しては谷水田を対象にしたものではないが、水田用水の管理の問題について、日本の農業技術を概観した古島敏雄氏の見解が参考になる。古島氏は江戸時代に成立した各種の農書に、河川灌漑・貯水池・堀の水を揚水機で上げる方法、井戸水灌漑、天水の保持など、水の性質の差を生産上の利益向上に結びつけるさまざまな方法が取り上げられているのは、江戸時代の農民がいかに安定した水・水害のない用水、温かい水といったことを問題にしているかがわかると指摘している。そして低水温を克服するための方法に、溝に冷水を落とす方法や掛け流しの禁止、温水路の設置、明渠・暗渠の設置による冷水の除去などが行われていたことを示した[5]。また農書のなかでも貞享元（1684）年の福島県会津地域の農書『会津農書』は、山田の冷水の対策として具体的に次のように記している。「山田用水ハ晩に掛て置、朝に水口乾へし。水上深山より流る清水にて、朝に来る水ハ夜中の寒に当りて猶冷ゆる。晩に来る水ハ昼の暖気を請けてぬるし。故に温り来る水を晩より掛け、其の水の翌日まで溜るやうにして昼夜温水用いて、朝に水口を留へし。又ハ水口の遠近を考て、不断温水を懸へし。次に田坪の水口の倒苗代を水温にて懸れハ、水口の田の冷立ハな

きもの也。山田のうち取りわけ冷水のかゝる処ハ、縦水上近き其幾曲りまけて、ゐほりを掘処に幾つも水温池を広く掘置て、江掘ののりを遠くして掛れハ、水温りて能物也」として、迂回水路とともに水温池を広く作ることを薦めている（庄司編 1982：pp.52-53）。

また、多摩川右岸の多摩丘陵で、近代から現代にまで残った谷水田の経営方法については、中村亮雄氏を中心にした川崎市農耕習俗調査団によって、具体的な聞き取りが行われている。それによれば、冷水の除去のために節を抜いた竹に切り込みを入れて田に埋める暗渠排水、田の周囲に溝を掘りそこに冷水を廻して暖める方法などが挙げられている[6]。

こうしたことを参考にすれば、低水温を克服するための代表的な方法には、溜井・温井・温み・水温池など名称はさまざまだが、地下水を暖めるための包括的な意味での溜井と、迂回水路、明渠・暗渠の設置があるといえるだろう。溜井設置の目的は用水不足を補うこともあるが、水が豊富な谷水田の場合は、冷たい湧水を蓄えることにより水温を上昇させる作用のほうが大きかったと考えられる。迂回水路も水温の上昇を狙ったものであり、湧水地点から距離があるほど効果的となる。その具体的な方法が水田の周囲に水路を廻して暖めたのちに、田に水を引き込む方法である。水温の上昇に関しては、乾田の場合、田に水を張りその水を動かさずに（新しく引水をしないで）おけば、水温は太陽熱で上昇する。これが谷水田の場合は、冷水が周囲と地下から浸入してくるため、水を田面に保持するのがむずかしい。それを改善するために明渠の設置を行う、と理解してよいだろう。同じように冷たい湧水が地中から上昇してくるのを防ぐ目的で、田の地下に排水用の仕掛け―暗渠排水―を作ると考えて良い。低水温に対する過去の耕作民のこうした努力は、アオゴメ（実熟不良粒）や冷害の比率を下げるための努力であり、こうした対策を行わないと谷水田のような低水温の湿地の環境下では、期待した収穫をあげられないことを物語っているのである。

では、こうした近世以降の谷水田を経営する技術的な問題が、いつの時代まで遡っていけるかを確認しておこう。

（4）水温上昇の施設をもつ谷水田の例

近世以前の水田に付随した水温上昇施設については、特に群馬県の事例が多い。群馬県内では遺構の年代決定に火山灰が有効に利用できる研究上の優位性があることが、研究が進んでいる要因の一つである。群馬県内遺跡の集落と生産域についてまとめた能登健氏は、3～4世紀に河川のある沖積低地に生産域をもつ台地上の集落（伝統集落）、その後5世紀後半～7世紀に登場する台地上の集落が、台地末端の溜井を用水とする谷水田を生産域にもつ（第1次新開集落）。8世紀に入ると谷水田は広がり谷頭近くまで開発がのびる。この谷水田を臨む斜面に集落が形成されるようになる（第2次新開集落）とした（能登 1986）。能登氏の研究からは、第1次新開集落の段階で、溜井が存在する。その代表的な事例は、群馬県荒砥天之宮遺跡のA区から確認された溜井である（徳江 1988）。台地末端と沖積地にまたがるA区からは、湧水地点に4基の溜井が検出している（図3-1）。このうちA区1号溜井の底部とA区4号溜井の覆土中位に、12世紀初頭の火山灰である浅間B軽

1　群馬県荒砥天之宮遺跡の溜井（徳江1988原図：改変）

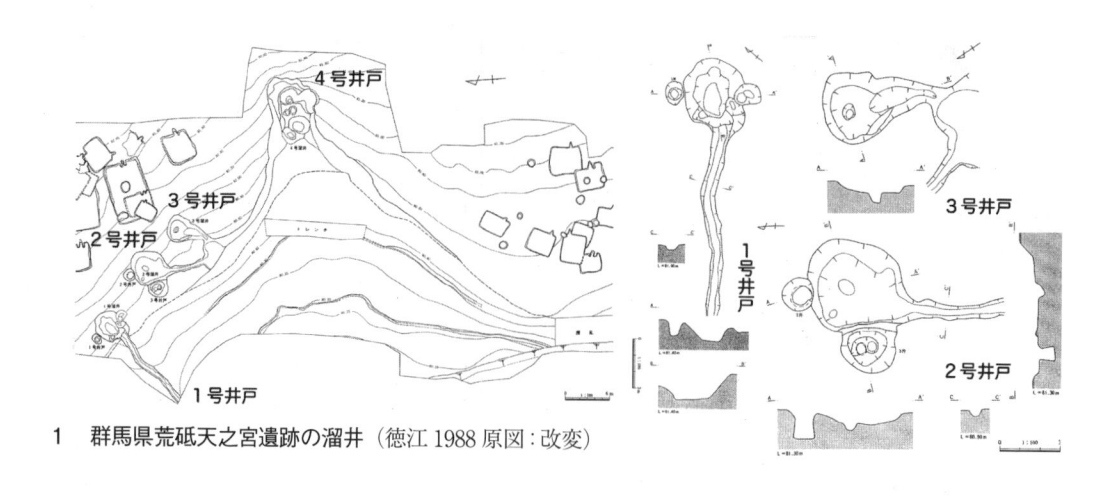

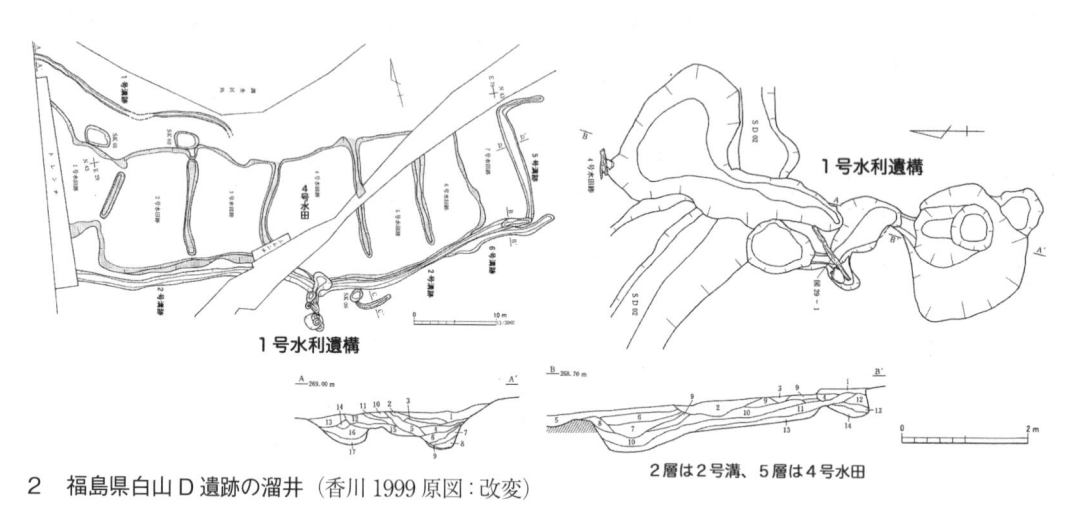

2　福島県白山D遺跡の溜井（香川1999原図：改変）
2層は2号溝、5層は4号水田

図3　古墳時代以降の溜井遺構

石（以下 As-B）が堆積していたが、A2号溜井とA区3号溜井からは As-B を含め、そのほかの火山灰は確認されていない。また2号と3号からは古墳時代後期の土器が出土しているので、2号・3号溜井は7世紀段階のものと推定される。群馬県落合遺跡からは6世紀後半から7世紀に構築された US-7号湧水坑（安中市教育委員会1990）や、群馬県峰岸遺跡から12世紀に比定される As-B 火山灰土層下から溜井が確認されている（内田1985）。また群馬県下以外でも、福島県白山D遺跡から平安時代前期の溜井が確認されている（香川1999）（図3-2）。第1号水利遺構と命名された溜井の覆土の最上部には、10世紀の水田（1〜4号水田跡）である4号水田跡および2号溝が作られていることから、少なくとも10世紀よりも新しくなることはない。第1号水利遺構は帯水層まで掘込まれ、現在でも湧水があり数字での表示はないが、土坑の下部は冷たいものの日光によって暖められた上方の水だけが、水田方向に流れ出る構造となっているという。

　以上のような事例を見れば、これまでのところ水温上昇の設備としては、溜井が古墳時代後期

には存在していたことがわかる[7]。そして平安時代以降にも溜井が存在することからしても、前述した近世以降に実践されてきた谷水田経営の技術的な問題解決、すなわち水温上昇を実践することは、古墳時代当時においても検討すべき問題として存在していたと考えて間違いないであろう。そしてこれが、弥生時代の谷水田の経営の課題でもあったことは、水稲栽培に関わる冷害が弥生時代には克服されていた、と推定されない限り動かし難いことである。弥生時代にこうした水温上昇のための施設が敷衍的でないならば、弥生時代の谷水田の経営を検討する場合、これまで見てきた近世以降に取り組まれてきた問題を参考にして、分析・考察する妥当性が存在するのである。

3 弥生時代の谷水田の実例とその問題点

(1) 谷水田が検出された事例について

これまで発掘調査によって確認された弥生時代の谷水田の遺構は少なく、南関東からは今のところ皆無である[8]。したがって谷水田の実態を知るためには、その地域を全国に広げて検討する必要がある。現在まで谷水田として認識されている遺跡は、福島県番匠地遺跡、福島県岩下A遺跡、福島県中山館跡Ⅰ地区、群馬県日高遺跡、福岡県三沢公家隈遺跡、佐賀県菜畑遺跡などである。このなかで、前述したように微高地型である日高遺跡は外し、番匠地遺跡と菜畑遺跡の谷水田を代表例として分析していく。また、谷水田は確認されていないものの、谷での集落と旧河道と人工的な流路・「しがらみ」遺構が確認され、一部水田の可能性も指摘されている神奈川県池子遺跡群も分析の対象とする。

(2) 福島県いわき市番匠地遺跡の評価（図4）

番匠地遺跡は幅40～50m、台地との比高差が現状で約35mの谷低地に展開した、典型的な谷中水田として知られている（高島・木幡1993）。西側を標高60～70mの舌状台地上に挟まれた、東北部に開口部をもつ谷にこの水田は存在する。報告によれば人為的な溝から給水する掛け流しタイプの水田であり、水口をもつ畦畔がありその畦畔を保護し、あるいは水路を形成する杭列が検出されている。弥生時代中期末葉の時期に比定される水田の耕作面の土壌サンプルから多量のプラント・オパールが検出され、豆科の炭化種実（佐藤1993）や植物種実が出土している。こうした考古学的成果と理化学的分析からは、水田がこの谷底の狭い範囲に存在していたと考えても不思議ではない。しかし、いくつかの点でこの谷水田の存在を、安定・継続した水田として受け取ることはできないと考えている。

一つは番匠地遺跡から確認された谷水田の形態にある。谷水田の栽培技術についての問題点については前述したが、基本的には湧き出る冷水を利用する谷水田にあっては、その湧水をいかに暖めるかが問題であり、そのための一つの方策として、これまで見てきた溜池や迂回水路など水温の上昇を行う装置が必要であった。しかし番匠地遺跡においてはそれが明瞭ではないのである。A低地で温度上昇の装置として想定できるものは、谷を横切る形で打たれている杭列であろう。特に杭列

Ⅰ・Ⅱは谷に直行する形で打たれていることから、迂回水路の可能性が考えられる。しかし、杭列Ⅰは大畔3aの北側を通り水路2から杭列Ⅳに向かう水路と仮定しても、大畔3aの上を通ることとなり、水田1や水田2へ水を供給するものではない。杭列Ⅱについては、大畔9bとの間隔が狭すぎてその機能を果たせないであろう。一方、丘陵裾部にめぐる第16号溝・17号溝・18号溝も迂回水路および明渠の可能性を考えなければならない。報告者はこれらの溝は底面が平坦で断面が均一的に台形をしていることから、水田に関係した人為的な溝であるとしている。また杭列との関係も考慮して判断したと推察される。しかし、断面は一概に底面平坦・断面台形をしているわけではない[9]。一部人為的な掘削が行われていたとしても、基本となる流路は自然のものであり、明渠として構築されたものではない。第16号溝は水田区画を避けるようにやや蛇行しながら流れていくが、こうしたことから、自然流路との区別はできないであろう。さらに、杭列との関係で見れば溝と杭列がはたして同時期に機能していたかという疑問がある。特に第17号溝の覆土の途中でその一部の杭が止まっている杭列Ⅳは、第17号溝よりも新しいことは確実であり、杭列と溝の間には溝が一定程度埋没する時間が必要であり、杭列が水田に伴うとすれば、第17号溝はこれよりも古いこととなる。この第17号溝の上部に作られた第16号溝とその第16号溝から杭列Ⅲによって引水されるとする第18号溝（A低地南西側）についても、杭列が明らかに覆土途中までしか打たれていないことから、溝はこの杭列よりも古いと判断できる[10]。

また、谷口から400m入り、谷幅約30mの谷頭に近い場所にあるB低地の水田からも、迂回水路はなく、日照条件がより劣悪な環境であることを考えれば、A低地よりもさらに冷害の影響を受ける確率は高くなる。冷水害の影響を少なくするための処置を講じない経営では、半年の労働に見合った収穫を望むことは難しいこととなる。まして、湧水を集めた自然流路からの掛け流しは、冷水を絶えず水田面に引き込むことに繋がり、こうした経営は収穫を望む方向とは逆の結果となる。番匠地遺跡に弥生時代中期末葉に水田経営が行われた後、ほぼ時を同じくして弥生時代中期末葉の自然流路（第14号溝）が水田を貫通しており、これ以降古墳時代まで水田は確認されていないのは、ここでの谷水田の経営が、弥生時代の短い一時期で終了していることを物語っている。その背景にはこれまで述べてきた、谷水田のもつ栽培条件を乗り越えることができなかったことが、大きく作用していると推測する。すなわち、番匠地遺跡の水田は水温上昇に関する経営を行わなかったため、短期間の耕作に終わってしまった耕作地であると評価できるであろう。

さらに谷水田と集落の関係でいえば、この谷水田を経営した集団は、どこに居を構えていたのかという問題について、調査した範囲では集落は現在まで確認できていない。台地上および丘陵南斜面を一部調査しているものの該当時期の集落は確認されていない。そのかわり廃棄土器層および遺物包含層が丘陵裾部寄りに確認されていることから、報告者はここに可能性を見ている。番匠地遺跡がある福島県浜通り地域の弥生集落は、伊勢林前遺跡B地区（馬目1976）、龍門寺遺跡（猪狩1985）など台地上に存在する事例もあるが、中通りにあたる矢吹町八幡町B遺跡では低地から1軒の竪穴住居が確認され（藤谷1999）、浜通りの相馬市柴迫古墳群下の住居（稲村・山田2002）

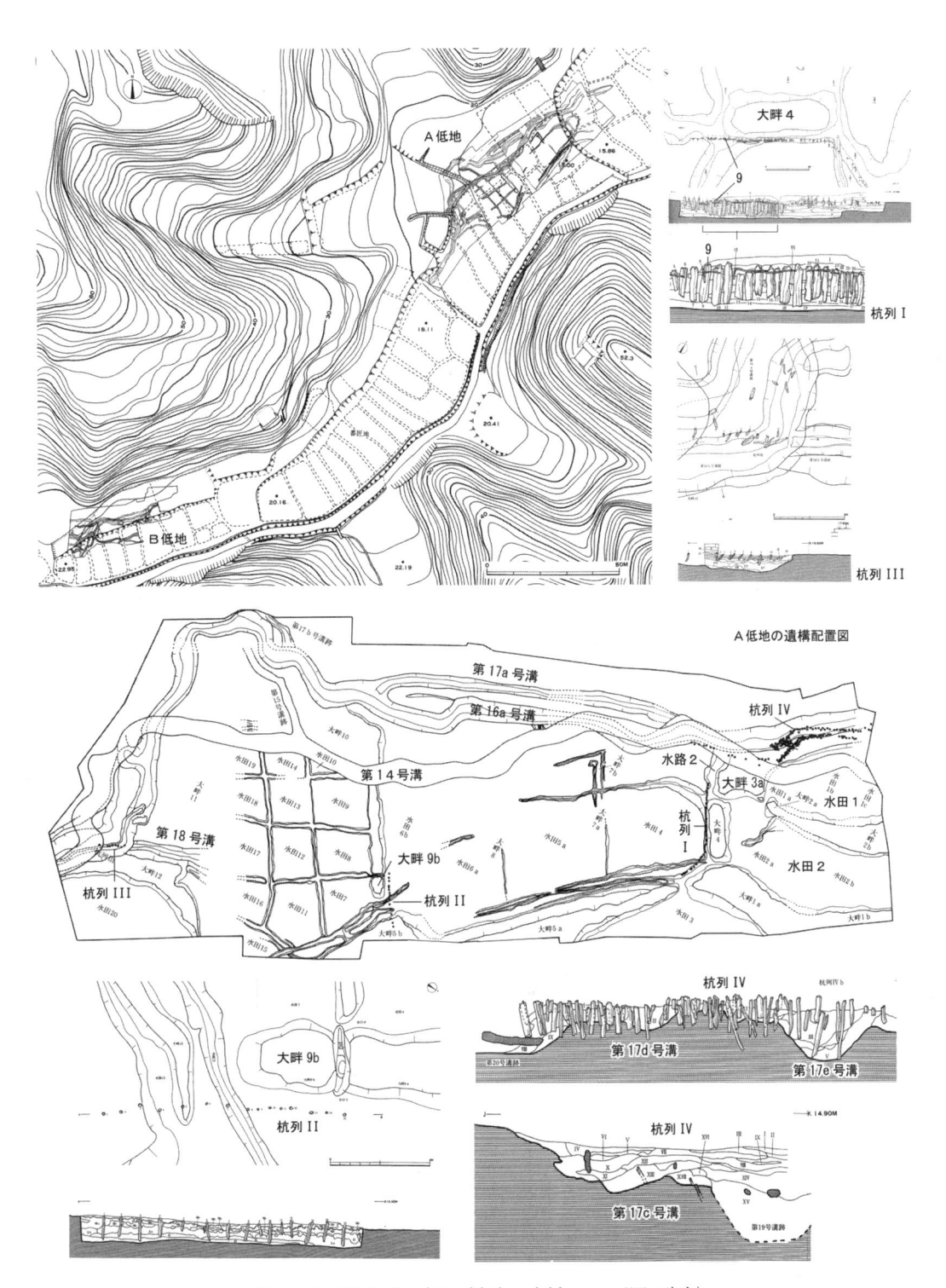

図4　番匠地遺跡の水田（高島・木幡1993原図：改変）

は、丘陵頂部から一段降下した狭小な平坦地や丘陵裾部の平坦地に展開する集落である。また、中通りの福島市白岩堀ノ内遺跡では、狭小な谷の斜面裾際に数軒の住居が確認されている（井1997）。こうした斜面や丘陵裾部に存在する集落は、決して希なものではなく、普遍的に存在するという指摘（能登谷1991、木暮1995、井1997）もある。したがって、番匠地遺跡の谷水田の耕作者集落が、報告書の推定するような丘陵裾部周辺や斜面部に存在する可能性は考慮してもよいであろう。

（3） 佐賀県唐津市菜畑遺跡の評価（図5）

　菜畑遺跡は幅60～80m、遺跡のある台地との比高差約20mをもつ谷低地が東に開口する部分から確認された（中島・田島1982）。谷の東には唐津湾を望む松浦川沖積平野が展開しており、3個所の砂丘と後背湿地に弥生時代の遺跡が展開している（図5-1）。番匠地遺跡と異なり、平野へ向かう開けた場所にある谷口水田である。調査地区は谷口を横断する方向に設定した（図5-2）。約650㎡の範囲の北側には台地の裾部、南側には水田面があり、その中間には幅7.5～10mの自然流路が存在している。報告書の段階では山ノ寺式期以降、夜臼式（単純）期、夜臼・板付Ⅰ式期、板付Ⅱ式期、弥生時代中期の5つの水田面が確認されたが、その後、山崎純男氏の層位と杭列、水田区画、自然科学分析の検討によって山ノ寺式期、夜臼（単純）期、夜臼・板付Ⅰ式期の水田は別々のものではなく、夜臼・板付Ⅰ式期一時期の水田であることが論証されている（山崎1987）。ここでは山崎氏の分析・復元案に従い、夜臼・板付Ⅰ式期、板付Ⅱ式、中期以降、最も新しいと推測する4面の水田面について検討する。

　夜臼・板付Ⅰ式期の水田は、発掘区南側中央に東西に走る水路があり、その北側と自然流路に挟まれた区域が水田面である。水路は報告書で夜臼式（単純）期とした矢板列を中心に、板付Ⅰ式期とされた矢板列も含んでいる。水路は畦畔が二重になる部分があるので、下流部（東）が補強・改修されたと推測されている（図5-3）。板付Ⅱ式期の水田は水路と井堰、矢板列の畦畔と、それに区画された水田から構成される（図5-4）。水路は前段階の水路を踏襲しているが、水路の途中に井堰が設置され、大幅に改修されて大規模になっている。水田は前段階の1区画の西半分を2つの区画に分けている。次の中期以降の時期になると様相は一変する。調査区南側中央を流れていた水路がなくなり、杭、矢板列で区画され6面の水田が想定できる。居住区域である北側台地裾部以外の調査区に水田が拡大されている（図5-5）。次の段階の水田は、中期以降の水田との前後関係は把握しきれていないが、復元水田が現在の地割と近いことから、最も新しいと考えたものである。水田は3枚が復元され、いずれも丘陵に平行するものである。

　菜畑遺跡の場合も、溜池や迂回水路といった設備の有無はわからない。しかし状況的には夜臼・板付Ⅰ式期の水路が補強・改修されたと推測できることや、板付Ⅱ式期の水路は前段階のものを踏襲していることなどから見て、結果として冷害を克服する経営を行うことが可能であったか、この場所の環境が水田経営には支障のないものであったかであろう。前述した番匠地遺跡に比べて菜畑遺跡では、湧水から流れる冷水が一定の距離を流れ、水田耕作面まで比較的開けた谷を流れ

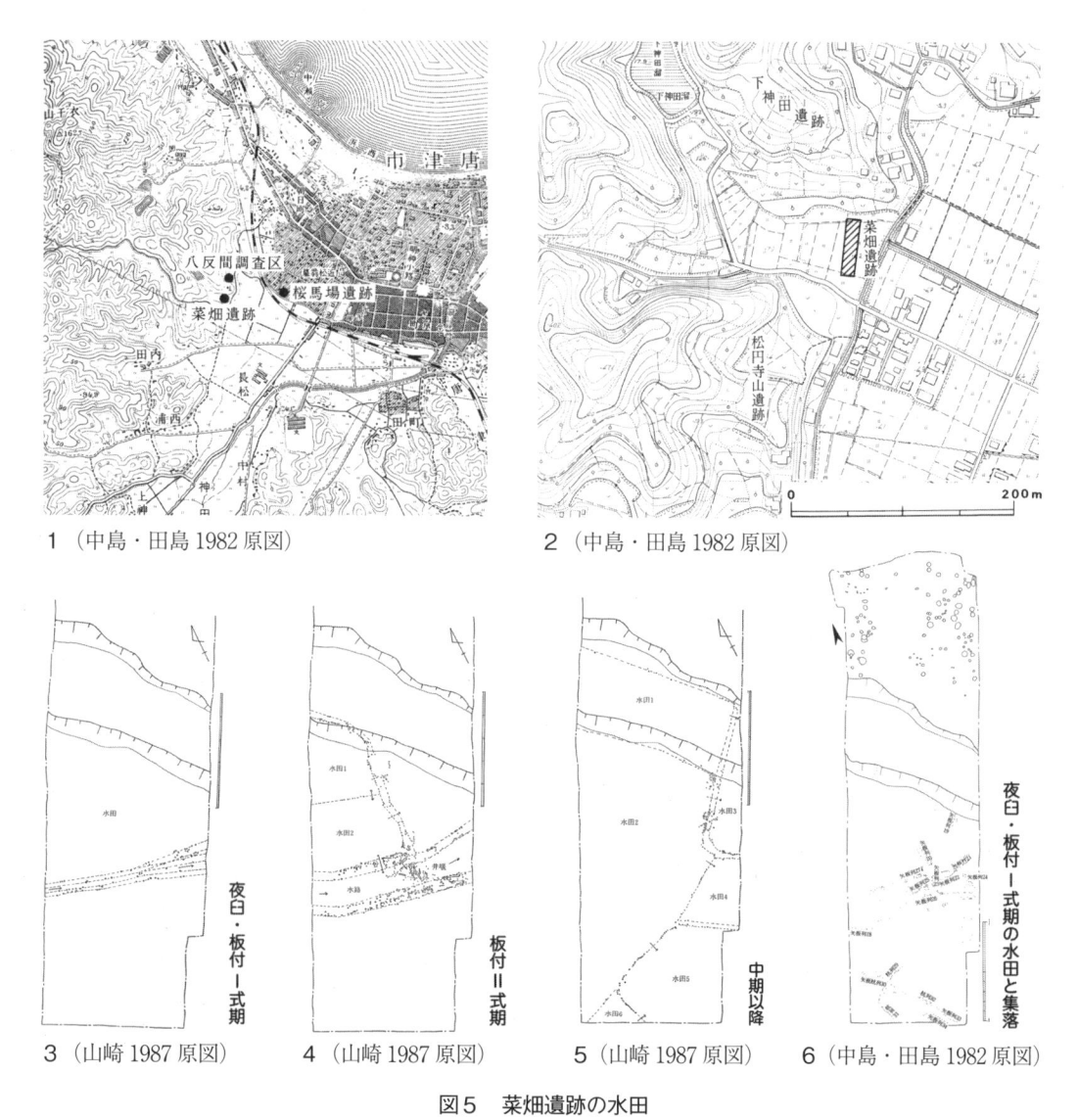

1 （中島・田島 1982 原図）　　2 （中島・田島 1982 原図）

3 （山崎 1987 原図）　4 （山崎 1987 原図）　5 （山崎 1987 原図）　6 （中島・田島 1982 原図）

夜臼・板付Ⅰ式期　　板付Ⅱ式期　　中期以降　　夜臼・板付Ⅰ式期の水田と集落

図5　菜畑遺跡の水田

て、日照にさらされる時間があることなどの点で、水稲耕作に有利であったということは言えるだろう。

　ただし、時期の不明な最も新しいと推測する水田を除いて、3面の水田が連続的に経営されていたと考えるのは問題がある。一つには夜臼・板付Ⅰ式期の耕作土（8層）と板付Ⅱ式期の耕作土（7層）が異なっている点である。数型式に連続して耕作されつづける水田が存在しているならば、その耕作面は基本的に同じであるはずである。これを前提とすれば、各時期の水田の上に堆積土が存在することは水田が放棄された後、堆積土が形成される一定の期間が存在したということであり、同一場所での連続的な水田の経営は考えられないであろう[11]。また、板付Ⅱ式期と中期以降の水田では水路が大幅に作り替えられているのは、前の時期の水田を踏襲していると見るよりは、

新たな水路に見合う新たな水田面の造営をしていると理解するほうがよい。したがって、3時期の連続的な水田の経営を想定することはできないと考える。

さらに重要なことは、この谷水田を耕作した集団の集落が、水田面との比高差2～3m高い北側の台地の裾部に展開していることである（図5-6）。報告書の段階では確認されたピット群の多くは夜臼・板付Ⅰ式期のものであるが、所属不明の柱穴があることから、それ以外の時期にもこの台地裾部に集落があることが予想されている。このことは生産耕地と集落は平面的にも立体的にも、隣接する場所に不可分に結びついており、菜畑遺跡における水田経営の基本的な姿とすることができる。菜畑遺跡の北側丘陵には下神田遺跡、南の丘陵には松円寺山遺跡が存在しているが（図5-2）、この丘陵上の集落が、谷の水田を耕作するとみるよりも、水田に隣接する集落が水田を耕作する、と想定するほうが無理のない考えであろう。

（4）　神奈川県逗子市池子遺跡群の評価（図6）

池子遺跡は標高40m前後の馬の背状の丘陵と、幅8m（谷奥）～20m（谷口）の谷が複雑に入る込む地形で、多摩丘陵の典型的な地形の在り方となっている（図6-1）。谷の標高は谷口で4～6m、

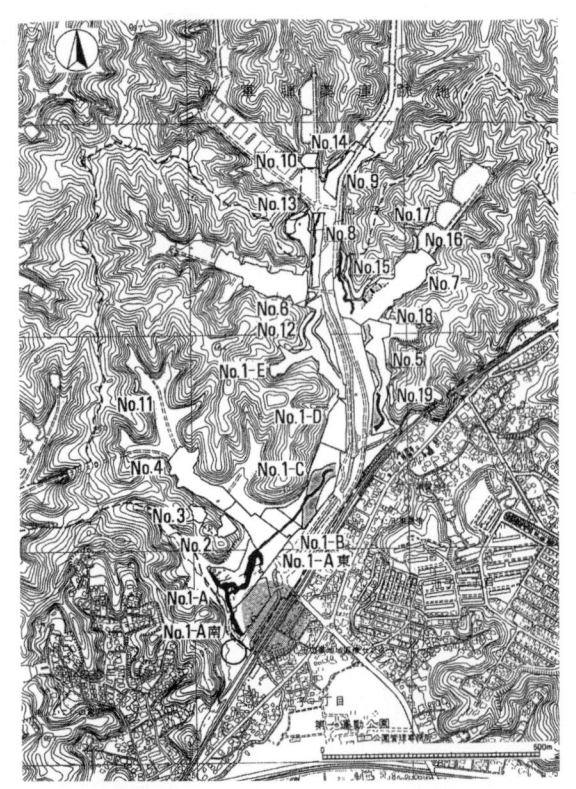

1　池子遺跡の地形と調査区（谷口2004原図）

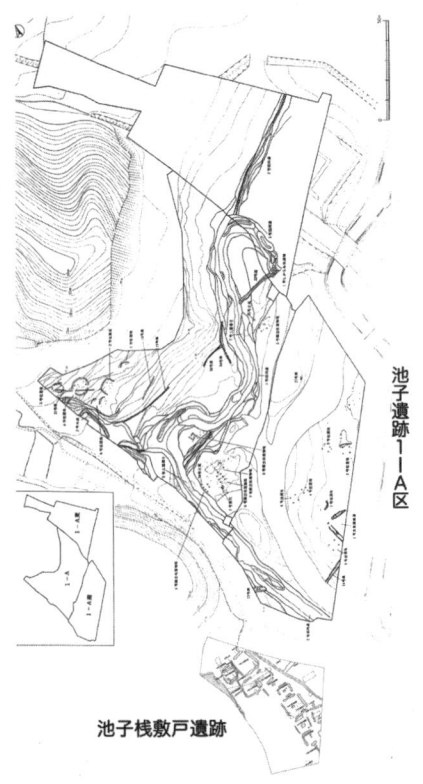

2　池子遺跡No.1-A区と池子桟敷戸遺跡の位置
（谷口2004、若松2000原図：改変）

図6　池子遺跡と池子桟敷戸遺跡

谷中で6～10mである。調査は谷中から谷口、および一部丘陵上の範囲で行われた。戦前から軍事用地となり、現在も米軍用地として利用されている（桝渕ほか1994、桝渕・高村1995、桝渕・新開1996、桝渕・植山1998、山本・谷口1999a・b、山本1999、谷口2004）。

　調査地域の谷からは弥生時代中期の河道や溝、住居と隣接する池子桟敷戸遺跡からは方形周溝墓が発見されている（若松2000）。このなかで、弥生時代の旧河道の数個所から「しがらみ」遺構が確認されている。また、製作途中の三連の鍬を含む、鋤・鍬・竪杵・横槌などの農具が大量に出土したことによって、水田遺構は検出されていないが、近隣に水田が存在していた可能性が高いと考えられる遺跡である。そのうち丘陵南裾部、№5地区からつづく谷口に位置する№1（A、A南、A東、Cを含む）地区（図6-2）は、最もその可能性の高いと考えられているところである。報告者によればしがらみ遺構を積極的に評価して、その周辺での水田の存在を想定している（桝渕・植山1998、山本1999）。現状では杭列や畦畔などは検出されておらず、プラント・オパールの分析も水田の存在を積極的に支持するわけではないが、この周辺での水田耕作を仮に認めた場合、先に概観した番匠地遺跡よりも菜畑遺跡の谷水田に近いものとなる。想定する水田は南に開く谷口に近い場所であり、調査区域外にさらに広い水田適応地が広がっている点や、この旧河川に沿って集落が展開している点で菜畑遺跡と同じである。すなわち、池子遺跡で谷水田を想定した場合、その水田の耕作者・経営の主体者は、谷筋にそって点在する住居に住む人々であり、山裾に設けられた方形周溝墓に葬られた人々であったことは間違いない。全面的な調査は行われなかったが、№1地区の北西の丘陵上にある№2、№3地点からは、弥生時代の住居は発見されていないことも、こうした推定を裏付けるものとなろう。

　しかし、菜畑遺跡が近接する数型式の時期に水田の造営を行ったことが推察されるのに比べ、池子遺跡では、中期後半以降の谷への積極的な関わりが中断し、弥生時代終末から古墳時代初頭まで空白の時間をもつという点では、谷利用の仕方は異なる。言い換えれば、谷水田の経営は前述したような、谷水田への配慮をしないかぎり、収穫が低いものとなり、耕地の放棄を招きやすくなるのであるが、池子遺跡には積極的な冷水対策が行われた痕跡は今のところ見られない。こうしたことが、池子遺跡での集落の空白を生むことの理由として考えることができるであろう。

4　発掘事例から見る谷利用の実例

(1)　谷の利用と集落

　これまで弥生時代の谷水田について、近世から現代にまで行われた谷水田の経営・耕作方法を参考に、冷水対策を考慮したものであるかを重点において分析してきた。その結果は、3遺跡とも積極的に冷水対策を行った遺構は確認できなかった。また複数の時期の水田面が確認された菜畑遺跡も、連綿と水田が連作されてきたという状況を想定するのは難しいことが理解できた。

　また、谷水田を検討する中で、それを経営・耕作した主体者の集落は、これまで想定していた台地上ではなく、谷水田に近接するやや高い場所であったことがわかった。番匠地遺跡については

丘陵上からの集落の確認がなく、丘陵裾部に遺物の包含層があるという状況から判断しているものの、菜畑遺跡や池子遺跡の事例を参考にすれば、その蓋然性は高くなるであろう。

こうしたことを前提に見るならば、台地上の集落は眼下にある谷水田を耕作して生活を営んできた、というこれまで想定してきた弥生集落の様相は必ずしもすべての事例であてはまらないことが理解でき、再検討を迫られることになる。それを別の視点、谷の利用がわかる事例を分析して検証していこう。

谷部を発掘して谷の利用がわかる事例として、東京都北区十条久保遺跡、神奈川県横浜市山王山遺跡、神奈川県藤沢市湘南藤沢キャンパス内遺跡を取り上げる。

(2) 東京都北区十条久保遺跡

十条久保遺跡は、武蔵野台地を西から東に貫流する石神井川が、荒川に注ぐ台地を抜ける手前にある。石神井川の流域には、多くの支谷が形成されているが、十条久保遺跡はその支谷内に形成された遺跡である（龝田・牛山 1999、牛山・新井 2001）。東側の台地上には、弥生時代後期中葉、弥生時代末から古墳時代初頭にかけての集落が確認された南橋遺跡（陣内・中島 1987、中島 1996、新井・坂上 2003、富田 2004、板倉・高橋 2006）が存在する。十条久保遺跡との比高差は5mを測る。

近世から続く土地改変によって、遺跡の遺存状況はよいものではないが、古代の遺構を確認できる面が存在しているので、それ以前の遺構の確認は可能であった。また中世には谷底に重なるように谷を縦断する道路が存在しており、地形の復元も可能であった。発掘調査を行うにあたり、谷水田の検出を念頭において進められていったが、その結果、谷水田の検出は認められなかった遺跡でもある。したがって、調査の意識や精度のうえでも、谷を発掘しても谷水田を確認できなかった遺跡である、と言い得ることができる。

谷水田は確認されなかったものの、十条久保遺跡からは弥生時代後期中葉から古墳時代初頭の井戸が確認されている。井戸は総計10基確認され、報告者はすべて弥生時代終末から古墳時代初頭の時期と推測するが、一部の井戸は弥生時代後期中葉から後半まで遡る（図7-1）[12]。弥生時代後期中葉の井戸は谷底に、弥生時代終末から古墳時代の井戸は谷底や谷底近くの斜面に穿たれ、発掘調査中でも井戸からの湧水が確認されたように、水量は豊富であった。

十条久保遺跡の東側の台地上に展開する南橋遺跡は、狭い範囲の調査が複数行われているが、台地から谷に向かう傾斜変換線の際まで住居が確認されている。

谷で確認された井戸は、報告でも述べられているように、谷から弥生時代の住居が確認されていないことから見て、東側の南橋遺跡の集落と深い関係をもっているとする蓋然性は高い。谷に作られた井戸に、後期中葉から後半と後期終末から古墳時代初頭の2時期の井戸が作られていたことに対応するように、南橋遺跡からも同じ時期の集落が存在している。台地上の集落の人々の谷利用の具体的な姿としてとらえることができるだろう。

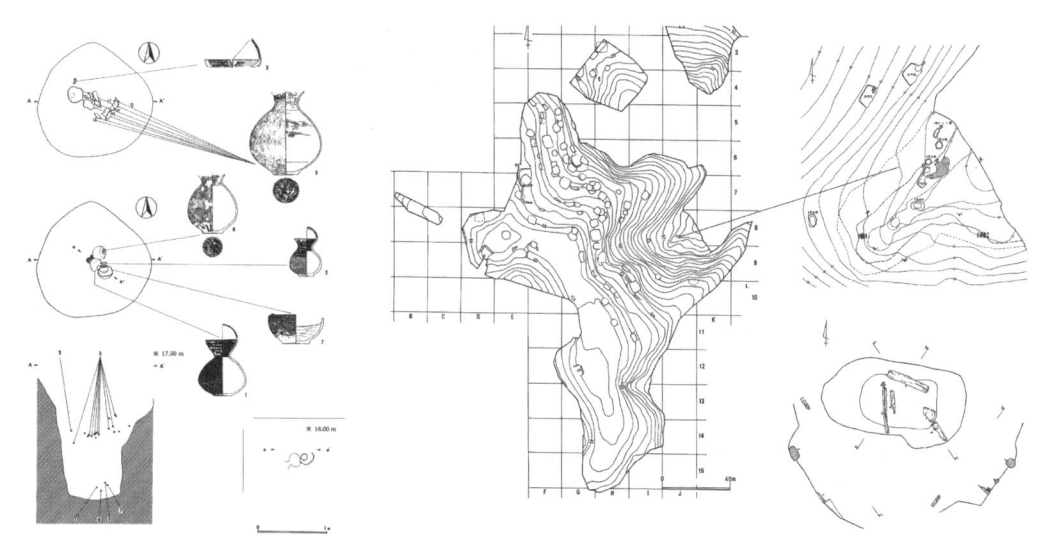

第1節　検討項目1：谷水田の検証　69

1　十条久保遺跡の井戸（牛山・新井 2001 原図）　　2　山王山遺跡の地形と井戸（河野 1985 原図：改変）

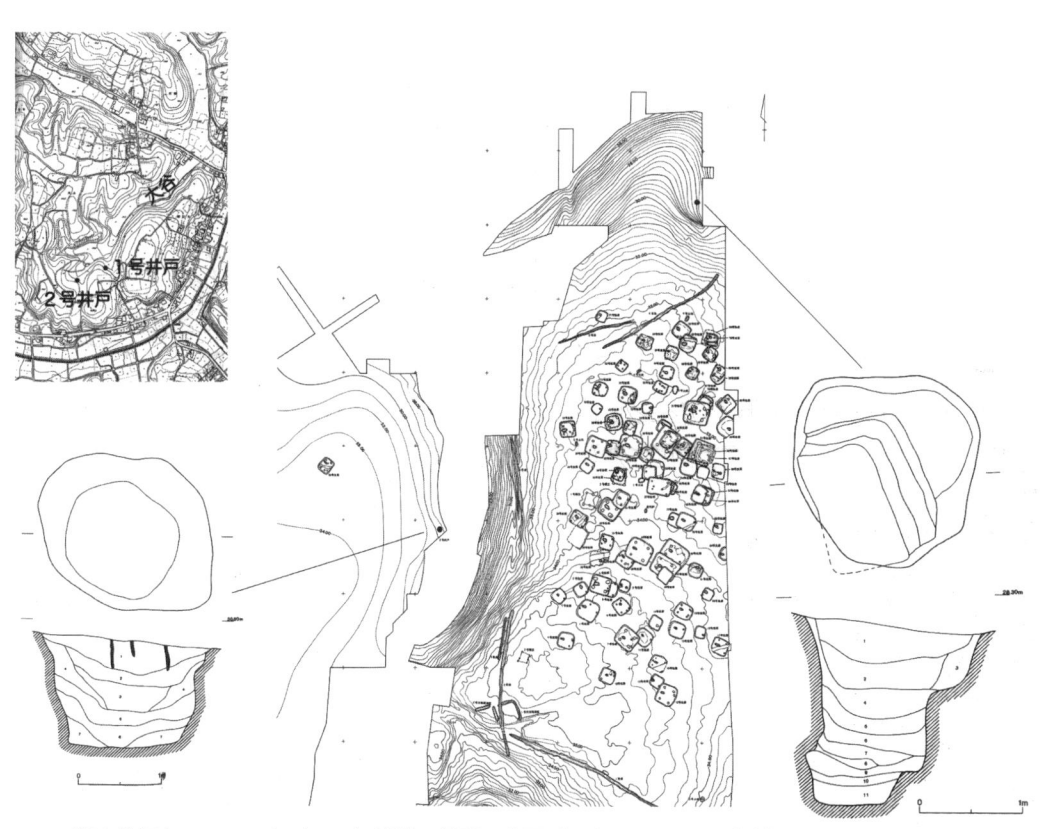

3　湘南藤沢キャンパス内（SFC）遺跡の地形と井戸（岡本 1992 原図：改変）

図7　井戸・水溜遺構

(3) 神奈川県横浜市山王山遺跡

　山王山遺跡では鶴見川の支流鳥山川を臨む深い谷を刻む台地上に、弥生時代中期後半と弥生時代後期後半～古墳時代初頭の集落が展開している（河野1985）。集落がある地点の最高標高は約43m、丘陵部裾が約20m、谷の底部は約17mで比高差最大28mを測る。発掘調査はこの集落の展開する台地上と台地の下にある谷頭を対象に行われ、弥生時代中期から古墳時代初頭の住居が88軒、方形周溝墓5基、土壙6基、井戸状遺構1基が確認された。台地の下には南西を除き5つの谷が入り込むが、その内の東側（BⅡ地区）の谷頭から確認された弥生時代後期後半から古墳時代初頭の遺構として、木枠を伴う井戸状遺構、その井戸状遺構の5m上方に土壙があった（住居址は古墳時代後期）。この井戸状遺構の帰属時期については遺構内から出土した土器、その上方に存在した大型破片を含む包含層の存在、および古墳時代後期の竪穴住居（7号住）が井戸状遺構のある谷がほとんど埋まってから作られていることから[13]、弥生時代後半～古墳時代初頭にあてることが妥当である。

　井戸状遺構は谷底にあり、4.5×2.3mの楕円形を呈している。現在も湧水があり加工痕をもつ再利用木材を含む木枠状の板材が、底面中央に嵌め込まれた状態で発見されている（図7-2）。この遺構より約3m谷頭よりにある湧水地点を水源と推定する、浅いくぼみからの水を溜める遺構と報告者は推定している。確認時点では深さ20cmであり、積極的に井戸として認識することはできない。しかし、台地上に集落を構える弥生時代後期後半～古墳時代初頭の人々が、谷の湧水利用を行った施設であるということは認識することができる。井戸状遺構の周辺の包含層から出土している遺物は、台付甕・壺・無頸壺・高坏・小型土器・器台・土製勾玉・土錘・敲石であり、これらは台地上の住居址から出土する遺物と変わる物ではない。このことは、この場所が集落とは異なった空間、すなわち水を媒介とした儀礼の場として利用していたというよりも、日常生活の空間として利用していたと考えていく必要がある。

　また、この井戸状遺構が確認された谷（BⅡ地点）の北側には、この谷と結びつく谷（BⅠ地点）がある。試掘調査でこの谷の中央に幅3m、長さ16mのトレンチ[14]を設定しているが、具体的な記載はない。出水が多いことと、この部分の客土の下層からは、遺物の出土はなかったという記載だけであるが、水路や杭列などは確認されていない、と見て良い。ここに谷水田が存在していた可能性は低いといえよう。

(4) 神奈川県藤沢市湘南藤沢キャンパス内遺跡

　湘南藤沢キャンパス内遺跡（以下SFC遺跡と略記）は、高座丘陵のほぼ中央にあり、南側を小出川が流れている。弥生時代の遺構が確認されたのは、この小出川に面した標高35mの丘陵上で、小出川との比高差は20mほどである。調査は集落が存在する丘陵とその西にある、標高28mの谷部の一部に対して行われた。その結果、谷水田の検出はなかったが、弥生時代後期後半～古墳時代前期の90基余りの住居と3棟の掘立柱建物とそれを囲む溝、方形周溝墓2、土坑7と井戸2基が

確認されている（岡本1992・1993）。

　集落の確認された第2区の北側には幅約50mの大谷と称する谷があるが、ここに土層堆積状況の確認と弥生時代の水田・縄文時代の木道といった遺構を確認する目的で、3×3mほどのトレンチを設定し、調査を行っている。設定個所は台地裾部のものが多いため、谷水田に関するデータとして、必ずしも良好な資料サンプルとはなっていないが、No.15（サンプル個所B地点）、No.16（サンプル個所C地点）については現況で谷底にあたる部分を調査している。No.15については縄文時代後期の溝を確認している。しかし、水田址に関する遺構は確認されなかった。この地点から栽培植物のイネ科に由来する花粉分析や植物珪酸体も検出されていないことからみても、この大谷での弥生時代から近世まで稲作が行われていた可能性は低いと指摘されている（パリノ・サーヴェイ1993）。また発掘範囲内で谷水田の存在を予測させる農耕具や用水なども確認されていない。No.15、16トレンチ設定地点が谷頭にあたるため、谷水田が確認できないとも考えられようが、これまで述べてきたことに加え、No.16で弥生土器が若干出土しただけで、遺構は谷部から確認されていないことを総合的に判断すれば、この大谷に水田が作られた可能性はほとんどない。残された水田の可能性は、この谷とは反対の南側、小出川の氾濫原に求めることはできるが、現在までのところ未確認である。しかし、氾濫原に水田を想定する場合でも単純に水田を構えることはないようである。SFC遺跡では発掘調査以前のさまざまなデータを集めて報告しているが、そのなかに、地下水の測定がある。昭和62年5月27日に測定した現代の井戸や観測孔、ボーリング孔で15.7～18.6℃、小出川の水温が19.4℃であったが、これをそのまま灌漑用水に利用した場合、前述した稲の冷水による障害を引き起こすこととなる。したがって、小出川の氾濫原に水田を想定した場合でも、明渠・暗渠や水温の上昇を行う施設がなければ安定的な収穫は得られないこととなる。

　こうした状況であるが、SFC遺跡の集落が臨む谷からは水田としての利用はないものの、井戸が確認されている（図7-3）。井戸からは弥生土器の破片が少量確認されているだけであるが、覆土に弥生時代のⅡb層が堆積していることから、弥生時代の所産だと推測されているものである。

　SFC遺跡では集落が臨む谷の利用の在り方として、十条久保遺跡と同様に生活水の確保のための、谷利用が存在していたと考えて良いであろう。

5　集落と谷

(1)　谷水田は安定的な生産耕地であったか

　弥生時代は水稲農業社会である。したがって台地上にある弥生集落の生産耕地は、眼下の谷水田にあり、谷水田での生産物によって集落を維持してきた、という戦後考古学が打ち立てた仮説をこれまで検証してきた。その結果を重点項目にしぼってまとめておく。

　湿田である谷水田は灌漑用水をもつ乾田と比較した場合、一般的に谷水田の生産性は低い。この谷水田から安定的にコメの収穫を高めようとすれば、排水や水温上昇のための設備が必要になる。これを欠いた谷水田は、不安定な耕地となり、稲は育つがコメの実らない確率が高くなるので

ある。弥生時代の谷水田は全国的にみてもほとんど確認例がないが、これには谷部の発掘調査を実施した事例が少ないことも影響している。それでも二、三の谷水田の事例がありそれを検討し、また、谷を調査したにもかかわらず、水田が検出できなかった事例を検討した。谷水田の事例では、明確な水温上昇設備は確認されず、単発的な水田耕作で終わってしまう例、土器型式が連続して同一個所に水田が作られた例があった。しかし、いずれも谷水田の経営時期は短く、耕作地の放棄を行っていたことが確認できた。したがって、従来予想していた台地・丘陵地上の集落（大・小の規模を問わず）を支える安定した耕地としての谷水田の姿を確認することはできなかった。

（2） 谷水田を耕作していたのは台地の集落構成員か

　谷水田を検証していく過程において、谷水田を耕作していた人々の集落が、平面的にも立体的にも水田に近接する場所にある事例が確認できた。このことは水田の耕作や管理・維持にとって、水田に遠いよりも近い場所が適しているという、一般的な原則を考えれば当然の結果である。しかし、特に偏在的ともいえる丘陵地・台地に発掘調査を集中させてきた南関東においては、台地・丘陵地の上に集落が見つかればその集落構成員の生命を支えた生産耕地は、弥生時代の食が水稲であるという前提があったために、必然的に谷に目が向いてしまったのである。しかも、谷水田を対象とした発掘調査を行わずに、推測に寄り掛かった解釈が先行してしまったため、考古学の最も基本である事例の確認を経ずに導き出された結果が定説となった。少ないながら谷水田の発掘調査事例を分析すれば、谷水田に隣接するやや高い面に、水田と同じ時期の住居が存在しているのが確認できた。菜畑遺跡例が典型例である。また、谷の調査をしていけば台地斜面や谷にも集落が展開している事例が多くなることは想像に難くない。今回用いた遺跡事例で言えば、池子遺跡例が典型例である。集落と生産耕地の位置的な関係については、本章第5節で詳細するが、両者の関係が窺える事例が増えることにより、これまでの集落と谷との関係を見直すべきであるという主張がさらに強くなっていくであろう。

（3） 集落はなぜ、谷を臨む場所にあるのか

　これまでの検討によって、上記のような台地・丘陵地上の集落が谷水田を耕作してきたという関係が見直されるとしても、現象として台地上に展開する集落は谷を臨むような場所に存在しているといわれるのも確かである。そこには何かしらの理由があるはずだが、残念ながら谷部の調査事例は少ない。そのため、今後の谷の調査に多くを期待せざるを得ないが、これまでの発掘調査の事例から考えられる谷利用の一つの在り方として、生活水に関わる場所、すなわち谷の湧水を利用した井戸や水溜めという設備を設置する場所として、台地・丘陵地上の集落構成員は、谷を意識し利用していたことが提示できると考える。それも谷底ばかりではなく、谷底からやや離れた谷頭に近い斜面地にも井戸・水溜めを造っていたことは、集落の構成員は「谷底」ばかりではなく「谷斜面」も生活利用区域として意識していたことが理解されるのである。

6 まとめ

本節において、丘陵・台地上の集落が、谷水田を利用していたとしても、安定した生産は行えなかったと結論づけた。植物的な特性と考古学的な事例をもとに、谷水田は行われていても生産性の低い、不安定な水田であることを提示することができた[15]。

註

(1) 戦後、いち早く弥生時代の集落論を提出した和島誠一氏や氏と同じく唯物史観の立場に立って共同体の内容に言及した近藤義郎氏らは、南関東あるいは山陽地域の丘陵・台地・段丘上などの地形に立地する集落と水田について、次のように発言する。「後背低湿地などの発達にめぐまれない横浜附近の場合には、そのような条件（比較的肥沃度が高く柔軟な沼土：筆者註）をそなえた他の湿地を利用しなければなるまい。まずかれらの集落のある位置に目をそそいでみよう。集落のある台地のかたわらには、かならずといってよいほど細長い支谷が入り込んでいる。（中略）また、いわゆる谷田一般は、ごく近い時代まで、横浜での主要な穀倉地帯として、大きな役割をになっていた。鶴見川や大岡川の本流にのぞみ、今日谷田として利用されている支谷のうちのいくつかは、おそらく最初に水田として選ばれたところであったろう」（和島・岡本1958：pp.77-78）。「東日本への水稲栽培の普及が進展していったと同じ弥生時代中期になると、西日本ではおどろくほどの遺跡の増加がみられるが、それは沖積平野において開発可能な湿潤地がさかんに利用されるようになったというだけでなく、平野周辺の丘陵地帯や山をこえて河を遡った山間地帯にまで、少なからぬ遺跡が及んでいることから明らかなように、沖積平野の自然湿潤地というかつての限界を突破したことを物語っている。遺跡立地から想定するならば、彼らがまず新たに活用することに成功した耕地は、丘と丘あるいは山と山の間の谷、その谷の出口に近いゆるやかな傾斜地である」（近藤1962：pp.163-164）。

(2) 小川氏の摘田の研究は、以前にも指摘していたように（浜田2002b）、南関東地域の農耕文化を考えるための、示唆に富んだ分析が多い。特に摘田の播種肥使用は常畠の耕種法の影響下に成立したことを提示し、南関東地域の農業において技術的な側面を含めた畠作との農耕文化複合が存在していたとする分析結果は、今後の具体的な畠作農法研究のヒントになりうると考える。

(3) 多摩丘陵には多くの谷水田があり、そのためこの地域は報告が豊富である。横浜市の例では、先の『横浜市史』以外にも、『神奈川県都筑郡中川村々是調査書』（横浜市歴史博物館編1996）や川崎では『川崎市民俗文化財調査報告書―麻生区・多摩区の農耕習俗―』（中村編1989）などによって窺い知ることができる。また『会津農書』では、田の等級を土と田の性質から分けているが、そのなかで「谷地田 卑湿の地にして、自然の游泥深く泥濘也。厥位は下に下」としている（庄司編1982：p.20）。

(4) ただし、雨量の少ない年は、むしろ谷水田のほうが生産量が高い。この場合は谷水田の生産量が向上した、ということではなく乾田の作物の極端な生産低下が起こったと理解すべきである。

(5) 古島氏は、水を確保することは領主の問題であることを前提に次のように述べる。「各種の水源が利用されるにいたった時、農民の関心は水源の性質の差によって、生産上の利益が如何に異なるかという形で水を問題にするにいたっている。「隣民憮育法」が水をたくわえる法として、河川灌漑・山の出口を塞きとめた貯水池・湿地に堀をほって揚水機を以て水をあげる法・井戸水灌漑・天水の保持の5法をあげるのもこの種の水に対する関心であり、「耕稼春秋」が小河川からとった河川灌漑を最上とするのも安

定した水・水害のない用水・温い水といった性質を問題にしているともいいうる。(中略)対馬の老農の農法を集めた「老農類語」では(中略)冷水かかりの田については溝をほって冷水を落とし、それの出来ないところでは牛馬糞を多く入れるといっている。(中略)北方の会津では水温にかんする関心が深く、晩にくる水は昼の暖気を受けてあたたかいので、この温水を晩にかけて翌日まで溜るようにするといっている。後期になると冷寒対策として水の管理に注意を払うものがましている。地拵え、代掻をよくするのは水持ちをよくするためであり「水持ちがよければ田の水は掛け流しにならず、水温が上がるので冷気の年もまけない」(耕作噺)としてかけ流しをやめることを寒冷対策とするものも出てくる。積極的に水温を高めるためには温水路を設けることを説くものもあり、明渠・暗渠によって冷水を去ることも各地に行われているのである」(古島1951：p.195)。

(6) 川崎市麻生区古沢地区では「常に水のあるドブッタでは裏作はできず、米をつくる外はほとんど利用方法がなかった(中略)水の湧いているドブッタではヒヤミズ(冷水)のため稲は植えた時より小さくなることもあった。それで水を抜くために暗渠排水が行われた」(中村編1989：p.33)、「用水は自然の湧水を利用した。谷戸田はあちらこちらから冷や水が噴き出していたが、そのままでは使えない。冷たすぎて稲は秋になっても15cmくらいにしか伸びず穂もでない。それで田の周りに溝を掘り、冷や水をまとめて回し暖めて稲の方に流した。暗渠排水として余分な水は、溝や竹や木の枝を入れ伝わらせ排水した」(同：p.71)、「ツミダをしたのは谷戸のドブッタんの中でも年中清水の湧き出ている所であった。膝の上まで水があった。こんな田は冷えているのでウエタをしても苗の活着が悪く、どうしてもアオゴメができる。モミスリをするとシロクなってしまう。温かいナエマから苗を持って来るとつきにくい。それでこのような田をツミダにした」(同：p.100)。

(7) 弥生時代の溜井については確実なものは少ない。石川県梅田B遺跡では、山地から平地部への傾斜地に掛けてその平地部に洪水で埋もれた弥生時代後期の水田が検出された。そしてこの水田に伴うものとしてSX23があることが略報されているが(柿田・伊藤1998)、本報告がなく詳細は不明である。

(8) 本論文の元となった原稿を執筆中に、真田・北金目遺跡17C区(若林2006)から弥生時代後期後半から古墳時代初頭にかけての、谷水田の事例が報告されていたが見落としていた。

(9) 例えば報告書第60・63・65図(高島・木幡1993)。

(10) 報告書の第61図では(高島・木幡1993：p.113)、覆土途中までしか杭が打ち込まれていないが、この覆土のどこまでが第16号溝のものであり、どこまでが第18号溝のものか記載がない。底面標高が第16号溝が14.90m(p.105)、第18号溝が15.16m(p.118)であることから、第16号溝が新しいと考えられるが、そうすると杭列の頭よりも80cmも上になる。記載では第16号溝を精査中に杭列を検出したというので、矛盾がある。

(11) 継続的な水田耕作ができないような一時的な土砂流失によって、水田が埋まってしまったという考え方もできなくはない。しかしその場合は堆積がもっと厚くなると考える。

(12) 第34号井戸では廃絶の際に投棄されたとする土器が出土しているが、井戸底面とそこから80cmほど上位の2個所に一括遺物の出土があった。そのうち底面の土器は菊川式土器を含んでいることからみて、この井戸の廃絶の古い時期は後期中葉から後半と考えられる。

(13) 報告書(河野1985)第398図c-c'では谷の埋土である4層を切り込んで7号住居跡が構築されている。

(14) 報告書(河野1985)第3図の図面の1Tから計測。

(15) 弥生時代にあっても、狩猟・漁撈がなくなったわけではない。今回分析に用いた事例でも、番匠地

遺跡では数は少ないものの、シカとイノシシが出土している。菜畑遺跡では獣骨が縄文時代前期、山ノ寺式期、夜臼式期、夜臼・板付Ⅰ式期、板付Ⅱ式期、弥生時代中期の各段階から出土している。各時期を通じて主要な対象はニホンイノシシとニホンジカであるが、その個体数は縄文時代前期がニホンイノシシ4・ニホンジカ1に対して山ノ寺式期12・5、夜臼式期9・2、夜臼・板付Ⅰ式期19・13、板付Ⅱ式期6・4、弥生時代中期5・3であり、縄文時代よりも弥生時代にピークがあったことがわかる。池子遺跡ではシカやイノシシの骨角牙製品が出土し、ヤス・離頭銛・釣針などの漁撈具がまとまって出土している。魚骨の出土は確認されていないが、漁撈具の存在から魚類の捕獲が裏付けられるものである。

第2節　検討項目2：弥生時代炭化種実の検討

1　問題の所在

　古代にはどのような物を食していたのか、別の言い方をすれば何時からコメを食べていたのかという問題は、弥生時代・弥生社会の認識とも深く関わりながら研究されてきた（浜田 2002b）。明治期以前には記紀に表される天孫降臨の民族は、当代の天皇家に繋がる民族であり、彼らがすでに五穀をもっている記載から、古墳を築造した時代には、現代と同じコメを代表とした穀類を生産・消費していたことを疑うものは少なかったのである。そして古墳時代以前は現生人類とは脈絡をもたない石器時代民族であり、稲作を行わない狩猟採集民族であったとする。民族や時代を対置的においていた理解の段階では、わかりやすい考えであったといえるであろう。

　1897（明治 30）年に蒔田鎗次郎氏が竪穴から穀物の形跡を見いだし（蒔田 1897）、1902（明治 35）年に八木奘三郎氏によって、弥生式土器に伴って炭化コメの存在が注視されてきて以来[1]（八木 1902）、弥生時代に穀類が伴うことが注意されてきた（中山 1920）。明治期後半以降、稲作・米食の起源は弥生時代研究とともに遡ることとなり、古墳時代を現在に繋がる食利用植物・食料生産の源と理解することはできなくなった。さらに大正期後半から昭和戦前までの考古学資料からみる生業問題の研究は、弥生時代にすでに稲作、それも水稲耕作が行われていたことを徐々にではあるが解明していた。その論拠の一つに炭化種実が使われていたのである。戦後は登呂遺跡の発見により弥生時代の水稲耕作が決定的となり、その後、意識的な選別法によって多くの炭化種実が報告されるようになった。

　そうしたなかで、直良信夫氏による遺跡出土種実の集成が行われた（直良 1956）。実証的な資料から古代農業の実態に迫ろうとした、最初の最も基礎的な研究として、高く評価しなければならない。その後、植物学者から弥生時代の出土種実の集成がなされた（嶋倉 1979）が、3 世紀の植物に焦点をあてた、地域も東海道筋の静岡以西についての集成であった。さらに種実を限定しているわけではなく、植物全般を扱っていることもあり、食に踏み込んだ内容とはならなかった。しかし、植物学者の炭化種実の重要な集成となった。その後穀物類をはじめ、直接食としては利用しない植物の種実、および縄文時代の植物質食料をも視野にいれた全国的な集成が行われ、非常に多くの植物種実が報告されていることが寺沢薫・寺沢知子両氏によって確認された（寺沢・寺沢 1981）。この成果はその後の研究に大きな影響を与え、それまで単発的に出土していた炭化種実に対して、全国的な規模での位置づけ、弥生時代の具体的な生産物、食利用植物を検討する礎を築いた点は大きく評価できる。またこの集成にさきだつ 1970 年代前半以降に水洗選別（ウォーターセパレーション）や浮遊選別（ウォーターフローテーション）を用いた（以下「水洗選別法」と略記）、文字通りの資料の洗い出しが、小谷凱宣氏（小谷 1972）や千浦美智子氏（千浦 1977）らを先駆者として、吉崎昌一氏を中心としたプロジェクト・シーズのスタッフによって、縄文時代から続縄文時代・擦文時代

の遺跡で実践されてきた（吉崎編 1989、椿坂 1992）。そして個別の遺跡での検出を通して、弥生時代の遺構出土の炭化種実も飛躍的に増加するようになる。

関東でも神奈川県横浜市道高速２号線遺跡№6遺跡（笠原 1984、以下横浜市道№6遺跡と略記）での実践や、それに刺激を受けた東京都八王子市中野甲の原遺跡での実践（笠原・藤沢・浜田 1987）があり、東京都中野区新井三丁目遺跡（石川 1988）、東京都板橋区根ノ上遺跡（南木 1988）、千葉県袖ケ浦市境遺跡（能城 1989）などで、個別遺跡の検討が開始されるようになった。

その後個別遺跡での検出例をまとめる安藤広道氏による南関東地域の集成（安藤 2002）、高瀬克範氏による東北地方[2]での実践例を含めた全国的な集成（高瀬 2004a・b）、黒尾和久・高瀬克範両氏の縄文時代と弥生時代の炭化種実の比較の集成（黒尾・高瀬 2003）、弥生時代との比較のうえで参考となる後藤直氏の朝鮮半島での同時代の集成（後藤 2006）など、地域や時代を越えた集成によって検討資料が充実してきているのが現状である。

しかし、こうして集成された炭化種実から導きだされた弥生社会像は、後に詳述するように決して一様なものではなく、特に弥生時代の食利用植物がコメに集約されたものであったのか否かについては、対立する意見が存在する。この問題は集成した結果をそのまま見るだけで解決することではなく、集成以前の各遺跡から出土する炭化種実の検出方法や出土状況、食料種実としての加工の在り方など多角的に分析する必要があると考える。肉眼で観察したものと水洗選別したものとはその結果にはおのずと違いは出てくるし、同じ水洗選別でもどのような方法か、例えば種実をすくう篩の目の大きさによっても検出する種実の数は変化する。また土器内や炉内から出土したものと覆土から出土したものは、後世の混入の危険性を考え合わせれば、その炭化種実がそこから出土する必然性を考古学的な説明で行えるのは前者のほうである。さらに火にかける以前に粉になってしまうものは炭化種実のデータにのぼりにくい性質があるなど、こうしたいくつかの前提条件となる項目を吟味して、集成を分析しなければ弥生時代の農業についての実態を語ることはできない、と考えるのである。

こうしたことを踏まえ、これまで集成されてきた炭化種実に、最近新たに報告された種実も合わせて集成した後、炭化種実同定にいたるまでと同定後の上記の問題点を整理しながら、弥生時代の炭化種実から帰納される問題を分析していく。

2　東日本の弥生時代遺跡出土の炭化種実の集成

東日本（東北・関東・甲信地域）の弥生時代から出土した食利用に関係する炭化種実の集成については、前述したような全国的あるいは広範囲な地域を対象にした先行研究が存在しており（直良 1956、寺沢・寺沢 1981、安藤 2002、高瀬 2004a、後藤 2006）、後進の研究者にとって、基礎的で重要な成果となっている。また、山梨県内（櫛原 1998）や神奈川県内（弥生時代研究プロジェクトチーム 2001）、千葉県内（大谷 2002）など行政区内の集成もあり、個人の能力を超えたデータ過多である近年においては、大変有意義な成果とすることができる。本稿の集成も基本的にこれらの成果をも

とに、2006年までの新たに報告された資料や一部既存の集成から漏れていたデータを追加して作成したものである。ただし、集成のない地域については、筆者自身が手元の報告書や研究紀要などから抽出したため、遺漏した事例が多いことをあらかじめお断りしておく[3]。

また参考としたそれぞれの集成は、集成された時期や問題意識の相違もあって、統一された基準で検出されたものではない。本稿では以下について比較項目を設定した。

まず集成の対象となるのは、生活遺構から出土した事例を基本とした。自然流路や堆積土壌中から検出された炭化・未炭化種実については集成から除いた。これは、出土した種実が、周辺の植生地から自然落下して流路内や堆積土中に混入したことも想定されるため、食利用されたかどうかを議論する場合には適当でないと判断したことによる。また、水田から出土した炭化・未炭化種実も除いている。これは、水田跡から少なからずモモ・クルミ類・シイ類・ドングリ類などが出土する事例があるが、これらがなぜ水田から出土するのかの意義づけが定まっていないので、これも食利用植物として活用したものを議論する場合には適当でないと判断したからである[4]。

最も基本となる集成は遺構単位で行うが、遺構内においても炭化種実の出土した状況によって、資料の解釈が異なることも想定されるため、炉内・床面・貯蔵穴・覆土・壺内・甕内など出土位置によって項目分けを行った[5]。したがってこれが最も基本的な集成単位となる。

次に生産地との関係において、集落形成の重要な因子となる地理的な立地環境、また、水利との関係を見る一つの基準になる、出土した遺跡と河川（あるいは現在の水田面や谷底など）との比高差（高度差）についても、わかりうる範囲で記載した[6]。

炭化種実の時期については、基本的に出土した遺構の時期に合わせたが、弥生時代後期後半から古墳時代前期初頭に位置づけられるものは、後期終末とするなど、一部筆者の判断で変更したものがある。

炭化種実の検出方法については、発掘中に偶然発見したものについては「肉眼」と表現し、水洗選別によるものは「水洗」と記載した。ただし、肉眼なのか水洗選別なのかについて具体的に触れていない事例も多く、報告書の記載内容から判断したものも多い。判断がつかない場合は不明とした。また、資料サンプルを調査者が水洗したのか、分析者に依頼して水洗したのかについては、今回は取り上げなかった。

篩目の大きさは報告書などに記述がある場合に加えたが、水洗選別を行っていても記述した事例は多くなかった。

分析者は炭化種実を同定した方の名前を記載したが、遺構の説明箇所に炭化種実の記述がある場合は、報告者としている[7]。

炭化種実の種類については、直接食利用される植物を基本的に集成した。そのためアサやヒョウタンなどは今回の集成からは除いてある。また、大豆・小豆・緑豆・ツルマメ・ササゲなどはマメ類、クルミ・オニグルミなどは、近い仲間の種実をまとめて、クルミ（オニグルミ）などと記載したものがある。ドングリは、アク抜きの必要のないシイ類とイチイガシ以外のものを総称した。さ

らに同定が難しい少量の種実の検出にとどまったものも、参考として集成しておいた。

こうして集成したものを、以前一覧表としてまとめた（浜田2007a）。詳細はこちらをご覧いただき、この集成をもとに以下の分析を行っていく。

3 出土炭化種実からみた弥生時代の食利用植物

(1) 従来の見解

これまでの集成によって、92遺跡・569遺構から27種（科・属も含む）の食利用植物が出土していたことを示すことができる。しかし、その集成から導き出される弥生時代の食利用植物をどのように評価するかについては、決して共通の解釈となっているわけではなく、むしろ正反対の評価が導き出されている。コメ以外の食利用植物を弥生時代に積極的に利用したと評価するか、弥生時代はコメの生産とコメ消費が中心の社会である、と評価するかの意見の相違を見るのである。

食利用植物研究の先鞭をつけた寺沢薫・寺沢知子両氏（寺沢・寺沢1981）は、弥生時代遺跡から出土する炭化種実のなかで、出土数量は無視して出土遺跡数だけでカウントした場合、ドングリ・イネ・モモ・マメ・ヒョウタン・クルミ・クリ・ムギ類の順で多く出土し、なかでも上位3つが傑出していることを提示した[8]。そして、縄文時代と弥生時代の植物質食料の集成とドングリピットの比較を通して、ドングリが救荒食料として穀物栽培・収穫のサイクルのなかに取り込まれたことを推測している。さらに水田の実験的栽培の結果やこれまでの文献からの研究を踏まえ、コメの生産と消費が前期ではほとんどなく、中期では50％以下、後期でも80％程度の量しかまかなえなかった、という具体的な数字を指し示している[9]。筆者も関東の山間部八王子市での炭化種実の水洗選別から、弥生時代の畠作物の重要性を指摘してきた（笠原・藤沢・浜田1987）。炭化種実を出した遺跡（中野甲の原遺跡）は多摩丘陵の中位段丘面にあり、その眼下の微高地上には中田遺跡が存在し、中野甲の原遺跡の背後の丘陵高位面には鞍骨山遺跡があり、同時期の弥生時代後期の集落が高度を変えて存在している地域であった。こうした立地を異にして存在する弥生時代集落からは、微高地上の集落が水稲耕作を行っているという想定はできるが、はたして中野甲の原遺跡のような中位段丘面にある集落も水稲耕作を行っていたのか、それならばなぜ微高地上ではなく段丘上に集落を構えるのか、ということから、生業の違いを考えたのである。そして畠作の可能性を想定し炭化種実の水洗選別を計画的に実施し、コメ・小麦・大麦（皮ムギ）・ヒエ？の炭化種実を検出・同定し、遺跡の占地形態から想定していた畠作の存在を強調した。

さらに近年では高瀬克範氏が東北地方の弥生時代水田の生産性を試算し、東北地方では弥生時代中期に水田規模が飛躍的に拡大するが、これによって集落構成員の食料をまかなうことができたとは考えられないと結論づけ[10]そのコメの生産性の低さを補う雑穀栽培の重要性を指摘している（高瀬2004a）。そしてこれより以前に黒尾和久氏とともにこれまでの弥生時代研究において、コメ以外の炭化種実を必ずしも重視してこなかった研究状況を顧みるとき、少量といえどもコメ以外の炭化種実の存在は軽視できないと指摘している（黒尾・高瀬2003）

これに対して佐原眞氏は、遺跡から出土する炭化種実には、寺沢氏の集成するドングリを出した遺跡数（168）が籾を出した遺跡数（128）の1.3倍あるという数値自体には、種実自身の大きさの違いがあることから、出土遺跡数の比較はそのまま食利用植物の実態を表していないとする（佐原1987）。そしてコメをどの程度消費していたのか、という問題に対してはむしろ一軒の家から出土する食料の割合を比べるほうが、当時の実態を示しているとして、後述する長野県橋原遺跡の火災住居の事例を取り上げて、山間部の遺跡でさえコメの割合が多いことを指摘し、コメを評価する。そして、コメに比して量的・エネルギー源としては少ないアワ・キビ・ヒエ・ムギ・マメ類は、あくまでも補助的に栽培する「小さな先駆け」[11]であり、弥生時代の農民は稲作に集中していたとする根拠の一つとしている[12]（佐原1995）。また、安藤広道氏は南関東地域の炭化種実を集成するとコメが群を抜いて多く、コメの圧倒的優勢は否定しようがないことを強調する（安藤2001b・2002）。安藤氏の集成は、炭化種実を遺構出土という単位でみてきたこれまでの分析の前提に対して、覆土から出土したのか床面から出土したのか、土器の中から検出されたものか、一個所から集中的に発見されたものか、といった炭化種実の出土状況を考慮するという前提にたっており、炭化種実の出土（産出状況）の問題に取り組まれたことに、大きな意義を認めることができ、本論も安藤氏の視点を参考にしている。安藤氏はこうした前提から改めて集成を見た場合、炉の覆土でコメが圧倒的に多くなることや、コメ以外の穀物が多く出土した事例では住居址覆土・方形周溝墓といった生活とは直接関係しない個所からの出土が多くあることから、後世の混入の可能性が高いことを述べられている。そして、床面からまとまって出土した事例はコメの比率が高いことが傾向として見られることから、「中期中葉から後期の南関東地方の栽培植物種実は、ウリ類・根茎類などの評価が未確定ではあるものの、とりあえず穀類の中では、あくまでコメが主体となり、これにアワ・ヒエ・キビ・マメなどが少量組み合わされるという構成をとることが明らかとなった。大麦の存在については、現状ではやや否定的にならざるを得ない点も指摘できた。これらの結果は、畠作圏のイメージが強い関東地方の結果としては、やや意外なものと言えるだろう。しかし、以上の結果をみる限り、弥生時代の南関東地方の穀類消費量に占めるコメの比重が、他の穀類に比して圧倒的に高かったことは、まずまちがいない」（安藤2002：p.15）と判断された[13]。

　朝鮮半島の初期農耕社会との比較のうえで寺沢氏の集成以後の集成を行った後藤直氏も、イネが圧倒的に多いことにはかわりなく、このことから弥生時代農耕では水田農耕が主流で畠作の比重が低かったと結論づける（後藤2006）。特に朝鮮半島の無文土器時代のほうが、弥生時代の遺跡よりも畠作物が多く出土することが傾向として見られるという。一つの遺跡でイネと複数の畠作物が出土するのが朝鮮半島では普通であり、イネはないが複数の畠作物が出土する遺跡も多いと指摘して、イネが単独で見つかる事例が圧倒的な弥生時代の遺跡との違いを強調されている。その相違の原因、すなわち弥生時代に水稲が偏重する原因については、雨量と降雨時期の違い、日本に照葉樹林帯が広く存在していること、扇状地・三角州が発達して水田適地が日本のほうが多いことなど、自然条件が大きな要因であったとする。そして「朝鮮半島から伝えられた農耕は、石刀や石斧類は

そのまま取り入れて基本的生産用具として維持しながらも、畑作の比重を低くし水田稲作に傾いていくという変貌をとげるのである」（後藤2006：p.366）と結論づけている。

　遺跡出土の炭化種実の集成から、弥生時代の食利用植物をどのように評価するかについて、代表的な意見をみてきた。そこから窺えるのは数量的には少ないコメ以外の食利用植物を評価する側は、出土種実におけるコメの占める比率の高さは認めるが、コメだけで当時の食料はまかないきれないという試算を提示し、それを補完するという考えからコメ以外の食利用植物を評価する。一方、コメ以外の食利用植物を当時の主要な生産物と評価しない背景には、出土した炭化種実のなかでコメが圧倒的な比率をもって出土する事例の存在がある。しかし、どちらの考えの道筋も、問題を含んでいる。

　コメ以外の食利用植物を評価する側が提示する、コメの生産が実際にどの程度なのかという試算は、不確実な要素をいくつも想定しているため、信憑性をもち得るデータとなっていないと考える。方法論的には最も正攻法ではあるが、現段階では不確実なデータの積み重ねによる試算からは、当時のコメの生産量が低いか高いかの判断をすることは難しい。それはコメ以外の食利用植物の評価もこの試算の要素一つで変わってしまうからである。またコメの圧倒的な数を根拠とする側にも、炭化種実の検出から同定にいたる作業上での問題がどの程度考慮されているのかが不明であり、コメがほかの種実を圧倒するデータが実態を反映しているといえるほど、多面的な分析を経たものであるのかが問われなければならない。

　では種実同定までに存在する問題点にはどのようなことが想定され、問題は奈辺にあるかを検討していこう。

（2）　炭化種実同定までの問題点

　炭化種実は遺構の土壌から水洗選別され、植物学上の分類同定をうける。こうした一連の流れのなかで、炭化種実集成のデータに影響を及ぼすいくつかの問題点がある。これらのなかには従前から指摘されていることもあるが（佐原1987、安藤2002・2006、高瀬2004a）、再度確認し検討しておく。

　問題点として挙げるのは、研究者の意識の問題、すなわち水洗選別を行わない偶然の発見の事例と水洗選別の事例との関係および水洗選別に用いた篩目の大きさ、食料加工の在り方、出土状況の在り方の認識である。

　これまでの弥生時代の生業研究を回顧すると（浜田2002a）、弥生時代の植物質食料の検討は、水稲耕作という時代の画期を強調してきたといえる。土器の圧痕を含め、コメとそれを作り出す水田の検出に研究者の目が向いていた時期が最近まで続いていたともいえるであろう。特に炭化種実については水洗選別を行わない初期の事例に、圧倒的にコメが多く報告されているのがわかる。しかし、これまで弥生時代の遺跡から種実を検出してきた現代の調査者は、アワやヒエ、キビといった小さな穀類をどの程度意識して取り組んできたといえるであろうか。小さな種実を想定しながら発

掘調査・種実の検出を行い、そこから帰納される弥生時代像を描くことを推し進めてきたであろうか。残念ながらアワ・キビ・ヒエなどの小粒の穀類については、考古学的に検討した事例はコメに比べ少ない。従来行われてきた弥生時代の農作物や食利用植物についての研究対象は、最初から水稲耕作とその成果物のコメに決めて検証作業を行ってきた、と述べるのは言い過ぎかもしれない。しかし、弥生時代の農耕文化を検証するといった分析のなかで、水稲農耕文化・技術体系に照らして、社会や農耕具などを解釈してきたのは、多くの非水田植物の存在を考慮せずに検証を行ってきたことを意味する。それには水稲耕作が社会を動かす原動力であり、弥生社会を形作ってきたものである、という仮説が前提にあって、コメ以外の食利用植物は補助的なものにすぎない、という意識があったこともまた、確かなことであろう。しかし、コメ以外の食利用植物に対する研究者の意識が伴わなければ、あるはずのものも確認することはできないのである。

　辻誠一郎氏は肉眼で観察でき日常生活になじみのある種実類は発見されやすいけれども、小さな植物種実にいたると突然不明の世界に陥るとして、次のように述べる。「こうした事情は、遺跡の発掘調査における大型植物遺体の取り上げ方に如実に反映されている。現地で取り上げられる大型植物遺体は、日常見慣れているもののうち、さらに形が明瞭で大きいものか、表面がキチン質でテカテカしているものが圧倒的に多い。遺跡から産出する大型植物遺体で、オニグルミの核、モモの核、トチノキの果皮、クリの果皮、その他ブナ科のドングリ類の果実が、存在すればまず列挙されるのはそのためである」（辻編 2000：p.37）。筆者はこうした研究者の意識が、水洗選別普及以前だけではなく、それ以後の出土炭化種実のデータにも影響していると考える。

　炭化種実の初期の集成である寺沢・寺沢両氏のデータは、水洗選別が一般化しはじめた、1970年代までを総括したものであった。目視による炭化種実の検出が主流であり、いわば偶然の発見の事例が目立つ。そのためにコメがことのほか強調されて調査段階で取り上げられ、コメ以上の大きさをもつ、ドングリやモモの種実が多く報告されているともいえるであろう。コメ以下の大きさのアワ・ヒエ・キビの数が少ないのは、そうしたことを反映している集成であることはまず間違いない。

　では、それ以後の水洗選別を導入した段階ではこうした問題は解消され、実態に近い数字になるのであろうか。後藤直氏はこの問題に関して「弥生時代遺跡出土の栽培植物種実の種類は、イネのほかにアワなどの畠作雑穀類もあるが、1981 年の集成研究によってもイネ出土遺跡が圧倒的に多く、雑穀出土遺跡はきわめて少ない（寺沢ほか 1981：引用文中表記、筆者註）。その後の集成でも同様である（後藤 2004：引用文中表記、筆者註）。このことは、弥生時代農耕では水田稲作が主流で畠作の比重が低かったことを示している」と結論づける（後藤 2006：p.365）。しかし、水洗選別が普及した後であればコメとアワ・ヒエ・キビなどの小さな穀類の比較ができる記録となったかといえば問題がある。その一つが水洗選別を行った事例と、肉眼で炭化種実を確認した事例を、同じ精度として比較することの問題、そして、別の一つは土壌をふるう篩の目の大きさの問題である。この二つを考慮しないと、そこから導き出される結果は大きな欠陥をもつこととなる。

前者の問題に対しては、これまで述べてきたように発掘調査中に検出（非水洗選別）できる種実は限られており、コメ・堅果類が大部分である。今回の集成で水洗選別を行った事例を遺跡ごとに集計すると、水洗選別を実施した遺跡42遺跡、非水洗選別の遺跡は33遺跡、水洗選別を行ったか不明のものが13遺跡となる。そのうち非水洗選別の33遺跡から出土したアワ・ヒエ・キビの小穀類は、土器内からの事例を除けば、山梨県鞍掛遺跡のアワ？1粒の事例（櫛原1998）だけであるが、水洗選別を行った遺跡では42遺跡中19遺跡で小穀類を検出している。水洗選別を実施した遺跡のうち半数近くから検出したことになり、水洗選別をすることによる小穀類の検出率の高さが理解できる。こうしたことを踏まえれば、水洗選別法で検出した炭化種実と非水洗選別法で検出した炭化種実を同じ精度で考えるのは無理がある。少なくともアワ・ヒエ・キビの小穀類炭化種実の傾向を導き出すためには、水洗選別法と非水洗選別法で行われた結果は、分けて考えるべきである。

　アワ・ヒエ・キビは、大きさが2mm以下の穀類である。したがってもしこれらの種実の検出を試みる場合、最低でも1.5mm以下の篩を用いる必要がある[14]。実際に水洗選別された事例からみれば[15]、水洗選別を行い篩目の大きさを明示した20遺跡中10遺跡で小穀類を検出し、これらはすべて1.5mm以下の篩目であった。残りの10遺跡のうち神奈川県砂田台遺跡（2.5mm：井上・吉川1991）、東京都四葉地区遺跡（2.0mm：松谷2000）は2.0mm以上の篩目であり、小穀類は検出されていない。特徴的なのはこの2遺跡は弥生時代の遺構だけではなく、古墳時代前期（砂田台遺跡・四葉地区遺跡）の遺構なども水洗選別を行っており、そこからも小穀類は検出されていない。また古墳時代前期・後期の水洗選別（2mm）を行った多摩ニュータウンNo.917遺跡からも、小穀物類は検出されていない。これとは逆に1.0mm目の篩目を使い、水洗選別を行った場合、弥生時代の遺構から小穀類を検出しなかった遺跡でも、古墳時代中期・後期（長野県下聖端遺跡：氏原・廣瀬1992）、平安時代（群馬県石墨遺跡：パレオ・ラボ2001）の遺構からは、アワ・ヒエ・キビが検出されている。このことは、篩目1.5mm以下が小穀類をとらえるのに有効であることを証明している。そして、水洗選別を行っても、2.0mm以上の篩目を使うと小穀類を検出する確率が低くなることを意味していよう。すなわちここから考えられることは、水洗選別法を行っていても検出しようとする目的物に合わせた篩目を使わなければ、分析できるデータにはならないということである。アワやヒエ・キビなどは、具体的には最低1.5mm以下、作業効率を考慮しなければもっと細かな篩目を使わなければ捕捉しにくいし、炭化種実から考える集成のデータにも大きな影響を与えるといえるのである。

（3）　炭化種実同定後の問題点

　これまで見てきた炭化種実の集成には、研究者の意識の問題が大きく反映していることが理解できた。しかし、こうした問題を踏まえても出土粒数の比較でいえば、コメがアワ、ヒエ、キビを大きく上回っていることは間違いない事実であろう。研究者の調査意識が向上し、炭化種実の検出方法が改善されたとしても、小粒な穀物の出土遺跡の事例は増加するものの、同時にコメの出土量

も増え、その結果、出土炭化種実中のコメとそれ以外の小粒の食利用植物の数的格差は変わらないと推定できるかもしれない。したがって、このことをそのまま弥生時代の食利用植物の実態を反映していると判断することも可能であるが、ここにも筆者はまだ検討すべき問題が存在していると考える。それは食利用される形態の違いであり、粒食されるか、粉食されるかという調理や加工の過程の問題である。弥生時代の食利用植物がすべて粒食されたという前提にたてば、こうしたことは問題とはならないが、これから述べるように食制のなかで粉食を想定できるならば、食料残滓としての炭化種実の量的な問題を分析する場合、粉食行為はコメとコメ以外の炭化種実出土数の格差に影響を及ぼすのである。

　粒食された食利用植物の事例の代表として、土器の内面に付いた炭化物の分析から導き出された事例（柳瀬 1988、小林・柳瀬 2002）がある。それによれば、岡山県上東遺跡才の町地区 P-ト から出土した甕の内面に付着した炭化物から、コメとアワの粒が、特定できるもので 53：17％ の割合（ほか 30％ は不明）で確認されている。コメとアワを混ぜて調理していたことが理解できる事例である。しかし、この事例のように土器内に粒で付着している事例は分析可能だが、調理以前に製粉してしまうと食利用植物の実態を知ることは難しい。したがって粉食された場合、当然のことながら炭化種実として出土はせず、粉食される度合いが高い種子・堅果類であれば、炭化種実として出土、確認される可能性も低くなるのである。

　粉食が先に示した炭化種実集成にどの程度の影響を与えるのか、炭化種実集成にあがる植物のなかで粉食されるのはなにかという問題について、まずは植物的な特性に根ざした分析が有効である。すなわち粉食されるほうが効率的に利用できる、種実・堅果を確認することによって、粉食される植物を特定することである。例えば、ドングリなどの堅果類は、アク抜きのための製粉は一般的によく知られている（渡辺 1984）。また、小麦やヒエなどは種子の胚乳部分とそれを包む種皮・果皮が癒着しているために、粒のまま精白することは事実上不可能で、粒食しようとする場合は、精白しない玄麦・玄ヒエの状態か、もしくはかなり胚乳部分を削りとって精白するしか方法がない。したがって粉にして種皮と胚乳部分を分離するのが、小麦・ヒエを食する最も効率的な加工の仕方である、などがその事例である。

　粉食される食利用植物は、まず以上のような植物的特性から特定することができる。しかし、これらが粉食にのみ専ら使用され、粒食されなかったわけではない。したがって粉食の実態を植物的な特性だけで決定することはできないが、これを補う論理的な意味で、現代に残る食加工の民俗事例を分析することで、さらに粉食の具体的な例示が可能であろう。それは、こうした種子・堅果類の特性は植物的に普遍的な特性であり、その特性は今日まで実践してきた調理法に、如実に反映されてきたと考えるからである。ただし、現代と同じ食材を同じ方法で弥生時代に食していたとは限らないし、地域的な食料加工の特色があることも事実である。そうした見地からは民俗事例を考古資料に援用するのは慎重にするべきであるとするのは当然であろう。しかし一方で、当時量的に潤沢とはいえない食料資源を、効率的に加工し自らのエネルギー源としていく方法は、調理具・栽培

方法の大きな変革がなく同じ食材であるという前提ならば、時間を隔てたなかにあっても、基本的には変わりようのないものである。新しい調理具の導入や発明によってもたらされた食制の変化はさまざまあるが、その変化を念頭におきながら、弥生時代の粉食の実態に近づけることは可能であると考える[16]。

(4) 民俗事例にみる粉食

日本民俗学においては食生活への関心は古くから高かったが、粉食の実態を含む食事習俗全般をとらえようとする調査は、昭和に入ってから本格化したという（田中編 1990）。柳田國男氏が材料としての食料、調製としての食料、食料の盛りつけや調製するための食具、食の機会や食べ方の4つの問題を「食制」と呼び、各地の食制について分析しようとした戦前の研究（柳田 1936）以後、各地で食制の研究がさかんになった。これを基礎に全国的な食生活についてまとめた瀬川清子氏の研究によれば、民俗学的な聞き取り調査で、主食は粒食と粉食にして食する方法があることがわかる。そのなかで粉食について瀬川清子は次のように述べている（瀬川 1946）。「米の粉、大麦の粉、大豆粉、モロコシ粉、蕎麦粉、栃や栗の粉を碾物という地方があるのは（山梨県）手でまわす石臼で挽いて粉にしたからであろう。もっとも古い時代には家々に兎の餅搗きのような臼と杵、それに篩という道具があってコバタキをすると云った。ハタクというのは臼で搗いて粉にするという意味で原意は叩くで、その粉でつくった団子などもハタキモノとよんだ。農家では以前はザラ米は貢納用にし、残った屑米や砕米を粉にして、これでカイ餅やクダケ餅をつくって朝食にすることが多かった。殊に雑穀を食うには粉化した方がよかったのである」（p.46）。瀬川の粉食に対する概観は、全国的な集成のなかで出されたものであったが、さまざまな植物が粉にされ、利用されてきたのがわかる。そして木製の臼と杵、石臼で製粉していたことも指摘されているが、瀬川が概観した粉食の在り方は、ほかの聞き取りによる事例でも確認できる。以下その代表的な事例を見ていく。

事例1　山梨県富士五湖東部（伊藤 1951）

「富士五湖地方の東部でピエ、またはピヤアなどと呼ぶ稗は、西部でヘエというのがあり、俗に"重ね着の米"といわれて、二番稃まで完全に脱稃することは、当時の山地では全く不可能であったし、仮にこんな加工ができたとしても、これによる枡べりに耐えられるほど食事事情が裕福ではなかった。してみると、半脱稃の稗の粒食は、とても食べづらいものであった」（p.12）、「古老の話を総合すると、近世末まで稗はほとんど精白せず、玄稗のまま粉化されて、荒目のフレエ（篩）をかけていたようである」「稗団子はゴンバチに篩い出した稗粉に、普通二～三割の糯粟の粉をツナギに入れて造った」（p.14）。

事例2　群馬県利根郡白沢村・片品村（田中編 1990）

「穀類としては、小麦・そば・稗・とうもろこし・粟・米粉・大豆粉などを粉にして使用する。以上のものは焼餅にして食べる」（p.148）。

86　第4章　個別要素の検討

　事例3　宮城県（茂木1961）

　「ヒエシトギ　稗を粉にし、水でそのまま堅く練り餅状とし、生食または焼いて食う」（宮城県史十九）。なお神供の粢（しとぎ）は本来は水に浸した生米（粳）を砕いて粉にし、種々の形に固めたものである。

　ヒエダンゴ　稗の粉を練り、団子とし、小豆汁その他の汁に入れて食う。

　粟　餅　　粟を精白し粉とし、糯米・寒晒（晒の間違いか：筆者註）し粉をよく混ぜこね合わせ、蒸籠でむし臼にいれてつく（宮城県史十九）。小豆餅または黄粉餅として食う。

　粟団子　　玄粟を精白したのち、ひいて粉にし、湯または水で練り、団子にする」（p.62）。

　事例4　石川県白峰村（守田編1988）

　「白峰村では、雑穀を粉にして利用することが多い。だご、手打ちそば、いりこなどをつくり、ごはんのかわりに間食としてたべる。だごはひえをはじめとする雑穀粉をこねてつくる」（p.148）、「石臼ですこしずつゆっくりゆっくりひいたあわの粉にお湯を入れ、練ってだごにし、蒸すかゆでるかしてそのまま食べる。固くなったものは焼いたり、じろの灰の中に入れてやわらかくする」（p.152）、「かなしは、しこくびえのことをいう。（中略）かましは、生で粉にしてだごや粉もちに入れたり、炒って粉にし、熱湯や汁でかいて食べたりする」（p.153）、「へえだご（稗団子）、へったらだご（稗団子）、へえのめだご（稗団子：救荒食品）、へえのぬかだご（稗団子：救荒食品）、あわだご（粟団子）、かましだご（しこくびえ団子）、そばだご（蕎麦団子）、とちもち（橡餅）」。

　事例5　栃木県（君塚編1988）

　「くず米の粉でだんご汁をつくり」（p.163）。

　「きび、もろこし、みつまた（しこくびえ。朝鮮稗ともいう）を粉にして、だんごをつくって食べる」（p.164）。

　事例6　秋田県（藤田編1986）

　「ひえは、ふつう穂をよく天日で乾燥し、臼で搗いて精白する。しかし、これはそのままひえ飯にはできず、さらに水に浸し粉臼で搗いて粉にし、ひえしとぎやひえ焼きをつくって食べる」（p.124）。

　事例7　奈良県（藤本編1992）

　「ごくものも米麦を補う大切な食べ物である。なんばきび（とうもろこし）、あわ、とうきび（こうりゃん）、いなきび、そばなどをつくる。（中略）ごくものは搗いて（精白して）おかいに炊いたり、粉にひいてだんごにしたり、もちをつくったりして利用する」（p.279）。

　事例8　東京都檜原村（増田1990）

　「稗は粟とちがって、「ツク」作業（籾殻をとる作業）を省くことができる。粉食にする場合である。（中略）粒食の場合は調整作業が必要である。「稗の三分摺り」という言葉がある。調製の段階で一升の稗が三合にまで減ってしまうという意味である」（p.134）、「こうして出来たアラビキの（石臼で粗くひいた：筆者註）稗を桝にいれ、それを左手でもって煮えたった鍋の中に滝のように

サーッサーッとおとしていく。(中略) 稗粥も稗ばかりのものと米を二、三割入れたものとがある」(pp.127-128)、「稗餅には大きく分けて二種類ある。一つは搗いて餅にするもので、二つ目はいわゆる焼餅ともいわれるもので、粉をこねて焼くなり、ゆでるなりして食べる」(p.138)、「稗と粟は食生活の面で大きな違いがある。第一に稗は長年の保存がきく。稗は幾年たっても生えるといって保存し、種にすることが出来るし、食べることもできる。(中略) 第二は稗は調製が簡単である。粟のように必ずしも荒皮を種々のウスで取り去り、もう一度シラゲヅキをする必要はなく、粉食であれば石臼一つで間に合うのである」(p.140)。

(5) 粉食の必然性

以上例示したものは多くの聞き取り事例のほんの一部であるが、そこからは多彩な粉食の状態を知ることが出来る。粉食される食材として瀬川の挙げる米・大麦・大豆・モロコシ・蕎麦・栃・栗以外に、アワ・ヒエ・キビを製粉していたことがわかる。特にヒエは事例１・事例８にあるようにヒエの植物的特性をよく理解したなかで粉食を選択しているのが理解でき、提示した以外にもヒエには多くの粉食事例をみることができるのである（成城大学民俗学研究所編1990）。またコメの粉食の事例もいくつも上がっているが、事例２の米粉、事例５のくず米を使っての団子作りなどに代表されるように、コメの粉食は多くの場合、脱穀・精白の段階で生ずる、粒が割れたり・砕けたりして、粒食にそぐわなくなってしまった、いわゆる屑米を利用することがわかる。また、事例３にあるヒエシトギは、本来儀礼的な要素が強い生米を水につけて搗いてまるめた粢が、食材を変えて行われた事例である。しかし、瀬川が「今から百五十年前東北地方を旅行した菅江真澄翁の日記に、稗粢を焼いたものを夜食にすすめられたことが記されているが、今日でも青森県・岩手県地方では豆粢・米粢・稗粢をつくり、米粢は生でも食うが、稗粢は焼いて食うそうで、今日でも市の日には好み物として売りにも出ている」（瀬川1946：p.56）と述べるように、特別な食制ではなかったことが窺われる。

聞き取りによる食制の事例からみれば、粒食するか粉食にするかの区別には、厳密な基準があるわけではない。しかし、各地に残る食制を集成していくと種実によっては、①簡単に脱穀・精白できるので粒のまま食することを常態とするもの。コメ・大麦（押麦）などが代表的なものである。②脱穀・精白・調理に手間がかかるが粒食し、また粉食にすることも多いもの。アワ・キビ・ソバ・マメ類などが代表的である。③精白が不可能あるいは精白すると著しく目減りしてしまうため、粉にすることを常態とするもの。小麦・ヒエが代表的なもの、として区別できるであろう。もちろん①に含まれる植物種実を粉食しないわけではないし、③に含まれる植物を粒食しないわけではない。しかし、ここで重要なのは②の粒食・粉食もする食材として挙げられているなかで、アワやキビなどが焼餅や団子の形で食されている事例が、コメよりも多く存在していることである。アワ・キビはコメに比べ粉食することが、多いと判断できる。

そしてもう一つ重要なことは、コメが粉食される場合は、粒食できる形ではなく脱穀や精白の

過程で小さくなってしまった、屑米や未成熟の秕（しいな）・青米など、そのままでは粒食できないコメに対して行われるのが普通だということである。ここに粉食される一つの基準がある。コメは日常的に粉食をすることはなく、屑米や未成熟コメを粉食する。小さくなってしまった状態のものが製粉される背景には、小さいままでは粒食に適していないということがある。こうしたことから推測すれば、アワ・キビなどが製粉されコメに比べ焼餅・団子にすることが多いのは、小粒であることが原因の一つといえそうである。先述した小粒で精白すると非効率であるヒエを加え、小粒な穀類は粉食された確率は高いであろう。

　このほかにも粉食されるものとしては、堅果類が挙げられる。シイ類とイチイガシを除いたドングリは、タンニンが含まれそのままでは食利用できない。そのため水溶性のタンニンを水によって除去する。またトチは非水溶性のサポニン、アロインがあるので、灰を使って除去する方法がとられてきた（渡辺1984）。そして食されるまでの間に製粉されることがほとんどであり、最終的に団子状に加工して食することの多いドングリやトチなどの堅果類は、粉食の代表的な存在であろう。

　民俗事例を参考にして、弥生時代の粉食について推測してきたが、では粉食するための道具を考古資料に求めることができるであろうか。先にみた民俗事例からは、製粉するために木製臼・杵と石臼が使われていたことが理解できたが、弥生時代の臼・杵の利用法については、戦前の奈良県唐古遺跡出土の木製杵や兵庫県桜ケ丘5号銅鐸の絵画によって、脱穀作業を想定してきた[17]。1988年までに確認された木製製品の集成によれば（島地・伊東1988）、弥生時代の木製臼は10遺跡・29例、杵は55遺跡71例[18]が確認されており、こうした出土資料が地域的変容はあるものの、現代の民俗資料で見られる、くびれ臼・竪杵と基本的に変化がないことが確認できる。したがって、弥生時代においても木臼と木杵によって製粉することは物理的に可能であったといえる。

　さらに、木製臼・杵だけではなく、縄文時代以来の製粉具である石皿と磨石にも注目する必要がある。これについては、次節で具体的に述べていくが、以上のようなことからみて、弥生時代の食利用植物は粒食されたものばかりではなく、粉食されたものも多くあったと考えられ、出土した炭化種実の数がそのまま弥生時代の食利用の実態を反映しているのではない[19]。

4　コメ以外の炭化種実の評価

（1）　土器に内包された炭化種実

　これまでの炭化種実検出までの問題点にみたように、研究者の意識や、粉食の可能性を認めるならば、コメとそのほかの食利用植物の出土粒数の比較が、そのまま当時の食利用を反映していないことは明白である。むしろ数量的にはコメには及ばないものの、小粒の穀類が適切な方法によって検出を試みた遺跡から出土している事実は、弥生時代にこうした小粒の穀物が確実に存在していたことを示唆していよう。しかし、そうした状況もそれだけでは、炭化種実同定分析までのコンタミネーションであるという危険性をぬぐいさることはできない。考古学的に見て、弥生時代に存在していたことの蓋然性が高い炭化種実を想定するために、炭化種実の出土状況から定めておく必

要がある。その最も確実性が高く、出土の状況を考古学的に説明できるのが、土器内に内包されていた状態で炭化した種実であろう。炭化種実が出土した土器は、（台付）甕と壺の二者に分けることができる。そのうち、甕については調理した際のオコゲとして遺存したという想定が可能である。また壺からの出土事例は註19で述べたように、種同定が可能な表面形状の炭化種実の形成には、直火にあたるような直接的な被熱ではなく、間接的な熱が必要であることが条件となる。間接的な被熱を前提にすれば、こうした種実が壺内に貯蔵され、住居内に何かしらの方法、例えば床置や棚に保管されている状況、あるいは天井から吊るされる形で貯蔵されていたものが、住居の火災の際に壺に内包されたまま、火を受け炭化したという想定をすることができる。また、炭化した種実が複数まとまって出土している状態は、蟻やモグラなどの生物が土器内に持ち込んだという可能性を、完全ではないが否定することが可能である。したがってこうした状況で確認された炭化種実は、その住居に伴う蓋然性は高いと評価できるであろう。

こうしたことを前提に、集成された炭化種実のなかで、土器内に内包されていた事例を見ると次のようになる（表2）。この中で、コメ以外の事例を主に拾い上げてみる。

神奈川県朝光寺原遺跡のカラシナ（佐藤・釜口1969、笠原1984）

早渕川に向かって突き出す舌状台地上に展開する遺跡である。環壕内出土の小型の壺から炭化種実が調査時点から確認されていた（佐藤・釜口1969）。その後、SEM（走査型電子顕微鏡）の調査によって、カラシナと同定されたものである（笠原1984）。カラシナはアブラナ科の越年草で、現在では種子を香辛料として使用し、葉は漬物として利用されている。弥生時代にどのように利用していたかは不明である。出土粒数の記載はないが実見した結果100粒以上が出土している。

神奈川県湘南藤沢キャンパス内遺跡のアワかヒエ（岡本1992）

湘南藤沢キャンパス内（SFC）遺跡は、狭く深い谷が入り込む台地上に展開する遺跡である（図7-3）。第27号住居跡の壺内から、アワかヒエ22粒と同定不能18粒が出土している。共伴した土器群から弥生時代後期後半の段階である。アワかヒエの炭化種実を内包していた土器は、頸部以上を欠くもののほかはほぼ完存する壺で、住居南西部壁際の覆土下層から出土している。この住居は火災に遭っており、ほかの4個体の土器からイネや同定不能の炭化種実、焼土塊からイネ、焼土塊下からモモなどの炭化種実も出土している。

東京都代継・富士見台遺跡のアワ（新山2000）

東京都代継・富士見台遺跡は、多摩丘陵の根元付近の日野台地に展開している。第6号住居址の台付甕の中からアワ1粒が出土している。第6号住居址は床面に焼土や炭化材がまとまっており、火災住居と考えられている。台付甕は炉周辺に脚部があり、貯蔵穴周辺に胴部上半部が散らばって出土しており、アワは胴部上半部の土壌内から検出された。

千葉県中郷谷遺跡のキビ（松谷1993a）

千葉県中郷谷遺跡は請西遺跡群に包括される、矢那川に面した緩斜面に展開する遺跡である（図18）。035号住居址の床面に正位の状態で出土した壺から、イネ14粒とキビ22.5gが出土した。

表2 土器内から出土した炭化種実

地域	遺跡名	遺構名	時期	土器種類	コメ	アワかヒエ	キビ	マメ類	イチイガシ	クルミ	クリ	カラシナ	文献
神奈川	山王山遺跡	34住	後期終末	甕	3								河野1985
		48住	後期	壺	1								
	朝光寺原遺跡	環濠	中期後半	壺								多	笠原1984
	湘南藤沢キャンパス内（SFC）遺跡		後期後半	甕	1								岡本1992
				甕	2								
				壺	2								
				壺		22							
				鉢	1								
		40住		壺	2								
				壺	5								
東京	赤羽台遺跡	SI015	後期終末	土器	5								パリノ・サーヴェイ株式会社2000b
		SI018		土器	1								
	飛鳥山遺跡	SI28	後期	高坏	1								パリノ・サーヴェイ株式会社1996
				甕	2								
		SI29		甕	1								
				壺	5								
		SI30	中期後半	壺	1								
		SH01	後期	壺	1								
				甕	1								
	代継・富士見台遺跡	6住	後期終末	甕		1							新山2000
千葉	中郷谷遺跡	035住	後期	壺	14	22.5g							松谷1993a
	滝ノ口向台遺跡	003住	中期後半	壺	1								松谷1993b,小高1993
		040住	中期後半	壺	1								
				壺	1								
		055住	中期後半	壺	5				○				
				壺	1								
	下向山遺跡	41住	後期前半	壺				完形9 半粒48					松谷1994
	城の越遺跡	037住	中期後半	甕						多			野村・菊池・谷1979
埼玉	A-214号遺跡	1住	後期終末	壺		多							笹森1992
群馬	分郷八崎遺跡	住居	後期	壺				多					相沢・中村1973
長野	橋原遺跡	4住	後期	底部	5								氏原・川合1981
		11住		不明	4								
		32住		壺	7	5				1	5		
		60住		甕	23								
		66住		甕	5	1							

この住居址は、焼土や炭化物があり火災住居である。イネとキビが混在して内包されていた壺は、床面上から正位の状態で出土している。キビの同定はSEMの観察に基づき、穎の表面の細胞形状から、アワ・ヒエとは異なると判断している。

千葉県下向山遺跡のイチイガシ（松谷1994）

千葉県下向山遺跡は小櫃川から高度差50m以上を測る、急激にあがる台地上に展開する遺跡である。41号住居址の南東コーナー付近床面で横転した小型壺の中から、イチイガシの完形9点、半分に分離した48点の粒が出土した。床面のほぼ全域から焼土・炭化材が確認できることから、火災住居と判断される。同じ住居址からはほかに床面2個所でイチイガシの出土がある。

千葉県城の腰遺跡のクリ（野村・菊池・谷1979）

千葉県城の腰遺跡は、都川に面した谷を望む台地に存在する。037号住居址の炉付近に床面より若干浮いた高さで出土した甕を取り除いた段階で、炭化したクリの実が多数出土した。こうした状況から、クリは本来この甕に入れられていたと推測されている。この住居は焼土が厚く堆積しており、火災住居である。これ以外に炭化種実（種実不明）が、炉周辺で床面に密着した状態で出土している。

埼玉県A-214号遺跡のアワかヒエ（笹森1992）

埼玉県A-214号遺跡は、芝川に面する谷に望む台地上に位置する。第1号住居址の完存品の小型壺から、アワあるいはヒエと思われる小粒の炭化種実が出土している。炭化種実を出土した住居址は小型壺および供伴した土器から、弥生時代終末から古墳時代初頭の時期であると考えられる。炭化種実を内包した土器は、住居東壁際の床面に接する状態で出土している。この住居は火災に遭っており、小型壺は炭化材に囲まれるように出土している。石皿・磨石・銅鏃も出土している。

群馬県分郷八崎遺跡のアズキ（相沢・中村1973、浜田1995）

群馬県分郷八崎遺跡は赤城山の西側に広がる台地上にあるが、この台地は伏流水を多く保ち、放射状に侵食谷が発達している。住居の床面から出土した壺の中に多量のアズキが内包されていた。この住居址には床一面に炭化材がみられ、竪穴周辺の壁はほとんど全面が焼けていたことから、火災住居であると考えられる。またその覆土最下層の第5層-2の上に堆積している第5層には4世紀初頭に比定されるAs-C軽石が混入していることから、As-C軽石が堆積する以前の、それほど時間をおかない段階で、住居の機能を停止したものである。アズキもそれに近い年代が与えられる。

長野県橋原遺跡のアワ・ヒエ、クルミ、クリ（氏原・川合1981）

長野県橋原遺跡は、諏訪湖から天竜川に流れ出る左岸の氾濫原に位置する。コメをはじめ雑穀と分類されたヒエ・アワ、マメ類、堅果類など多種類の食利用植物が、多くの遺構から出土したことで著名である。炭化種実を内包していた土器4個体ありその内容は、コメ・雑穀・堅果類（壺）、コメ・雑穀・マメ類・（床面・土器）、コメ（壺）、コメ・雑穀（甕）であるが、特に59号住居址の床面と土器内の、重量から推定したコメ35万粒・雑穀推定2,100粒・マメ類約130粒の出土は特

表3　床面・炉内から多量に出土した炭化種実

地域	遺跡名	住居名	時期	床・炉	検出法	コメ	アワ	アワかヒエ	キビ	マメ類	イチイガシ	文献
神奈川	佐原泉遺跡	32C住	後期	床	不明	1,868						中村1989、佐藤1989
	北川貝塚南遺跡	1住	後期	床	水洗	約1,200						鹿島・鈴木1997
	鴨居上ノ台遺跡	136住	後期	床	不明	19,251						佐藤・松谷・塚田・大塚1984
	赤坂遺跡	11次3B住	後期	床	水洗	59+塊11						住田2006
	海老名本郷	21住	後期	床	不明	2,353						藤掛1990
		22住		床	不明	35g						池田1993
	砂田台	80住	後期終末	炉	水洗	数百						井上・吉川1991
		87住		炉	水洗	110						
		141住		炉	水洗	2,652						
	真田・北金目遺跡	6区SI-155	後期	床面	不明	5,341g						若林・中島2003
		6区SI-008		床面	不明	塊3						上原・川端2000
東京	赤羽台遺跡	SI030住	後期終末	炉内	水洗	48						パリノ・サーヴェイ株式会社2000b
千葉	下向山遺跡	33住	後期前半	床面	肉眼					136		松谷1994
		43住		床面	肉眼						201	
	野尻遺跡	11住	後期	床面		212						銚子市教育委員会1979
		37住		床面		336						
埼玉	池上遺跡	5住	中期中葉	床面	水洗	200						西田1984
	田子山遺跡	21住	後期前半	床面	水洗?	81,461	194,993			339		尾形1998
山梨	平野遺跡	13住		床面	水洗	906						保坂1993
長野	橋原遺跡	6住	後期	炉	水洗			42				氏原・川合1981
		44住		炉				21				
		58住		床	水洗?	571		18	41			
		59住		床	肉眼・水洗	350,000		2,100	130			

徴的である。炭化種実はこの住居址の北東コーナー部分に集中しており、この区域には甕6個体、壺2個体、高坏1個体、鉢1個体が集中していることもあり、本来はこうした土器類に内包されていたと推定されている。また埋甕炉西側でも土器類が集中して出土する区域があり、ここからもコメ、アワ・ヒエ、マメが出土しているので、この区域から出土した土器にも種実が内包されていたと推測される。59号住居址は焼土を多く含んでいることから、火災住居であるとされる。さらに37・43・58・59号住居址の埋甕炉から、煮こぼれのようなでんぷん質が炭化したようなタール状の塊が検出されているが、このなかからアワ状の粒が混じることも報告されている。

(2) 床面から出土した炭化種実

土器内から出土した事例に次いで、弥生時代に食利用した植物として考えられるものは、住居址の床面や炉内からまとまって出土した事例である。床面から出土する事例で多量に出土するのは、保管してあった容器などが落下し床面に散らばり、土屋根などにパックされる状態で炭化した状況が推測できる。炉内出土については、調理に伴って炉内に入り込んだ種実が炭化したことが想定できるであろう。コメ以外の種実が床面あるいは炉内から大量に出土した事例は少ないが、前述した粉食による依存状況の低率化を考慮して、アワとヒエについては20～40粒程度の事例も挙げておく。

千葉県下向山遺跡のイチイガシ（松谷1994）

下向山遺跡からは先述したように壺からイチイガシが出土しているが、このほかにも33号・43号住居址の床面から136粒（完形100・半分72粒）・201粒（完形95・半分212粒）のイチイガシが確認されている。

埼玉県田子山遺跡のアワとマメ類（尾形1998）

埼玉県田子山遺跡は、新河岸川に面した台地上に展開する遺跡である。21号住居の調査中に肉眼でコメが確認され、稲穂のままでまとまって出土した資料もある（A区）。この時点でA区は床面まで露出していた状態であったので、比較区域として調査があまり進んでいない部分を選んでサンプリングを行った（B区）。その結果A区からはコメ49,953粒・アワ6粒・マメ121粒、B区からはコメ29,200粒・アワ178,345粒・マメ117粒が検出された。また床面に近い覆土8層は炭化種実がまとまっていた部分をさしているが、これはコメ74粒・アワ1,605粒、マメの塊からなっていた。そのほかの区域から出土したコメ2,234粒・アワ15,037粒・マメ101粒と合わせて、合計コメ81,461粒・アワ194,993粒・マメ339粒が出土した。B区では、壺2個体・台付甕1個体・高坏1個体が出土しているので、これらの土器に内包されていた可能性もある。

長野県橋原遺跡のアワかヒエ、マメ類（氏原・川合1981）

橋原遺跡からは、先述したように59号住居址の土器・床面やほかに壺・甕から出土した事例以外に、6号住の埋甕炉から42粒のアワかヒエ（雑穀類）、とクリ5個体、44号住の埋甕炉から21粒のアワ・ヒエ（雑穀類）、58号住の床面から18粒のアワかヒエ（雑穀類）とともに41粒のマメ類が検出されている。

（3）炭化種実からみた弥生時代農業形態

　これまで述べてきた遺跡出土の炭化種実から、弥生時代の農業形態がどのように想定できるであろうか。この問題については、先に取り上げた安藤広道氏による鶴見川流域の分析がある（安藤2002）。安藤氏は南関東の出土種子を集成し、弥生時代の農業生産物がコメ主体であったとする前提から、水田ではなく畠でコメが作られていたのかを追求するなかで、弥生時代の農業形態を分析されている。そして近代、近世、中世の土地利用の状態および施肥の技術や土壌の特性、畠作物の連作障害の問題から、台地上での陸稲栽培への集中という現象は生じにくいとされた。また弥生時代での台地・丘陵上の大規模な畠（ハラ型）および沖積地・微高地上の大規模な畠（サト型）は少なく、水田に近い微高地や集落周辺の台地上に小規模な畠をいくつも点在させ、それを頻繁に切り替え・移動する耕作のイメージを描いている。論文のタイトルに「畑作」を付し、畠作の問題を多岐にわたり分析した論考であるが、結論的には鶴見川流域では、弥生時代は水稲耕作が主体的であったことを論じている。しかし、この分析については、解決しなければならないいくつかの諸問題をふくんでおり、意欲的な研究であるが、残念ながらその結果を素直に受けることはできない。

　まず分析の前提となる出土種子の集成[20]の問題がある。これまでに述べてきたように、従来の方法で集計されたデータが示す数は、当時の食性を直接反映していると考えるには、問題を多く含んでいるということである。コメが数量的に圧倒することは間違いないが、そこからコメが主体的であったと結論づけられないことは本稿で述べてきた。また、これは以前指摘しているが（浜田2002b）、台地・丘陵上に集落が発見され、その集落人口をまかなう生産物と作付面積を想定する方法は（安藤1992）、当時の集落の人口・当時の水田の生産量・当時の食性に占める米食の比率など、不確定要素をもとに計算した仮定の数字に過ぎず、その要素のそれぞれが大きく変動する以上、その適用には慎重になる必要がある。こうした前提条件が大きく変化する以上、これを動かし難い前提・根拠として分析した結論に、はたして妥当性が在るか否か、その判断は保留せざるを得ないのである[21]。

　また、近代・近世・中世の地形図や絵図、そして古代から古墳時代の遺跡の分布をもとに、当時の畠の位置や性格などを推定されているが、こうした畠を耕していた人々の住まいが、どこにあるのかが論じられていないのは問題がある。結論を先に述べれば、中世以後の地形図や絵図から読みとれる住居（集落）は、台地・丘陵の上にはなく、その裾部の水田面やサト型の畠が広がる河川氾濫原との境に存在している。水田を耕作し、畠を耕す人々は、台地や丘陵を背にした裾部に住居を構えることが、地形図や絵図で理解できるところである。その理由は水田耕作や水田の維持・管理にとって、水田に近い場所に居住地を構えることが合理的なためと想定でき、本章第5節：検討項目5で述べるように、弥生時代にもそれが一般的であろう。また、水稲耕作だけによって生計を立てられるほど広い水田面をとれない地域であり、河川氾濫の危険を避けられる地域で、より乾燥した居住区域は限定されてくるのは間違いないであろう。仮に弥生時代の生産耕地が安藤氏の推定するように、氾濫原を中心とした地域に存在していたとすれば、集落の在り方も畠の復原で参考に

した中世以後の居住域と同様に、台地裾部や自然堤防上に存在している、とするほうが理論的には整合性がある。しかし、現在まで弥生時代の集落は河川氾濫原では確認されず、台地上にあり、中世以後の集落立地とは異なるのである。この違いが何に起因しているのかを説明することが、氾濫原上に生産耕地を考える意見のなかでは、克服すべき問題となるだろう。

　以上の現状を踏まえて、これまで確認されてきた出土種実のなかから、弥生時代に利用された確実な植物質食料を峻別し、そこから想定される農業形態を想定することが求められているといえる。

　東日本から検出された炭化種実のこれまでの分析によって、土器内や炉・床面から出土するコメ、アワ、ヒエ、キビ、マメ類、イチイガシ、クルミ、クリ、カラシナを、弥生時代に食された蓋然性の高い植物として認めることが出来る。これらを弥生時代に食利用された植物として最も信憑性の高い資料として、第1次食料群と呼称するならば、これ以外の食利用植物でも水洗選別によって得られた事例の多いものを第2次食料群としてとらえられる。それらは、将来的に良好な出土状態を確認すること、あるいはレプリカ法（丑野・田川1991）による土器圧痕の成果によって第1次食料群に組み入れられる可能性のある食料群ともいえる。オオムギ・コムギ・ドングリ・モモ・ブドウがその候補である。第3次食料群としては水洗選別を行って得た、あるいは偶然の発見による類例の少ない種実をあてはめ、今後の類例を待つというとらえ方ができるであろう。こうしたことを前提に、炭化種実から弥生時代の農業を論じるとすれば、いくつかの傾向を指摘できる。

　第1次食料群から想定できるのは、コメが春植（春蒔き）秋収穫（生育期6ヶ月）、アワは春蒔き夏収穫・夏蒔き秋収穫（生育期間3～5ヶ月）、ヒエは春蒔き秋収穫（生育期間約4ヶ月）、キビは春蒔き秋収穫（生育期間4ヶ月）、マメ類は春蒔き秋収穫（生育期間5～6ヶ月）、イチイガシ・クルミ・クリはすべて秋に収穫である。カラシナは種子・葉とも利用可能であるが、主食とはならず利用形態が推定できないので、ここでは除いておく。第1次食料群の育成期間からみた特徴は、そのまま弥生人の農業形態と食利用の状態を規定しているといえるのではないか。すなわち第1次食料群は秋（10～11月頃）に収穫されるものがほとんどであり、それ以外のものは春蒔き夏収穫のアワが存在する程度である。秋に収穫が集中するということは、いくつかの点で非常にリスクの高い食利用形態であることが推察される。その一つは保存方法の問題も関連するが、端境期にあたる夏から秋にかけての食料確保が、前年の収穫によって大きく左右されることである。天候や病虫害など自然環境の影響は、収穫時期が同じ植物には同じように作用してしまうため、長雨や気温低下は壊滅的なダメージを作物と弥生人に与えてしまう。そのリスク回避はこの食利用植物の構成からは実現されない。また、育成期間が重なることは、同時期に同一の場所では栽培できないということである。時期か場所をずらさない限り、これらの作物の収穫はできないこととなる。育成時期が同じ場合は場所を変えて栽培するのであり、コメ・ヒエについては水田・畠の両方で栽培可能であり、アワ・キビは畠作物である。マメ類も畠作物であるが水田の畦畔での栽培も行われてきた。また、コメを含め畠作物は連作障害が存在しているため、同じ土地に毎年続けて作物を作り続けると

極端に収穫量は減ってしまうという特性をもつ。その連作障害について第1次食料群の構成からみれば、マメ類が大きな働きを行うことが知られている。連作障害については以前ふれておいたが（笠原・藤沢・浜田1987、浜田2002b）、連作障害の原因の一つに酸性化・養分欠乏がある。土壌中に欠乏しやすい栄養分の窒素・リン酸・カリ（カリウム）のうち、窒素についてはほかの作物が土壌中から吸収するのに対して、マメ科植物は根粒菌の働きで逆に土壌中に窒素を供給する。そのためマメ科植物が輪作するのに適しているという特徴は、弥生時代の農業経営を考える場合考慮すべき大きな特徴である。

　こうした諸点を踏まえ、第1次食料群の構成から考えられる弥生人の農業は、水田可耕地が近くにある集落では、水田とともに畠を経営していたことが推測される。また、安定的な水田可耕地を周囲にもたない集落では、陸稲を含めた畠作物を中心に栽培していたと想定できる。その畠作経営はまた、マメ類を機軸とした、いくつかの植物を組み合わせて耕作する、輪作が行われていたことが指摘できそうである[22]。しかし、それでも端境期の食料不足に対するリスクは大きいといえる。この問題は第2植物群を含めて考えると、もう少し現実味をおびた対処の想定が可能となる。オオムギ・コムギ・ドングリ・モモ・ブドウのうち、オオムギとコムギは冬蒔き春収穫と春蒔き秋収穫（育成期6～8ヶ月）であり、第1次食料群の収穫時期と重ならず、自然環境の変動も育成時期が異なるため、第1次食料群がうけた変動を直接受けることはない。そして第1次食料群が迎える端境期に収穫の時期となることは、リスク回避に向けての弥生時代の農業経営にとって、ムギ類のもつ意味は決して小さくなかったはずである。モモは一般に神仙思想において仙木・仙果とされ、不老長寿を得られる植物として位置づけされているが、第1次食料群の端境期に稔る果実としての位置づけが、当時の現実的な感覚として重用される果実であった可能性も指摘できるのである。その意味でブドウも集成のなかで比較的多く存在するのは、収穫の時期と関連があるという推測も成り立つであろう。ただし、モモ・ブドウとも栽培された可能性は穀類よりは低いものであり、保存が困難な果実であることが、土器などから出土する事例の少なさの原因であるのかもしれない。

　ムギ類については、出土する炭化種実の数としてはコメに比べ少なく、確実に弥生時代に食利用されたことが確定していないが、粉食される利用の仕方も考慮しながら、今後第1次食料群となる出土状況や圧痕の確認も期待できるであろう。特にコムギの場合は粉食されることが植物の特性から、容易に想像されるのである。弥生時代の食利用植物についての実態と弥生時代の農業は、第1次食料群と第2次食料群を機軸に据えて当面は考えていくべきであることが、本稿の分析によって位置づけられたであろう。

5　おわりに

　東日本における弥生時代遺跡出土の炭化種実の集成とその検討を行ってきた。その結果、土器内から出土した、炉内・床面からまとまって出土した事例から、確実に弥生時代に食利用された植物を挙げることができた。これらの植物を第1次食料群と仮称し、今後の研究の基準としていくこ

ととする。第1次食料群中にコメの出土量が多いことを追認することができたが、植物の特性を元とした食品加工過程が、こうした集成に大きな影響を与えることを考えれば、コメ以外のアワ・ヒエ・キビ・マメ類などを積極的に評価する必要がある。これらの食利用植物が、弥生時代に確実に農業生産物として存在していたと評価すれば、出土の多寡にかかわらず、生産体制に組み込まれていたことは明白である。弥生時代におけるコメ以外の食利用植物はその数量ではなく、その存在によって無視することはできないと考える。そして、食料獲得の計画生産ではリスクを回避するために、収穫時期が集中することを避けた栽培を行っていたことも想定できる。そのためにも第2次食料群、あるいはそれ以外の食利用植物が、確実に伴うものかどうかを見極める必要があるが、ここでは、第1次食料群の存在が弥生時代に存在することを確認し、第2次食料群も研究の視野に入れておくことで、弥生社会を復元出来る可能性のあることを提案し、本節の目的を果たしたい。

註

(1) この時期に八木奘三郎氏は、弥生土器（氏はこの当時「中間土器」という呼称をしている）の圧痕や炭化種実をもとにこの時代の作物栽培を想定している。
(2) 高瀬氏は「本州島東北部」と呼ぶが、ここでは慣例に従い東北地方とする。
(3) 特に茨城県・栃木県・群馬県・長野県と東北地方・北陸地方の各県。ただし、群馬県についてはその後洞口正史氏によって集成された（洞口2008）が、本書にはその成果を反映させることができなかった。
(4) ただし、例えば山梨県身洗沢遺跡の水田を覆う洪水層からコメと共に出土したオオムギ（松谷1991）や、埼玉県北島遺跡の堰・堤・えりと推定する遺構の覆土から出土したムギ（日本考古学協会2000年度鹿児島大会実行委員会編2000）、福島県番匠地遺跡のマメ（佐藤1993）などは、水田（乾田）の畠利用、あるいは畦畔での栽培などを証明する可能性を秘めている。
(5) ただし、ピットは柱穴としてのピットでないものも存在することから覆土に含めた。また床面から若干浮いた状態で出土し、覆土下層などと表現されているものも、筆者の判断で床面にしたものもある。また、土器内は土器単位に集成している。
(6) 報告書類に台地と低地・沖積地との比高差の記載が無い場合は、地形図や実測図から推定値を記載した。
(7) この場合、モモやコメ、ドングリなどと同定されることが多い。
(8) アワ（9遺跡）・キビ（11遺跡）が寺沢氏の集成の段階では、検出遺跡数が少ない。その背景には後述するようにこの段階では水洗選別を行った遺跡が少なく、発掘調査中に肉眼で発見した炭化種実が多いことに起因している。
(9) 寺沢氏のこうした数字は、実験田での収穫結果や過去の文献による研究から導きだされているが、それらはいくつかの不確定要素をからめた推定の数字である。弥生時代の水稲栽培の技術的達成について、主に生産性と消費面についてアプローチしようとする目的は理解できるが、はたしてこうした数字がさまざまな地域・時代に普遍的であるかはむずかしい。むしろ数字が独り歩きをしてしまう危険性を孕んでいるといえよう。
(10) 高瀬氏の水田からの生産性は、設定項目を20項目挙げて試算されている。設定項目とその条件の内容について、採用した理由を挙げて後に検証可能な項目としており評価できる方法である。しかし、高

瀬氏も述べるように設定条件は不確定なものが多く、寺沢氏の分析と同じように、一つの条件を決定するためにいくつもの仮定と仮説を繰り返す条件設定では、得られた数値をそのまま利用するには無理がある。

(11) 佐原氏は文化の先駆けとして2種類を定義する。「消えた先駆け」と「小さな先駆け」であり、前者は「古くにいちど登場し、いったん消え去った後、後になって再び登場し、永続するもの」、後者は「古くに登場していながら、大きな存在とはならないままで永続し、時を得て大きく広まるもの」である（佐原1995）。佐原氏の定義したこうした現象は、過去の歴史事象に照らしても考えられることである。しかし、佐原氏はこうした文化の先駆けを分析して評価する姿勢をとっていない。弥生時代の植物栽培についていえば、アワ・キビ・ヒエ・ムギ・マメ類は、水稲栽培とは異なった技術体系や耕地、季節性をもっていることは当然であり、弥生社会ではそれなりの比重を占めて存在していたことは間違いない。しかし、佐原氏はこれを「補助的に栽培する」として分析・評価していない。

(12) 佐原氏はこの論文で、弥生時代のコメの生産量は大きかったと述べる。その根拠は後述する、長野県橋原遺跡のどの住居からもコメが雑穀・マメをはるかにしのぐ出土量があることや、村の数の増加・村の大規模化・専門技術者の登場・政治的まとまりの誕生、古墳出現などの「古代化」が急速に進んだことを挙げている。さらに小山修三・五島淑子両氏が『斐太後風土記』を分析した論文（小山・五島1985）を根拠に、「コメ＋雑穀」の体制ができ上がるのは14・15世紀以降であり、それ以前はコメに集中する時代であって、弥生時代から12・13世紀におよぶという仮説を支持している。しかし急速な「古代化」については寺沢薫氏の批判（寺沢2000）、安藤広道氏（安藤2001b）の批判があり、『斐太後風土記』の分析の問題点については網野善彦・石井進両氏の批判（網野・石井2000）、筆者による疑義（浜田2002b）がある。いずれにしろ佐原氏の理解は問題が多い。

(13) 安藤氏のこの論文（安藤2002）は、弥生時代の農耕地の問題に真摯に取り組んだ、意欲的なものである。しかし、内容には看過できない事実誤認や実証を欠いた記述がある。例えば本文中で重要な事例として紹介する、コメが多量に出土しほかの穀類や豆類の炭化種実がまったく出土しなかった神奈川県砂田台遺跡について、1mm目の篩を使用しているとするが（安藤2002：p.11・14）、報告書によると篩の目は2.5mmである。篩の目の大きさについては、安藤氏が本文で触れているように（同：p.11）1.5mm目以上の大きさではアワ・ヒエの大半は救えない。したがって砂田台遺跡の3,000粒を超えるコメだけの出土状態が、実相であるか疑わしいのである。こうした基礎的なデータの不備は経過・結論部分にも影響を及ぼすこととなる。安藤氏の分析にかける努力が大きいだけに残念である。また畑作の研究について、これまで検討らしい検討を行ってこなかったことを考古学研究者は素直に反省すべきである、と畑作研究の立ち後れを指摘するが、なぜそうしたことが起こってきたのか、研究史の回顧を含めた現状認識がなされていない。水稲研究に集中してきた考古学史の認識なくては、現状の問題点も明瞭にとらえることは不可能であろう。さらに出土炭化種実に対して意味ある定量化を行うために、コメ・オオムギ・コムギ・アワ・ヒエ・キビ・ササゲ・アズキ・リョクトウの熱量を求め比較している。これは出土炭化種実の粒数を熱量に替えた各食利用植物の数量化にほかならないので、数字の優劣を問題にしている点では出土量の比較と変わらない。仮にこうした熱量での比較を行うのであれば、堅果類も同じように行うべきであろう。

(14) 水洗選別を積極的に行っている高瀬克範氏は、篩の目（メッシュサイズ）は0.425〜0.500mmが適していることを指摘する（高瀬2004a）。

(15) 水洗選別で使用した篩目の大きさを明示してある事例が少ないため、実験が必要である。

(16) 調理具・調理方法の大きな変革の一つは、5世紀後半に導入された竈の敷設とそれに伴う甑の普及による、煮るから蒸すへの変化である（宇野1999）。また、煎る（炒る）ための道具である焙烙が、中世に登場することなどがある。
(17) 例えば佐原1987。
(18) 弥生時代以降古墳時代までの時期をもつ資料も含む。また、竪杵・横杵の区別なく集計している。
(19) このほかに　炭化種実の出土に関する問題では、もう一つ未解決の問題として炭化の原因を挙げることができる。遺跡から出土する炭化種実のうちコメを代表させて子細に見ると、玄米・白米の表面に見られる筋などの形状を残して炭化しているものと、発泡が強く現れ表面の形状を窺い知ることができないほど炭化している事例がある。炭化する原因についてはこれまでよく調べられていないが、少なくとも粥・強飯に限らず煮炊きされたあとに炎によって炭化したことを想定すると、胚乳上面の糊粉層が溶け表面形状が崩れてしまうので、籾や玄米の形状を残したまま出土する炭化米は調理以前、すなわち玄米・白米の状態で炭化が開始されたと考えることが自然である。また、調理中の煮炊き前にこぼれ落ちたコメや貯蔵していたコメが火災に遭う、あるいは燃料材として稲穂の付いた稲藁が使用された、といった情景を想定した場合、直接炎に包まれたとすれば、多くは糊粉層が溶けたり発泡して表面の形状を残さないことが予想される。したがってこうした過程でコメが炭化した種実の多くは、形状からの判断はできるが、表面形状からコメと判断するのは難しいのではないだろうか。いずれにしろ、籾が付着したものや表面形状が玄米・白米の状態を保っているものについては、調理以前の炭化であろう。椿坂氏の粟・稗・黍の人工炭化実験によれば200℃以下では未炭化となり、300℃では瞬く間に破裂してしまうため穎果の形態が同定可能な炭化現象は、200～280℃くらいで起きていたと推測している（椿坂1993）。米での炭化温度のデータや調理方法によって依存の仕方が異なるのか、といったことも含め別稿で改めて述べたいが、少なくとも炭化種実の同定に耐えうる資料の多くは、直火に焼かれたものではなく、間接的な熱の伝導によって炭化したものといえるであろう。一方、藤山誠一氏が指摘するように（藤山1999）、炭化の要因を単純に熱によるものだけとするには、貯蔵穴や溝からの出土炭化種実などは想定しにくい事例があり、これらの問題も議論しなければならないだろう。
(20) この集成は、クリ・クルミ・イチイガシ・トチノミなどの堅果類を除いたものであることにも、注意が必要である。
(21) これとは別に多くの研究者に、検討以前の問題としてとらえられているとされるものに、同一型式土器を出土する集落は、同時期に営まれていた、とする前提がある。その考え自体は論理的な前提ではあるが、必ずしも動かし難い前提ではない。例えば、弥生時代中期後半や後期の同一時期の住居に見られる不連続な重複は、この時期に短期間で集落が移動を繰り返していたことを物語る事例である。すなわち谷を挟んで存在する、同一型式の時期のA集落・B集落・C集落があり、この三つの集落は出土土器から同時に存在していた、と考えてきたのと同じように、A集落で生活していた集団がB集落を新たに作りそこに移住し、さらにC集落に移った、ということも否定することはできない。そして再びA集落に戻った場合、以前の住居を拡張し、あるいはそれと一部が重なる位置に住居を構築するということも想定できる。後述する不連続な重複はこのように説明することもできる。むしろ、一つの土器型式、あるいは細分化された土器型式の時間内では、一集落に定住していたとする前提では、ほぼ同じ時期の住居が不連続に重複する集落に対する説明は難しいであろう。このことについては、本章第6節で詳説する。

集落は移動するという前提で弥生時代中期後半から古墳時代前期の集落を再検討すれば、一集落内の

同時存在の住居の数はかなり減少する。弥生時代の人の移動については、小田原市中里遺跡で摂津地域や生駒地域などで、制作された複数の中期中葉の土器の出土があることからも推測されている。また、南関東地域では中期後半に中部高地系土器の出土が散見され、後期では中部高地系土器が定着し、変容したと判断できる朝光寺原式土器などが存在することから、広範囲の人の移動が想定できる。さらに弥生時代の細かな時間軸のなかでの移動の事例分析として、以前多摩川流域の弥生時代集落を対象に分析を試み（浜田 2003）、中期後半から後期後半にわたり狭い範囲で連続的に集落が存在しているのが確認された。そこでは、不安定な生産基盤が、移住を繰り返す原因の一つであることを想定したのである。弥生時代の集落が定住化するという想定は、連作が可能な水田を生産基盤の前提にしたものとした結果であったといえるであろうが、沖積地や河川氾濫原の微高地上に展開する集落と同じように、台地・丘陵上に集落を展開させる鶴見川流域を解釈することはできないであろう。

(22) 関東における台地の土壌（黒ぼく土）は酸性土であり、畠作には不向きであることが土壌学者から指摘され（大政 1977、久馬 1987、池橋 2005）、これをもととした考古学的な解釈もある（安藤 2002）。黒ぼく土の土壌学的な特性は間違いないところであり、作物栽培には適していないという、一般的な解釈も間違いはない。しかし、このことをもって、弥生時代に黒ぼく土に代表される酸性土壌で畠作を行わなかった、と判断することはできない。例えば、火山灰や軽石などを土壌とする群馬県下では、渋川市有馬遺跡、高崎市（旧群馬町）寺屋敷Ⅰ・蓋遺跡、西浦北Ⅱ遺跡などの古墳時代前期の畠からは、イネやキビのプラント・オパールが確認されており、陸稲栽培が行われていたことが確認されている。また、群馬県渋川市（旧子持村）黒井峯遺跡の古墳時代後期の畠からは、コメ・ハトムギ・アズキの種子が出土している（日本考古学協会 2000 年度鹿児島大会実行委員会編 2000）。こうした事例などを参照すれば、施肥の具体的な方法の解明が問題として残るものの、酸性の強い火山灰層や黒ボク土でも、4 世紀以降に畠作を行っていたことは間違いないのである。これが弥生時代まで遡りうるかはこれからの課題であろうが、少なくとも、酸性土壌を理由とした陸稲栽培の否定は難しいと考える。

第3節　検討項目3：弥生時代の石皿と磨石

1　はじめに

　前節の炭化種実の検討を行うなかで、粉食される食利用の存在が想起された。そのため、この節では、弥生時代の製粉具と予想される資料のうち、石皿と磨石に焦点をしぼり分析を行い、弥生時代の粉食体系が遺物の面からも想定できることを確認しておきたい。

2　問題の所在

　石皿と磨石の研究は、主に縄文時代の遺物のなかで議論されてきた。縄文時代に普遍的な遺物である石皿と磨石は、明治期の研究において、まず穀物の製粉や粉を捏ねる道具であるという考えが提出される。この解釈は坪井正五郎氏が、留学先のロンドン、ブリティッシュミュージアムに所蔵されている資料と、日本国内から報告された石皿・磨石との比較のなかから見いだしたものである。これが石皿・磨石の用途に具体的に論究した嚆矢である（坪井1890）。これに対して大野雲外氏が朱の付着した石皿を報告し、ほかに円石（磨石）にも朱が付着する事例があることから、石皿と円石で朱をこすり潰したという考えを示した（大野1902）。その後鳥居龍蔵氏が石皿の型式分類を行い、型式によって用途が異なる意見（鳥居1924）や大山柏氏によって穀物以外、そのなかでも肉類の調理具としても用いられたことが提唱された（大山1944）。戦後、いわゆる縄文中期農耕論の高まりのなかで、澄田正一氏は栽培植物の製粉用に使われたと推測したが（澄田1955・1959）、後藤守一氏は縄文時代には穀類は存在しないことから、ドングリ・クリなどの堅果類のすり潰しの用途を推定した（後藤1956）。藤森栄一氏、江坂輝彌氏は栽培植物のほかにイモのでんぷん製造に使われたと推測する（藤森1970、江坂1967）。こうした研究前史を踏まえこの石皿と磨石が植物の製粉であるという考えは、渡辺誠氏による縄文時代のドングリ食の復元研究のなかで定着したといってよいだろう。渡辺氏は縄文時代が従来考えられてきた以上に植物質食料に依存していたことを、出土したドングリ類から類推し、国内に残る民俗事例・民俗資料からこれをあとづけた（渡辺1975）。その後磨石の磨面の形態（平坦面・曲面）の違いから、組み合わせられる石皿の違いが存在し、堅果類などの搗き砕きと製粉に利用されたとする小林康男氏の分析が提出された（小林1978）。また、中国大陸や中東諸国の石皿・磨石・石臼・石杵などを分析した藤本強氏も、赤色顔料の用途には注意しながらも、小麦の栽培開始に伴うこの種の石器の誕生の相関性から、穀類の製粉を用途の第一に挙げている（藤本1983）。しかし、こうした石皿・磨石が生活に不可分の石器であり、出土資料数も多量でありながら、石皿については安達厚三氏がまとめるまで不思議と個別研究や集成がなされなかった（安達1983）。こうした石皿や磨石の用途が植物質食料の製粉具であるという見解に対して、大野氏以来、積極的に説かれてこなかった赤色顔料、特に朱の製粉に関する道具であるという見解は、旧石器時代から古墳時代の事例をもとに市毛勲氏によって推進された（市毛

1975)。市毛氏は古墳出土の石杵・石臼に、しばしば赤色顔料が付着していることから、これらの石器は埋葬に伴う朱の微粉化に供したという見解を示された。そして古墳以外の出土事例もあり、特に弥生時代から古墳時代の辰砂採掘遺跡である、徳島県若杉山遺跡の発掘調査で出土した石臼と石杵から、辰砂の原石を砕き、製粉するまでの工程を復原している。市毛氏の研究は近年では本田光子氏に引き継がれ、石杵の分類を通して赤色顔料との関わりが分析された（本田1990）。そのなかでも弥生時代後期後半から出現する、「L字状石杵」や円柱状で使用面に軽い敲打痕・擦痕・摩滅のある棒状石杵C類が、朱製作専用の道具であるという位置づけを行った。ただし、このL字状石杵と対になる「臼」との共伴がはっきりしておらず、そのかわりに内面朱塗り土器片が伴うことも指摘している。またこれらの研究に先駆けて関東地域では、東京都八王子市船田遺跡での古墳時代住居址出土の石皿が注目され（服部1970）、その後の同じ地域での集落からの分析（佐々木1981）などによって、弥生時代終末から古墳時代初頭の石皿（石臼）・磨石（石杵）の様相が明らかとなっていた。

　こうしたなかで、弥生時代の石皿・磨石研究は、大きく立ち遅れていたと言える。弥生時代の石器研究は、武藤雄六氏による長野県橋原遺跡出土の「瑠璃光沢」のある石皿を、現代の藁叩き台（砧）と同様の用途を想定し、「砧石」と命名した見解（武藤1981）や、下條信行氏が石器組成のなかで食料加工具として石皿・磨石を取り上げた啓発的な論考（下條編1989）があり、また弥生時代全般の石器を扱うなかで、平井勝氏が触れられた（平井1991）。これらの研究は概略的ながら先駆的なものであり、弥生時代の石皿・磨石研究への指針を示した点で、大きな評価を与えることができるであろう。しかし多くの研究者には弥生時代の石皿・磨石の存在は、その認識すら薄かったといえる。その背景には、弥生時代が石器から鉄器への移行期にあたるため、石器の主な研究対象がその交代を象徴する刃物類にあったためと推測する[1]。弥生時代の石器研究にいわゆる大陸系磨製石器が大きく取り上げられ、石皿・磨石が検討の俎上にのることがほとんどなかったことは、そのことを裏付けているだろう。また、狩猟採集社会から農耕社会に移る弥生時代では、狩猟採集社会的な、言い換えれば縄文時代的な植物の加工道具は基本的に存在しない、という先入観があったのかもしれない。全国的に弥生時代の石器を集成した資料も、石皿・磨石の問題を検討できる集成には、残念ながら繋がらなかった（禰宜田編1992）。そうした研究の動向を踏まえ筆者は、南関東の石皿と磨石を集成した（浜田1992：以下前稿）。その結果南関東に限ってみても、石皿・磨石がそれほど特殊な石器ではなく、セットになる事例も含め弥生時代前期から古墳時代初頭まで、南関東地方で36遺跡245例の事例があり、これらが弥生時代に普遍的な石器であることを示すことができた。この集成および縄文時代の先行研究の成果に基づき、弥生時代の石皿と磨石は、主に穀物類とともに堅果類の皮むきと製粉に使用されたと位置づけた。これは赤色顔料の製粉具の用途を否定したわけではなかったが、結果として、朱の製作専用道具と位置づけた先の市毛・本田氏を代表とする研究成果を充分に参考としていなかった反省がある。

　前稿以降、縄文時代の研究では、赤色顔料（ベンガラと朱）の微粉化を行ったと推測され、赤色

顔料が付着した石皿と磨石をもつ三重県天白遺跡の報告が刊行され、縄文時代後期段階での赤色顔料と石器との相関関係が示された（森川 1995）。また、縄文時代中期を中心とした時期に盛行する磨面（作業面）が平坦になる石皿を、製粉以外の用途に利用したと推定する分析がなされた（中森 1996）。そして縄文時代を通じても普遍的な無縁石皿の分析から、このタイプの石皿が堅果類の加工に重要な道具であり、石皿使用に画期があったことが指摘された（植田 1998b）。さらに、研究史とともに群馬県南部・神奈川県西部の事例から、石皿・磨石の特徴が取り上げられ、無縁の石皿が基本的な石皿であることが再確認された（田村 1998・2000）。近年では、石皿作業面の凹みの深さの変化、縁の整形と彫刻文様などの造形から、石皿の加工対象物を植物質食料と推定する、宮尾淳・宮内信雄氏の研究がある（宮尾・宮内 2006）。

弥生時代から古墳時代前期の石皿と磨石については、類例が少なかった埼玉県に事例が報告され（笹森 1994a）、東京都の丘陵地域から出土した事例を、堅果類の加工に使われたとする分析（飯塚 1995）、石器類の良好なセット関係の検出から、植物加工の粉食具とした島嶼部の遺跡での考察（内川・岡 1996）がなされた。また、全国規模での石器組成の集成をもとに、石器組成の類型化を試み、縄文時代以来の諸生産活動が、農耕開始とそれ以後でどのような変化をしたのかを目的の一つとした分析[(2)]（藤尾編 1996）、長野県での事例の分析（神村 1997、町田 1997）や用途の側面からみた石皿・磨石の分類（伊藤 1997）の検討が行われた。さらに多摩丘陵地域からの事例が追加され、磨石（報告では石槌）と同じ大きさの凹みをもつ石皿（報告では台石）の量的な比率が合わず、必ずしも石皿と磨石がセットになるとは限らないことが指摘された（原川 1999）。近年では関西地域の縄文時代から弥生時代の石皿・台石の変化や機能の推測が試案され（羽生 2001）、実証性に問題を残すものの、形態によって食料加工・石器製作の作業台の分別が行われた。また高地性集落の問題にからめて、磨石の出土量が多い一部の遺跡の石器組成では、粉食主体の食生活を想定した分析などがある（襧宜田 2002）。弥生時代の赤色顔料に関連する研究では、赤色顔料が付着した弥生時代後期の資料が報告され、この種の石器が赤色顔料との関わりに注意する必要性を提示した（中山 1996）。弥生時代後期の水銀朱（辰砂）生産遺跡である、徳島県若杉山遺跡の正式な報告書が発刊（岡山 1997）され、石臼・石杵の再分類とその作業過程の復元（岡山 1998）が提出された。また、赤色顔料の微粉化に特化したと推定される土器（内面朱付着土器）が、石皿の代わりとなる可能性が指摘され（大久保 1995）、それと同時に弥生時代の木製の朱ずり杵の発見から、これが内面朱付着土器と組み合わされる可能性とともに、古墳時代前期の古墳から発見される石杵の原形となることも指摘された（北條 1995）。また、一般集落では長野県松原遺跡から赤色顔料が付着した石皿と磨石（報告では台石・石槌）がセットで出土し、属性のさまざまな分析が行われた。赤色顔料に使用された石皿・磨石として基準となる研究である（町田 2000）。またこの遺跡では、石皿を磨製石斧・磨製石鏃・磨製石庖丁などの製作用の砥石として積極的に考えている点も、石皿の用途として、今後の重要な問題提起を行っているといえる。

赤色顔料自体の研究では、沼沢地などにある含水酸化鉄がベンガラの材料の一つとして注目され

（戸高1986)、その特徴であるパイプ状ベンガラが、沼沢地に棲息するバクテリアが起源であることが、近年確認された（岡田1997）。この沼沢地の含水酸化鉄の焼成実験によって、パイプ状のベンガラの生成に成功している。このことはベンガラの生産地が特定地に限定されず、集落遺跡地の周辺にも比較的多く存在することを示唆しており、集落遺跡出土の石皿・磨石に、ベンガラ製粉のためのものが含まれていることが考えられるようになった。このパイプ状ベンガラの母材については、一概に沼沢地の褐鉄鉱に限定されないことも指摘されているが（上条1997）、南関東での主に縄文土器に塗布された赤色顔料の分析では、パイプ状物質が80%前後の割合で使われていることが判明している（上条・松井2004）。また赤彩される土器についての技法や時期別についての概略がまとめられ（成瀬1998）、縄文時代晩期の亀ヶ岡文化に多用されるベンガラが、煮沸製粉法と命名する方法によって生産されたとする、復原的実験研究（児玉2005）がある。

　こうしたこれまでの研究成果をみれば、縄文時代研究における石皿・磨石の用途は、食料加工具としての研究から出発し、近年に赤色顔料としての研究が行われてきた。弥生時代の研究においては、これに加え石器・鉄器の研磨用の磨石（砥石）としての研究が加わることとなるが、食料加工・赤色顔料・砥石を総合的に分析したものは少ない。古墳時代研究においては赤色顔料加工具としての用途が主に想定されてきた。しかし前稿でも述べたが、すべての石皿と磨石を食料加工や赤色顔料加工あるいは石器・鉄器加工の、いずれかに限定して理解するのは現実的ではないと考える。植物加工や赤色顔料加工あるいは石器・鉄器加工の道具であると推測するのは、これから述べるようにそれぞれに根拠がある。まずは石皿・磨石として総称する石器のなかから、例えば本田氏が説くような赤色顔料に特化したL字状石杵を選び出す作業が必要となる。用途が限定あるいは推定される石皿と磨石がわかれば、弥生時代における植物加工、赤色顔料加工、石器・鉄器加工に専用の石皿・磨石の区別ができる。そして、区別できる専用の石皿・磨石だけではなく、兼用することが想定できる石皿・磨石を推測することによって、石皿・磨石の役割や弥生時代の社会での意義を、究明することが可能となる。ここではこうした考えをもとに、植物加工に利用されたと推測できる石皿・磨石の抽出を行うこととする。

3　石皿と磨石の分類

　石皿と磨石を分析の対象に選ぶにあたっての最初の基準は、人工的に摩耗させた磨面をもっているか否かという点にある。ただし、摩耗の強弱やその後の風化や焼成による表面形状の変化などによって、「磨面」の認定は観察者ごとに異なるのが一般的である。基本的には遺物報告者の観察記載に依拠して、摩耗面の有無は判断していくが、一部の資料は実見した結果で報告者の記載と異なるものもある。これを前提に石皿および磨石とする基準とその分類を以下に示しておく（図8）。

　石皿は、磨面（作業面）を有する扁平な石を原則とする。形状は円形や楕円形、長方形およびそれを基調とした、自然礫をそのまま転用した形のものも存在する。大きさは完形品で約15〜30cm程度を目安とするが、この範囲に収まらないものをすべて除外するわけではない。また、2〜3cm

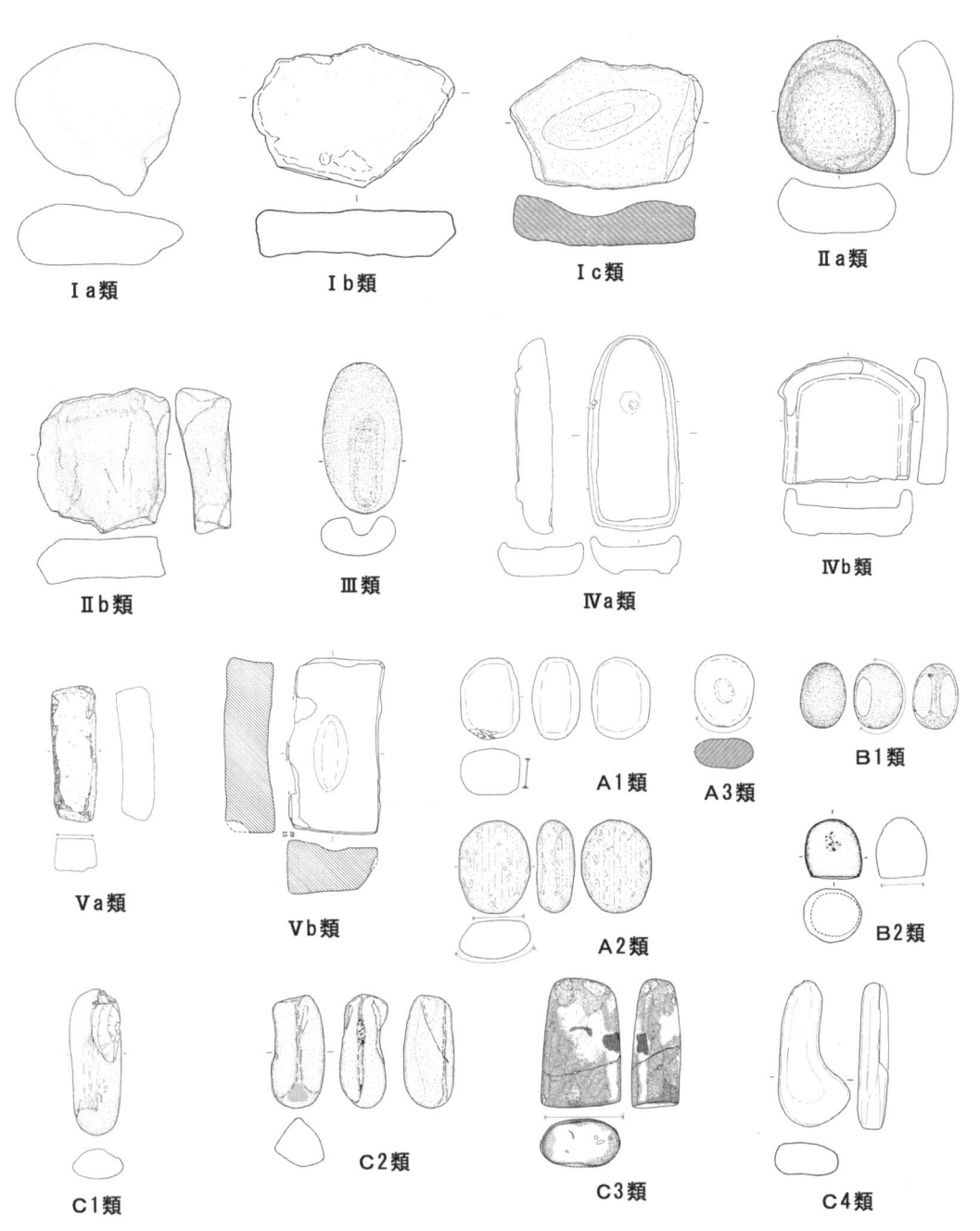

第3節 検討項目3：弥生時代の石皿と磨石　105

Ⅰa類：堂山遺跡（安藤1988）、Ⅰb類：長野小西田遺跡（前田2000）、Ⅰc類：大厩遺跡（三森・阪田1974）、
Ⅱa類：大石山遺跡（芹澤・大竹1985）、Ⅱb類：松原遺跡（町田2000）、Ⅲ類：坊田遺跡（永峯1983）、
Ⅳa類：金生遺跡（新津・八巻1989）、Ⅳb類：栗林遺跡（関1994）、
Ⅴa類：砂田台遺跡（宍戸・上本1989）、Ⅴb類：城の腰遺跡（菊池・谷・矢戸1979）、
A1類：池上西遺跡（宮1983）、A2類：大石山遺跡（芹澤・大竹1985）、A3類：城の腰遺跡（菊池・谷・矢戸1979）、
B1類：坊田遺跡（永峯1983）、B2類：梶ケ谷神明社上遺跡（新井・持田1970）、C1類：池上西遺跡（宮1983）、
C2類：簗田寺南遺跡（関口1986）、C3類：松原遺跡（町田2000）、C4類：古曽部・芝谷遺跡（宮崎1996）

図8　石皿・磨石の分類基準

表4　石皿の分類

I	平盤状か全体に浅く凹むもの	
	a	扁平河原石を利用したもの
	b	割石を利用したもの
	c	**深い凹み箇所をもつもの**
II	縁を残して中央が弓状に凹むもの	
	a	全体が楕円形に近い形のもの
	b	不定形な石塊を利用したもの
III	楕円形に近い形で、幅広い縁を残し、中央が溝状に凹むもの	
IV	立ち上がった縁に広くて平坦な凹みをもつもの	
	a	楕円形に近いもの
	b	長方形のもの
V	立方体・角柱状を呈するもの	
	a	磨面が平坦・曲線となるもの
	b	凹み部をもつもの

表5　磨石の分類

A	扁平な礫を利用したもの	
	1	側面を利用したもの
	2	扁平面を利用したもの
	3	**扁平面に凹みや敲打痕をもつもの**
B	球形・半球形の礫を利用したもの	
	1	全体を利用したもの
	2	一部を利用したもの
C	棒状のもの	
	1	長軸面。側面を利用したもの
	2	端部を利用したもの
	3	**端部を利用したもので、使用面が球面となるもの**
	4	**端部を利用したもので、側面形が「L」字となるもの（L字状石杵）**

程度の厚みをもつものから8cm程度までの資料が多い反面、15cmを超える資料もある。一般に厚みの大きい資料は、「石臼」「台石」と呼称して石皿と分離する傾向があるが、扁平な石皿との機能の違いが明確になっているわけではない。したがって今回の分析では、扁平なもの以外で厚みをもつ資料も、石皿として分析の対象とした。しかし、磨面に線状の傷、あるいは鋭角な傷や段差がある資料については、原則として石器・金属器・骨角器などの砥石としての機能が推定されるので、今回の分析対象から除いておく。ただし、線状痕が確認される面とは異なった面に磨面だけが確認される資料については対象とした。石皿と磨石の分類（表4）は基本的に前稿を踏襲しながら[3]、一部の変更を行う（太字が変更部分）。

　磨石は磨面（作業面）を有する石器のうち、石皿と対になって手に持って使う道具を想定する。具体的には磨面を基準にして握っても、作業に支障のない程度の大きさと形のものを対象とする。磨石は磨面のみが確認されるものとともに、凹みや敲いた痕跡を併せもつものも多くあるが、これらの資料も今回は対象とした。また、各資料の報告事例のなかには、棒状の形態をもつ磨石を「石杵」「石砧」として磨石と分離することもあるが、磨石と「石杵」「石砧」の機能の違いが明確になっているわけではない。したがって、これらの資料も含めて分析の対象とする（表5）。

4　植物加工に使われた石皿・磨石の摘出

（1）摘出の考え方

　石皿と磨石が植物加工か赤色顔料加工のどちらに使われたかについて、想定できる根拠はそれぞれ存在する。

　後者の赤色顔料に使われたと推測される直接的な根拠は、石皿と磨石に付着した赤色顔料である。特に生産遺跡とは考えられない、一般集落から出土する赤色顔料付着の石皿・磨石は、赤色

顔料の最終調整および消費場所において利用された道具としての蓋然性は高い。また、徳島県若杉山遺跡や黒谷川郡頭遺跡など、辰砂の生産に関わった遺跡の調査成果によって（菅原 1987、岡山 1998）、辰砂生産・加工・製品化までの一連の作業が復元され、それに関わった石器が明らかとなったことから、赤色顔料の微粉化に使われた石器を想定することが可能となった。

これに対して植物質の加工に使われた石皿と磨石を特定することは、赤色顔料の微粉化に使われた石器を特定する場合と異なり、直接的な証拠を提示することは困難である。その要因は加工した対象物が鉱物である赤色顔料と違い、炭化するなどの限定された条件下以外では、石器に対象物の痕跡が残らないことが大きい。近年、石皿や磨石に残るデンプン分析を用いた、対象物の特定を目指した研究が緒についた（ピーター・西田 2006）。その研究の方向は興味あるものであるが、その有効性についての検証は今後に委ねられており、現状では植物質の加工に使われた石皿・磨石を石器の痕跡から求めることは困難である[4]。

そこで植物質の加工に用いられたと特定するために、堅果類の加工場、例えば水さらし場遺構から出土する石皿と磨石を加工のための道具と認定し、その集成を通してどのタイプの石皿と磨石が堅果類の加工に関わっているのかを特定する方法をとっていく。これによって間接的ながら使用した石皿・磨石のタイプと、対象堅果類が想定することができると考える。もっとも弥生時代の堅果類の加工場として報告されているのは、京都府京丹後市奈具谷遺跡（田代 1994）、福岡県北九州市長野小西田遺跡（前田 2000）の2例だけであり、この事例だけで弥生時代の堅果類加工に利用された石皿・磨石を特定することは困難である。基本的には弥生時代と縄文時代の堅果類の皮むきやアク抜きの方法に大きな違いがないと想定すれば、縄文時代の堅果類の加工場出土の石皿・磨石も、弥生時代の植物加工具を推察する根拠として分析を進めることが可能であろう。

植物加工に利用された石皿・磨石を特定するために、上記の方法で類例を提示していく。

(2) 個別事例の分析

縄文時代における植物質食料の研究を牽引してきた渡辺氏の最近の集成によると、堅果類のアク抜き処理・加工を行う水さらし場遺構は全国で22遺跡が知られているが、そのうち京都府京丹後市奈具谷遺跡、福岡県北九州市長野小西田遺跡の2例の弥生時代の事例が含まれる（渡辺 2003）。これらの水さらし場遺構からは、必ずしも加工した堅果類の果皮などが出土するわけではないが、いくつかの事例からはアク抜きのための施設とともに堅果類の果皮や、その皮むきに使われたと推測できる石器・木器が出土している。また、水さらし場遺構に該当する事例ではないものの、堅果類に水分を含ませ柔らかくして皮むきを行う目的と推測する遺構からも、堅果類と石皿・磨石が出土していて、石器の用途を考える参考になる。こうした遺跡から石皿・磨石が堅果類とともに出土し、その加工に関係した状況をみせる事例の代表的なものを取り上げてみる。

福岡県北九州市長野小西田遺跡（前田 2000）

長野川の沖積作用によって形成された、沖積低地に遺跡はある（図9-1・2）。住居跡が展開す

108 第4章 個別要素の検討

1 長野小西田遺跡全体図

2 長野小西田遺跡出土の石皿と磨石

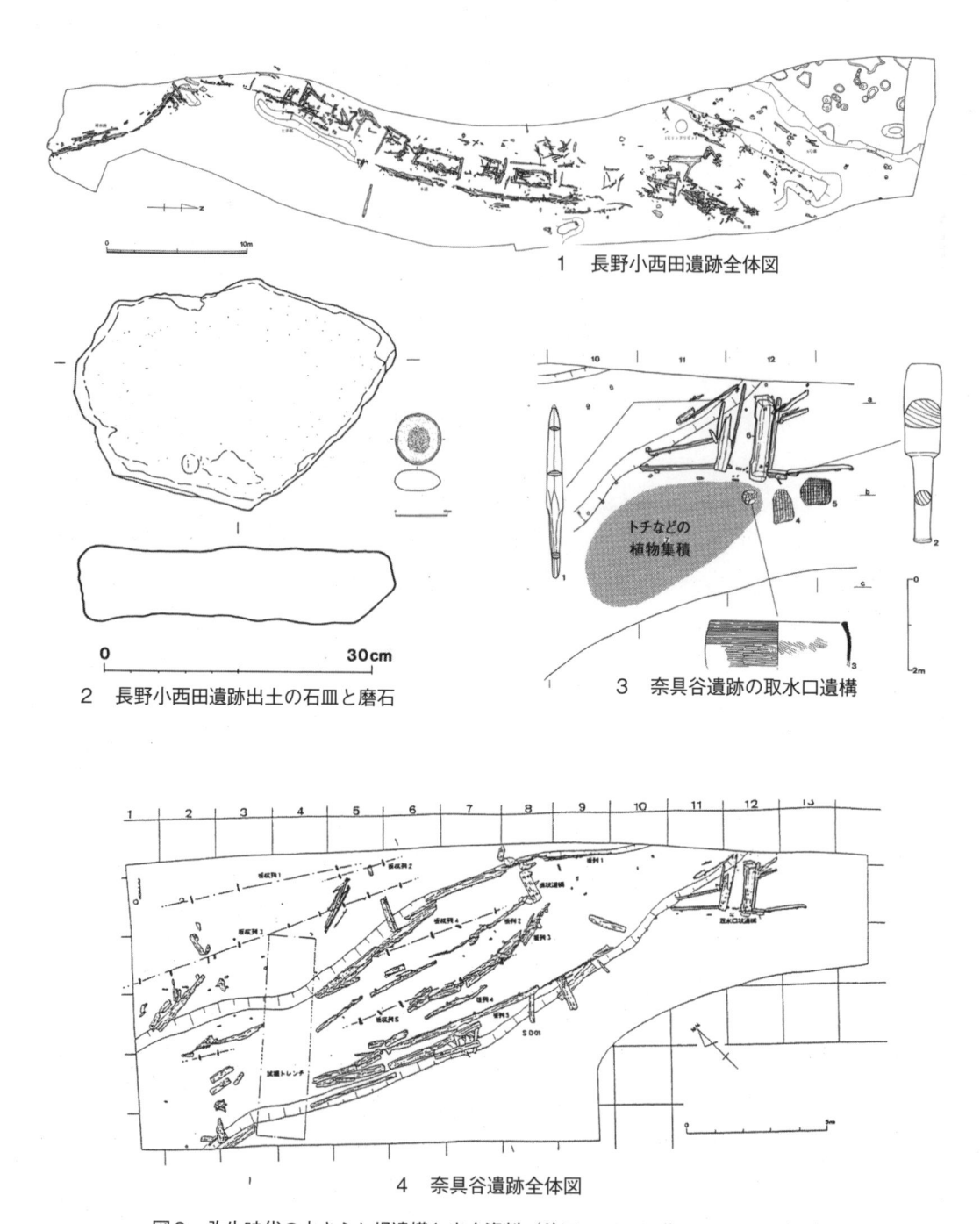

3 奈具谷遺跡の取水口遺構

4 奈具谷遺跡全体図

図9 弥生時代の水さらし場遺構と出土資料（前田2000、田代1994原図：改変）

る西側台地とその台地の東側にある谷が調査の対象となった。水さらし場遺構が確認されたのは幅約100mの南北につながる谷部の中央部の小河川内である。台地との比高差1.2mの谷中、小河川のなかを、大きいもので335×160cm、小さいもので110×110cmの木枠組遺構が、30m以上にわたって連続して14基確認された。またドングリが出土したピットおよび堅果類の集中する個所が確認され、堅果類の加工に関わる遺跡であることが確認された。

　機能していた時期は出土遺物や木枠組遺構の新旧関係などから大きく3時期に分けられ、弥生時代前期末以前（4号東古枠・4号古枠・4号ドングリ集積）、前期末から中期末（1～9号・2号ドングリピット）、中期初頭から後期後半（10～12号・1号ドングリピット）までが考えられている。

　上流にはアカガシ、中流から下流にはツブラジイ・スダジイのエリア、中流からより下流にはイチイガシが集中する範囲がある。アカガシが集中するのは、前期末以前の4号東古枠遺構、前期末から中期末の4号木枠組遺構と2号ドングリピットを中心とした範囲である。ツブラジイ・スダジイが集中するのは、前期末から中期末の7号木枠組遺構、イチイガシが集中するのは、前期末以前の4号ドングリ集積、後期前半の1号ドングリピットである。これを整理すれば、前期末以前にはアカガシ・イチイガシ、前期末から中期末まではアカガシ・ツブラジイ・スダジイ、中期初頭から後期後半はイチイガシを加工していたことが考えられる。全体的な傾向として、前期・中期末まではアク抜きの必要なアカガシがあるが、後期以降はアク抜きを必要としないイチイガシが主体となるといえるであろう。

　石器は木枠10からⅠb類の石皿、水さらし場遺構のさらに下流にある自然流路の6号溝（M6）からⅠb類の石皿、6号溝南肩付近出土の砥石と報告されるVa類の石皿、北半西側自然流路出土のA3類の磨石と少ない。このことは水さらし場としての最終として、後期以降の姿を残していることと関係があるだろう。すなわち、後期以降に利用の主体となる堅果類は、水さらしを行う必要のないイチイガシであり、水さらしのための製粉化を行う必要はないため、皮むきの作業を行えば良いこととなる。それに伴って石皿と磨石は多く必要としなかった、と推測できるであろう。

　また、ドングリピットの存在に関して、アク抜きの必要のないイチイガシを低湿地に貯蔵することは、渡辺誠氏の説く生のまま貯蔵するためという推定を紹介し、長野小西田遺跡にもあてはまると、ドングリピットを分析した佐藤浩司氏は述べる。一時期に多量に収穫できる堅果類を、貯蔵しておき後日加工・処理するという行為には、計画的な堅果類の利用をみることができ、イチイガシの加工の場として、水さらし場遺構が存在していたことを裏付けている。

　いずれにしろ、少なくとも長野小西田遺跡の水さらし場遺構の存在は、弥生時代前期から中期段階にはアカガシのアク抜きを実施しており、そのための粉食の食体系が北九州地域に確実に存在していたことを裏付けており、またアク抜きの必要のないイチイガシが前期以来食され、その皮むきに石皿Ⅰb類、磨石A3・C1類が使用されていたことが推測できる。

京都府京丹後市奈具谷遺跡（田代1994）

　竹野川東岸、東西を丘陵に挟まれた幅30mほどの谷に形成された遺跡である（図9-3・4）。隣接

する北側の丘陵上には弥生時代中期中葉（第Ⅲ様式）に成立し、後半（第Ⅳ様式）にかけて継続・発展する。奈具谷遺跡の谷の南側斜面には、中期中頃に形成された玉作り工房群の奈具岡遺跡第4次調査地点、さらに南には中期後半に主体をおく奈具岡遺跡があり、奈具谷遺跡の水さらし場遺跡はこうした遺跡との関係でとらえられる。

　奈具谷遺跡の弥生時代の遺構は、大別して3段階に分けられる。中期中頃の幅5m前後の自然流路の両岸に板列が作られる第1段階、流路跡内に板列と橋状の構築物、取水口状の構築物が付設される中期後半の第2段階、流路の埋没したのちに設置した杭列が構築される中期後半以降の第3段階である。このなかで第2段階に構築された木製構築物が、トチノミ加工に関係したものである。流路の縁に沿って作られた、板列1と板列2を跨ぐように設けられた橋状の構築物は、流れに直行するように作られており、報告者は足場としての機能を推定しているが、腰かけのような作業台としてもよいであろう。

　取水口状遺構は、流路の左岸に接して約45°の角度に構築されている。側板・槽を転用した付属施設、杭からなり排水部には杭と板を使ってしがらみを構築する。排水部の下流には明確な溝はないが、土器・網代状の編み物・箕状の編み物とともに、トチノミを主体とする厚さ10cm前後の広がりが、2×4mの範囲で確認されている。この集積層はトチノミの外殻を主とするもので、ほかの種子や植物混入比率が低いことから人為的に破砕・廃棄されたものであることが考えられている。

　こうしたことから、奈具谷遺跡の遺構、特に取水口状遺構が、堅果類加工のための施設であることは明確である。しかし、トチノミを加工した石器については、1点の凹石（本稿の磨石の分類に照らせばA3類）があるだけで、その実態については明確にはできない。参考になるのは、取水口状遺構の排水部東脇から、出土した木製の横槌である。近年、名久井文明氏によって木製臼と木製杵によって堅果類の皮むきが行われていたことが推測されたが（名久井2004）、取水口状遺構の排水部両脇から出土した編み物や土器、トチノミの集積部分とこの横槌の位置関係を総合的に判断すれば、トチノミの皮むきや粉砕化する道具として、木器もその候補となるといえる。ただし横槌でトチの皮むきを行うにしても、横槌と対をなす木製あるいは石製の台が必要であり、その道具の特定は今後の検討課題である。

　このような検討課題はあるが、奈具谷遺跡で確認した水さらし場遺構は、弥生時代にトチノミの加工とそれに伴う粉食が行われていたことを裏付ける事例である。

埼玉県川口市赤山陣屋遺跡（金箱1989）

　縄文時代晩期の水さらし場遺構が確認された遺跡である（図10）。遺跡は住居跡が展開する西側台地とその台地の両側にある、東側低湿地と西側低湿地が調査対象となった。水さらし場遺構が確認されたのは西側低湿地で、東側台地との比高差7.4mの谷の中に木組み遺構が2個所確認され、トチノミ加工場跡と板囲い遺構と命名されている。

　トチノミ加工場跡は木組み遺構と木道からなり、木道を挟んで木組み遺構とは反対の場所の

第3節 検討項目3：弥生時代の石皿と磨石　111

トチの実加工場遺構出土

板囲い遺構出土

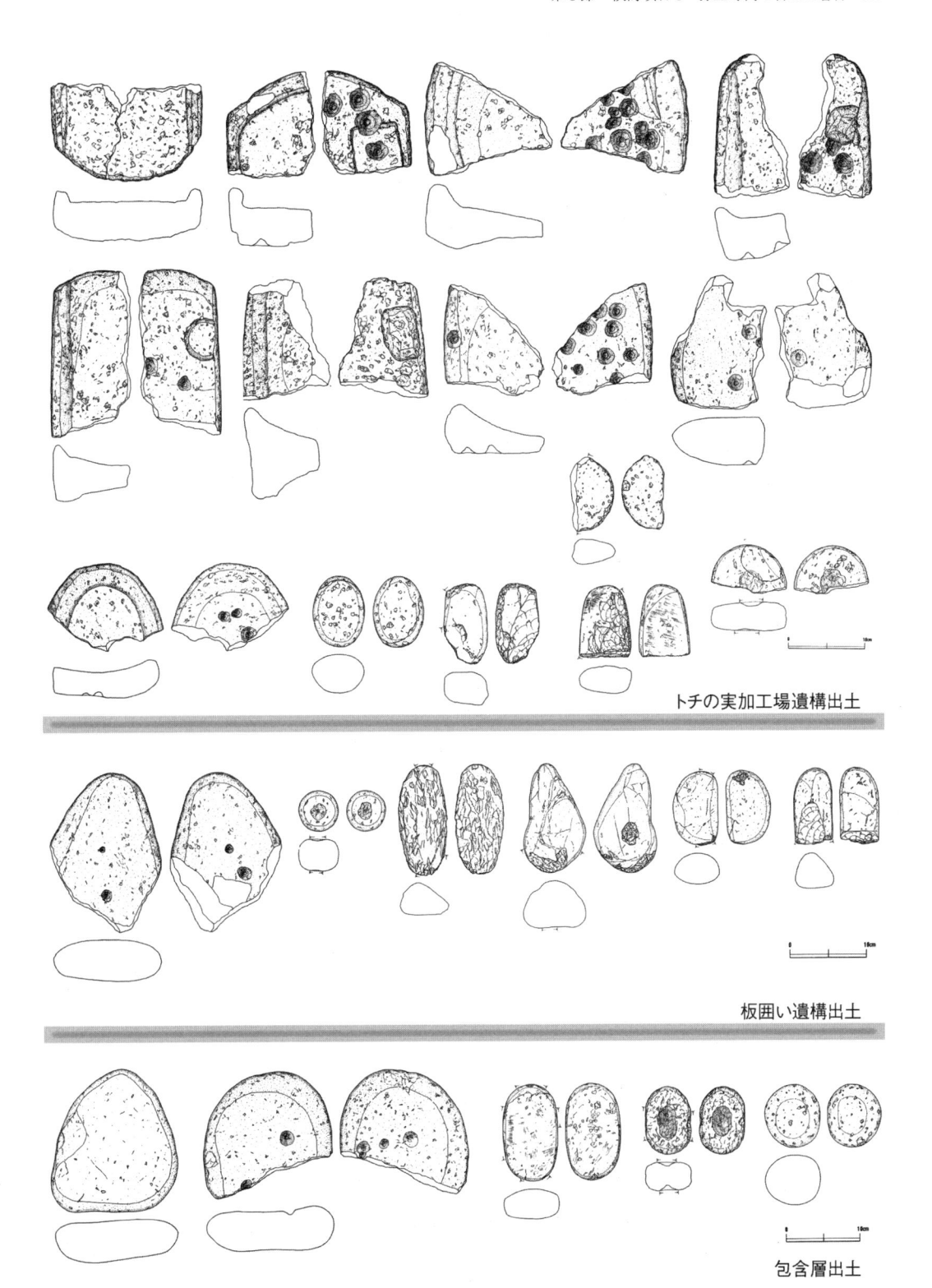

包含層出土

図10　赤山陣屋遺跡（縄文時代）の水さらし場遺構出土遺物（金箱1989原図：改変）

172×168cmの範囲に、厚さ最大47.6cm、174×132.9cmの範囲に厚さ36.7cmの2個所のトチ塚と呼ぶトチの外皮（果肉部分）をまったく含まない、破砕された種皮が堆積していた。報告者の述べるように人為的に形成されたトチの廃棄場所であることは間違いない。この遺構から出土した石皿はⅠa類の破片1点（報告書282図4：以下同じ）、磨石は凹み石と組み合わされるA3類1点（277図6）、敲石と組み合わされるものC2類の1点（278図6）、敲石4点である。

板囲い遺構は415×212cmの掘方内に、板材によって囲まれた空間を作り出しているものである。

周辺にトチなどの堅果類の外皮は確認されていないが、木製の台座状製品が遺構の北端から出土しており、植物を加工した遺構であると報告者は推測している。

この遺構から出土した石皿はⅡa類の破片3点（282図2・3・5）、Ⅳ類の破片が1点（282図1）ある。磨石はA2類が4点（277図4、278図5・8、279図2）、A3類が1点（277図10）、C1類が1点（278図7）である。

赤山陣屋遺跡の水さらし場遺構内出土の石皿・磨石はトチの加工に関連したことは間違いないが、完形品が少ないこともありその実態は明確ではない。しかし、調査範囲内での水さらし場遺構のある西側低湿地全体がトチの加工に関連する場であることを考えれば、この谷の包含層出土の石皿・磨石も遺構出土ではないものの、トチのアク抜き・加工に関連した石器であることを想定しても間違いではないと考える。それを前提にすれば、包含層出土事例では、石皿はこの谷出土のなかでは唯一完形品のⅠa類（18.3×16.9cm）をはじめⅣ類も確認できる。また、磨石もA1類・A2類・A3類・B1類・C1類・C2類が存在している。

長野県栗林遺跡（関1994）

縄文時代後期前葉から後葉と推定される、3基の木組み遺構を水さらし場遺構とした遺跡である（図11-1）。1号木組み遺構内から、少量のクリとクルミが出土した以外は、周辺から堅果類の出土はない。しかし、クルミを主体としたドングリピット（報告では貯蔵穴）が、水さらし場遺構周辺および水さらし場遺構より標高的に高い部分を流れる自然流路との間に、少なくとも27基確認されている。水さらし場遺構とドングリピットが対になるのは、先述した福岡県長野小西田遺跡の事例と同じ形態をとり、長野小西田遺跡で貯蔵の主体となったのが、アク抜きの必要のないイチイガシであり、栗林遺跡の貯蔵主体が生食のできるクルミである点でも、類似した在り方をしている。こうした点から、栗林遺跡の水さらし場遺構のある自然流路の流れる谷は、クルミの貯蔵場であり、クルミの加工を行った場所であると推測できるであろう。

石器は谷全体とドングリピット内から、量・質ともに優秀な資料が出土している。しかし、残念ながら石器の出土位置や出土状態などの情報の記載がなく、こうした資料の活用ができない。わずかに貯蔵穴の図面・石器実測図・貯蔵穴の調査時の写真で、確認される石皿が2点ある。8号貯蔵穴からは円形に近い完形品、59号貯蔵穴からは脚付石皿の完形品、両方とも本稿分類ではⅡa類にあたる[5]。このほかにも完形品で石皿Ⅰa類（報告書番号929）、Ⅱa類（報告書番号940）、Ⅲ類（報告書番号926）、Ⅳb類（報告書番号949）が確認でき、破片では石皿Ⅱa類（報告書番号925）、「使用

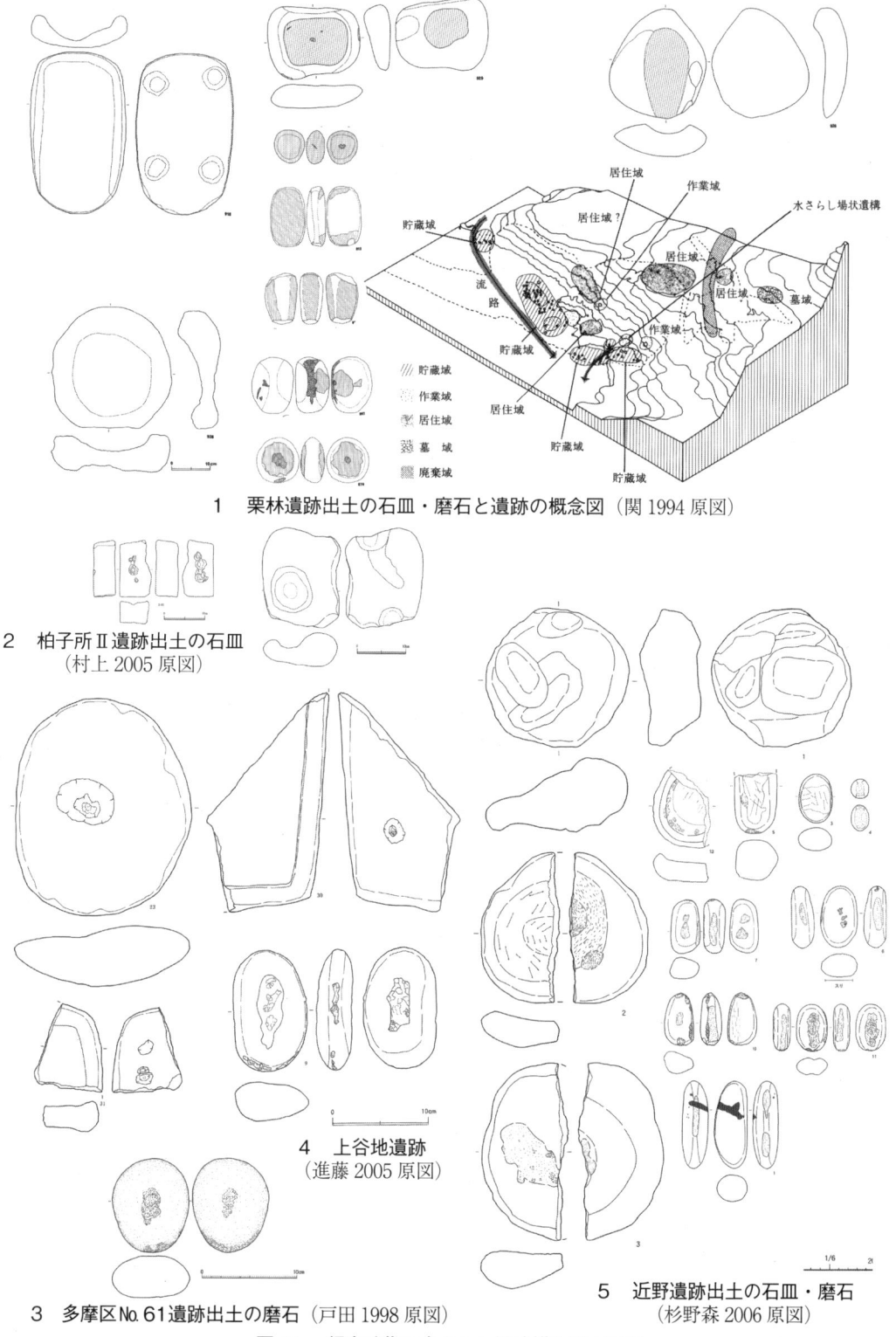

第 3 節　検討項目 3：弥生時代の石皿と磨石　113

1　栗林遺跡出土の石皿・磨石と遺跡の概念図（関 1994 原図）

2　柏子所Ⅱ遺跡出土の石皿
　（村上 2005 原図）

3　多摩区 No. 61 遺跡出土の磨石（戸田 1998 原図）

4　上谷地遺跡
　（進藤 2005 原図）

5　近野遺跡出土の石皿・磨石
　（杉野森 2006 原図）

図 11　縄文時代の水さらし場遺構と出土石器

痕をもつ礫」として報告するなかに石皿Ｉｂ類（報告書番号1023)、の存在も確認できる。磨石では A1類（報告書番号758)、A2類（報告書番号812・813 など)、A3類（報告書番号347・879 など)、B1 類（報告書番号809・828)、C1類（報告書番号816)、C2類（報告書番号825・844)、などが存在し、 石皿ではⅠa類・Ⅱa類・Ⅲ類・Ⅳb類、磨石ではA1類・A2類・A3類・B1類、C1類・C2類と、 ほとんどのタイプが出土している。ドングリピット内から出土した石皿については完形であること や、逆位で出土したことなどから、ピット周辺におかれていたのが、落ち込んで入り込んだ結果と 考えられ、水さらし場遺構やドングリピット周辺で堅果類の加工を行っていたことが推測できる。 谷全体が堅果類の加工の場とするならば、上記の遺構外出土の資料についても、植物加工に関連し た石器であると推測できる。

秋田県柏子所Ⅱ遺跡（村上2005）

　縄文時代後期前半、後期後半、晩期頃の３時期にわたり、水さらし場遺構が確認された遺跡である。水さらし場遺構は、狭小で急傾斜の谷に作られており、そのため縄文時代前期以前および後期前葉に、地滑りで谷全体あるいは一部が埋まった痕跡が確認されている。水さらし場遺構は台地の斜面から湧き出る水を利用し、数個所の湧水地点から集まった水が谷底で一筋の流れになり、この流れに沿って木組みの堰や木組み遺構が作られている。SX44と呼ぶ杭に固定された板材の遺構が最も古く、SX42がこれに次ぎ後期後半で３つの水さらし場遺構の中では残りが良い。最も新しいが遺存状態が悪いSX43は、SX42の覆土上に築かれている。これらの水さらし場遺構の西側に一部重なりながら、土器・石器、食料の残滓とともに、トチノミ・クルミが捨てられた場所（捨て場）が存在している。これらのことから、この場所でトチの水さらしとクルミの殻割りが行われていたことが理解できる。

　SX42、SX44の水さらし場遺構から、石皿Ｉｃ類とⅤb類が出土している（図11-2）。

青森県近野遺跡（杉野森2006）

　縄文時代中期中葉の水さらし場遺構、中期末葉のトチノキ種皮片集積遺構が検出した遺跡である。比高差約７ｍほどの狭小な谷中に作られた中期中葉の木組み遺構があり、この時期の包含層（基本層序15層）にトチノキ種皮片も含まれる。この堆積層にはほかの時期に比べ復原可能な土器が多く、磨石・石皿の出土も目立つことから、報告者はこの場所がトチノキなどの食料の加工場として利用された可能性を考えている。また、基本層序15層の上層、12層・14層からは、中期末葉のトチノキ種皮片集積遺構が出土している。

　木組み遺構からは破片の石皿Ⅱa類が２点、破片の石皿Ⅳa類が１点と、類別するのが困難な完形の石皿１点が出土している、磨石はすべて完形のもので、A1類・A2類・A3類・C1類・C2類が出土している（図11-5）。磨石C1類には黒色の細い帯状の付着物があり、分析の結果イオウを多く含む漆であることが判明している（藤根2006）。

秋田県大仙市上谷地遺跡（進藤2005）

　縄文時代後期前半の水さらし場遺構が確認された遺跡である。丘陵斜面下の湧水から水を引き込

むために溝を掘り、この溝をほぼ平坦な沖積地に構築し、2.5×3.5ｍの範囲のなかに丸太や割材をすき間なく敷き詰めた木組み遺構（SD18）が確認された。木組み遺構からは破砕された大量のトチノキのほか、オニグルミ・ブナ・コナラなどが出土し、トチノキは完形個体に比べ破損個体が圧倒的に多いことから、加工処理されたことが推測できるという。こうした点から、堅果類の加工を行った、水さらし場遺構と推定されている。

木組み遺構からは石皿・敲石・凹石が出土している（図 11-4）。石皿は 3 個体あり、そのうち 2 点は縁をもつⅣa 類で、破片のため形状は詳らかにできないが、2 点とも方形に整えられていると推定できる。また、凹石と分類されるなかにも片面の中央部に浅い凹みをもつ、長さ 22×18cm の資料もあり、磨面があれば石皿として分類できるものもある。その場合はⅠa 類に分類される。敲石は 1 点、凹石 24 点あるが両者の痕跡を併せもつ資料も 7 点ある。報告書では明確な記載はないが、これらも磨面を併せもっているならば、本稿の分類で、A3 類に分類されるものが多いことになる。

神奈川県川崎市多摩区№ 61 遺跡（戸田 1998）

縄文時代後期前半の、堅果類を加工した場所が確認された遺跡である。多摩区№ 61 遺跡は、現在の多摩川の流路内に位置している。多摩川の左岸・東京都側は立川段丘が広がり、この段丘は現在の多摩川の河床ともなっている。トチ・クルミ集中地点があり、ここから木製の編籠が出土している。トチは外殻が破れ押し潰され、クルミは半殻の状態であり、この場所で両者が加工されたと推定される。

東地区の木製編籠・トチ・クルミ集中地点周辺から出土した石器は、A2 類・A3 類・C1 類の磨石であった（図 11-3）。このうち A2 類の磨石は、中央部に凹み部・敲打の跡があり、その周囲が磨られている。その凹み部の周囲は黒色物質が付着している。黒色物質の成分は未分析のため確実ではないが、出土遺跡が植物質の遺物が遺存する湿潤な環境の、トチの加工場であることを考慮すれば、磨石に付着しているのはトチを敲き潰した時のトチの外殻の可能性が強い。これが是認されるならば、このタイプの磨石がトチの加工に使用されたと考えられる。石皿の出土は確認されていない。

(3) 想定される植物加工に使用された石皿と磨石

これまで述べてきた、弥生時代の堅果類の加工関連遺構から出土した石皿・磨石および、縄文時代の同種の遺構から出土した石皿・磨石を参考に、植物加工に使われた石皿と磨石を抽出してみると、次のようになろう。(【　】内は縄文時代の遺跡からのみ発見されたもの、【　】がないものは縄文・弥生両時代から確認できるもの、（　）は包含層出土で可能性が高いもの。)

石　皿　【Ⅰa 類】Ⅰb 類【Ⅰc 類】【Ⅱa 類】（Ⅲ類）【Ⅳa 類】
　　　　（Ⅳb 類）【Ⅴb 類】

磨　石　【A1 類】【A2 類】A3 類（B1 類）C1 類【C2 類】

上記が堅果類の加工関連遺構から確認できるものであり、基本的にはこれらに類別される石皿・磨石が、植物加工に使用されたと類推することができる。この中で、石皿Ⅱb 類・Ⅴa 類、磨石 B2

類・C3類・C4類に分類されるものは出土していない。以上をもとに、石皿と磨石がセットとなって機能していたことを前提に、これらのタイプの石皿と磨石が、住居址などの供伴関係からどのようなセット関係になっているのかを確認しておく。

5　植物加工としての石皿・磨石

(1)　石皿と磨石の集落でのセット関係

①前期後半

カラス山・堂山遺跡（安藤1988）

神奈川県山北町に所在する遺跡で、該当資料はすべて包含層出土である。したがって住居址出土資料に比べ、セット関係の蓋然性は弱いが、同一層内から前期後半の土器が出土していることから、この時期の石器と推定する。石皿Ⅰa類・Ⅰb類、磨石A2類が出土している（図12-1）。

②中期前半

池守・池上遺跡（中島1984）

埼玉県行田市と熊谷市にまたがる遺跡で、第4号住居址で石皿Ⅰa類、磨石C1類が供伴している（図12-2）。

池上西遺跡（宮1983）

埼玉県熊谷市に所在する遺跡で、池守・池上遺跡に隣接する。住居址から石皿Ⅰa類、磨石A1類が出土している（図12-3）。

坊田遺跡（永峯1983）

伊豆諸島に属する、東京都三宅村に所在する遺跡である。発掘調査地点から約10mの地点の芋穴掘削の際に、石皿の凹みに磨石が入ったまま出土したものである。セット関係がわかる良好な事例である。時期の認定の問題が残るが、調査地点からは中期前半の土器の包含層がレンズ状に堆積しているのが認められ、その上下層からは遺物の出土を見ていないので、この石皿・磨石もこの包含層の出土であり、同一時期の所産と推定する。また、三宅島大里東遺跡の同時期の土坑から、同類の石皿が出土しているので、この時期のものと判断する傍証となる（青木1995）。石皿Ⅲ類と磨石B1類である（図12-4）。

③中期後半

城の腰遺跡（菊池・谷・矢戸1979）

千葉県千葉市に所在する遺跡で、040号住居址から石皿の上に磨石が載った状態で出土している。良好なセット関係としてとらえられる。石皿Ⅴb、磨石A3類である。石皿の凹み部分は少し深い（図12-5）。

大厩遺跡（三森・阪田1974）

千葉県市原市に所在する遺跡で、Y-24号址で石皿・磨石が出土している。石皿Ⅰc類、磨石A3類である。城の腰遺跡と同様に石皿は中央の凹みが深い（図12-6）。

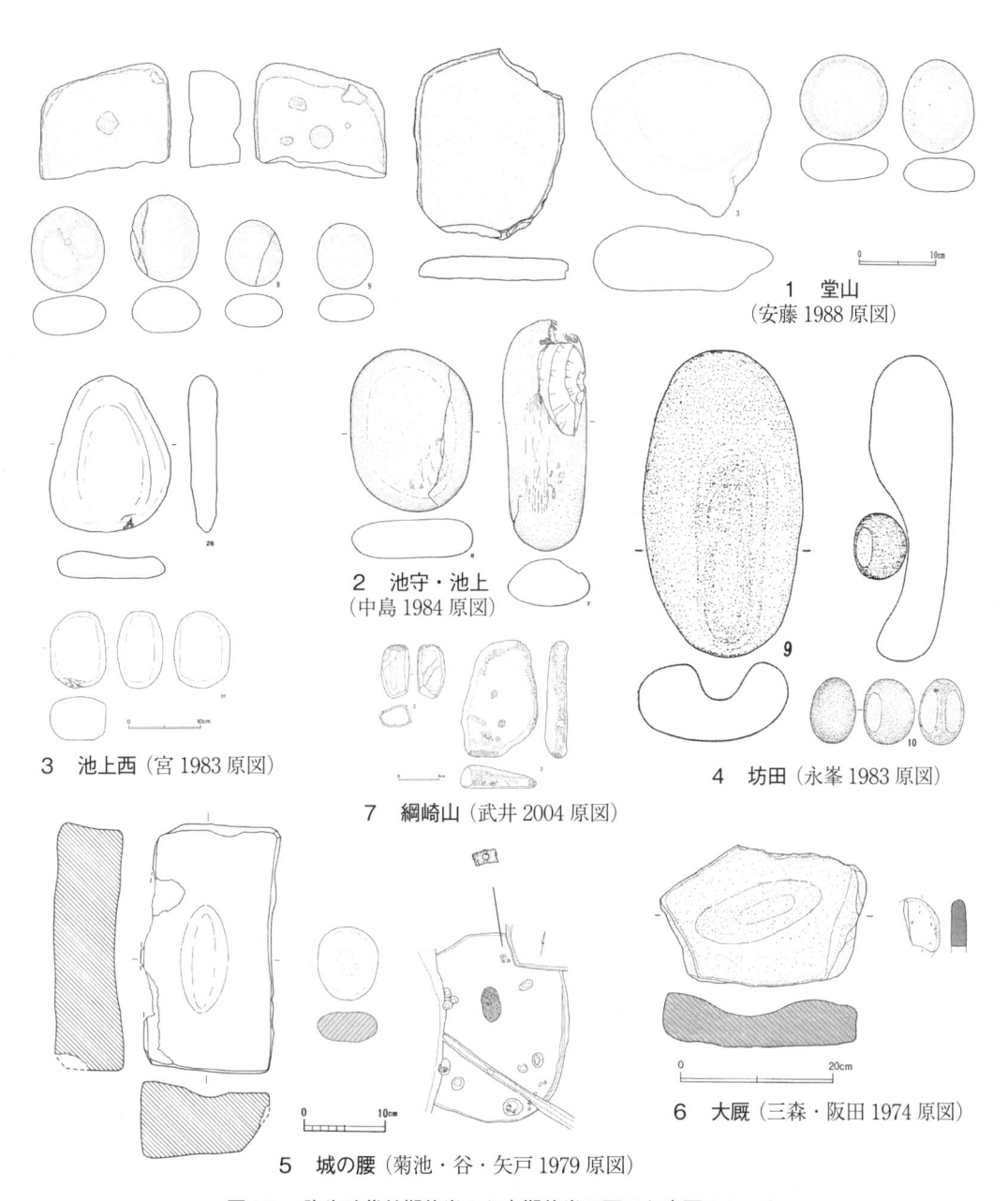

第3節 検討項目3：弥生時代の石皿と磨石　117

図12　弥生時代前期後半から中期後半の石皿と磨石のセット

綱崎山遺跡（武井2004）

　神奈川県横浜市に所在する遺跡で、AY28a号住居址出土の砥石あるいは磨石として報告された資料に、セットの可能性を見出せる。石皿Ⅰa類、磨石C1類であるが、両者ともにやや小ぶりの資料である（図12-7）。

④後期前半
長尾台北遺跡（相川・北村 1997）
　神奈川県川崎市に所在する遺跡で、3号住居址から良好なセット関係が窺える資料が出土している。石皿Ⅰa類、磨石A2類である。石皿は13×9cmとやや小ぶりのものであるが、これを手に持って磨石として作業するには厚みが無く、不適切であることから、石皿とする。後期でも初頭段階に位置づけられる（図13-1）。
四枚畑遺跡（小宮 2003）
　神奈川県横浜市に所在する遺跡で、Y-6号住居址から出土した資料にセット関係が窺える。住居址壁際に並んで出土している。石皿Ⅰa類、磨石A3類であるが、磨石は凹石として報告されている。また、石皿の側面には擦痕が観察されている（図13-2）。
関耕地遺跡（田村 1997）
　神奈川県横浜市に所在する遺跡で、46号住居址から良好なセット関係が窺える資料が出土している。石皿Ⅰa類、磨石A2類である。石皿は半分ほどが欠損しているが、この状態で使用していたと推定する。その根拠の一つは、同一時期の6号住居址出土の石皿と環濠出土の石皿との接合事例である。6号住居址のものはその接合面に再調整を施しており、この再調整は、破片になった石皿を再利用するための行為であったと判断する（図13-3）。

⑤後期後半
深作稲荷台遺跡（笹森 1993）
　埼玉県さいたま市に所在する遺跡で、7号住居跡の床面から隣接して出土している。石皿Ⅰa類、磨石A2類である。石皿は一部欠損し、中央に小さな凹みが形成されている。使用によるものかは、判断されていない。石皿と磨石の大きさに、あまり差がない事例である（図13-4）。
下山遺跡（小柳 1989）
　東京都世田谷区に所在する遺跡で、第72号住居址から供伴している。石皿はⅡa類、磨石A2類である。石皿は一部欠損するものの、形態のわかるもので、裏面に凹み部分が6個所ある。磨石は磨石を転用したものと報告されている、敲石でもある（図13-5）。
平和の森公園北遺跡（黒済 1985）
　東京都中野区に所在する遺跡で、第65号住居跡からセットで出土している。石皿Ⅰa類、磨石A2類であろう。石皿は半分が欠けているが、関耕地遺跡などと同じように、破片石皿の再利用と考えられる。また、磨石は石杵とされ、磨面が形成されているのか記載がない（図13-6）。
渡内遺跡（秋山 1993）
　神奈川県藤沢市に所在する遺跡で、5号住居址から出土している。石皿はⅠa類、磨石C1類である。台石と報告される石皿の中央には、敲打痕が認められるが、全体に摩耗が認められる。磨石は敲石として報告され、棒状の上下端に敲打痕があるが、表面は磨面になっている（図13-7）。

第3節 検討項目3：弥生時代の石皿と磨石 119

1 長尾台北
（相川・北村1997原図）

2 四枚畑
（小宮2003原図）

3 関耕地遺跡
（田村1997原図）

4 深作稲荷台
（笹森1993原図）

5 下山
（小柳1989原図）

6 平和の森公園北
（黒済1985原図）

7 渡内遺跡
（秋山1993原図）

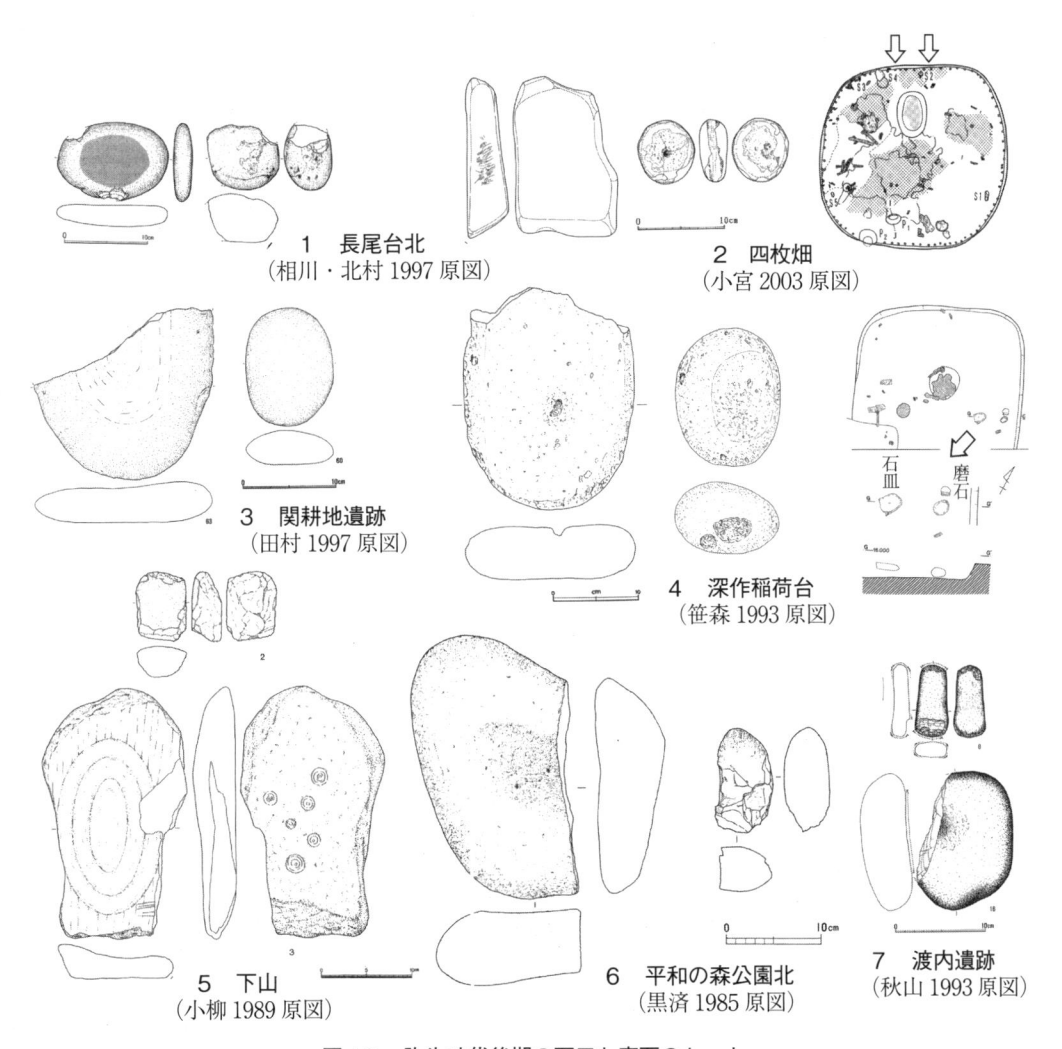

図13　弥生時代後期の石皿と磨石のセット

⑥後期終末～古墳時代前期

大石山遺跡（芹澤・大竹1985）

　伊豆諸島に属する、東京都利島村に所在する遺跡で、第5号住居址から良好なセットが出土している。石皿Ⅱa類、磨石A2類である。報告者は、大石山遺跡出土の縄文時代の石皿の磨面が非常に深くなる形態であるのに比べ、この石皿は浅い磨面となる形態上の違いを指摘している（図14-1）。

簗田寺南遺跡（関口1986）

　東京都町田市に所在する遺跡で、第4号住居址から良好なセットが出土している。石皿Ⅰa類、磨石C2類である。石皿は台石と報告されているが、床面上に置かれた状態で出土している。磨石は棒状でその先端が磨滅している（図14-2）。

120　第4章　個別要素の検討

1　大石山遺跡
（芹澤・大竹 1985 原図）

2　築田寺南遺跡（関口 1986 原図）

3　南大谷遺跡（久保 1983 原図）

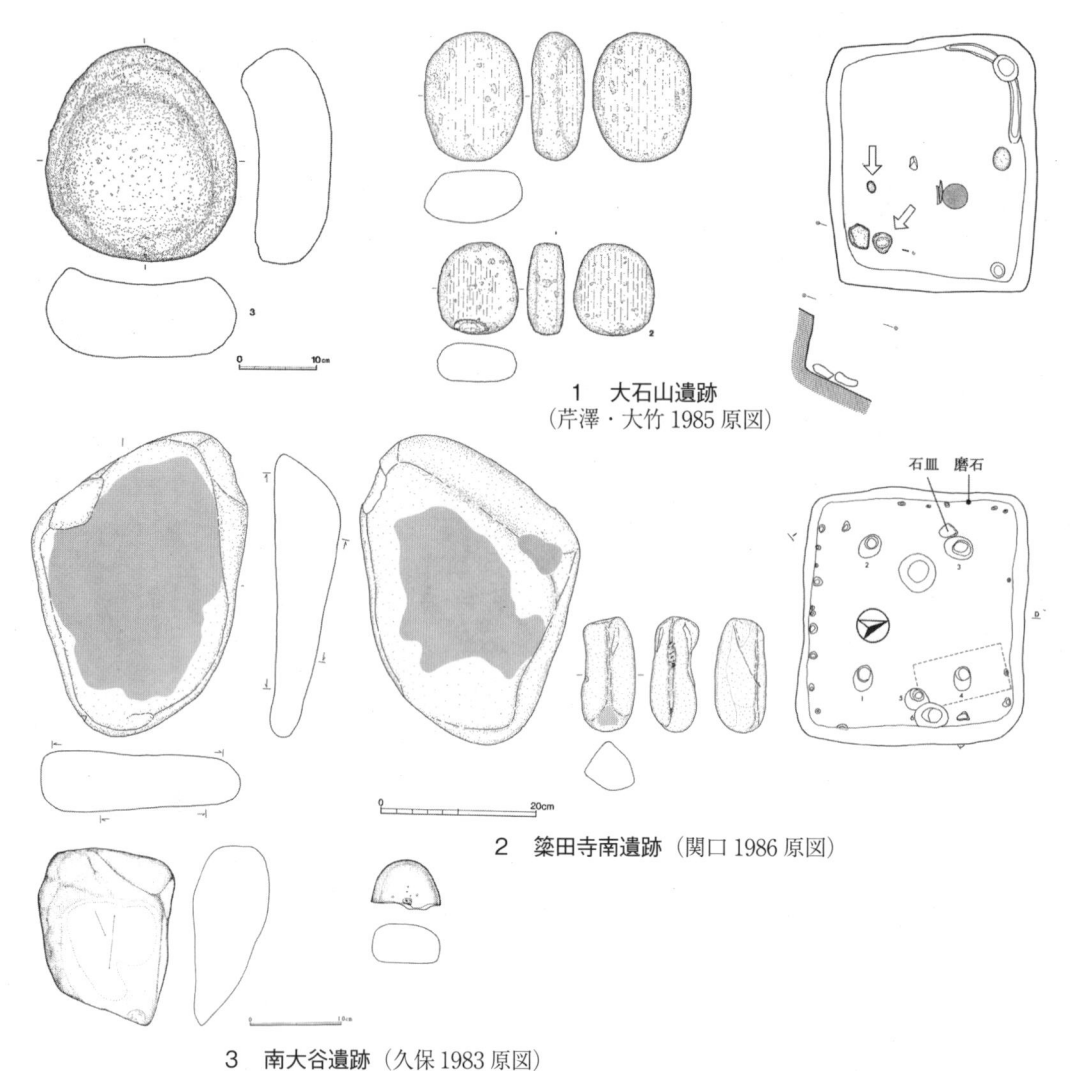

図14　弥生時代後期終末から古墳時代初頭の石皿と磨石のセット

南大谷遺跡（久保1983）

　東京都町田市に所在する遺跡で、第10号住居址から供伴して出土している。石皿Ⅰa類、磨石A2類であるが、石皿の断面は三角形状で厚みがある。磨石は半分が欠けている（図14-3）。

(2)　セット関係の特徴と対象物

　縄文時代・弥生時代の水場遺構出土の石皿・磨石をもとに、弥生時代の石皿・磨石がセットになって出土した事例を提示したが、そのセット関係と、それぞれの時期的な消長をまとめれば、右の通りとなる（表6・7）。

　弥生時代前期から古墳時代初頭までの17遺跡・17事例から、石皿Ⅳa類・Ⅳb類、磨石C3類

はセット関係を窺える事例はなかったが、石皿Ia類が複数のタイプの磨石と組み合わせて使用されていたことが確認できる。今回の分析で用いたセット数は、決して多いものではないが、石皿あるいは磨石単独で出土する事例は多く存在し、実際にはこれ以外の組み合わせによる使用も行われていたことが推測できる[6]。

また、弥生時代前期後半以降、古墳時代初頭まで石皿Ia類が存在していることは、この石皿が植物加工具として普遍的な石器であったと理解することができる。磨面に適した作業面を有していれば石皿として利用できる点で、最も基本的な類型がこのIa類である。方法は異なるものの、植田文雄氏が分析した縄文時代の無縁石皿（本稿のIa類）が、植物加工の石皿である、という結果（植田1998a）は、弥生時代でも同じ結論を導き出せるのである。ただし、後述するように石皿I類は、赤色顔料にも使用されており、形態上の違いから対象物を区別することはできない。区別するためのポイントは、これまで述べてきた組み合わされる磨石の類別と、後述する使用の結果生ずる光沢面の存在である。また、Ⅲ類としたものも、後述する赤色顔料加工や石器・鉄器加工の石器であることが見込めないならば、植物加工具としての可能性が高い。

弥生時代の堅果類については、前述した福岡県長野小西田遺跡のイチイガシ、京都府奈具谷遺跡のトチノミが加工された事例を紹介したが、本章第2節で集成したように東日本でも、イチイガシ、クリ、クルミが土器内に入れられた状態で出土する事例および床面・炉からまとまって出土していることから、堅果類を利用していたことが確認できる。残念ながらこれらの堅果類が出土した遺跡から、石皿と磨石がセットで出土した事例はないが、これまで検討してきたことから、弥生時代の石皿・磨石を利用した対象物が堅果類であったことは間違いないであろう。そうした場合、必

表6　石皿と磨石の組み合わせ

石皿＼磨石	A1	A2	A3	B1	C1	C2	C3
Ia	○	○	○		○	○	
Ib		○					
Ic			○				
Ⅱa		○					
Ⅲ				○			
Ⅳa							
Ⅳb							
Ⅴb		○					

表7　時期別の石皿と磨石

時期＼分類	Ia	Ib	Ic	Ⅱa	Ⅲ	Ⅳa	Ⅳb	Ⅴb	A1	A2	A3	B1	C1	C2	C3
前期　後半	○	○								○					
中期　前半	○								○			○	○		
中期　後半	○		○		○			○		○			○		
後期　前半	○									○	○				
後期　後半	○			○						○			○		
古墳　初頭	○			○						○				○	

ずしも住居内で石皿・磨石が使用されたわけではなく、屋外、特に水場の作業場で使用されたことも想定すべきであり、住居址から石皿と磨石がセットになって出土する事例の少ない要因も、そこに求められるかもしれない。

また、石皿と磨石のセット関係が目立たないのは、石皿と木製杵（すりこぎ状）、木製皿と磨石の組み合わせが存在したことも想定すべきなのかもしれない。その場合、石皿に比べて磨石の出土量が相対的には多く出土している現状は、後者の組み合わせが多かった可能性を示している。

ここまで、主に堅果類の加工に主眼をおいて石皿と磨石を見てきたが、一方堅果類以外で石皿・磨石を利用する植物も考慮すべきであり、その候補として粉食して供される傾向の強い植物種子を挙げることができる。粉食されやすい種子については、種子の植物学的な特性および民俗事例から、粒食に適さない小粒なものが対象となることがわかる。具体的にはアワ・ヒエ・キビと秕・砕米などの所謂くず米と呼ばれるものである。これらの種子は、本章第２節で詳説した、土器に内包される状態で出土した事例あるいは床面・炉内から大量に出土した事例から、確実に存在していた穀類だといえる。粉食される傾向が強い植物種子は、木製・杵で製粉する民俗事例と、回転式の石臼で製粉する民俗事例がある。また、先に述べた石皿と木製杵（すりこぎ状）、木製皿と磨石の組み合わせの存在も考慮するならば、物理的に木製・石製の道具の素材に限らず、穀類の粉食は可能であり、弥生時代の石皿・磨石で、これら穀類を製粉した可能性も推測できるのである。さらに、縄文時代の玄武岩に代表される多孔質素材の石皿が、弥生時代に確認できないか、あるいは非常に少なくなる。このことは、堅果類とともに穀物類もあわせて加工する、製粉加工の変化を示しているともいえる。

以上のことから、表６にまとめた組み合わせにある石皿・磨石は、基本的に植物加工に利用されたと推測する。

以上の方法とは別に、石皿・磨石のほかの利用方法である、赤色顔料の製粉化に使われた石皿・磨石[7]、あるいは石器や金属器の砥石用の石皿・磨石を分析すれば、逆説的に植物加工に利用された石皿・磨石を推定することにつながる。しかし、赤色顔料に利用された石皿・磨石については、より多くの資料にあたって赤色顔料の付着を確認する必要があり、また石器・金属器砥石用としては、使用痕分析の成果が不可欠であるが、多くの事例に接することができない。そこで、この問題については、研究の概略を示し将来の研究に備えておきたい。

6　赤色顔料加工としての関係・予察

研究史でも見るように、石皿・磨石が赤色顔料の製粉に用いられたとする証拠となるのは、赤色顔料付着の資料となるが、その数は管見の範囲では多くない。しかし、赤色顔料が付着しているということが観察されれば、直接的な痕跡を示す資料として認めることができる、大きな長所がある[8]。また、赤色顔料の製粉に関連する遺跡からの出土資料をもととして、これに関わった石器の抽出も比較的容易である。個別事例をみていくと、生産地である徳島県若杉山遺跡では石皿の形

態はⅠc類・Ⅱa類であるが、この中で赤色顔料の付着したものはない。磨石はA3類・C2類・C3類であり、その中に赤色顔料が付着したものはない。赤色顔料が付着するのは、敲打痕のみを残す敲石で、本稿の分類に照らせば、C2類の棒状で端部を利用した範疇のものである。ただし、図示されていない中に「朱付着」の「石杵」がほかに6点ある（岡山1997）。徳島県黒谷川郡頭遺跡では9号住居址から石皿Ⅰa類と磨石A2類、井戸1からⅠc類とC2類がセットで出土し、そのうち井戸1の磨石には朱が付着している（菅原1987）。徳島県矢野遺跡からは石皿の出土はない。磨石はC3類などが出土しているが、蛍光X線分析によって、そのうちの1点に朱の付着が認められている（近藤2002）。こうした辰砂産出地に近い遺跡の事例をみても、赤色顔料が付着した石器の比率は決して多くない。また、赤色顔料が付着する石器は、磨石よりも敲石に分類される石器のほうが多いのも特徴であろう。

　長野県松原遺跡では、赤色顔料、特にベンガラの精製に関わった資料が出土しており、顕微鏡観察による細かな分析も行われており、赤色顔料加工関連の石器を考える基準資料である（町田2000）。赤色顔料（報告では赤色粉状：以下同じ）が付着した石器は、石皿（報告では台石：以下同じ）と磨石（報告では石槌：以下同じ）、太型蛤刃石斧、太型蛤刃石斧（失敗品）、大形石器、磨製石鏃（失敗品）、敲石、軽石製品、みがき石に確認されている。これらのなかで、住居址内から石皿と磨石がセットで出土したものとして、SB246、SB402、SB1102、SB1124、SB1284があり、このうちSB246、SB402、SB1124は両者に赤色顔料が付着している。赤色顔料付着の石皿あるいは磨石だけが、遺構内から出土した事例は多い。このほかにSB307からは赤色顔料が充填した鉢が出土している。このような事例からみても、松原遺跡での赤色顔料の微粉化が、石皿・磨石で行われていたことは間違いない。本稿の分類でいえば石皿Ⅰa類、磨石C1類・C3類である。

　赤色顔料の加工に関係した石器のなかで、特徴的なのはその磨面、すなわち使用面である。松原遺跡から出土した磨石は、太型蛤刃石斧を転用したものが多いが、その使用面は鏡面状を呈している。これは赤色顔料が付着する石皿でも同様の傾向がある。この使用痕は、硬砂岩などの比較的緻密な石材と関係している可能性もあり、また水漬けしたコナラ・ミズナラの製粉実験でも、石皿・磨石に光沢面が形成されることが実験で確認されている（池谷2003）が、松原遺跡の場合は、赤色顔料の微粉作業によって形成された、と考えるほうが素直である。

　こうした事例を参考に、前稿（浜田1992）でも取り上げた使用面に鏡面状の光沢のある、神奈川県川崎市の梶ケ谷神明社上遺跡出土の石皿と磨石（新井・持田1970：図15-1）をルーペで観察した。その結果、石皿には赤色顔料の付着は認められなかったが、磨石の使用面、特に外周・縁の部分の細かな凹みに、少量ながら赤色顔料類似の物質が確認された。この物質の成分分析を経ていない現状では、これがベンガラなどの赤色顔料と同じものであるか断定はできないものの、石材である硬砂岩由来のものではないことから、赤色顔料の残滓である可能性が高い。今仮にこのタイプの磨石を赤色顔料の加工に関わる資料であるとすれば、形態分類として特徴的な磨石B2類が、東京都町田市多摩ニュータウンNo.345遺跡1号住居址出土資料（千田1998）にみられ（図15-2）、この使

124　第4章　個別要素の検討

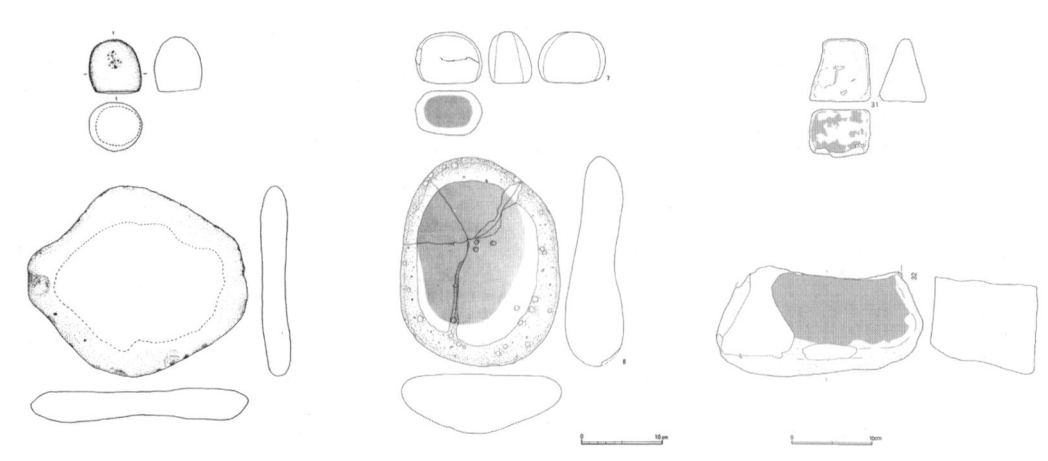

1　梶ヶ谷神明社上（中期後半）	2　多摩ニュータウンNo.345（中期後半）	3　尾崎（古墳初頭）
（新井・持田1970原図）	（千田1998原図）	（奥山・檜山1999原図）

図15　赤色顔料加工に使用された石皿と磨石

用面も石皿・磨石とも「平滑で光沢」となっている[9]。また長野県飯田市恒川遺跡ARY9号住居址（桜井1986）からも、「非常に滑らかで光沢を発する」端部曲面磨石と「一面に滑らかな磨面をもつ」石臼が供伴している。梶ケ谷神明社上遺跡以下3遺跡から出土した石皿・磨石の共通する特徴は、①半球状の端部に使用面をもち（B2類）、断面が弱い曲面を描く形態であること、②使用面に鏡面状などの光沢を強くもっていること、③組み合わされる石皿が、Ⅰ類であること、④中期後半の時期であること、などである。特に①②から推測すれば、松原遺跡の事例も含め赤色顔料の加工に使用された石皿・磨石である可能性が高いものである。南関東での赤色顔料付着石器は管見の範囲で、先の梶ケ谷神明社上遺跡以外では、後期前半では東京都北区飛鳥山遺跡SI29からⅠb類の石皿（報告では台石）が出土している。弥生後期後半の神奈川県藤沢市稲荷台地遺跡群F地点34号住居址出土の敲石（戸田1996）、神奈川県横浜市関耕地遺跡46号住居址出土の敲石がある。また同じ遺跡の47号住居址から、ベンガラが充填された小型壺が出土している（田村1997）。磨石単独でも中期後半の「鏡面状に滑らかな面を有する」神奈川県下寺尾西方A遺跡（村上・井澤2003）、神奈川県砂田台遺跡51号住居址出土資料（宍戸・上本1989）、埼玉県ささら遺跡9号住居址出土例（横川1983a）、後期後半の埼玉県鶴ケ丘遺跡G3住居址出土資料（横川1976）、神奈川県川崎市東泉寺上遺跡1号住居址出土資料（持田1988）、東京都世田谷区下山遺跡1号住居址出土資料（寺田1989）、東京都八王子市鞍骨山遺跡SB12出土資料（岡田・服部1971）、古墳時代初頭の東京都世田谷区岡本前耕地遺跡（堅田1996）、東京都八王子市中田遺跡、同市中郷遺跡第2号住居址や同市尾崎遺跡第25号住居址（奥山・檜山1999：図15-3）からは、石皿とセットで出土している、など多くの事例を挙げることができる。これらが赤色顔料加工に使用されたかを確定するには、使用面を中心とした観察を行う必要があるが、それまでは鏡面状の使用面がある磨石B2類・C3類については、赤色顔料加工用の磨石であると判断しておく。また、石皿Ⅰ類やⅤ類のうち、磨面が平坦で

鏡面状の光沢をもつ資料は、基本的には赤色顔料加工の道具と判断しておきたい。

古墳時代前期になると、集落遺跡以外にも古墳の副葬品から、杵形あるいは槌状の磨石が存在することからみて、時間の変遷とともに棒状に規格化されるような傾向をみてとれる。すなわち、中期後半に存在した半球状の磨石B2類・C3類から後期・古墳時代前期に移るにつれB類が消失し、円筒形・L字状石杵などに変化していく、と考えられよう。

7 石器・金属器加工としての関係・予察

磨面のある石器のなかには、石器製作・金属器製作に関わる調整具としての石皿・磨石がある。砥石としての機能を有しているものである。

磨面に線条痕が残された事例があるものは、一般的に金属器の研ぎ出しとして利用されたことを想定している。磨石の本稿の分析では線条痕をもつ磨石については、対象資料からは除いているため、肉眼による使用痕跡から想定される砥石として想定する資料は一応排除している。しかし、線条痕が目立たない砥石については、本稿の分析対象の資料となっている。今回石皿Ⅴa類として設定したものが、砥石の可能性をもつ。また、金属器の砥石の場合、その磨面は使用に伴う変形が想定でき、その場合磨面は曲面とはなるものの、段差をもつ形態とはならない。本稿の分類では、石皿Ⅰc類・Ⅱa類・Ⅲ類・Ⅴb類は段差があり、坊田遺跡、城の腰遺跡、大厩遺跡、下山遺跡、大石山遺跡例がこれに該当する。したがって、これらの石皿については、金属器の砥石としての使用を排除することが可能である。このことは、磨製石斧の刃部の研ぎ出しに利用される砥石だと想定しても、同じことになるであろう。

植物加工に使用されたと推定した石皿Ⅰc類・Ⅱa類・Ⅲ類・Ⅴb類は、金属加工には使用されなかった、としてよいであろう。

弥生時代の太型蛤刃石斧や扁平片刃石斧などの磨製石斧類の南関東での生産については、近年大きく研究が進展している。特に「榎田型」太型蛤刃石斧の生産と流通についての中部地方の役割や、特定の扁平片刃石斧の生産と流通についての駿河地域の役割についての分析とともに、南関東の遺跡でも磨製石器の製作が行われていたことが確認されてきたことは、大きな成果である（馬場1997・2001a・b、町田1999）。これらの研究の成果から、南関東でも石器製作に関わる砥石が存在することが明確になった。特に自然礫に刃部を研ぎ出すだけの、作業工程の単純化した小型磨製石斧があり、これに伴う小型砥石も存在している。神奈川県秦野市砂田台遺跡第51号住居址（図16-1）、神奈川県横浜市観福寺北遺跡21号・25号住居址、同市関耕地遺跡47号住居址、同市大塚遺跡Y2号住居址（図16-3）・Y17号住居址（図16-2）・Y51号住居址、千葉県大崎台遺跡第256号住居址・326号住居址、東京都飛鳥山遺跡SI20出土事例などを参考にすれば、その多くは本稿分類の石皿Ⅰb類、あるいは小型の石皿Ⅰb類とⅤa類であることが理解できる。そして小型磨製石斧の刃部の横幅の大きさに規制され、その刃部幅と変わらない程度の大きさの砥石が多く、また断面は板状・角柱状を呈する砥石が多いという傾向を看守できる。すなわち、板状で厚みがな

126　第 4 章　個別要素の検討

1　砂田台遺跡 51 号住居
（宍戸・上本 1989 原図）

Y17 号住居出土状態

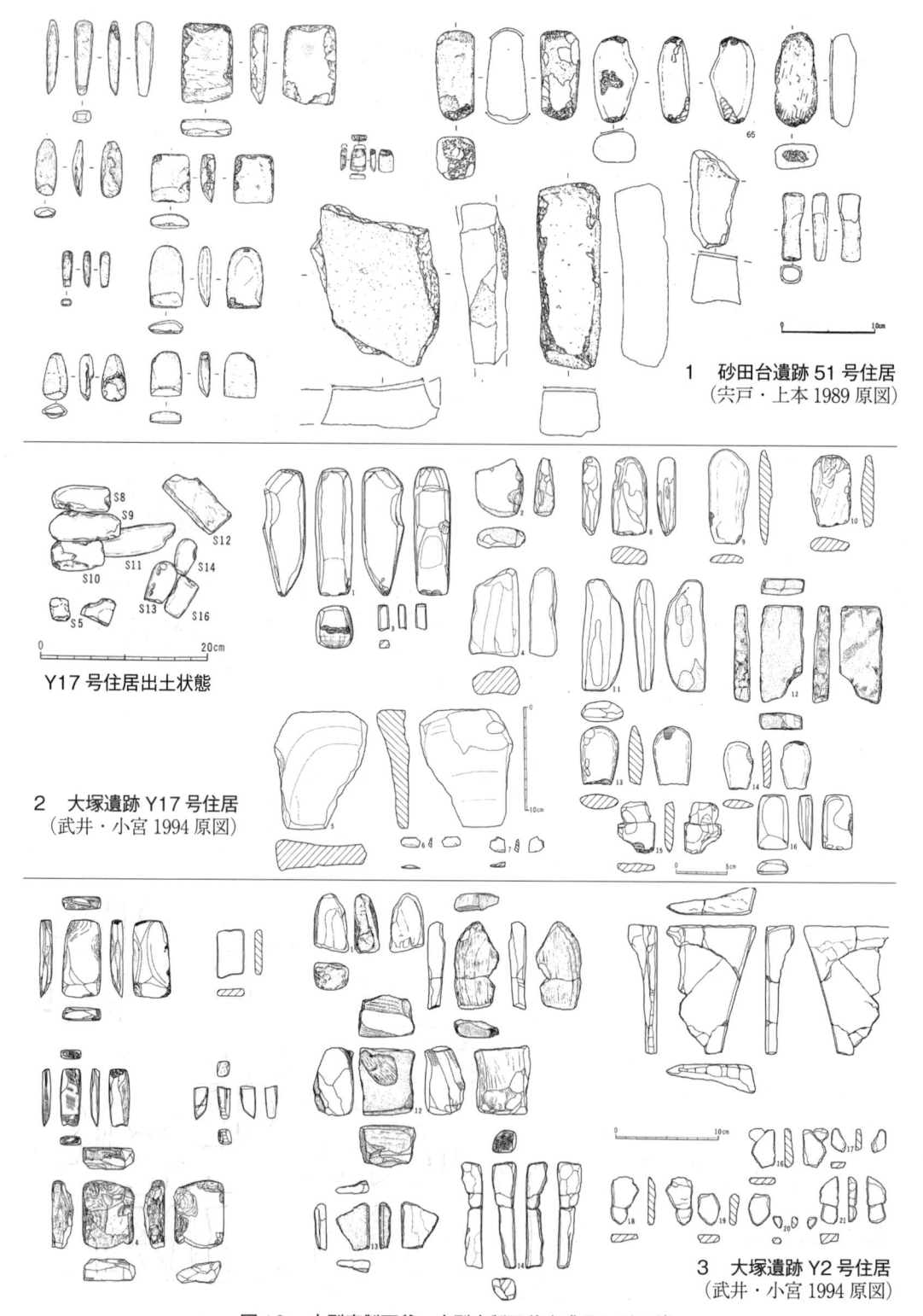

2　大塚遺跡 Y17 号住居
（武井・小宮 1994 原図）

3　大塚遺跡 Y2 号住居
（武井・小宮 1994 原図）

図 16　小型磨製石斧・小型磨製石斧未成品と砥石類

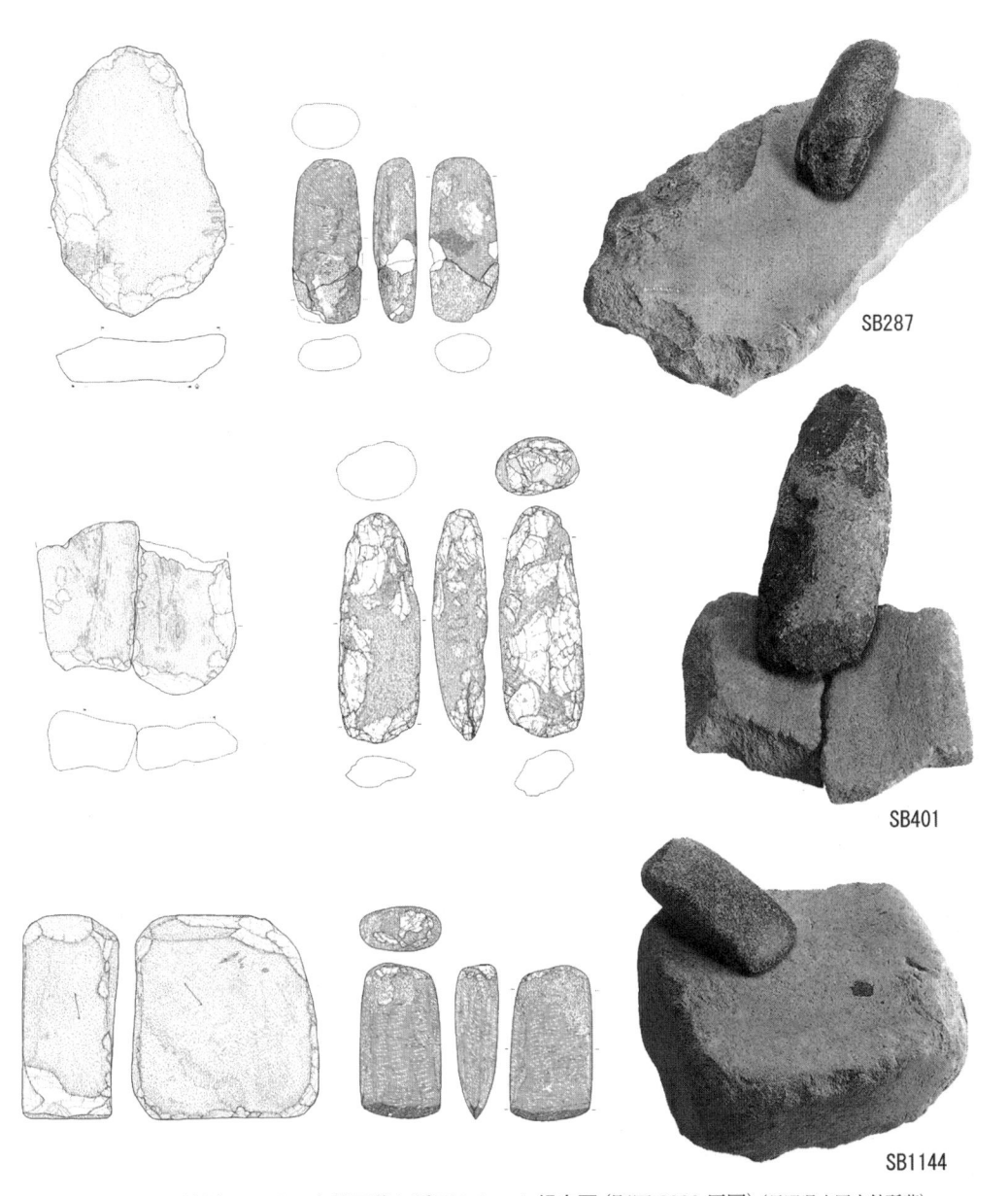

図17　松原遺跡における磨製石斧と砥石のセット想定図（町田2000原図）（長野県立歴史館所蔵）

い小型の砥石、細長い棒状（角柱状）を呈する砥石については、こうした小型磨製石器の砥石としての機能を有していると考えられよう。したがって、このような石器は砥石として理解し、植物加工の石皿から分離して分析する必要がある。

　さらに、広域に流通する石器の「榎田型」蛤刃磨製石斧の製作地である、長野県榎田遺跡の分析から、製作地では製品となる一段階前までの加工を行い流通させ、最終的な刃部の研ぎ出しは消費地で行うことが想定されている（町田1999）。このことは、太型蛤刃石斧の消費地で刃部の研ぎ

出しに伴う砥石が存在することを示唆している。また長野県松原遺跡の分析から、通常の使用に伴う刃部の摩耗や欠損に伴う、研ぎ出しの作業も想定でき（町田2000：図17）、この点からも砥石の存在を前提に分析する必要がある。

8　おわりに

弥生時代の石皿と磨石の用途を、主に堅果類を加工した水さらし場遺構出土の資料をもとに、植物加工に関係した資料の抽出を行った。結果として

　　石皿Ⅰa類と磨石A1類・A2類・A3類・C1類・C2類

　　石皿Ⅰb類と磨石A2類

　　石皿Ⅰc類と磨石A3類

　　石皿Ⅱa類と磨石A2類

　　石皿Ⅲ類と磨石B1類

　　石皿Ⅴb類と磨石A3類

の組み合わせをもつ資料が、植物質食料の加工の石器としての可能性が強いことが分析できた。しかし、本文でも触れてきたように、今回石皿・磨石として分析した中には、赤色顔料加工の用途と石器・鉄器の研ぎ出し用途（砥石）を想定するほうが、蓋然性の高い資料もある。石皿・磨石の用途に、大きく3つの用途があるとすれば、それぞれの用途に見合った資料を特定することが必要である。それとともに、一つの石皿・磨石のセットで、植物加工と赤色顔料の加工、あるいは赤色顔料加工と砥石としての利用も考慮する必要がある。例えば、赤色顔料の加工に使われた石皿と同じタイプである石皿Ⅰa類、石器・鉄器の研ぎ出しに使われた石皿Ⅰb類とⅡa類が、植物加工の石皿としての利用もされているということである。したがって弥生時代の石皿・磨石用途を植物加工、赤色顔料、砥石のどれにするのか、形態上からは決定できない。石皿と磨石の組み合わせや赤色顔料の付着、磨面の鏡面光沢の有無、石器製作遺跡での出土など、いくつかの付帯的な条件を加味して使用方法を推定するのが、現状では最も合理的な思考方法であり、あるタイプの石皿と磨石が、使用目的を特定しない兼用の石皿・磨石である、という考えも選択肢として考えるべきであろう。今後の調査の進展によって、弥生時代出土の石皿・磨石用途を植物加工、赤色顔料、砥石のいずれかに確実に特定できるようになれば、より一層、石皿と磨石の農耕社会での役割が明確になろう。そうした分析を展開することが今後の課題となるが、本節では植物のための石皿・磨石を特定できたことによって、弥生時代の粉食行為を遺物の面からも裏付けられたと考える。

註
(1)　蛇足ながら、こうした研究姿勢を当然ながら否定するものではない。弥生時代の石器研究に偏りがあったことを述べたかったにすぎない。
(2)　これは、これまでの弥生時代石器研究の反省の上に立ち、石器全般にわたって集成を試みた大きな成

果である。しかし、例えば調理具と分類する石皿と加工具として分類する砥石、台石の認定基準は厳密なものではないなど、一定の基準で集成されたものではなかった。したがって、どの石器を石皿や台石・砥石に認定するかによって、石器組成の在り方が変化するという欠点がある。

(3) 前稿で「Ⅴ 凹み部の中央に島状の高まりのある、いわゆる「中高石皿」と呼ばれるもの」として分類したタイプは、弥生時代の遺跡からの出土はなく、縄文時代でも確認例は少ない。そのため今回の分類基準からは削除し、分類し直した。

(4) ただし、少数ながらも低湿地出土の石皿・磨石には、対象物の残滓が付着したと考えられる事例もある。その一つに、後述する神奈川県の多摩区№61遺跡出土の磨石がある。

(5) PL7、PL22に撮影された資料が、それぞれ第19図の8号貯蔵穴・第31図の59号貯蔵穴の石皿であることがわかり、それを実測図と照合すると第172図938が8号貯蔵穴出土、第166図の918が59号貯蔵穴出土の石皿であることを特定できる。しかし、それ以外の石皿・磨石について、出土位置と状態を復元することはできなかった。

(6) 石皿の単独出土の事例の代表的なものは、中期前半の東京都大里東遺跡（Ⅱa類・Ⅲ類：青木1995）、後期後半の千葉県阿玉台北遺跡（Ⅱa類：矢戸1975）、神奈川県新作小高台遺跡（Ⅰa類：増子・浜田1983）、弥生時代終末から古墳時代初頭の神奈川県間門遺跡（Ⅰc類：北原1994）、横浜市上品濃遺跡（田村1992）などであり、磨石については多くの事例がある。

(7) この場合、石臼・台石と石杵・石槌と称することが多い。

(8) ただし、土器などを赤彩する過程で、無関係の道具に赤色顔料が付着することや、祭祀に用いられた道具が赤彩される事象も想定でき、注意が必要である。少なくとも石器のどの部位に赤色顔料が付着しているのか、どのような遺構から出土しているのか、などの基本的な事項は確認しなければならないであろう。

(9) ただし、同じ住居から磨石Ⅰ類が出土しており、一つの石皿で植物加工と赤色顔料加工を兼用していた可能性はある。

第4節　検討項目4：弥生集落の立地類型

1　はじめに

　南関東地域ではこれまで台地や丘陵上の集落を調査し、これに基づいて弥生集落・社会構造を考察してきた。しかし、近年の調査成果から、沖積地の集落も普遍的な存在として明らかになってきた。本節では、弥生集落の立地がどのような様相を呈しているのか、その整理と意味を検討する。

2　問題の所在

　南関東における弥生時代の集落は、これまで台地や丘陵上などの高位面から確認されてきたこともあり、水稲耕作には不利な条件ではあるが、それを克服して高位面に大規模に展開する、と理解されてきた。しかし、近年の発掘事例や報告によって、新たな研究段階に突入してきたといえるだろう。

　そのきっかけの一つには、昭和50年代以来考えられてきた、本格的な灌漑水田導入時期が宮ノ台式期であるという解釈（岡本1976、石川1985・1992）に対する、明確な反証事例が確認できたことがある。その代表的な調査成果は、神奈川県中里遺跡（戸田1999b、かながわ考古学財団2000、小田原市教育委員会2000）、埼玉県池上遺跡・小敷田遺跡（横川1983b、中島1984）、千葉県常代遺跡（甲斐1996、小高1998）などの、宮ノ台式期に先行する段階での沖積低地の集落遺跡の確認であった。こうした宮ノ台式期に先行する中期中葉の段階に、環壕、住居、墓域と自然流路が大規模に展開する集落が確認されたことによって、南関東での本格的な水稲農耕社会の開始時期に、関西・東海地域を巻き込んだ、複雑な成立様相が展開していることが次第に明らかになってきた（石川2001、設楽2006）。その後に展開する中期後半の宮ノ台式期以降の弥生集落研究に与える影響が大きいだけに、南関東の新たな弥生時代像の構築が期待できる。

　また別の視点の研究として、南関東の弥生時代集落研究は、これまで台地・丘陵上、いわば高位面に展開する集落をもとに分析がされてきたことに対して、河川氾濫原や海岸平野などの低位面に存在する遺跡にも注意を向けて分析する必要性が出され、実際にその確認作業がなされてきたことがあるだろう（上本・大村1996、浜田1998、及川1998・1999・2001・2002・2003、石川2000・2002、安藤2004、弥生時代研究プロジェクトチーム2007）。そのなかで筆者が低位面の遺跡を視野に入れる研究姿勢を強調したのは、低位面での縄文時代以降の活動痕跡が全国的に確認されていながら、南関東ではそれを考慮しない分析姿勢があり、そこからは偏った社会像しか生まれないという思いがあった。低位面の遺跡の確認が少なかった段階では、高位面の集落を低位面集落と同じように評価することに矛盾を感じていなかったが、低地面遺跡の確認につれ、特に水稲農耕を指向すると解釈する弥生時代にあっては、第一義的な生活の舞台は沖積低地に代表される低位面であったことを、南関東でも否定することはできなくなってきた。低位面遺跡への評価・分析方法は異なるが、多く

の研究者は低位面に存在する遺跡の研究上の重要性が、今後の大きな課題になると感じているといってよいであろう。

近年の南関東における弥生時代集落研究の流れは、いずれにしろ低位面の遺跡が鍵となることは間違いない。特に中期後半以降の研究においては、低位面に展開した中期中葉から、中期後半以降に展開する集落との継続性や、その関係性の問題を明示する必要があろう。また、中期後半以降に顕著な低位面集落と高位面集落との関係や、低位面集落が存在しない場合の高位面集落がもつ性格といった問題の解明が迫られるであろう。本論ではこの二つの研究課題を解決するための基礎的な作業として、南関東における弥生集落の立地に視点をおいた、弥生集落の基本的な形態を確認しておく。

なお、本稿で使う「低位面」「高位面」については、以下のように概念規定をしておく。弥生時代が、農業生産を基本とする社会ならば、生産耕地に使える水の問題は大きな比重を占めることは間違いない。したがって、弥生時代の集落を考える場合、水稲耕作ができる場所に集落を構えている場合と、できない場所にある集落とは区別する必要がある[1]。例えば砂丘上や自然堤防など微高地に弥生時代の集落が展開する場合、その周囲の低位部分に水田が展開していることを予想することは合理性があり、実際に水田遺構の多くはこうした場所に存在する。一方、基本的に水利が確保できない台地や丘陵の高位面に展開する集落と同じ面で、水稲耕作を行うことは難しく、谷水田の想定も収穫量という点で安定的ではない[2]。したがって、この二つを低位面と高位面の集落と区別することは可能であろう。問題はその中間的な位置にある、段丘面に展開する集落である。これは水利の観点からとらえれば、湧水点や河川流域に近接するため、考古学的に考えて低位面集落と呼び、それ以外を高位面集落として区別していくのが当面の区別になる。そのため、事例ごとに低位面と高位面の解釈が異なり、基準となる段丘の標高の統一的な数値を示すことは不可能であるが、おおむね周辺との比高差が5m以下のものは、低位面集落の可能性が高いといえるであろう。

3　弥生集落の類型化

南関東では近年低位面の集落が確認されてきたが、低位面の集落と高位面の集落の関係が、良好にとらえられる事例は多くない。ここでは東京湾東岸の千葉県木更津市域のうち、小櫃川・矢那川・烏田川流域の遺跡群を分析し、それをもとに他地域の事例として、神奈川県内の海岸部、東京都・横浜市の丘陵部の弥生時代集落の分析を行い、弥生集落の基本形態を確認しておく。

千葉県木更津市矢那川流域にある請西遺跡群は、古墳群を除けば大山台遺跡、庚申塚A遺跡、庚申塚B遺跡、野焼A遺跡、野焼B遺跡、鹿島塚A遺跡、鹿島塚B遺跡、東山遺跡、山伏作遺跡、中郷谷遺跡で構成されている。このうち弥生時代の遺跡は、大山台遺跡、庚申塚遺跡、野焼B遺跡、鹿島塚A遺跡、鹿島塚B遺跡、中郷谷遺跡、東山遺跡であり、鹿島塚B遺跡、中郷谷遺跡が低位面である以外は、台地上の集落である（図18）。庚申塚A・B遺跡より北側の遺跡に注目してみよう。

鹿島塚A遺跡は西に続く、馬の背状の尾根筋に展開する庚申塚A・B遺跡で確認された方形周溝

墓群とともに環壕集落を形成する。中期後半・宮ノ台式期の環壕（内環壕）と後期前半の環壕（外環壕）をもっている。遺跡の南半分が未調査であるが、中期後半の住居が10軒ほど、後期の住居が数10軒確認されている。環壕の全体の規模はわからないが、内環壕は5,700㎡、後期前半の外側環壕は12,400㎡ほどの面積をもつと推定しており、外環壕は横浜市大塚遺跡の17,900㎡、横浜市朝光寺原遺跡の18,000㎡には及ばないものの、横浜市殿屋敷遺跡の4,100㎡や東京都山王遺跡の11,000㎡を超える規模である（岡野1994）。

　鹿島塚B遺跡は、鹿島塚A遺跡が展開する台地の北東裾段丘上にあり、東側を矢那川が流れる。鹿島塚A遺跡との比高差は30m以上ある。弥生時代中期後半の竪穴住居10軒・溝1条、弥生時代後期の竪穴住居13軒が確認されており、宮ノ台式期以前にさかのぼる土器の出土はあるが、本格的な集落形成は宮ノ台式期で、この点は鹿島塚A遺跡と同じである（豊巻1991、當眞2003）。鹿島塚B遺跡は台地の裾部の狭い段丘上に展開しており、その範囲は定かではないが、次に述べる中郷谷遺跡の形態をみれば、台地裾の段丘面にそって、北・南に延びる可能性が考えられる。

　中郷谷遺跡は鹿島塚A遺跡を挟んで、鹿島塚B遺跡と反対側の谷部に展開するが、谷は幅が広く傾斜もゆるやかになっているため、斜面上にも住居址が存在する。63軒の弥生時代後期の竪穴住居が確認されており（豊巻1991）、その大部分は後期前半と後期中葉の段階である。鹿島塚A遺跡、鹿島塚B遺跡でも同時期の集落が作られているが、中郷谷遺跡出土土器は結節文をもつ壺が目立ち、中郷谷遺跡のほうが新しい段階まで集落の場所として利用されたようである。中郷谷遺跡の上方の馬の背状の台地上には、方形周溝墓が展開する庚申塚A遺跡、庚申塚B遺跡があり、これ以外にも野焼A遺跡・野焼B遺跡・大山台遺跡などから中期後半～古墳時代前期までの方形周溝墓が確認されている。大山台遺跡からは中期後半と後期の住居が確認されている。

　また、鹿島塚B遺跡の北方の台地上には東谷（ひがしやつ）遺跡が存在し、弥生時代後期の住居356軒、方形周溝墓29基、環壕2条が確認されている（酒巻2007・2008、斉藤2005）。

　木更津市の小櫃川と矢那川の河口域には沖積地が展開するが、ここには海岸線に並行して数本の砂丘列が形成されている。また小櫃川の自然堤防も発達している（高梨2001）。この砂丘列や自然堤防のいわゆる微高地上に古墳が占地していることは確認されていたが、近年弥生集落も数多く確認されてきた。小櫃川に近い微高地では弥生時代後期の集落である、本郷1丁目遺跡・本郷3丁目遺跡・高砂遺跡・松山遺跡・水深遺跡が隣接して確認されている。また砂丘列には四房（しぼう）遺跡（高梨2001）で弥生時代後期前半の集落が確認されている（図18）。この四房遺跡の南東約200mに請西遺跡群から続く台地の西端が存在し、その台地上に千束台遺跡がある。千束台遺跡からは後期前半の住居とともに、中期の環壕集落も確認されている（大村2005a）。住居は後期前半の時期でも60軒以上が確認されている（稲葉・浜崎1991）。

　請西遺跡群や千束台遺跡と異なり、周辺に水稲耕作地に適した低位面をもたない高位面集落として、マミヤク遺跡がある（小沢1989・1993）。海岸線から急激に立ち上がる、比高差30m以上の台地上に展開し、北から深い谷が入り込む。隣接する俵ヶ谷（たわらがやつ）遺跡と合わせて、弥生時代中期後半の

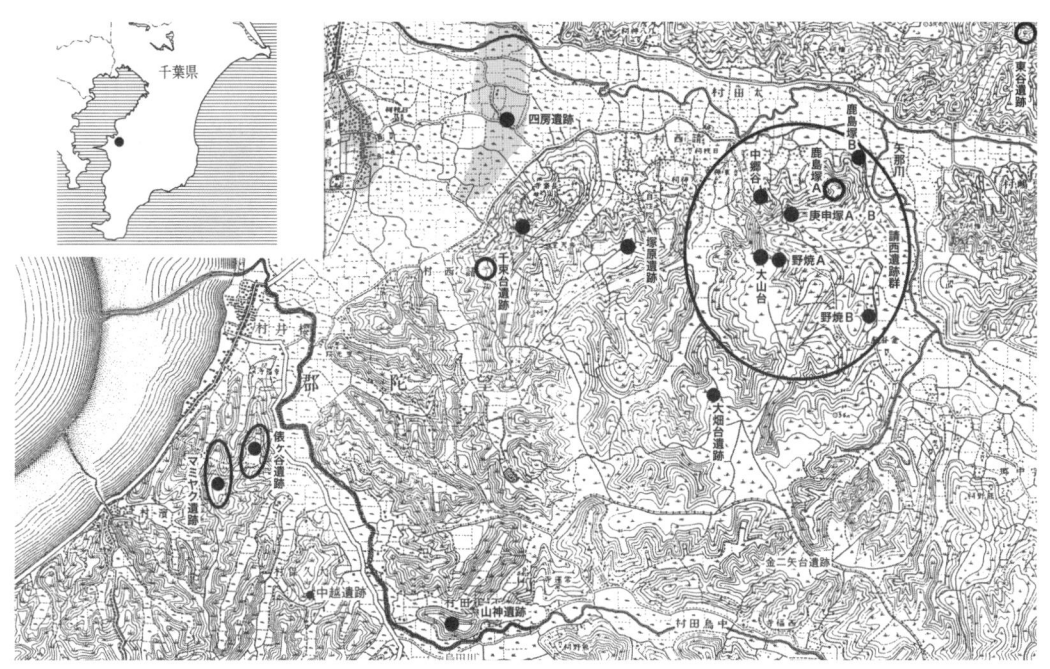

第 4 節　検討項目 4：弥生集落の立地類型　133

（地形図は井上 2000、今泉 2002 をもとに合成。明治 15 年測量　迅速側図）○は環壕集落、●はそれ以外

図 18　木更津市の遺跡分布と請西遺跡群（北半）の遺跡の位置関係（各報告書を基に結合・改変）

住居3軒、後期中葉から後半の住居158軒が確認されている。また、同じような景観を呈するのが大畑台遺跡で、後期中葉・後半の住居が30軒以上検出されている。谷以外は水稲耕作の可耕地はない。本章第1節に詳説したように、谷水田からの収穫が不安定であるならば、大畑台遺跡もこのタイプの遺跡とすることができる。そして、前述の後期の環壕集落である東谷遺跡と、請西遺跡群でも台地奥に形成された中期後半の住居3軒、後期中葉の住居50軒以上からなる大山台遺跡も、こうしたタイプの集落とすることも可能である。ただし、大畑台遺跡や東谷遺跡・大山台遺跡は、海岸部に面していないことが、マミヤク遺跡と異なる点であるといえるだろう。

　木更津市の遺跡群を概観してきた。これらの遺跡から導き出されるのは、沖積低地に形成された砂丘上や微高地に弥生時代後期の集落は展開し、海岸部から内陸に入り込んだ台地上には中期後半、後期前半、後期中葉、後期後葉の環壕集落が展開することである。さらに周辺に生活環境・水稲耕作地に適した低位面をもたない、高位面の集落が存在している。こうした景観を呈している集落群について、従来の分析から集落は台地平坦面のある場所では台地に作り、ない場所では微高地に集中するという仮説が提示されてきた（安藤2004）。今回見てきた事例を別の視点で考えれば、後期の段階で砂丘など低位面に集落が展開し、その場所は台地に遠い場合もあるし、至近の距離に存在するものもある。また、平坦面を満足にとれない高位面にも集落は展開する。今回例示した鹿島塚A遺跡・鹿島塚B遺跡・中郷谷遺跡・庚申塚A・B遺跡との関係、あるいは四房遺跡・千束台遺跡を参考にすれば、至近の距離にある集落の後方の台地上にも環壕集落や大規模な集落が展開するということはいえる。これがどの段階まで遡るのか、今後の調査成果の公表にもよるが、中期後半の段階の住居数は少ないながら低位面・高位面とも確認されているから、宮ノ台式期までこうした集落展開を想定することができるだろう。

　こうした事例から、弥生時代後期の集落は、基本的には台地などの高位面と谷中・段丘・砂丘の低位面の両面に立地している。こうした関係は、近接する君津市の低位面集落である三直中郷遺跡（後期後半：半澤2005）と高位面にある中期後半の環壕と後期の集落である鹿島台遺跡（千葉県文化財センター2003）、富津市では後期の低位面遺跡である打越遺跡（酒巻1992）、川島遺跡（戸倉1991、野口1998）、大明神原遺跡（富津市教育委員会1981）と、高位面にある神明山遺跡（酒巻1992）、前三舟台遺跡（佐伯1992）などが存在することからみて、台地の形状に関係なく低位面・高位面ともに集落が展開することは確実である。そしてこれが弥生集落の一般的な姿であった、といえるであろう。すなわち、①台地や丘陵から離れた低位面の集落、②低位面の集落と高位面の集落が至近の距離にある集落群、③周辺に水稲耕地の望めない高位面集落、の3つの集落に大別することができる。

4　他地域の状況

　千葉県内の弥生集落の在り方を参考にして、他地域での様相を見ていこう。

　神奈川県では近年いくつかの低位面集落の調査が行われ、相模湾沿岸地域の分布状態も明らかにされた（弥生時代研究プロジェクトチーム2007）。しかし、それでも神奈川県内における、低位面

第4節　検討項目4：弥生集落の立地類型　135

集落と高位面集落の関係を窺える良好な資料は少ないが、小田原地域、相模川左岸地域、恩田川上流地域、多摩ニュータウン遺跡群（境川上流地域）、三浦半島地域の事例を代表に推察しておく（図19）。

(1) 小田原地域

　小田原城は丘陵と谷・低地部など自然地形を巧みに利用して築造されているが、その一角に八幡山丘陵、谷津丘陵があり、この間にある谷戸に、香沼姫の屋敷跡と伝えられる香沼屋敷と呼称される遺跡がある。幅100m前後のこの谷からは、弥生時代中期中葉の住居2軒、後期中葉から末葉の住居33軒を検出している（小林2004）。また、この谷の出口付近、谷津丘陵の先端部上に愛宕山遺跡があり、第Ⅱ地点から弥生時代後期中葉の環壕集落が調査された（浅賀2008）。狭い範囲の調査であったため集落の全体はわからないが、確認された住居は10軒で、環壕は台地の傾斜に沿うように掘られている。愛宕山遺跡の北には谷を挟んで丘陵が延びているが、その先端に小田原（谷津）遺跡がある。小田原遺跡は丘陵先端部を切り崩した時に出土したもので（杉原1936）、高位面の集落である。中期中葉から中期後半の土器を出土している。また、久野川右岸の沖積地に、後期中葉から後半の土器の集中地点を検出した、久野下馬道上遺跡（小山2002）がある。この遺跡は明確な住居施設が確認されていないが、酒匂川の沖積低地・自然堤防に存在する中里遺跡や高田南原遺跡などの存在からみて、後期中葉から後半段階の集落が存在した可能性は高いと考えられる。同様に通称諏訪の原丘陵にある諏訪の前遺跡（杉山・湯川1971：図19-1）は、台地上（A地点）とその直下の段丘上（B地点）から、中期中葉と後期中葉以降の土器が出土している。

　これらの遺跡は、中期中葉の集落である香沼屋敷遺跡と諏訪の前遺跡B地点が低位面（谷底・段丘）に展開し、小田原遺跡と諏訪の前遺跡A地点が、高位面（台地先端部）に展開するという形をとる。また、後期中葉以降も低位面に香沼屋敷遺跡、高位面に環壕集落の愛宕山遺跡が、谷口を共通する立地上に展開し、少しはなれて沖積地に久野下馬道上遺跡、諏訪の前遺跡B地点が存在することとなる。中期中葉段階と後期中葉以降に、低位面と高位面に集落を構える形が見られるのであり、後期中葉以降には台地上に環壕集落も展開するのである。この形は、東京湾東岸の木更津市地域でみられた在り方と、時期は違うものの類似したものととらえることができる。両地域の地形的な在り方、高位面（丘陵・台地）と低位面（段丘・自然堤防・沖積地）の比高差や高位面の平坦面の在り方などは一様ではないが、それでも基本的な集落の在り方は、それほど変化がない。低位面と高位面が共存する地域の場合、前述した弥生時代集落の形のなかで②とした形、つまり低位面と高位面の至近の距離に集落が展開することは、相模湾の遺跡を事例にしても、基本的な形として存在していると考える。そしてその形態は、中期中葉段階にもすでに存在していたことがわかり、中里遺跡に代表される①の形もこの段階のものである。

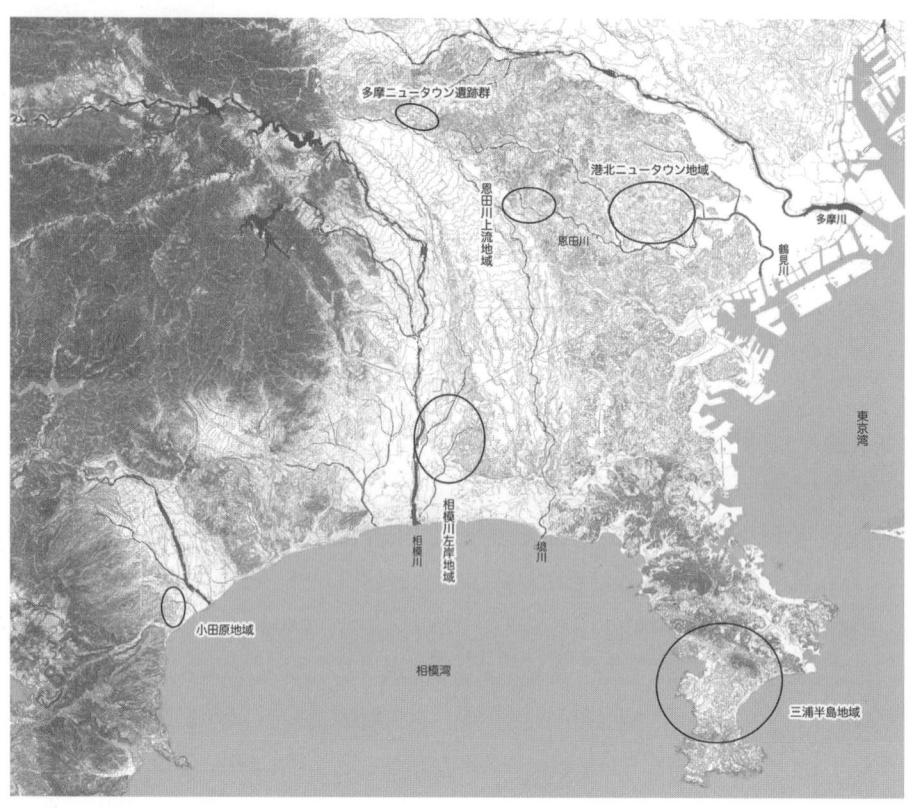

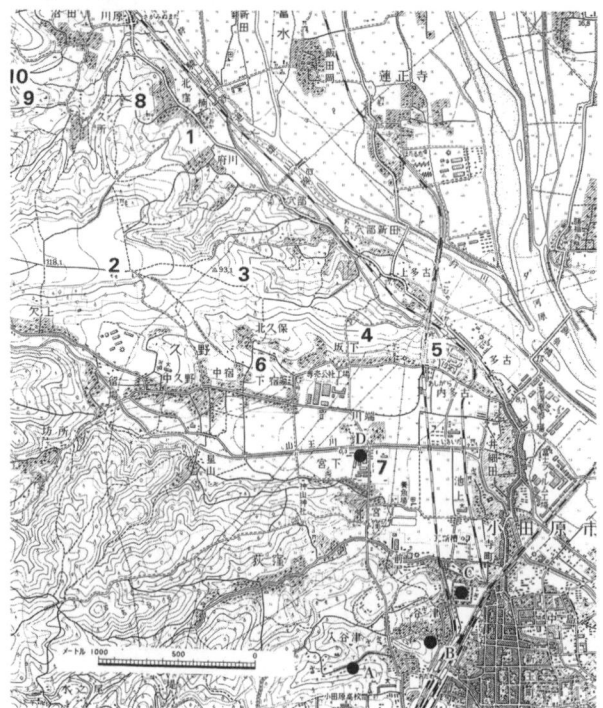

1. 諏訪の前遺跡（弥生中期中葉・後期後半）
2. 諏訪の原古墳群（古墳時代）
3. 一本松遺跡（縄文時代中期・後期）
4. 山ノ神遺跡（弥生時代中期後半）
5. 白山遺跡（弥生時代中期後半）
6. 大畑遺跡（古墳時代前期）
7. 市立病院内遺跡（古墳時代前期）
8. 小原遺跡（弥生時代後期）
9. 土師器散布地
10. 北畑の原（縄文時代中期・後期）
A. 香沼屋敷遺跡
B. 愛宕山遺跡
C. 小田原（谷津）遺跡
D. 久野下馬道上遺跡
（杉山・湯川 1971 原図：改変）

図 19　神奈川県内（上）と小田原地域の遺跡分布図

（2） 相模川左岸地域

　神奈川県内ではこのほか、神奈川県相模川左岸地域の遺跡群（倉見才戸遺跡、宮山中里遺跡、大蔵東原遺跡、岡田（東）遺跡、高田遺跡、藤沢№208遺跡、臼久保遺跡、下寺尾西方A遺跡・B遺跡、どんどん塚遺跡、居村A遺跡）にも、こうした類型は存在する（弥生時代研究プロジェクトチーム 2007：図20）。中期後半では高位面から離れた砂丘上に展開する環濠と見られる溝が確認された居村A遺跡があり、①タイプとみられる。また駒寄川との比高差4〜7mの台地上にある、環濠集落である下寺尾西方A・B遺跡を低位面の集落ととらえれば、その上流の台地下水田面との比高差33mの高位面にある臼久保遺跡中期後半の集落とは②タイプをとることになる。後期後半の段階でも相模川本流東側の自然堤防上に位置する環濠集落の宮山中里遺跡（井澤ほか2004）、小出川の水田面との比高差5mの台地上に展開する環濠集落の藤沢№208遺跡は低位面で①タイプであるが、狭い谷を挟んで西にある小出川との比高差10mの台地にある環濠集落の大蔵東原遺跡、沖積地との比高差20mある台地上に環濠集落の高田遺跡は②タイプと考えることができるであろう。

（3） 恩田川上流地域

　鶴見川とその支流の恩田川は、その下流域に弥生時代中期後半の環濠集落群が多数確認された、港北ニュータウン地域を含むが、上流地域でも環濠集落が形成される。恩田川との比高差35〜40mの高位面に展開する町田市東雲寺上遺跡は中期後半の住居址と環濠が確認されており（相川・若井2000、阿部・相川・小林2005）、詳細は未公表であるが、同一台地に隣接する横浜市上恩田遺跡群西ヶ谷遺跡・大潰谷遺跡（大川・青木1986、大川・水野1986、阿部・相川・小林2005）でも中期後半の住居址と方形周溝墓が確認されているので、東雲寺上遺跡・西ヶ谷遺跡・大潰谷遺跡は一つの環濠集落を形成していることは間違いない。この遺跡群の眼下を流れる恩田川の1.8km上流には、恩田川との比高差3mの低位面にある高ヶ坂丸山遺跡で、宮ノ台期の集落が存在する（吉田・小林2006）。この遺跡からは1軒の住居址と1基の方形周溝墓が検出されたが、遺跡がある河成段丘は恩田川に向かって舌状に張り出しており、この段丘上に展開する集落と考えられる（図21）。高位面の環濠集落である東雲寺上遺跡と低位面の高ヶ坂丸山遺跡の出土土器は多くないが、中期宮ノ台式でも文様の集約化や羽状縄文の存在、赤彩の存在などから安藤編年SiV期に比定できるであろう。同一時期の高位面と低位面の集落の在り方として、木更津市や小田原市、相模川左岸の遺跡群ほど近接して存在してはいないが、②タイプの集落として理解することができる。また、出土土器が少なく細分型式は決しがたいが、東雲寺上遺跡と前後する時期に、金井原遺跡で土器を埋設する土坑1基（大坪1987）、椙山神社北遺跡で住居2軒・土器棺1基が存在しており（浅川・先崎1982）、これらの遺跡は高位面の集落である。高位面と低位面に集落が至近の距離に存在する②タイプの集落の在り方は、次の段階の中期終末の段階では明瞭にとらえることはできない。これまでのところ本町田遺跡（久保1969）や受地だいやま遺跡（橋本1986）の高位面集落が確認されているにすぎない。

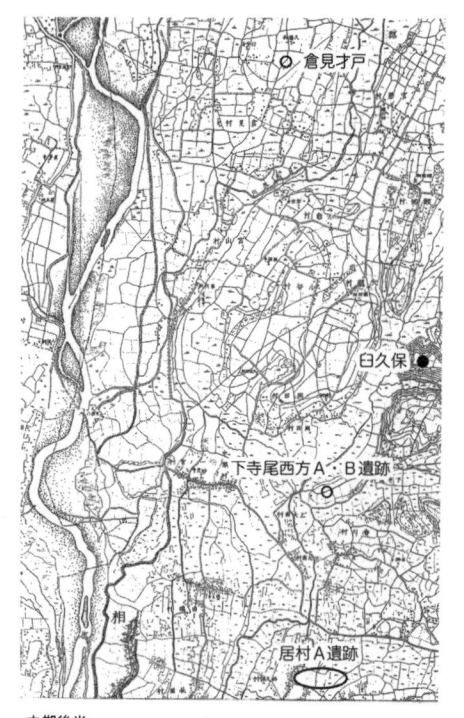

中期後半

後期前半

後期後半

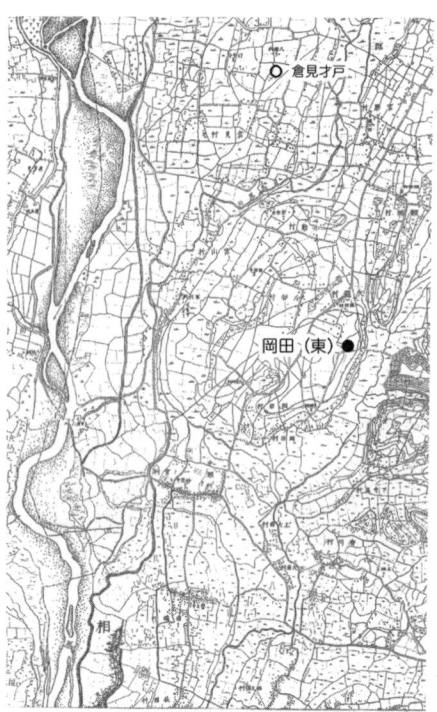

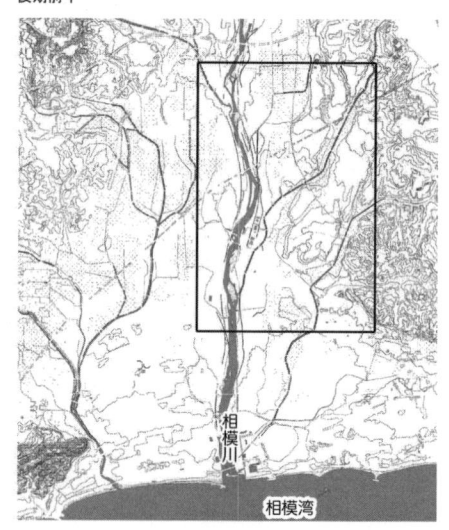

神崎：目久尻川 11m，倉見才戸：沖積面 10m
藤沢No.208：小出川水田面 5m，大蔵東原：小出川 10m
岡田（東）：小出川 13m，臼久保：台地下水田面 33m
岡田地内：直下沖積面 10m?，下寺尾西方A・B：駒寄川 4～7m
宮山中里：自然堤防，どんどん塚：自然堤防
高田：沖積面 20m
○は環壕集落、●は環壕が確認されていない集落。

図20　相模川左岸地域の遺跡（地形図は寒川町 2000 原図）

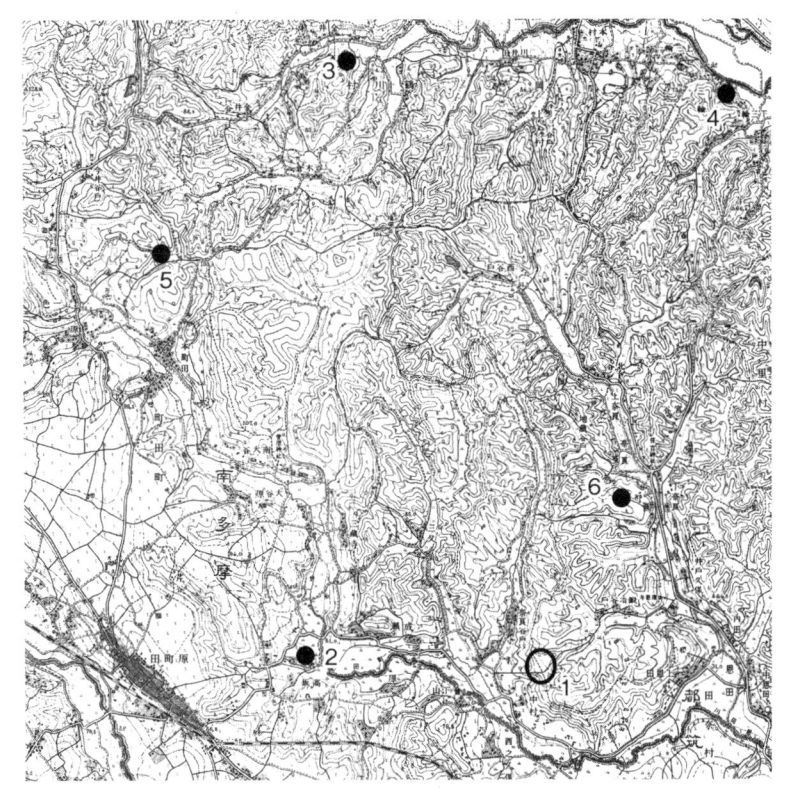

中期後半：1．東雲寺上遺跡・西ヶ谷遺跡・大漬谷遺跡　2．高ヶ坂丸山遺跡
　　　　　3．金井原遺跡　4．椙山神社北遺跡
中期末葉：5．本町田遺跡　6．受地だいやま遺跡

図21　恩田川・鶴見川流域の遺跡

（4）　多摩ニュータウン遺跡群（境川上流地域）

　東雲寺上遺跡や高ヶ坂丸山遺跡がある恩田川の源流地点周辺は、多摩丘陵と相模野台地を画する境川が隣接するが、この境川の上流には多摩ニュータウン遺跡群が存在し、中期後半の集落が集中する地域がある（図22・23）。この地域は隣接する遺跡も別名称で区別するが、地形的関係や遺構の在り方などから、同じ遺跡として認定できるものもある。地形的なまとまりからみれば、No.920遺跡（松崎2004）・345遺跡（千田1998）、No.926遺跡（飯塚1998、宇佐美1998）、No.938遺跡（長佐古1997）、No.939遺跡北側（長佐古2000）、No.939遺跡南側（原川2002）、No.245遺跡（飯塚1996）の6つの中期後半期の集落と後期のNo.846遺跡（千田1995）に整理することができる。後期のNo.846遺跡を除く中期後半段階では、それぞれの集落の間に細く急峻な谷を挟んで、1.2kmほどの範囲に集中して存在しており、境川の氾濫原など低位面にはこれまでのところ遺跡は確認されていない。低位面の遺跡については、これから発見される可能性はあり、その場合前述した②タイプの集落景観となる。しかし、これまでの考古学的情報から低位面集落の存在は確認できないことから、その可能性は低いと考えられる。むしろこれらの集落は次に述べる神奈川県三浦半島の遺跡群

140　第4章　個別要素の検討

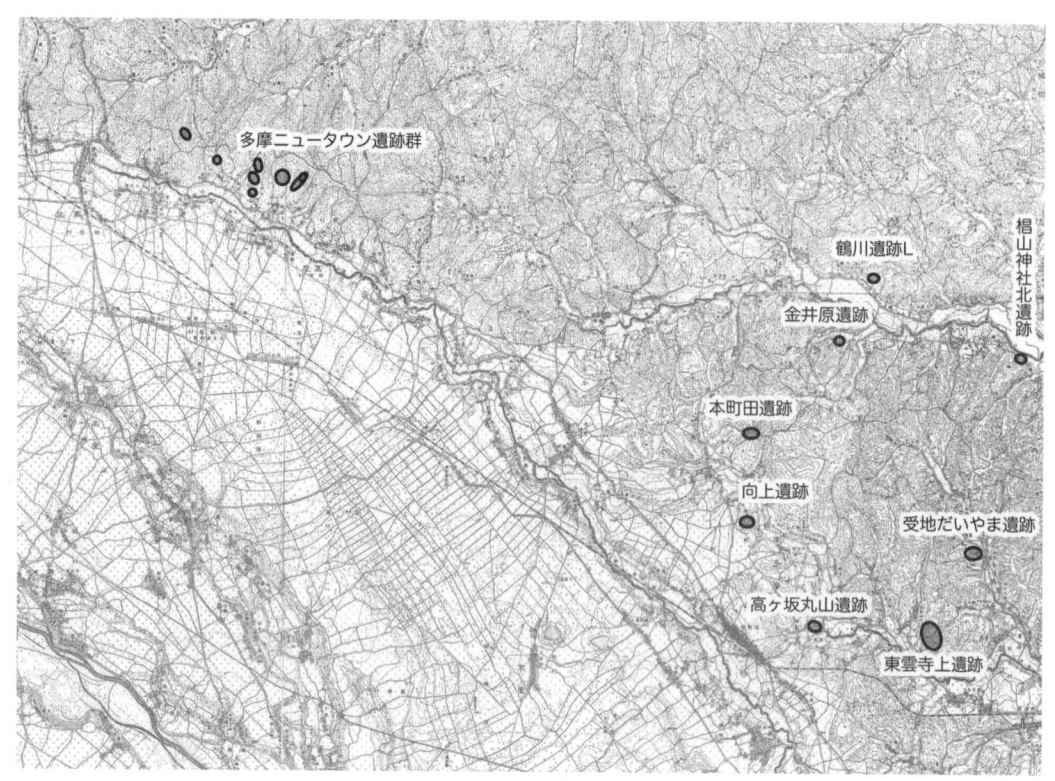

図22　恩田川・境川流域の遺跡

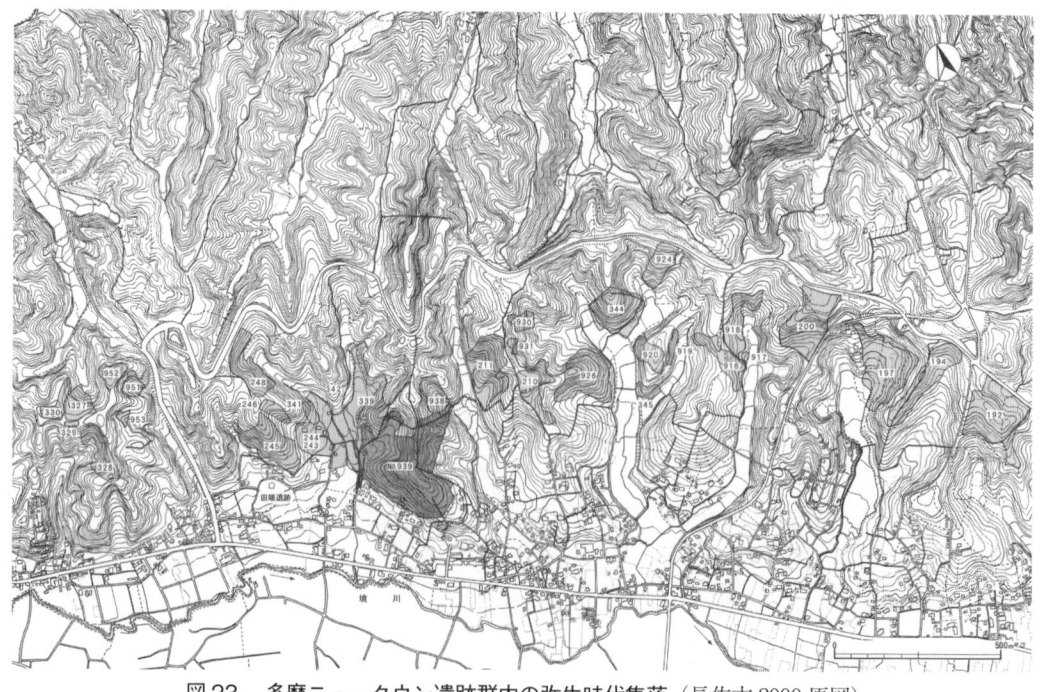

図23　多摩ニュータウン遺跡群内の弥生時代集落（長佐古2000原図）

と同じように、③タイプの集落として理解する必要がある。

（5） 三浦半島地域

神奈川県三浦半島には、③タイプの遺跡が多く存在する。三浦市赤坂遺跡（川上1953、岡本1977、中村1992・1994、中村・諸橋・須田2001、中村・諸橋2001・2002・2004・2006）、横須賀市佐島の丘遺跡群（大坪・横山2003）、横須賀市大塚西遺跡（玉口・大坪1997）が代表的な事例であり、ともに周辺に広域な水田の可耕地が存在しないにもかかわらず、高位面に重複事例の著しい多数の住居が存在することで知られている（図24）。

赤坂遺跡は、三浦半島の西側、海面から急峻な立ち上がりをもつ標高30m前後の台地上に位置する。この台地は縄文海進によって刻まれた細長く、狭い谷が複雑に入り組んでいる。赤坂遺跡はこの台地上にあり、これまで20次を超える調査によって、弥生時代中期後半、後期前半、後期後半の住居址が密集する、大規模な集落であることが判明している。集落の範囲は確定していないが、台地の形状に規制されながら南北の位置で、狭小な深い谷が切れ込んで、台地がくびれている個所があり、ここが一つの目安となっている。赤坂遺跡周辺の地形を見ると、集落の範囲と予想される場所から南北へは台地が続いているが、西や南側の一部は深い谷があり、東側も同様の形態を示している。こうした地形に展開する集落は、周辺に河川氾濫原を含めた沖積地がないため、谷水田が営まれてきたと想定されてきた。しかし、谷水田については、本章第1節で検討したように、水温調整に関わる施設や排水のための施設を付設しなければ、仮に谷水田を経営していたとしても、コメの収穫は不安定である。すなわち、赤坂遺跡周辺では水田の候補地になる場所はほとんど存在せず、低位面の集落も確認していないにもかかわらず、中期後半から後期前半にかけて大規模な集落が展開しているのが一つの特徴といえるであろう。

同様な事例は佐島の丘遺跡群にもあてはめることができる。佐島の丘遺跡群は高原遺跡・高原北遺跡・唐池遺跡・一本松遺跡・深田遺跡・上ノ山A遺跡から構成されるが（図46）、高原遺跡・高原北遺跡で、住居が300軒を超える弥生時代後期の環壕集落が確認されている。高原遺跡・高原北遺跡の標高は61m前後で、谷底低地にある深田遺跡の標高が7m前後であるので、比高差50m以上をもつ高位面集落といえる。高原遺跡・高原北遺跡の集落は、周囲を比高差50m以上、急峻な傾斜面をもつ、狭小な谷が迫っている地形であり、赤坂遺跡同様に周囲から低位面の集落はこれまで確認されていない。後期前半・後期中葉・後期後半の段階の土器が出土しており、後期全般にわたって集落が形成されていたことが理解できる。

大塚西遺跡は、標高105mで幅40mほどの尾根状の平坦面をもつ台地上に位置する。遺跡の北側は狭く深い谷があり、この谷底との比高差は50mを測る。南側は北側ほど狭い谷ではないが、急峻な崖面を形成している。東側は標高126mの大塚東遺跡と続き、西側は一段低い尾根が約400m続き、長沢川で台地は分断されている。大塚西遺跡の発掘範囲は尾根筋に沿った中央部分が対象となり、出土遺物が少なく確定的ではないが、弥生時代後期中葉と推定される住居址が4軒確

142 第4章 個別要素の検討

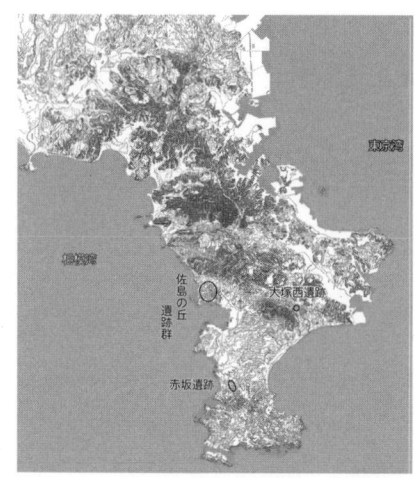

三浦半島と遺跡の位置関係

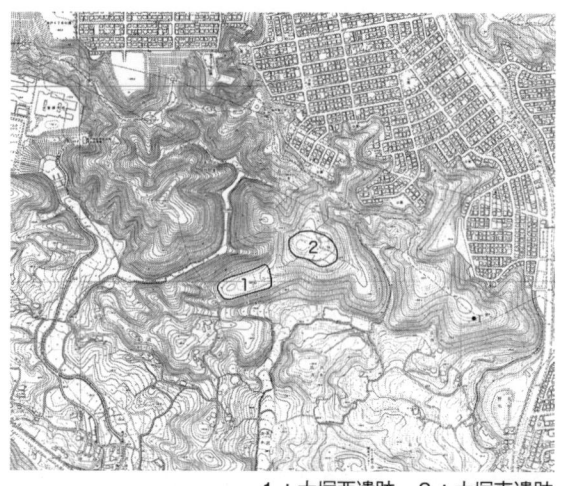

1：大塚西遺跡　2：大塚東遺跡
(玉口・大坪1997原図：改変)

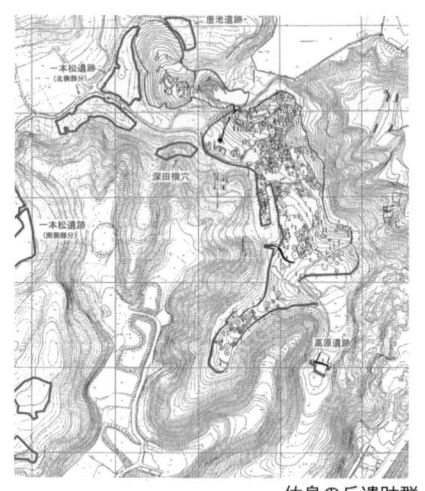

佐島の丘遺跡群
(大坪・横山2003原図：改変)

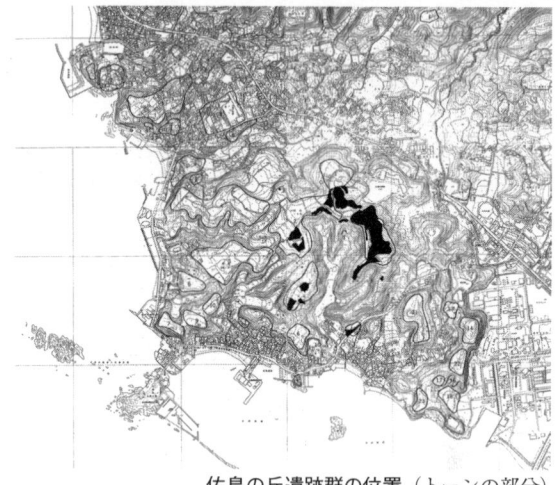

佐島の丘遺跡群の位置（トーンの部分）
(大坪・横山2003原図：改変)

赤坂遺跡（各報告書をもとに合成）

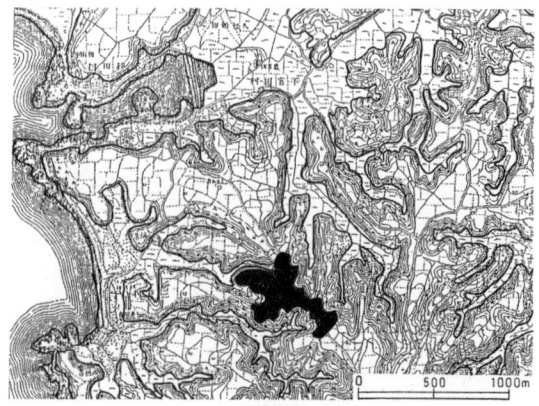

赤坂遺跡の位置（トーンの部分）

図24　三浦半島の遺跡

認されている。傾斜面で未調査区域を残すが、住居の広がりは期待できないであろう。赤坂遺跡や佐島の丘遺跡群のような複数住居が重複する遺跡ではなく、短期間の利用による集落であったといえる。

5 まとめ

　弥生集落の基本形態に3つのタイプが存在したことを述べてきたが、これは単純化すれば①と③に大別でき、戦前から指摘されてきたことでもあった（八幡1928、森本1933）。南関東では近年それが近接する場所に存在する現象として②タイプが確実性をもって存在することが認められてきた、といってもよいであろう。この①③、2つのタイプの集落の特徴や関係性について、これまで検討されてきたのは、いわゆる「高地性集落」論の議論のなかであった。南関東地域では、畿内や瀬戸内地域で確認されるような極端な高地に集落を展開する事例が少なく、「高地性集落」として取り上げられる遺跡は多くないものの、その検討は行われている（岡本1994）。また、近年集落規模に見合う農耕地が周辺に存在せず、農耕依存型の通常の集落とは考えにくい、西日本の高地性集落と港湾的中継集落の役割を併せもつ種類の集落に対して、「臨海型大型集落」として理解しようという仮説が提示されてきた（石川2000）。本論でいう③タイプの集落である。これらが南関東における「高地性集落」論という評価を与えることができるならば、南関東の弥生集落において低位面と高位面集落の関係を検討する場合、「高地性集落」論の分析は避けることはできないということとなる。また、従来弥生集落を考える際の概念として理解されてきた、「拠点的」と「周辺的」集落についても、この2つのタイプの集落の性格を考える時、検討しなければならない概念となる。これらの問題については集落の総合的な要素からの検討を有することであり、第5章第2節で詳説するが、ここでは集落類型を行った①③、そしてその複合型の②タイプの集落が存在することを確認し、その性格を推測する前提となる、集落の自立性について論理的な見通しを述べる。

　集落を維持していくために、集落構成員の食料を調達することの必然性は議論の余地がない。この食料調達をその集落でまかなうことができていれば、その集落は自立していたと考えてよいであろう。ただし、食料には農作物以外にもドングリなどの食利用植物や動物性たんぱく質などが存在し、個人の食料消費に占める割合も一様ではないが、食利用植物や動物性たんぱく質については、どちらのタイプの集落の住人も、同じ割合で消費されていたと仮定し、主に農作物を柱において問題を考えていくこととする。

　このことを踏まえ①③タイプの集落をみると、①タイプについては低位面に展開する集落であり、低位面に展開する集落は、前節で触れたようにその周辺に生産耕地を所有していることからみて、この集落が水稲耕作を機軸とした植物生産を行っていたことは間違いないと考える。そして、食料確保の点から自給体制を保ち得た可能性が最も高い集落であるといえる。すなわち、生産体制が自立しており、ほかの集団から自立もしていたと措定しておきたい。反面③タイプも、複数の

竪穴住居が不連続に重複する事例を多くもち、住居の時間的累積数の多い集落や環壕集落も存在することから、これらが①同様、食料確保の点で自給体制をもっていたことは措定してよいであろう。ただし、千葉県マミヤク遺跡・大畑台遺跡・大山台遺跡、神奈川県赤坂遺跡・佐島の丘遺跡群・大塚西遺跡に顕著なように、水稲耕作を行うことが困難な高位面に存在する集落の事例は、水稲耕作に頼らない食料生産である畠作が存在していたことを物語っており、その点が①タイプとは異なるということである。すなわち、①タイプおよび③タイプの集落とも、それ自体で自己完結的に集落を展開していたことが措定されていることとなる。

註
(1) 中谷治宇二郎・八幡一郎両氏によって先鞭がつけられた（中谷1927、八幡1928）、遺跡の垂直的な移動の実態に農耕社会への変化が現れているという考えは、こうした集落立地の区別に基づいている。その後森本六爾氏が唱えた「低地性集落」（森本1933）も、その原因を水稲耕作としている。
(2) 周辺に河川氾濫原のない台地や丘陵に展開する集落の生産耕地として、これまで谷部での水田が推定されてきた。しかし、本章第1節で分析したように、谷部での水田の検出事例は少なく、湧水温度や過水排除の問題を超えなければ、経済的に安定した収穫を得ることは、技術的に不可能である。

第5節　検討項目5：弥生集落と生産耕地の立地論的検討

1　はじめに

　本章第2節において、弥生時代の遺跡出土の炭化種実の検討から、弥生時代にコメとともに畠作物が存在していることが明らかになった。これら生産耕地と集落が地形的な位置関係として、どのように把握されるのかを検討するのが本節の目的である。

2　問題の所在

　弥生時代の農業生産耕地の研究は、水田跡の分析が現在最も進んでいる。戦後から60年以上にわたり研究され、登呂遺跡以降現在まで全国で多くの水田跡の検出に成功した。そしてその多くの事例から福岡県板付遺跡に代表されるように、前期の段階から灌漑用水設備をもつ水田であったことが明らかにされ（山崎1987）、日本列島での初期水稲農耕の実態が、特に技術的な側面から研究されてきた。そして研究史で見たように、南関東地域でも灌漑用水を伴う水田が確認されてきた。

　一方畠跡の研究は、出土炭化種実のなかから畠作物を見つけ出す作業を行いながらも（直良1956、寺沢・寺沢1981、笠原・藤沢・浜田1987など）、主体的な畠作経営は疑問視される傾向にあった（佐原1987・1995）。しかし近年に至り全国的な集成（日本考古学協会2000年度鹿児島大会実行委員会編2000）が行われ、ようやく本格的な分析が開始されはじめた。とはいえ出土炭化種実の集成は、より新しい時代の資料のコンタミネーション（混入）の危険が常に存在するためか（安藤2006）、弥生時代の生産耕地としての畠の分析成果は、水田に比べ極端に少ない。しかし、出土状態を勘案してコンタミネーションの可能性を低くする集成によって、一定の畠作物の存在は確認でき（浜田2007a：本章第2節参照）、現在まで全国的な集成から数例の弥生時代の畠跡が確認されてきている。

　弥生時代の農業生産耕地の研究対象を、大別して水田・畠に分けた場合[1]、それぞれの生産耕地に対する分析はこのような現状にあるが、生産地を耕した人々が住む集落との関係を論じるところまでは深められていない[2]。集落に住む人々が耕作した生産場所の特定は、生産耕地が初めて確認された静岡県登呂遺跡で試みられたように、基本的には集落と耕地との距離、そして両者の年代の一致が根拠であり[3]、現在でもこの考え方に変更はないであろう。こうした推測方法は、直接的に集落と耕地の同時性を示す類例が少ない現状においては[4]、耕地を不断に管理するうえで両者が至近の距離におかれるという、いわば近現代において行われてきた農業経営の常識的な見解から合理性があると判断してきたといえるだろう。こうした推論過程が是認されるならば、南関東地域の弥生時代遺跡で一般的な景観である、集落が丘陵・台地などの高い場所に存在し、その丘陵・台地の直下の沖積低地に同時期の水田が確認された場合、平面的な位置関係からその両者を結びつけて考えるには注意が必要となる。その理由の一つには歴史的にみた集落景観にはいくつかのパターンがあり、台地上の集落には屋敷地の周りに畠があり、その前後のあまり遠くないところに水田が

あるというパターンも存在する（木村1983）が、このパターンに比べれば山を背負う山裾に家を構えるという、主たる生産耕地を意識して集落が形成されるパターンのほうが多いからである。香月洋一郎氏によれば、山陽地方や関東地方の文献・民俗資料と現地調査をもとに、山を背負う谷や山裾に住居を定め、そこを基点に水田や畠を拓き降ろす居住様式が存在し、その様式は近世はもちろんのこと、中世に遡る可能性があるという（香月1984・1990）。山を背負う谷や山裾に集落を構える形態は、特に南関東の低台地・低丘陵の間を狭い谷が樹枝状に入り込む地形の場合、顕著にみることができる。一例を挙げれば、代表的な環濠集落である横浜市大塚遺跡周辺は、1902（明治35）年に都筑郡中川村に属し、谷戸に水田が開かれ河川氾濫原内微高地・山裾・丘陵斜面・台地平坦面に畠があった（図38）。そして、ほとんどの耕作者の住居は山裾にあり（刈田1997）、1659（万治2）年の絵図からみても同じような状況であったという（古島・青木1958）。こうした状況は田畠経営を行う人々の生産耕地と居住域の関係を示唆しており、年貢米や商品として水稲が最も優先すべき耕作物であるため、その水稲作物との関係において住居が構築されていたことが理解できるのである。

また、長命豊氏によれば下総国結城郡、岡田郡、猿島郡の台地上に集落を展開する畠作を主にする集団が、新たに谷水田を作った1725（享保10）年の場合、谷水田を開発したものが谷のなかに進出し新しい集落を形成していく過程が存在するという（長命1988）。この事例も集落が耕地との関係で、どのように形成されていくのかを考えるうえで、重要な示唆を与えている。こうした過去の集落景観の研究から、その集団にとって最も優先すべき栽培植物に合わせ、その耕地と同じ面に集落を構えることが、居住様式決定の一つの要因になることが理解できるのである。このような集落と耕地の関係から、耕地を不断に管理するうえで両者が至近の距離におかれるという「常識的」な見解を踏まえつつ、農耕社会における集落と耕地を論じる場合、平面的な位置関係だけではなく、立体的な位置関係にも配慮して考える必要があるといえる。

本稿ではこうしたことを前提に、弥生時代の生産耕地を水田・畠に代表させ、水田や畠が集落と至近の距離で確認された遺跡を整理し、生産耕地と集落との関係を明らかにすることを目的に論述していくものである。

3　弥生集落と水田

弥生時代の水田は、戦後の研究開始から60年以上にわたる多くの確認事例があり、集落との関係をとらえられるものも少なくないが、ここでは東日本の良好な関係がとらえられる遺跡を代表させ、水田と集落の関係を確認することとする。

（1）　埼玉県熊谷市北島遺跡（中期後半）

北島遺跡は妻沼低地の荒川扇状地に展開する遺跡で、北島遺跡第17地点で堰を伴う灌漑用水と水田（吉田2004）、第19地点で竪穴住居を中心に掘立柱建物跡を含む集落（吉田2003）が確認されてい

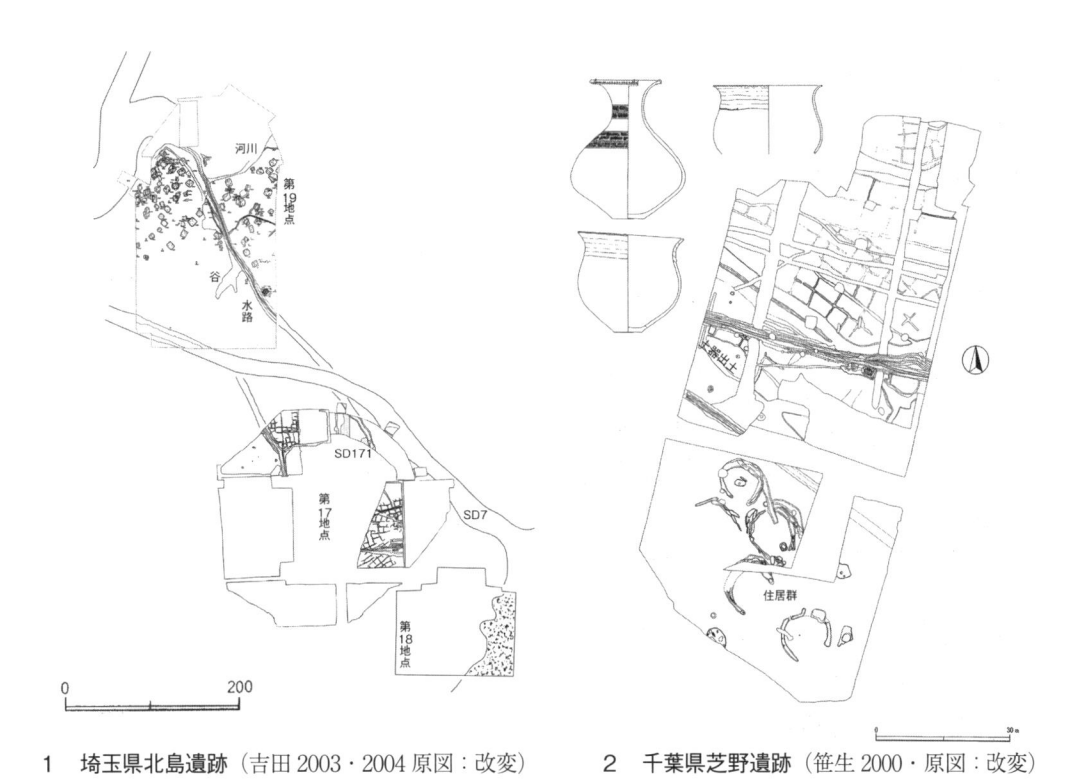

第5節　検討項目5：弥生集落と生産耕地の立地論的検討　147

1　埼玉県北島遺跡（吉田2003・2004原図：改変）

2　千葉県芝野遺跡（笹生2000・原図：改変）

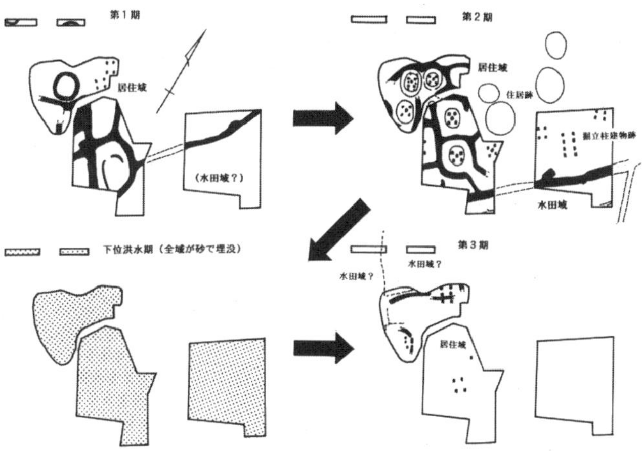

3　静岡県登呂遺跡

（岡村2002原図）

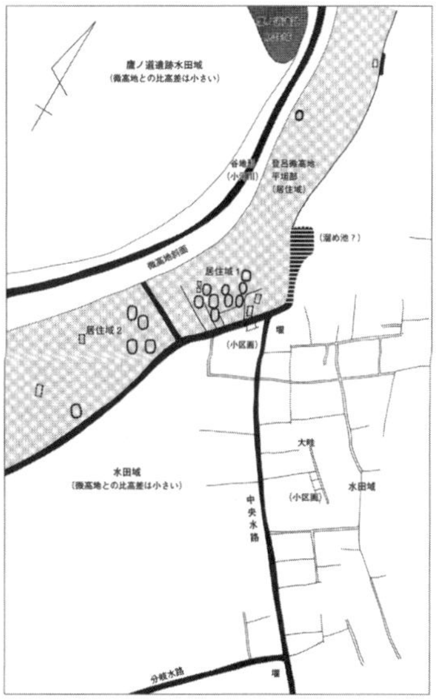

（浅野2004原図）

図25　弥生時代集落と水田

る。集落と水田は最短で200mの距離をもち、集落とは河川によって区切られている（図25-1）。

　第19地点からは、中期後半の竪穴住居跡78軒、掘立柱建物跡1軒、土坑79基、溝6条、水路1条と堰跡を伴う河川跡が確認されている。住居址の重複は2軒の不連続な重複が9例あり、そのうち掘立柱建物と重複する竪穴住居址もある。

　土器の様相からは3時期に細分されるが、クロスラミナのあるシルト質細砂層の洪水痕跡から住居の廃絶時期をとらえれば、4時期の集落変遷が考えられている（岩田2006）。洪水層を媒介とした集落の変遷の想定は、同じ洪水層が集落全域に等しく堆積したかは未検証であるが、説得力のあるものだといえるであろう。こうした集落の変遷は、いずれにしても土器の様相からは、文様構成が漸移的であり、極端な変化を示すものがない。また不連続な重複住居があることから、中期後半の短い間で断絶がある集落変遷であったことが理解できる（浜田2008b：本章第6節参照）。

　水田が確認された第17地点は、現況の水田面（第1層）から、中世の水田面（第3層）、奈良・平安時代の遺構確認面（第7層）、弥生時代後期から古墳時代前期の文化層（第10層）があり、その下層に浅間C軽石層（As-C）の第11層が確認されている。第12層に弥生時代後期の水田層、第15層に中期後半の水田の土壌があり、その間の第13・14層は後期～中期、中期の包含層になっている。水田からの土器は、畦畔上に1/4個体の甕が出土したにすぎない。すなわち水田の時期比定は、層位をもとに比定しているといえる。

　北島遺跡に見られた集落と水田地域は、堆積状況が一様にとらえられず、同じ時期の層序を面的に確認できないという問題がある。特に鍵層になるAs-Cが集落地域には確認できず、水田からはその性格上土器の出土が少ないということもあり、厳密に両者が同一時期である保証はない。しかし、第17地点での層位が、As-C以下後期、後期～中期、中期と撹乱がなく堆積しており、また、両者の距離もかけ離れたものではないことから、第19地点の集落に住まう人々が、第17地点の水田を耕していた、と推断したい。

(2)　千葉県木更津市芝野遺跡（後期前半）

　芝野遺跡は東京湾に注ぐ小櫃川右岸の自然堤防上から後背湿地上に展開する遺跡で、弥生時代後期前半[5]の水田と同時期の竪穴住居址1軒・円形周溝遺構5基、土器配列遺構が確認されている（神野・加藤・沖松1992、笹生2000）。基本土層Ⅲ層は小櫃川の洪水による砂質土で、上面が古墳時代後期以降の確認面、Ⅲ層中に古墳時代前期の溝（SD-45）が掘込まれている。またⅣ層上面は弥生時代後期の確認面であり、弥生時代の遺構は、基本土層Ⅲ層に覆われⅣ層上面で確認されたものを対象としている（図25-2）。

　このうち円形周溝遺構は重複するものがあり、周溝内部の落ち込みと焼土の評価から、及川良彦氏が近年指摘しているように、「周溝を有する建物跡」の可能性が高い（及川2001）。また、水田域と調査区南部の微高地地域との境界付近に、壺・甕・鉢の合計7個体が置かれた状態で確認された土器配列遺構は、水田に面した立地から水口祭祀的な儀礼の痕跡だと、報告者から指摘されている。

以上、芝野遺跡Ⅳ層上面の弥生時代後期の遺構は、竪穴住居と「周溝を有する建物跡」で集落が構成され、溝を挟んで生産域の水田が存在するという景観を呈する遺跡である、と評価することができるであろう。なお、遺跡の南方約500m、小櫃川の対岸の台地には、芝野遺跡と同時期の集落が椿古墳墳丘下から確認されている（小久貫2001）。

(3) 静岡県静岡市登呂遺跡（後期中葉）

登呂遺跡は戦中・戦後の調査成果によって、弥生時代の水田とそれを耕作した集落とが一体となって確認された初めての事例として、戦後の日本考古学の出発点となった遺跡である。しかし、1999～2003（平成11～15）年にわたる再発掘調査によって、従来の登呂遺跡像に大きな変更が加えられることとなった（岡村2002・2006）。

登呂遺跡は安倍川と藁科川によって形成された扇状地である、静岡平野の扇端部に立地する。静岡平野には多くの微高地が存在し、登呂遺跡も標高6m前後の南北に延びる狭い微高地上に立地している。従来登呂遺跡は、「弥生時代後期前半の短期間（土器1型式内）に存在し、洪水により埋没して廃絶した水田農耕集落である。洪水前には数回の建替えはあるものの、12軒の住居と2棟の高床倉庫が存在し、その南及び東には矢板や杭で護岸された畦で大区画された50枚の水田が広がる」と理解され（岡村2006：p.19）、集落と水田が有機的に結びついた景観であるとされてきた。しかし、再発掘により、以下の点が修正された。

まず、登呂の集落は短期間で廃絶したのではない点である。これは土器型式と遺構の切り合いから、弥生時代後期前葉（登呂Ⅰ期）と後期中葉（登呂Ⅱ期）の集落が営まれた後、数回の冠水で集落を捨てていった。その後洪水となり弥生時代後期後葉～末葉段階（登呂Ⅲ期）に、三度集落が形成された（再発掘により発見）。そして従来後期前半の水田としていた杭と矢板によって護岸された水路および畦畔は、洪水層との対比から、登呂Ⅲ期の段階の水田であることが確認された。この登呂Ⅲ期の水田の下層に、登呂Ⅱ期の水田も確認できたが、登呂Ⅰ期にあたる水田は確認されていない。登呂Ⅱ期の集落（居住域）と水田（生産域）の境には、土手を伴った大型の水路が造られている（図25-3）。

以上の修正された点を含め登呂遺跡の居住域と生産域との関係を整理すれば、弥生時代後期前葉・後期中葉、洪水を経験した後、後期後葉～末葉の3時期にわたり、狭い微高地上に集落が形成された。そして、後期中葉と後期後葉～末葉の段階の水田を確認することができ、そのうち後期中葉では、居住域と生産域の間に大きな水路が横切り、両者を区画していた、と考えることができる。

(4) 集落と水田の関係

埼玉県北島遺跡、千葉県芝野遺跡、静岡県登呂遺跡の3遺跡の事例を整理すると、水田は水利施設が重要である性格上、基本的には水利が確保できる場所にしか造られないため、水田は扇状地や沖積地に存在することになる。そしてこの水田と同じ面の至近距離に集落が確認されており、両者

は集落とその生産耕地であると推察されてきた。この関係は現代の水田耕作者が、水田の周辺に住まいをもつという在り方にも共通するものであり、特に上記3遺跡のように、水田に台地・丘陵が隣接しない事例は、その在り方が顕著に現れるのである。このような点からみても、至近の距離で同じ面に確認される水田と集落は、生産耕地とその耕作者の居住地として存在していると、容易に認めることができるのである。

4　弥生集落と畑

弥生時代の畑跡はこれまで20ほどの事例が報告されている（日本考古学協会2000年度鹿児島大会実行委員会編2000）。ただし、このなかには、時代比定が明確ではないものも存在している。例えば、群馬県下の4世紀初頭に降下したと推定されている、浅間C軽石（As-C）の下から検出された畑に関しては、4世紀初頭以前の年代が与えられるのであり、古墳時代の可能性もある。また、古墳時代初頭に構築された、千葉県高部30号墳と32号墳の墳丘下の遺跡（千束台遺跡）から確認された畑も、古墳構築以前というおおまかな年代となる（小沢1995、西原2002）。こうした年代的に不確定な要素も存在するが、古墳時代初頭の集落形態が弥生時代後期の集落形態と同じように、多くの住居が一遺跡から確認され重複する住居をもつタイプと、数軒の住居で構成される集落が一般的で、なおかつ弥生時代後期から古墳時代前期への土器の変化は漸次的である、などから基本的な生活基盤が変化したわけではなく、また急激な土器の変化—調理対象物の変化—生産物の変化を窺うことはできないと考える。したがって、古墳時代初頭の可能性をもつ資料も分析の対象とする。

（1）　静岡県植出遺跡（後期後半）

植出（うえだし）遺跡は愛鷹山東南麓の緩斜面上に位置しており、調査時および報告書刊行までは「北神馬（きたじんめ）土手遺跡他」と呼称していた（羽二生・岩崎1997、岩崎2000）。調査区域は南北にのびる二つの尾根とその間にある谷である。弥生時代後期末の段階の竪穴住居301軒、掘立柱建物跡54軒、方形周溝墓3基、布堀状遺構・杭列などが、台地上の平坦面や谷頭や斜面から確認されている。畑と考えられる遺構は、平坦面に近い緩やかな谷頭の地域から、一定の間隔で溝が格子状に交差しているものを指している（図26-1）。畑は、弥生時代後期末葉の土器を出土する竪穴住居（SD563、SD564）と重複関係にあり、これよりも畑が古い。また、植出遺跡から出土した弥生土器は後期末から古墳時代初頭の時期に限られる。さらに畑と斜めに接続する溝SD507から、後期末の土器が出土している。したがって、畑は後期後半〜末の段階に収まるものと考えられる。

本遺跡の畑と推定した遺構の土壌から、穀物のプラント・オパール・種子・花粉は検出していないが、現在の畑土壌と、粗密度、根跡の密度、腐植分、撹乱度において比較したところ、土壌学的特徴から畑として判断しても矛盾する点がない、とする報告がなされている（加藤1997）。また、古墳時代後期の群馬県黒井峯遺跡や同県熊野堂遺跡あるいは同県吹屋中原遺跡から検出された畑跡の形態が類似することから、報告者も記述するように、これらを畑跡と考えてよいだろう。

第5節　検討項目5：弥生集落と生産耕地の立地論的検討　151

1　静岡県植出遺跡（羽二生・岩崎1997原図：改変）

2　千葉県千束台遺跡
（高部古墳墳丘下：城田2002原図）

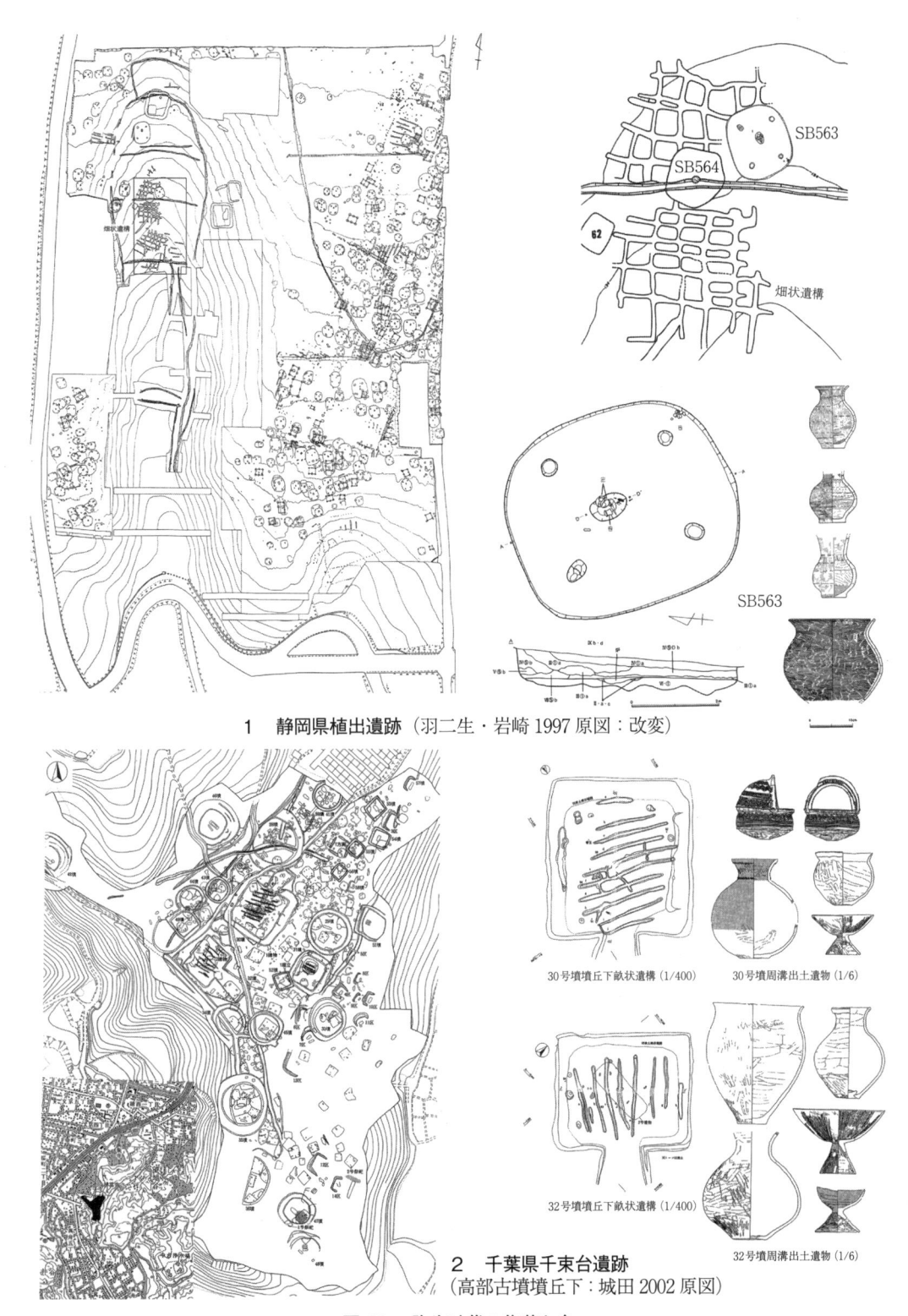

図26　弥生時代の集落と畠

同一時期の住居群と畑が、同一の集落内から確認されたことから、両者が有機的に結びついた事例として理解することができる。

(2) 千葉県千束台遺跡・高部30・32号墳丘下（古墳初頭以前）

千葉県の東京湾岸南部にある下総台地南端と上総丘陵北端の境界近く、標高40～50ｍの丘陵上には多くの古墳群が存在している。そのなかで高部古墳群は約60基におよぶ古墳から形成されている。

そして、古墳築造以前には、弥生時代中期後半の環濠集落と後期・古墳時代前期の集落が展開している地域でもあり、集落遺跡の部分を千束台遺跡と呼称している（西原2002）。こうした状況のなかで、関東地域でも最も古い前方後方墳である高部30号墳の直下（築造面）から10条の並行に走る浅い溝、32号墳の直下（築造面）から8条の並行に走る浅い溝が確認された。その形状から畑と判断されている（図26-2）。その時期は高部30号墳や32号墳が古墳時代初頭の時期であり（浜田2009a）、これより新しくはならないことは明白である。また、本報告がなされていない現状では詳細は詳らかではないが、古墳が存在する台地全面に、弥生時代後期の住居、古墳時代初頭の住居が存在しており（小沢1995）、この畑がいずれかの時期の集落に伴うものであることの蓋然性は高いといえる。

(3) 集落と畑の関係

畑の耕作は水田と異なり、水利施設の必要は絶対条件ではない。そのため、畑は沖積地や扇状地など水田が造れる場所とともに、台地や丘陵上にも造ることが可能である。しかし、特別な水利施設がないことや畝立てなどの痕跡が検出しにくいものであることも災いし、これまで弥生時代の畑の事例報告は極端に少ない。今回分析した静岡県植出遺跡と千葉県千束台遺跡の2例も、住居跡や古墳との重複関係によって、時期比定が可能になった数少ない事例であった。これらの事例からではあるが、台地上に同一時期の畑と集落が確認されたことは、両者が生産地とその耕作者の居住地という関係にあることを示唆していよう。これは、前述した水田と集落との関係と同じであり、集落と生産耕地は同一地形面に存在するといえる。

5 弥生集落と耕地

(1) 高位面集落と低位面耕地の問題

これまで弥生集落と水田・畑の生産域の両者が、近接して確認できた事例を検討してきた。その結果、低位面に展開する集落は低位面に水田や畑をもち、高位面に展開する集落は高位面に畑をもつことが確認できた。これは前述したように水田や畑を営む人々の集落は、その生産域を管理しやすい場所に展開するという、近世から現代に通じる一般的な現象が、弥生時代にも通用であることを意味する。宮地淳子氏も「弥生時代の畑跡は、いずれも居住域に近接して設けられている」

（宮地 2000）と指摘するように、これが弥生時代の集落と生産耕地の位置関係のパターンとしても存在することは間違いないだろう。しかし、これを認めたとしても、高位面に集落をもつ集団が、低位面の水田・畠を耕作していたという、別の集落景観のパターンは可能性として残ることになる。実際に高位面に弥生集落、その直下に弥生水田が確認された事例があり、こうした事例については、これまでは景観の上から高位面集落と低位面の耕地を結びつけ、未検証のまま高位面集落の生産域が低位面に存在すると想定してきたといえる。これまでの分析と本節の「2．問題の所在」でも述べたように、近世以降の集落景観の研究を参考にすれば、耕地を優先して集落が形成されてきたことが常態であり、そのことから類推すれば高位面の集落と低位面の生産耕地という関係は、一考を有するといえるのではないだろうか。次にこの問題を分析し、弥生集落と生産耕地の関係を整理しておきたい。そのケーススタディとなるのが、千葉県市原市の遺跡群である。

　千葉県の東京湾側（内房）に位置する市原市は、その中央に養老川が流れ、北部の千葉市との境には村田川が流れている。養老川と村田川に挟まれた台地は市原台地と呼ばれている。菊間遺跡群は、この台地上に展開する遺跡で、台地の西端・東京湾を望む地域に菊間遺跡袖ヶ台地区（近藤2003：以下袖ヶ台地区と呼ぶ）・菊間手永遺跡（近藤1987）があり、村田川を望む台地先端に菊間遺跡（斉木1974）・菊間深道遺跡（高橋1994、田所1995）などの弥生時代集落がある。このうち、菊間手永遺跡・菊間遺跡・菊間深道遺跡は、中期後半の環壕集落であり、菊間手永遺跡からは後期前半の住居址、袖ヶ台地区からは後期の住居址が確認されている。市原条里制遺跡は、この菊間遺

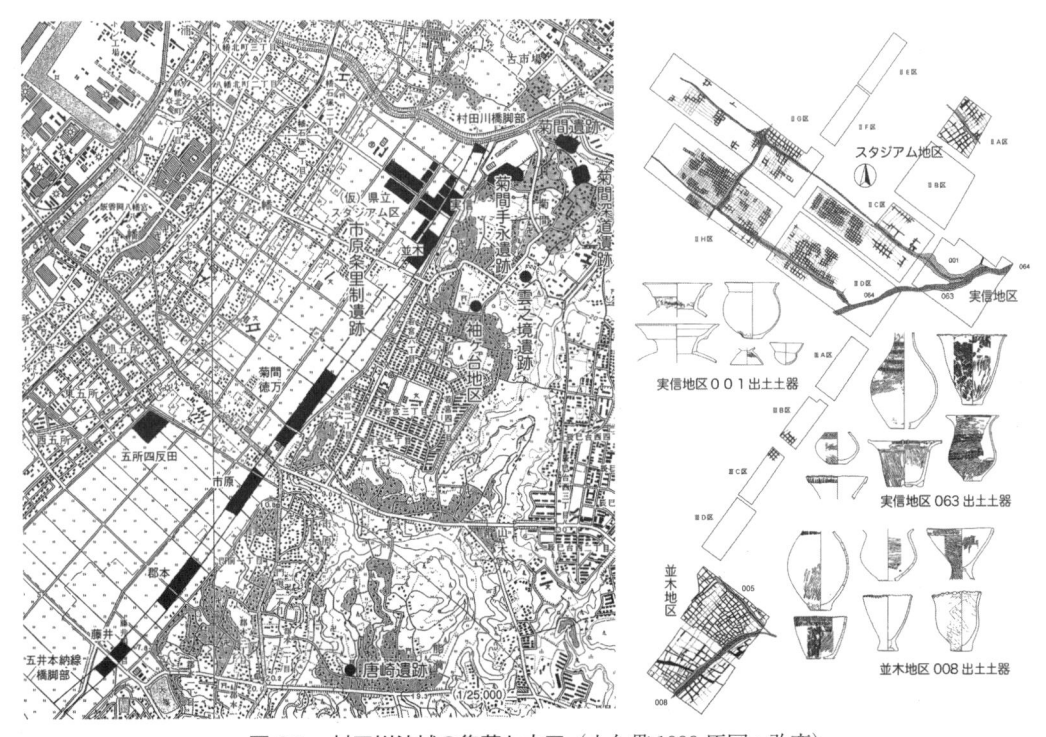

図 27　村田川流域の集落と水田（小久貫 1999 原図：改変）

跡群の存在する台地の直下、約15m前後の比高差をもって低位面（後背湿地）に水田が展開する遺跡である（佐藤・新田1997、小久貫1999、城田2002）。水田とその関連の遺構は台地上の菊間手永遺跡と袖ヶ浦地区の間の低位面に広がり、市原条里制遺跡並木地区・実信地区・（仮）県立スタジアム調査区（以下並木地区、実信地区、スタジアム地区とそれぞれ略記）から確認されている（図27）。市原台地から延びる溝（実信地区SD001、SD063・SD064：並木地区SD008、SD005）が西方の東京湾に向かって流れており、これを基幹用水として水田に供給する形態となる。時期的な問題に関しては実信地区のSD063・SD064の覆土から、木製品と中期後半の土器が大量に出土している。また、並木地区のSD008からも大量の木製品と中期後半の土器が出土し、この溝が畦畔の在り方を規定していることから、水田と用水が中期後半のものであるという推定がなされている。

　以上を整理すれば、中期後半の環壕集落（菊間手永遺跡・菊間遺跡・菊間深道遺跡）が台地上にあり、比高差15mの沖積地に用水をもつ水田（実信地区・並木地区・スタジアム地区）が確認された。そして沖積地からは集落が現在まで確認されていない。したがって菊間手永遺跡・菊間遺跡・菊間深道遺跡の環壕集落の集団の耕地が市原条里制遺跡である、という想定は可能性として考えられるであろう（佐藤・新田1997、城田2002）。しかし、このように想定した場合、いくつかの点で解決しなければならない問題が存在する。

　最も大きな問題は、実際の考古学的データからの類推に齟齬が生じている点である。市原条里制遺跡からは、中期後半の水田の上には古墳時代前期の溝、古墳時代後期の水田、条里制（平安時代）の水田があり、弥生時代後期の水田は報告されていない。台地上の遺跡群（菊間手永遺跡・菊間遺跡・菊間深道遺跡）は中期後半に環壕集落を形成し、菊間手永遺跡、菊間遺跡では後期にも集落が造られていく。そして、袖ケ台地区、雲之境遺跡（大村1991）でも後期の遺構や遺物は確認されている。こうしたデータをもとに台地上の集団がその直下の低地（市原条里制遺跡）に水田を耕作したと仮定した場合、中期後半の宮ノ台式期にはこれがあてはまっても、後期段階では集落と耕地の関係が成立しないということとなる。すなわち中期後半段階で台地上に集落を構えていた集団が台地下の低位面で確認された同時期の水田を耕作していたと推定するならば、同じ推測方法によって台地上に集落を構える後期でも、台地下からの水田が存在していたはずであるが、それが確認されていないのである。中期後半には適用できる推測方法が、後期になると適用できなくなるのは、理論上は齟齬を来しているといえるであろう。

　この齟齬を解消するには、いくつかの理論的な仮定とその論証が必要である。理論的な仮定の一つは台地上の集落は後期になると水田を行わなくなったという仮定。二つ目は台地下の低地に未確認の後期水田が存在するという仮定。三つ目は中期後半段階・後期段階の台地上の集落と台地下の水田は直接の関係は存在しなかった、とする三つの仮定に大別できるであろう。最初の仮定は、市原市に近い前述した君津市芝野遺跡あるいは木更津市菅生遺跡（乙益1980）などで後期の水田は存在するので（城田2002）、この段階になって水田を行わなかったとするには根拠に乏しく採用することはできない。二つ目の仮定は未確認の後期水田の存在を論証できれば理論上の問題点はなく

なる。ただし、台地上の集落と台地下の水田が結びついているとするためには、台地下の低地に後期水田の存在を論証するとともに、台地下の低地での後期集落の存在の理論的否定も行わなければ不十分となる。三つ目の仮定は台地下で未確認の中期後半の住居・集落が存在していれば、市原条里制遺跡から確認された水田は、台地下の集落が生産地として利用していたと推測することができる。したがって、台地下で中期後半の住居の存在を論証すれば良いこととなる。これらの論証は発掘によって直接的に検証するのが正道であろう。しかし、それを行うことが容易でない現状では、これまでの類似する考古学的なデータをつなぎ合わせて類推していくしか方法がない。以下、その分析を行うこととしたい。

(2) 台地下の後期水田の存在と後期集落の非存在の検証

まずは台地下の低地に後期水田が存在するかと、台地下の低地での後期集落の存在の理論的否定が行えるかどうかである。後期水田については、市原条里制遺跡の報告では確認されていないとしたが、実信地区の中期後半の土器を多量に出土した溝063からは後期後半の土器（小久貫1999：以下「報告書」第258図10・11）が出土している。また、この溝と同一方向でほぼ同じ場所で重複する溝063より新しい溝064が存在している。この二つの事柄から溝063出土の後期後半の土器は、本来重複する溝064に伴うもので、後期の溝である可能性がある。その場合後期後半の溝064は、中期後半の溝063と同様に用水として機能し、これを基幹水路とする水田も想定できる。しかし、調査の結果、中期後半の水田の上には、古墳時代前期の溝と古墳時代後期の水田が確認されており、弥生時代後期の水田は確認されていない。これについては弥生時代後期の水田はもともと存在していたが、古墳時代以降の削平で消失した可能性を検討しなければならない。しかし、「報告書」による遺構の検出層位は[6]、弥生時代中期後半、後期後半、古墳時代前期が共にⅢ2層であることから、弥生時代後期の包含層は削平されたのではなく、残っていると判断できる。こうした状況がありながら、後期の水田は検出されていないので、弥生時代後期の水田の存在は確率的に少ないといえる。また、並木地区からもⅢ2層で弥生時代中期後半の溝と水田、Ⅱ3層で古墳時代後期の溝と水田が確認されている。ここからは弥生時代中期後半の溝SD008から後期の土器1点（「報告書」第292図43）が出土している。Ⅱ3層とⅢ2層の間には、Ⅲ1層が堆積しており、弥生時代後期の水田が存在していれば、確認することは可能と考える。したがって、既存の発掘調査区域に弥生時代後期の水田が存在する可能性は、状況的には低いと類推することができる。

弥生時代後期集落が存在しないことの検証は、存在することの検証に比べ難しいが、少なくとも市原条里制遺跡の調査区域から後期の住居が確認されていないことをもって後期集落が存在しないと即断することはできないと考える。その理由には市原市潤井戸中横峰遺跡（千葉県教育委員会1998）、市原市潤井戸鎌之助遺跡（千葉県教育委員会1999）、君津市の芝野遺跡、君津市三直中郷遺跡（麻生・半澤2005）、木更津市鹿島塚B遺跡（稲葉1991、當眞・稲葉2003）、木更津市四房遺跡（高梨2001）など、市原条里制遺跡の近隣で、弥生時代後期の低地遺跡が確認されており（図28）、

156 第4章 個別要素の検討

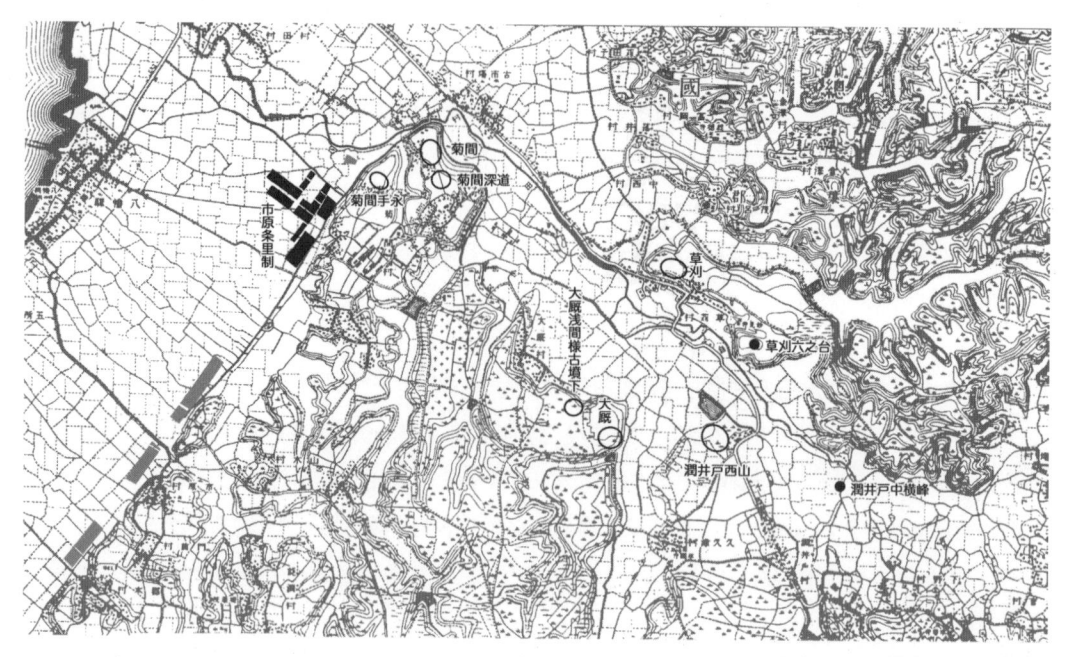

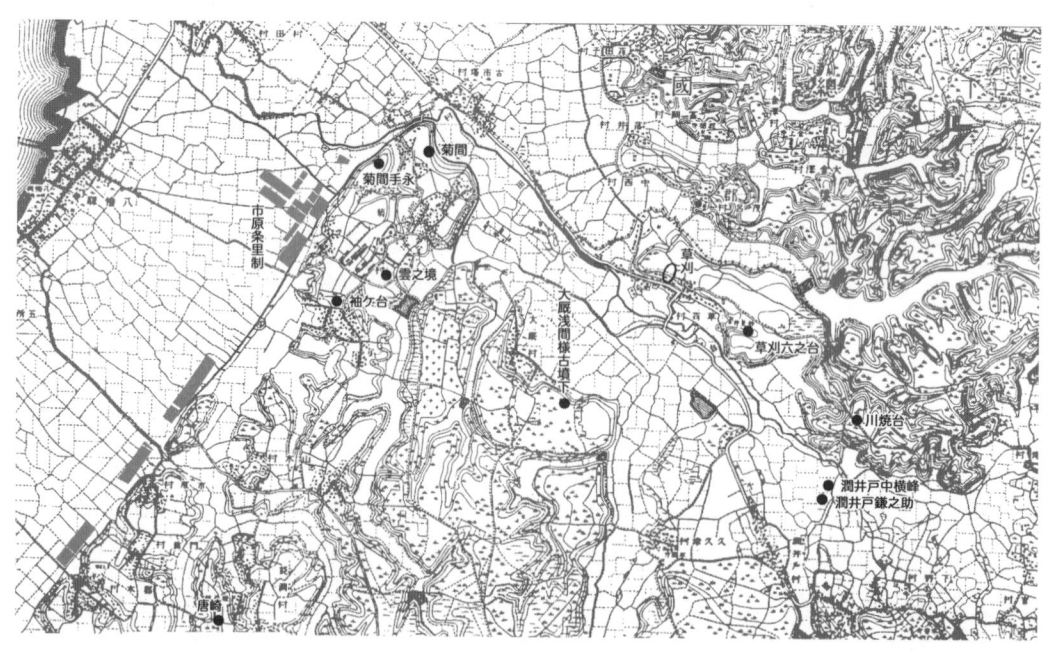

中期後半　○ 環濠集落　・非環濠集落

後期前半・中葉　○ 環濠集落　・非環濠集落
原図から水田記号を削除

図28　千葉県村田川流域の弥生時代遺跡群

検討項目4で検討したように、低位面の集落に至近の台地上にも、後期の集落が展開している事例が存在していることが、この時期の一般的な形である、と考えるからである。そのなかでも、台地上に展開する鹿島塚A遺跡の直下の低位面に展開する鹿島塚B遺跡や、同じ台地の谷部に展開する木更津市中郷谷遺跡（豊巻1991）に典型的なように、台地などの高位面とその直下の低位面・谷中に、同じ時期の集落が存在する事例がある（図18）。すなわち、台地から少し離れた低位面の微高地上以外にも台地下の裾部あるいは谷中に集落が展開する可能があるということである。また、後期の土器が少ないながらも出土することは、生活の場としても活用されている可能性がある。こうした可能性がある以上、現状の調査区域において台地下で後期集落が存在していないと判断することは難しいといえるだろう。

(3) 台地下での未確認集落の検証

市原条里制遺跡での中期後半の集落の推定は、実信地区SD063・SD064や並木地区SD008の溝から出土した土器の解釈から行うことが可能である。これらの土器の出土状態については細かな記載はないが、溝の覆土から出土した土器は、中期後半の宮ノ台式土器であり、間隔の開いた数段の無区画の縄文帯や幅広の羽状縄文帯、結節文の存在、ヘラ磨きの多用など、安藤編年のSi-V期におおむね並行する（安藤1996）、いわば宮ノ台式の新しい一群に集約される。すなわち、細分された多型式が複数出土しているのではなく、ある一時期の細分型式の範疇に出土時期が収まるということである。そして出土土器の器種を見れば、壺・甕・高坏・無頸壺・鉢などがあり、特定の器種に偏っていないことがわかる。こうした短い時間に使用された土器が、水田に関係する溝からまとまって出土する状態をどのように説明・解釈するべきであろうか。換言すれば本来生活の道具である土器が、生産耕地からまとまって出土することに対する説明が必要となる。一つの説明として前述した芝野遺跡と同様の土器を使用した水田儀礼が行われ、その土器が溝の中に堆積した、という想定ができるかもしれない。しかし、こうした想定も芝野遺跡の儀礼の実態は不明ながら、居住域と生産域の境に等間隔で置かれていた出土状況から導き出されたものであり、実信地区からの出土状況がこのような状況を示しているわけではない。つまり、儀礼が行われていたことを実証する、あるいは理論的にその存在が裏付けられて初めて、水田から多器種の土器が大量に出土する理由を主張することができると考える。しかしそれが、未検証である現在、この土器の来歴を別の面から説明するならば、個体数の多さ・器種の多様さと一時期に偏る土器の出土は、住居内からの土器の出土状況と同一であることが言え、近くに住居が存在しその住居から溝にもたらされた、という想定のほうが合理的であると考える。その住居、集落の候補として、台地上にある集落、例えば中期後半の環壕集落であり、実信地区に最も近い菊間手永遺跡から自然の営力によって落下し溝に堆積した、という想定もできるかもしれない。しかし、比高差15m前後の斜面を転落し、その運動に伴って破損・破片化した土器が、個体としてのまとまりをもって、溝に複数個体堆積する、という状況を想定することは無理がある。むしろ神奈川県池子遺跡（山本・谷口1999a・b）などの低位面

の集落にみられるように、住居に隣接する同一面の溝から出土する土器の状況に近い。池子遺跡は丘陵地域とその間に存在する谷にある遺跡で、№.1-A地点では谷を流れる旧河川とその周囲に展開する竪穴と掘立柱建物とから構成される集落が確認されている（図6）。調査範囲には水田は確認されていない。旧河川からは土器・石器・木器・骨角器などが大量に出土している。

　市原条里制遺跡の調査範囲は、台地の裾に大略沿うように設定してあり、実信地区はSD064が台地裾から離れて東京湾に向かう部分にあたり、台地とSD063・SD064の間に幅は狭いながらも台地裾に平坦面が広がっている。この範囲は調査範囲外となっているが、溝からの土器の出土状況を考えれば、こうした部分に掘立柱建物を含めた住居が展開することを想定したほうが、これまでの居住域と生産域が同一面に存在する状況に照らして、矛盾がない。北島遺跡、芝野遺跡、登呂遺跡に代表させたように、住居群を水田域・墓域と同一面の溝で区画していることも、こうした考えを支える根拠となる。また、台地の裾に沿って集落が展開する事例には、先述した千葉県鹿島塚B遺跡、神奈川県馬場台遺跡（鈴木1981、立花2008）、静岡県春岡遺跡（松井2002）などの集落を代表として挙げることが可能であり、このうち春岡遺跡は谷口部分に水田があり、この水田の用水を兼ねた環壕を台地裾部から展開している。いずれにしろ、溝から出土する土器は器種が限定されず、ほぼ形を窺える資料が多量に出土する状態を解釈するならば、確認されていない宮ノ台式期の住居・集落が、溝の近くの台地裾部や微高地上に存在すると想定したほうが合理性があるといえるであろう。

6　まとめ

　これまで弥生時代の集落と生産耕地の関係を分析していった結果、両者は同一面に展開することが一つの在り方として存在していることが理解できた。特に低位面の集落の周辺に水田が存在していることは、水稲農耕が水掛かりを基本とする農法であり、近世以来の記録から推測する経営技術や屋敷地と耕地の景観に照らしても矛盾しない関係であるといえる。特に本章第4節と本節で紹介したように、中期中葉の神奈川県小田原市中里遺跡、千葉県君津市常代遺跡、中期後半の埼玉県熊谷市北島遺跡、神奈川県寒川町宮山中里遺跡、千葉県市原市潤井戸西山遺跡、後期前半の千葉県木更津市芝野遺跡、後期後半の神奈川県藤沢№.208遺跡など、中期中葉以降、低位面での（環壕）集落が近年南関東でも陸続と確認されてきた。すなわちこれまで台地卓越型の集落占地（石川1992）を示すと、一般的に考えられてきた南関東の弥生集落は、駿河以西の集落と同じように低位面にも集落が展開することが基本的な姿であることがわかり始めてきた、ということである。今回事例とした村田川流域の集落群は、この基本的な姿としてとらえることができる（図28）。したがって低位面の集落が低位面を耕地とするのは、弥生時代の基本的な在り方であったことは間違いないであろう。では高位面集落が低位面の生産耕地を経営していたか、というもう一つの在り方は、成立するのであろうか。

　これについては、これまで高位面の集落は谷水田を生産耕地とすることが予測されてきたが、

谷水田の経営は冷水対策や排水対策などの存在なしには、安定した生産をあげることができないという特性があり、こうした施設の設置のない谷水田の生産性には疑問をもたざるを得ない（浜田 2007b：本章第一節）。一方谷水田では高位面の集落人口をまかなえる生産量の確保ができないという計算（安藤 1992）から、高位面の集落が眼下の低位面に水田を構えていた（安藤 2001a）と想定する意見が提出されている。高位面集落が谷水田を耕作していたことを否定し、かつ水稲耕作だけを弥生時代の農耕と考えるならば、低位面に水田が存在することを想定するのは必然であろう。しかし、高位面集落が眼下の低位面に水田を作っていたとするこの見解は未検証のままであり、本稿で千葉県市原市の遺跡群をケーススタディとして分析した。その結果、高位面の集落が眼下の低位面の水田を耕作していた、と結論づける積極的な根拠が乏しく、論理的な一貫性にも欠けた見解であることが確認できた。むしろ、近隣に集落と生産耕地が同一面に存在する事例があり、これを参考にするならば、高位面集落が低位面水田を管理していたとする必然性を説明することは困難である[7]。

したがって、同一面に集落と生産耕地は存在するという在り方が、弥生時代の集落と生産耕地の基本である、と結論づけるものである。

註
(1) ほかに果樹園なども想定できるが、現状では考古学的に情報化することはできない。
(2) 集落との関係性を論じたものに登呂遺跡の分析（八幡 1947）や宮地淳子氏（宮地 2000）の論考がある。
(3) ただし、後述するように近年の再発掘の結果、これまで弥生後期前半の集落に伴うと推定していた水路および畦畔は、洪水層との対比によって後期後葉から終末段階の水田面であることが確認され、後期前半の水田面はその下層に存在していたことが確認された（岡村 2002・2006）。
(4) 群馬県域における古墳時代初頭と古墳時代後期の、降下火山灰による畠と集落の同時存在の証明は、数少ない事例である。
(5) 報告では後期中葉から後半の年代を与えているが、沈線区画による文様構成であり、無頸壺などの存在からも後期でも古い段階だと判断した。
(6) 遺跡の層位とその時期比定については、少なからぬ混乱が存在する。「報告書」では基本層序にⅠ層（18世紀以降）からⅡ3層暗褐色粘土（9世紀末から11世紀）までの記載はあるが以下、Ⅲ1層黒色粘土（植物遺存体を含む）、Ⅲ2層暗茶褐色土（植物遺存体を含む）、Ⅲ3層黒色粘土（植物遺存体を含む）からⅣ1層暗茶褐色粘土、Ⅳ層灰黒色粘土、Ⅴ層（青灰色砂）までの具体的な年代比定がない。遺構の検出面から類推すれば、実信地区の弥生時代中期後半の溝SD064、古墳時代前期の盛り土である001AともⅢ2層であり、並木地区ではこれに加え3層で古墳時代後期の遺構を確認している。スタジアム地区の概要報告ではⅢ層の黒色泥炭層が古代、Ⅳ上層の茶褐色泥炭とⅣ下層黒褐色泥炭が弥生時代に比定されているので、「報告書」と対応させれば「報告書」Ⅲ2層がⅣ上層、Ⅲ3層がⅣ下層になるだろう。また、千葉県内の農耕関連遺構をまとめた城田義友氏は、「報告書」の記述に則りながら、Ⅱ3層を平安時代末期以降、Ⅲ1層が古墳時代後期から奈良・平安時代、Ⅲ2層が古墳時代前期以降、Ⅲ3層は弥生時

代中期以降とする。ここでは「報告書」に則るが、仮に城田氏の層序でも、Ⅲ2層・Ⅲ3層のいずれかに弥生時代後期の包含層が存在すると考えられる。

(7) 低位面の生産耕地の管理を高位面の集落が行うのは、低位面が河川の氾濫や洪水など、居住環境としては適していないからであるという説明が提出されるかもしれない。しかし、本稿の事例で見てきたように、同一時期・同一水系の狭い範囲に、高位面・低位面の両方から環壕集落が確認されていることは、こうした説明が成立しないことを証明している。また、高位面に集落を構える理由に「争乱」を挙げることも行われてきたが、石鏃などの武器の出土の少なさ、高位面・低位面ともに環壕集落が形成され、弥生時代の前後にも高位面に集落が作られるなど、「争乱」を積極的に支持する根拠に乏しいので、こうした考えは成立しないであろう。

第6節　検討項目6：弥生時代の重複住居からみる集落の移動

1　はじめに

　住居が多数検出された弥生集落が存在する。「大規模集落」「拠点的集落」「集住集落」などと呼称されるこの集落は、出土する土器が型式的に連続していることが多く、時にそれが4～5型式（段階）にわたっていることも確認されている。また、これら連続する土器型式を出土する住居址が、不連続に重複して検出されることが多い。こうした事例から「大規模集落」は、出土した連続する土器型式の間、断絶することなく集落が形成されてきた、と従来考えられてきた。

　しかし、こうした認識は検証されたものではなく、連続する土器型式が出土することから想定されてきた、未検証の前提である。本節では「大規模集落」「拠点的集落」「集住集落」での継続性の問題を検証するものである。

2　問題の所在

　戦後の弥生時代の集落研究は、各地での水田遺構や環壕集落の増加によって、定着的・集住的だという認識が研究者のなかで生まれるようになる（和島1948・1962、小林1951、和島・岡本1958、近藤1959・1962、都出1970・1989、佐原1975、田中義1976・1982、原口1977、酒井1984・2001）。一連の研究のなかからはいくつかの作業概念が生まれ、生産と消費の基礎単位として単位集団が設定されたのもその一つである（近藤1959）。そして住居址出土の土器型式が連綿と存在するものを継続型、いくつかの型式が確認されない断絶型、これに数型式の土器が存在するもの、しないものという項目を併せ、長期継続型、短期継続型、長期断絶型、短期廃絶型という概念化が行われ（佐原1975）、住居の数や環壕の有無などによって、拠点型・周辺型、母ムラ・子ムラといった類型化も行われてきた（田中1976）。また長期継続型の集落のなかには、前期から中期末や後期まで数百年間は存続する、という前提での解釈も行われてきた（酒井2001）。

　こうしたなかで、集落変遷の時間的な証明として、姥山貝塚の調査以来注目されてきた（宮坂・八幡1927）住居の重複関係が分析されるようになる。田中義昭氏によって紹介された、岡本勇氏が提唱する同心円状の拡張をする「連続的重複」と規則的な重複をしない「不連続な重複」としての類型化は、その一つである（田中1976、岡本1979）。田中・岡本両氏は連続的な重複は住居の拡張であり、文字どおり「連続」して住居が営まれたのに対し、不連続に重複する新旧の住居の間には、古い住居が徐々に埋没したのちに新しい住居が建てられていることから、新しい住居の建築までには一定の時間の経過が存在する、時間的には連続しない住居と推断したのである。

　こうした不連続な住居の重複については、縄文時代（八木1976a・b、石井1977、岡本1979）と、弥生時代（田中1976、石井1980）の集落研究の問題点として別個に取り上げられてきた。それぞれの分析の対象となる時代は異なるが、不連続な住居の重複に対して、先に示した新旧住居に一定の

時間の経過が存在するという認識は、住居が「自然堆積」によって埋没したという前提にたっており、縄文時代・弥生時代の分析とも共通している。しかし、縄文時代の分析では結果として新旧住居の間に非居住期間が存在したとして、旧住居の住人が移動していたことを想定しているのに対して、弥生時代の分析では、非居住の空白期間を考慮せずに、集落が長期継続することを裏付ける根拠の一つとした[1]。こうした傾向はその後の弥生時代集落研究にも引き継がれ、長期継続型集落の多数の住居群の変遷を、出土土器の細分型式による編年研究と住居の重複関係を根拠として、同時存在の住居群を措定し、同じ方法で措定した前後の時期の住居群と比較しながら、集落が数型式にわたり継続し存続していったと理解して来た（松本1988、安藤1991bなど）[2]。

　しかし、不連続な重複をする竪穴住居を観察すると、従来言われてきたように、新しい住居は古い住居の覆土（埋土）を掘込んで建築していることから、理論的には古い住居が埋まっていなければ、新しい住居は建築できないはずである。例えば、連続する土器型式を出土する、A住居（旧）とB住居（新）が不連続に重複する場合、両住居が時間的に連続して建てられたとするには、A住居に居住しなくなって後に埋戻しが行われ[3]、B住居を構築することを想定しなければ成立しない考えである。したがって、これまで想定してきた同一集落で長期に継続する集落は、この問題の解決なしには想定できないが、まだ検証されていない問題である。一方、A住居に居住しなくなった後にどこかに移動し（X住居）、一定期間の後そこから移動し、新たにB住居を構築したという想定もできる。こうした集落構成員の移動が想定できる場合、細別型式という短い時間枠のなかで居住者が移動し（住居に住まわなくなり）、一定期間の後（住居に堆積土が存在する間）、その居住者・関係者あるいはほかの集団が、この住居と不連続な位置に住居を構える、ということになる。このような短い期間における頻繁な移動が行われていたとすれば、一つの集落において、断絶なく連続して住居を構築しているという従来の見解や、同一型式を出す近隣の遺跡は同時存在していたという前提は、再考を迫られることとなる。あるいは環壕で囲まれた一つの集落の内部を移動していたとすれば、これまで想定してきた一時期に存在した住居の数は、著しく減少することとなる。細別型式が前後する時間内での頻繁な移動の問題により、住居群・遺跡群・住居と墓などの弥生時代地域社会の構造について、従来の考えを見直す必要がでてくるといえるだろう。今、弥生時代集落研究の問題の一端は、これまで実施されてこなかった、こうした前提条件の検証を行い、その検証に基づいた集落論の提示が求められていると考える。

　本論ではこの点を踏まえ、不連続な住居の重複事例の分析を通して、弥生時代集落の移動を考えるものである。

3　竪穴住居址の埋没時期の検討

　重複した住居が時間をおかずに建替えが行われたか否かを検討するために、竪穴住居に居住しなくなった（非居住）後、住居の上屋が存在していたかどうかを検討する。上屋が残っていれば、その間は当然この住居に重複して新たに住居は建設されないはずである。非居住となった後、上屋が

存在していたかどうかを推測する方法として、焼失住居を取り上げる。上屋が一定期間残っていた後に火災にあった場合、自然営力による竪穴内への土壌の堆積が進行し、建築部材が崩落する以前の堆積土が存在するか、建築部材が床面から浮いた状態で確認される、と推測することができる。したがって、竪穴内の堆積状況を分析することで、この問題をとらえていくこととする[4]。

ただし、こうした考えを進めていくためには、いくつかの前提が存在する。

その一点目は火災住居の認定に関することである。二点目は上屋構造として土屋根を想定すること、三点目は火災時に形成された土層の認識に関することである。一点目の火災住居の認定条件は、これまでにも吟味されているように（寺沢1979）、灰・炭化材・焼土が出土していれば火災住居の候補と考える。しかし、竪穴住居から確認される要素は焼土・炭化材・灰の順番で少なくなり、石野博信氏の指摘するように（石野1990）、現実には灰はほとんど確認できない。したがって、今回の分析では、炭化材と焼土が確認できた事例を火災住居と認定する。

二点目の土屋根の想定は、炭化材の形成には蒸焼きになる必要があることから想定されたものである。蒸焼きになるために部材の燃焼時に土などの覆いが存在しなければならない。この問題には屋根に土が葺かれた土屋根が、柱や棟、垂木などと共に崩れて竪穴内に堆積した状況を想定しておく[5]。この想定は、炭化材とともに存在する大量の焼土の形成にも土壌が必要であることからも、前提となるものである。

三点目は火災時の堆積土とそれ以前の堆積土を、炭化材や炭化物の塊（以下合わせて炭化物類という）の含有の有無によって区別するという前提である。これは炭化物類を包含する土層は、炭化物類の形成時に一緒に形成されたと推定できるのに対して、火災以前に堆積した土壌には、炭化物類が混入することは想定できない、という理論的な理由から前提とするものである。ただし、炭化粒子のような微小なものは、炉の日常的な使用によっても生成されているので、火災住居以外に含有されても不思議ではない。これは焼土粒子に対しても考えられることであるので、炭化物類を含まず、炭化粒子・焼土粒子が混入する土層は、火災時に形成されたものではないと推定する。

以上のことを前提に、具体的には火災住居のなかで、炭化材と床面・壁際との間に炭化物類や焼土ブロックが入らない、あるいは炭化粒子や焼土粒子だけが少量入る土壌が存在する事例を検討して、非居住になったあとも上屋が残っていた住居が存在していたことを検証していく。

(1) 神奈川県折本西原遺跡 (松本1988)

折本西原遺跡は周辺の低地部との比高差20m前後を測る台地上に所在する遺跡で、第1～3次調査まで行われ、第2・3次調査の報告書が先に刊行された（石井1980）。検出された住居址は1次35軒、2・3次49軒、土坑は合わせて25基、環濠（V字溝）5条であった。このうち第1次調査の第6号住居址が、良好な火災住居址の調査報告となっている（図29-1）。第6号住居址は、壁際から中央に向かって炭化材が倒れ込む状況で検出されている。この炭化材の断面の出土形状をみると、住居中央付近では床面に接しているのに対して、壁際は床面（壁溝）から30～50cmほど上面

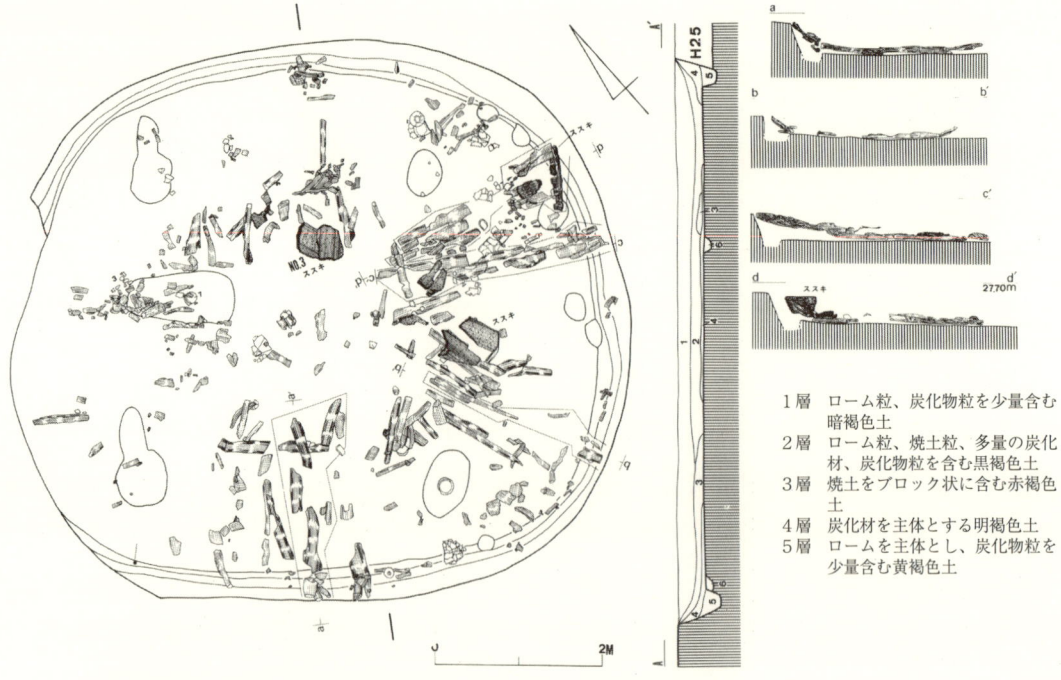

164　第4章　個別要素の検討

1層　ローム粒、炭化物粒を少量含む暗褐色土
2層　ローム粒、焼土粒、多量の炭化材、炭化物粒を含む黒褐色土
3層　焼土をブロック状に含む赤褐色土
4層　炭化材を主体とする明褐色土
5層　ロームを主体とし、炭化物粒を少量含む黄褐色土

1　折本西原遺跡　第6号住居址炭化材出土状況（松本1988原図：改変）

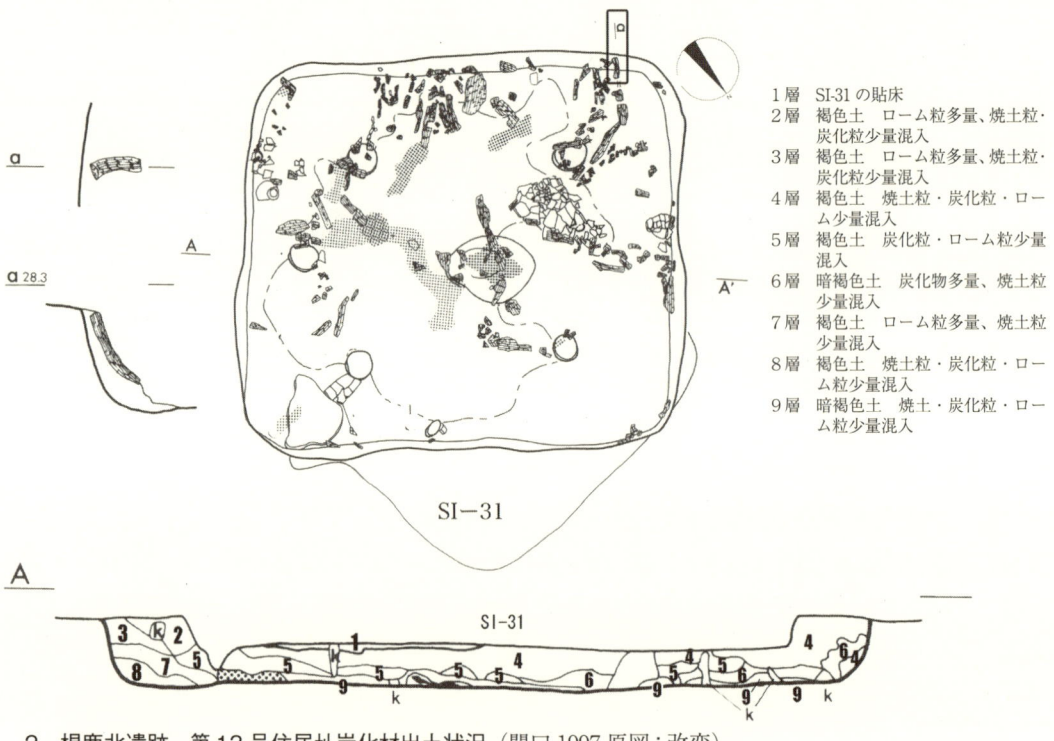

1層　SI-31の貼床
2層　褐色土　ローム粒多量、焼土粒・炭化粒少量混入
3層　褐色土　ローム粒多量、焼土粒・炭化粒少量混入
4層　褐色土　焼土粒・炭化粒・ローム少量混入
5層　褐色土　炭化粒・ローム粒少量混入
6層　暗褐色土　炭化物多量、焼土粒少量混入
7層　褐色土　ローム粒多量、焼土粒少量混入
8層　褐色土　焼土粒・炭化粒・ローム粒少量混入
9層　暗褐色土　焼土・炭化粒・ローム粒少量混入

2　根鹿北遺跡　第13号住居址炭化材出土状況（関口1997原図：改変）

図29　炭化材の出土状況1

から出土している。このことは、第6号住居址が火災となり上屋の部材が崩れ落ちた時に、壁際に堆積土があったことを示唆している。炭化材が確認された層は第4層（炭化材を主体とし、粘性、しまりのない明褐色土）で、その下層には壁溝の上の壁際に、三角堆積土を呈す第5層（ロームを主体とし、炭化物粒を少量含み、粘性、しまりのない黄褐色土）が堆積している。したがって、炭化材が崩れ落ちた時に壁際には第5層がすでに堆積しており、土層の内容物から判断して、第5層は火災時に堆積したものではない、と推断できる。この事例から、6号住居址は居住しなくなった後、第5層が堆積する一定の期間は上屋が建っていたと考えられるのである。

(2) 茨城県根鹿北遺跡（関口1997）

根鹿北遺跡は眼下の谷底との比高差、約8mを測る台地上に存在する遺跡で、弥生時代後期の第13号住居址が良好な火災住居となっている（図29-2）。第13号住居址は覆土中に古墳時代後期の第31号住居が構築され、覆土が一部失われているが、堆積状況が把握できる事例である。住居西側を中心に炭化材・焼土ブロックが多量に出土しており、北西から南東方向の（長軸方向）の土層図からは、炭化物を多量に含む6層を中心に、焼土を含む9層が床面や覆土下層に堆積している。北西壁際では6層の下面に4層が堆積し、南東壁際では焼土粒・炭化粒・ローム粒を少量含む8層を最下層として、ローム粒が多量に混入する7層がその上を覆っている。また、北西コーナー付近の炭化材の出土状況が図化されており、それによれば炭化材と壁の間に間層が存在しているのがわかる。調査者は「壁寄りの炭化物は壁までに間層をおいて傾斜して検出された。燃焼する段階で壁寄りの部分には一定の堆積土（7層のような土層）が存在した」と所見を記している。こうした状況は、前述した折本西原遺跡第6号住居の事例と共通するものである。この住居も罹災するまでに、一定期間上屋が存在していたことが理解できるものである。

(3) 東京都田端不動坂遺跡（新井2003）

田端不動坂遺跡は、周辺との比高差30mを測る台地上に所在する遺跡である。第48号竪穴からは焼土・炭化材が多く検出された火災住居である（図30-1）。南北方面の土層図（B-B'）には直径5mm程度の炭化材を含む暗褐色土（5層）があり、それ以前に堆積したと考えられる暗褐色土・明褐色土の15〜19層が壁際にある。それぞれの土層には焼土粒・炭化物粒を微量含んでいることから、第5層と15〜19層の違いは炭化材の有無ということになる。これは、5層が火災によって生成されたものであり、それ以前に壁際の堆積土があったことを示唆している。したがって、15層〜19層が堆積する一定期間が経過した後、第48号住居址は罹災したことが推定でき、それまで上屋が存在していたと考えることができる。

(4) 千葉県加茂遺跡D地点（小橋2002）

加茂遺跡D地点は、東側の谷部との比高差7mを測る台地上に位置する遺跡である。古墳時代

166　第4章　個別要素の検討

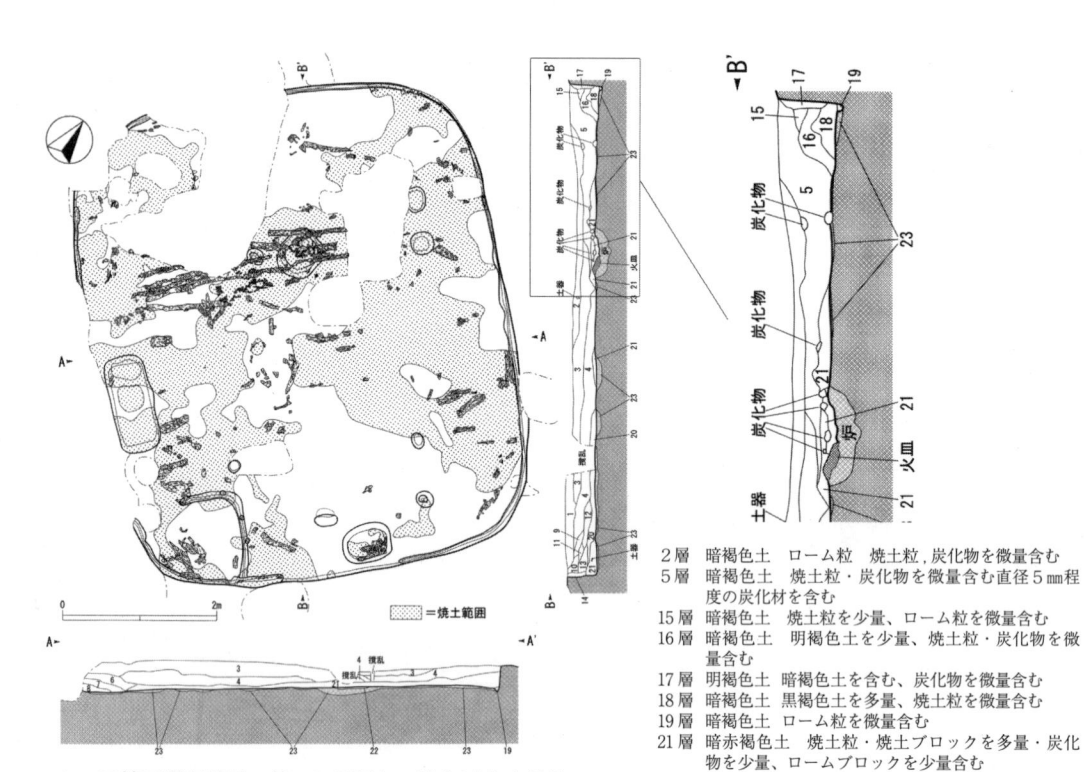

2層　暗褐色土　ローム粒，焼土粒，炭化物を微量含む
5層　暗褐色土　焼土粒・炭化物を微量含む直径5mm程度の炭化材を含む
15層　暗褐色土　焼土粒を少量、ローム粒を微量含む
16層　暗褐色土　明褐色土を少量、焼土粒・炭化物を微量含む
17層　明褐色土　暗褐色土を含む、炭化物を微量含む
18層　暗褐色土　黒褐色土を多量、焼土粒を微量含む
19層　暗褐色土　ローム粒を微量含む
21層　暗赤褐色土　焼土粒・焼土ブロックを多量・炭化物を少量、ロームブロックを少量含む
23層　暗褐色土　掘り方埋土

1　田端不動坂遺跡　第48号竪穴の炭化材出土状態
（新井2003原図：改変）

b-b'
1層　黒褐土　黄褐土粒（～5mm）少、炭化物粒
2層　黒褐土　黄褐土粒（～3mm）少、炭化物粒（～5mm）、焼土粒
3層　黒褐～黒土　黄褐土粒（～3mm）少
4層　にぶい黄褐土　赤褐土ブロック（～1cm）がまんべんなく混じる
5層　黒褐～黒土　覆土～地山漸移層
6層　黒褐～灰黄褐土　覆土から地山漸移層
7層　焼土ブロック主体層
8層　炭化物多含層

a-a'
1層　黒褐土　黄褐土粒（～2mmまれに1cm）多、壁に近いほど地山と漸移的
2層　黒褐土　黄褐土粒（～2mm）まれにブロック（～2cm）、焼土粒（～1mm、壁寄りになるほど多い）少
3層　炭化物
4層　灰黄褐～黒褐土　黄褐土・炭化物粒（～2mm）粒少覆土～床面漸移層
5層　灰黄褐～黒褐土　黄褐土ブロック（～5cm）多、まれに炭化物
6層　黒褐土　黄褐土粒・焼土粒（～2mm）混じる

2　加茂遺跡D地点206号遺構の炭化材の出土状態
（小橋2002原図：改変）

図30　炭化材の出土状況2

の2軒の住居に壊されている206号遺構（住居）は、弥生時代中期の住居で、残存する壁際から炭化材が出土している（図30-2）。この住居の断面（b-b'）を見れば、炭化物を多く含む層（8層）とそれを包括する黒褐土（2層）の下層に、焼土ブロックを主体とする層（7層）とそれを包括する黒褐土（3層）が存在する。3層と7層には炭化物を含まないが、この層に接して炭化物多含層（8層）と焼土の存在から3・7・8層までが火災の際に堆積したと推測することができる。そして3層の下層には最大径1cm程度の黄褐色ブロックがまんべんなく混じる、にぶい黄褐土（4層）が堆積している。この4層には炭化物類や炭化粒子の記載はない。こうした観察結果から、206号遺構は4層が堆積した後に被災して炭化物類が堆積したと推測できる。4層が堆積する一定の期間、206号遺構（住居）の上屋が存在していたと考えられる。

(5) 千葉県川崎山遺跡 d 地点（常松 2003）

川崎山遺跡 d 地点は、西側の新川との比高差約15mを測る台地上に展開する遺跡である。弥生時代後期後半の9D住居は、北半分から焼土と炭化物が出土している（図31-1左）。この住居の覆土を土層図 A-A' で見ると、焼土・炭化材を含む11層の下層に、径2mmの黄色スコリア・ロームが混じる12層と、ローム混じりの13層が堆積している。特に13層は床面直上に薄く全体的に堆積している。その上に焼土（ブロック）や11層が堆積している。また12層は、三角堆積の形態を呈している。

この遺跡からは、ほかに後期前半の時期の19D住居全体から、焼土・炭化物類が出土している（図31-1右）。住居中央の床面には、焼土炭化材を含む4層と特に焼土・炭化材の多い5層がブロック状に堆積している。しかし、壁際には4層と「判然」と分けることのできる径1mm以下の黄色スコリアを含む6層が、三角堆積を呈している。火災時に形成されたと考えられる、焼土・炭化物類を含む4・5層の土壌はブロック状に堆積しているが、それ以前の堆積土は壁際に三角堆積の形状をしているのが対照的である。

(6) 千葉県八木宇廣遺跡（小谷 1995）

八木宇廣遺跡は、周辺の谷底との比高差約18mを測る台地上に存在する遺跡である、弥生時代後期前半の3号住居からは、壁際の周辺に炭化材が出土している（図31-2）。覆土には、炭化物類を含む5層の下層に、ローム粒を多く含む暗褐色土（8層）が堆積している。この8層は東西と南壁で三角堆積土層として確認できるが、北壁にはなく、代わりに5層が堆積している。同じ竪穴住居でも、被災時以前の堆積土が存在しない部分があることがわかると共に、壁際に堆積する8層が三角堆積を呈しているのに対して、被災した際に形成されたと推測できる5層が、壁際に堆積しているにもかかわらず、三角堆積をしていないのは象徴的である。

以上、被災した段階（炭化材が形成された段階）の炭化物類や焼土を含む土層が形成される以前に、すでに堆積土層が存在するという事例を見てきた。これは被災段階以前に竪穴内に土壌の堆積

168　第4章　個別要素の検討

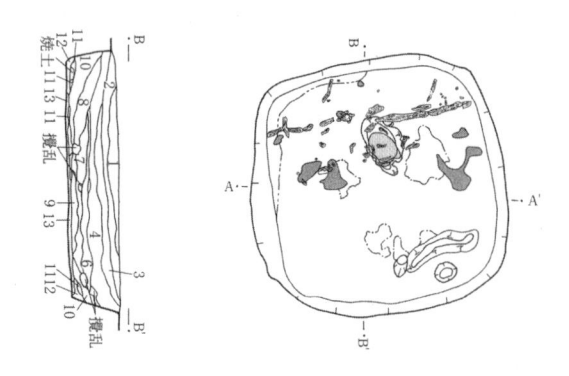

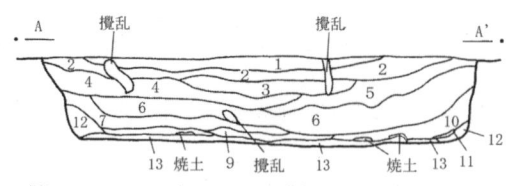

1層　7.5YR2/2, 3/2　径0.5〜1mm黄色スコリアを含む
2層　7.5YR3/2, 3/3, 7.5YR4/3雲状　径0.5〜1mm黄色スコリアを含む
3層　7.5YR4/3, 3/3混じり合う　径0.5〜1mm黄色スコリアを含む
4層　7.5YR4/3, 3/3斑状　径5mmスコリア、径0.5〜1mm黄色スコリアを含む
5層　7.5YR3/3
6層　7.5YR4/3, 4/4　径1mm以下のロームブロックまばら径1mm黄色スコリア
7層　7.5YR3/3　径5mm以下黄色スコリア
8層　7.5YR4/3　径1〜2cmロームブロック、径5mm以下黄色スコリア
9層　7.5YR4/3, 4/4　径1〜2cmロームブロック、焼土粒子少
10層　7.5YR3/3　径1mm黄色スコリア
11層　7.5YR3/3　焼土、炭化材含む
12層　7.5YR4/3, 3/3　径2mm黄色スコリア、ローム混じり
13層　7.5YR3/3, 4/3, 4/4　ローム混じり、床面直上

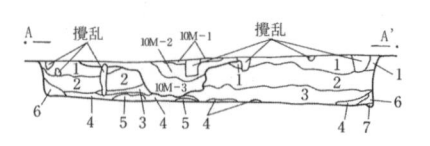

1層　径1cmロームブロック、径3mm以下の黄色スコリア
2層　径1〜3cmロームブロック、径3mm以下黄色スコリア
3層　径3cmロームブロック、径3mm以下黄色スコリア
4層　焼土、炭化材
5層　4層の中で特に焼土炭化材が多い部分
6層　径1mm以下の黄色スコリア
7層　壁構覆土

1　川崎山遺跡d地点　9D住（左）・19D住（右）
（常松2003原図：改変）

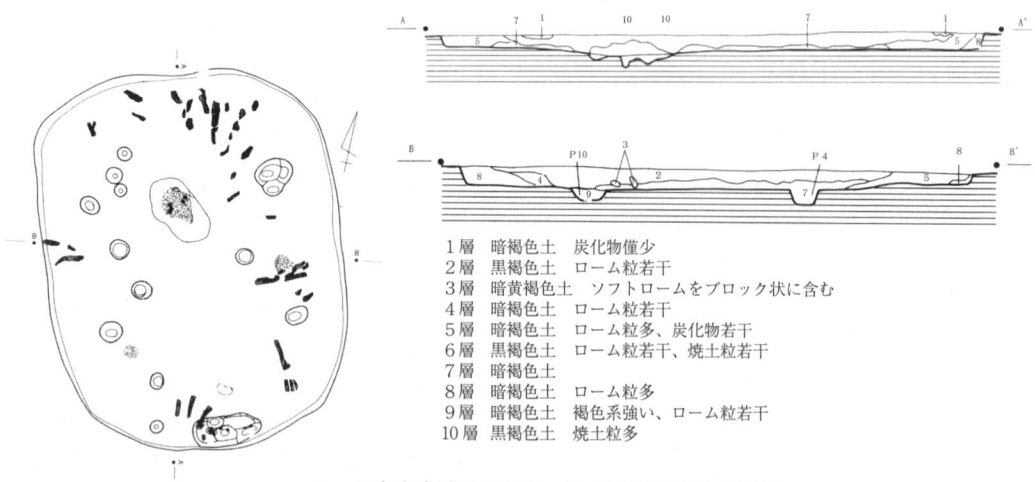

1層　暗褐色土　炭化物僅少
2層　黒褐色土　ローム粒若干
3層　暗黄褐色土　ソフトロームをブロック状に含む
4層　暗褐色土　ローム粒若干
5層　暗褐色土　ローム粒多、炭化物若干
6層　黒褐色土　ローム粒若干、焼土粒若干
7層　暗褐色土
8層　暗褐色土　ローム粒多
9層　暗褐色土　褐色系強い、ローム粒若干
10層　黒褐色土　焼土粒多

2　八木宇廣遺跡3号住（小谷1995原図：改変）

図31　炭化材の出土状況3

が可能になる状態が存在していたということであり、堆積土が形成されるまでの一定期間、上屋が存在していたと想定をすることができるのである[6]。

そして、川崎山遺跡d地点や八木宇廣遺跡などに現れていたように、火災以前の堆積を示す壁際の三角堆積土と、火災時に崩れ落ちた建物部材や土屋根を供給源とする覆土を比較すると、同じ壁際でもその在り方が違っている。前者が三角堆積という定型化した形状を示すのに対して、後者は炭化物や焼土などがブロック状に観察でき、一定の堆積パターンを示さないことが挙げられる。焼失家屋に見られた竪穴住居の壁際の三角堆積土の形成が火災時のものではなく、それ以前の、竪穴が埋まっていく過程における最初に堆積する土層であるならば、この概念を焼失家屋以外にも適用することが出来そうである[7]。すなわち、居住しなくなった後上屋を残していた場合に、最初に堆積していく土層が壁際の三角堆積であり、居住しなくなってすぐに上屋の撤去・火災を含む人為的な埋戻しが行われていたとするならば、壁際の三角堆積は形成しないと推定できる[8]。こうした点を踏まえ、次に連続する土器型式を出土する、不連続な竪穴住居の事例について検討し、両者が連続して建築されたのかを、上屋の存在に焦点をあてて検証していきたい。

4　竪穴住居址の重複事例の検討

不連続な重複を行う竪穴住居のうち、新旧両方から土器がまとまって出土する事例は少ない。さらに、比較対象となる住居址から時期比定が可能な土器が揃って出土することは極めて稀であるが、そのなかから代表的な事例を分析することとする。

(1)　神奈川県砂田台遺跡（宍戸・上本1989、宍戸・谷口1991）

砂田台遺跡は、周辺の低地部との比高差20m前後を測る台地上に所在する遺跡である。弥生時代中期後半の遺構は、環壕2条、住居址93軒、方形周溝墓4基[9]、土坑7基、溝24条が確認されている。これらの遺構に同時存在し得ない関係をもつものが少なくないが、その代表的な住居址の事例として、25号住居址と30号住居址の不連続な重複がある（図32）。重複部分の土層の観察から、30号住居址の覆土を50cm前後切り込んで25号住居址が構築されており、25号住居址が新しいのは確実である。出土した土器は報告者によって、砂田台遺跡全体の中期後半の土器をIV期5段階（IV期は前・後）に分けたなかで、30号住居址がIV期前半、25号住居址をIV期後半に位置づけている（宍戸1991）。25号・30号住居址出土の土器については、後述する折本西原遺跡のある下末吉台地（以下Si）地域の土器を分類した安藤氏によって、砂田台遺跡のある相模湾沿岸地域全体を分類するなかでも取り上げられ、相模湾沿岸（以下Sa）V期の基準資料に30号住居址、SaVI期の基準資料に25号住居址をあてた（安藤1991a）。そして、SiV期前半とSaV期が対応し、SiV期後半とSaVI期が対応すると想定する。これをまとめれば、25号住居址と30号住居址は時間的に連続・継続しており、その住居が不連続に重複した事例といえる。

この連続する土器型式を出土する住居が重複する場合、次の2つのケースが想定可能である。

170　第4章　個別要素の検討

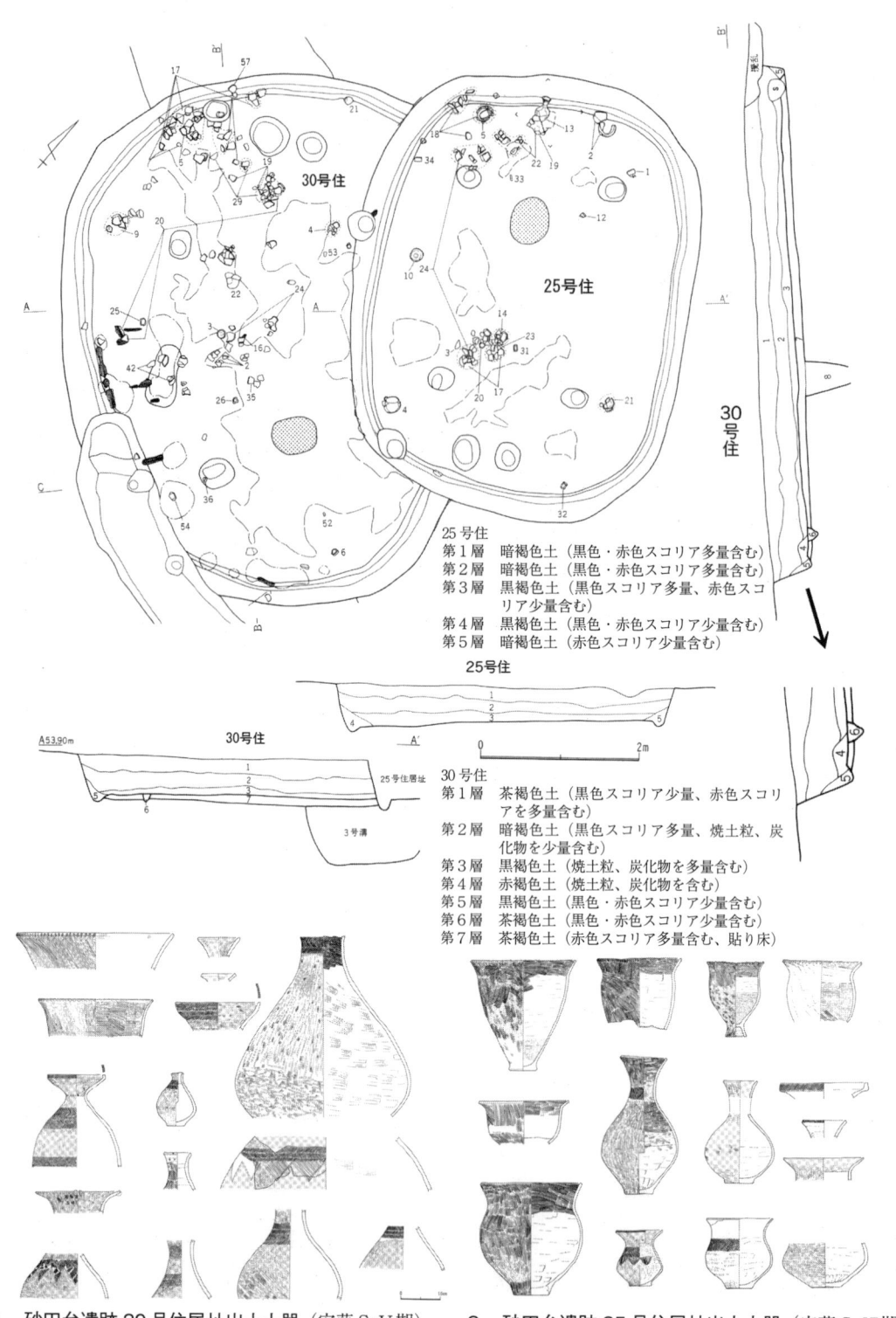

25号住
第1層　暗褐色土（黒色・赤色スコリア多量含む）
第2層　暗褐色土（黒色・赤色スコリア多量含む）
第3層　黒褐色土（黒色スコリア多量、赤色スコリア少量含む）
第4層　黒褐色土（黒色・赤色スコリア少量含む）
第5層　暗褐色土（赤色スコリア少量含む）

30号住
第1層　茶褐色土（黒色スコリア少量、赤色スコリアを多量含む）
第2層　暗褐色土（黒色スコリア多量、焼土粒、炭化物を少量含む）
第3層　黒褐色土（焼土粒、炭化物を多量含む）
第4層　赤褐色土（焼土粒、炭化物を含む）
第5層　黒褐色土（黒色・赤色スコリア少量含む）
第6層　茶褐色土（黒色・赤色スコリア少量含む）
第7層　茶褐色土（赤色スコリア多量含む、貼り床）

1　砂田台遺跡30号住居址出土土器（安藤SaV期）　　2　砂田台遺跡25号住居址出土土器（安藤SaⅥ期）

図32　砂田台遺跡の不連続な重複住居と出土土器（宍戸1991原図：改変）

土器 SaV型式が使用されていた期間	土器 SaVI型式が使用されていた期間
30号住が存在可能な時間	25号住が存在可能な時間

想定ケース1　　　　　　　▲　　　　　　　　●
想定ケース2　　　　　　　　　　　　▲　　●

▲ 30号住に住まわなくなった時点　● 25号住が作られた時点

　想定ケース1の場合は30号住居に住まわなくなってから、そこに重複して25号住居がつくられるまでの間に、確実に空白の時間が存在する。想定ケース2の場合、古い住居（30号住）に住まなくなってすぐに埋戻さない限り25号住を作ることは不可能である。しかし、30号住の覆土に縦方向の不規則な堆積土が存在しないことやロームブロックなど埋戻しに伴う特徴ある覆土が見られないことから、このことは成立しにくい。

　2軒の住居址のうち古い30号住居は、炭化材と焼土ブロックが出土しており火災住居である。覆土を観察すると焼土粒、炭化物を多量に含む第3層は床面に広がり、焼土粒、炭化物を含む第4層は壁際に存在しているが、それ以前の堆積として黒色・赤色スコリアを少量含む黒褐色土の第5層が堆積している。そしてこの第5層は三角堆積を示している。三角堆積を示す第5層には炭化物類や焼土粒を含まず、その上に第4層・第3層が堆積していることから、壁際の三角堆積土が形成された後に罹災したということができる。このことは、三角堆積が進行している期間は、上屋が存在していた可能性が高いと判断できるのであり、その間は新たな住居の構築は行われなかった、ということができるのである。すなわち、両住居址の間には重複するまでに、少なくとも三角堆積土が形成される程度の時間は存在していたのであり、両住居址が重複する位置に時間をおかず連続して建築された、とすることはできないこととなる。すなわち、連続する細分型式土器を出土する不連続な重複住居址で、三角堆積土が形成するまでの間は、新しい住居が建築されなかったといえる。

(2)　神奈川県折本西原遺跡（石井1980、岡田・水澤・松本1988）

　折本西原遺跡は、前述のとおり比高差20m前後を測る台地上に所在する遺跡で、第1〜3次調査まで行われた。当該地域を代表する遺跡である。折本西原遺跡の2・3次調査の結果を分析した石井寛氏は、出土した宮ノ台式土器をI期からIII期に大別し、II期を前半・後半に細分し、集落の変遷をI期—II期前半—II期後半—III期の4段階の変遷を想定した（石井1980）。石井氏の土器編年は、1次調査の出土土器を分析した松本完氏にも基本的に受け継がれ（松本1988）、その後、折本西原遺跡を含む地域の土器編年を分析した安藤広道氏にも取り込まれていった（安藤1990a・b・1996）。

　これを石井氏が示した折本西原遺跡の編年を基本に整理すれば、石井I期・松本1期・安藤SiIII期前半/後半—石井II期前半・松本2a期・安藤SiIV期—石井II期後半・松本2b期・安藤

172　第4章　個別要素の検討

Y2住
第1層　黒褐色　スコリア粒子・ローム粒含む、ややソフト
第2層　黒褐色　ローム粒含むややソフト
第3層　黒褐色　ローム粒含む粘性強、ややソフト
第4層　黒褐色　ローム粒多量含むソフト
第5層　褐色　　黒褐色土とロームの混土層、粘性強

Y3住
第1層　黒褐色　ロームブロック・粒子含む、ややソフト
第2層　茶褐色　ロームブロック・粒子含む、粘性強、ややソフト
第3層　黒褐色　ローム粒含む、ややソフト
第4層　茶褐色　ロームブロック含む、粘性強、ソフト
第5層　黒褐色　ローム粒子含む、ソフト
第6層　茶褐色　スコリア粒含む、ややハード
第7層　茶褐色　ロームブロック含む、粘性強、ややソフト
第8層　茶褐色　ローム粒多量含む、ソフト
第9層　ローム埋土、ややソフト

Y2住居址出土土器（石井Ⅱ期前半、松本2a期、安藤SiⅣ期後半）　　Y4住居址出土土器（石井Ⅲ期、松本3期、安藤SiⅤ期後半）

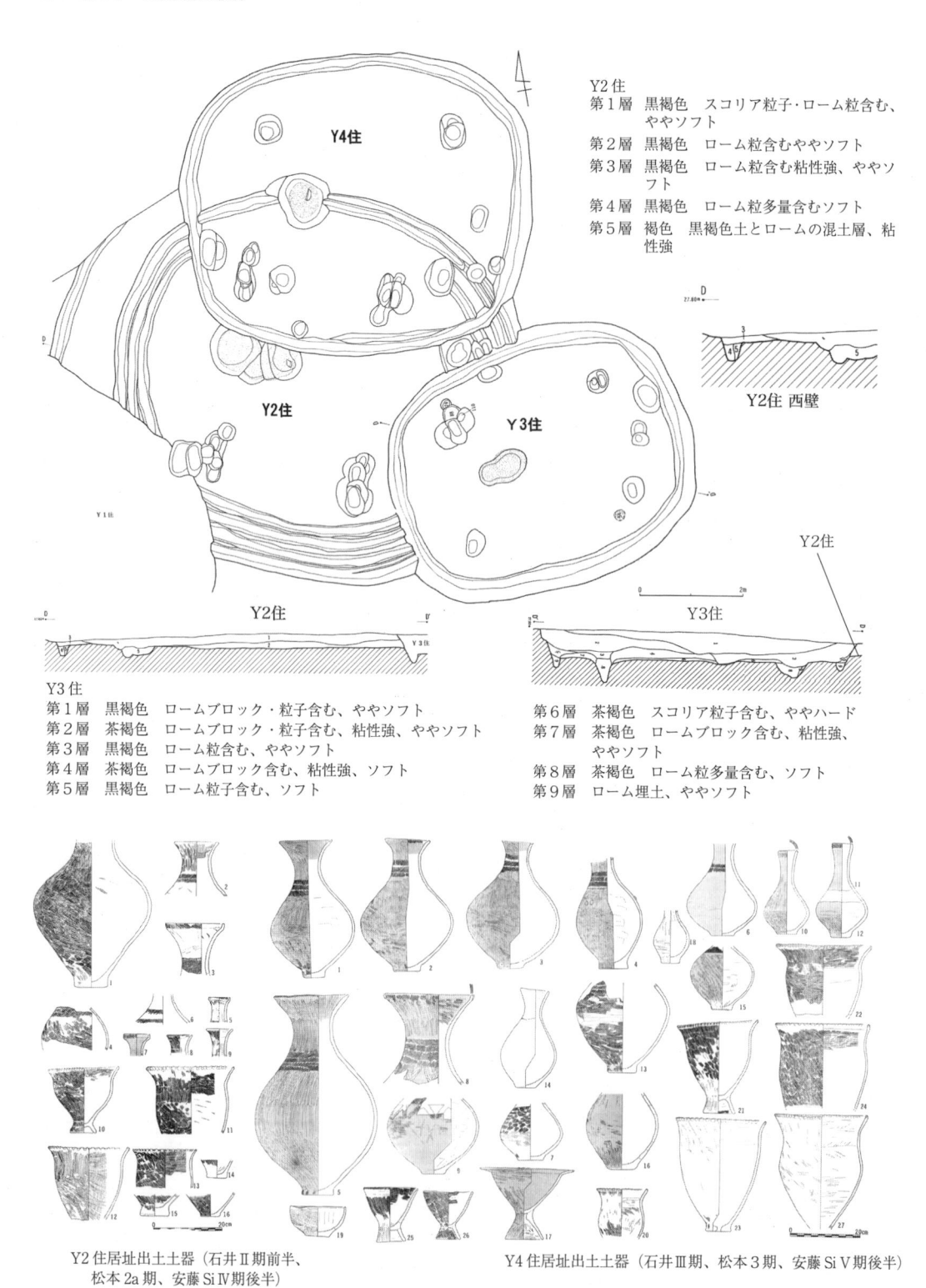

図33　折本西原遺跡の不連続な重複住居と出土土器（石井1980原図：改変）

SiV 期前半—石井Ⅲ期・松本 3 期・安藤 SiV 期後半となる[10]。これを踏まえ同時存在し得ない住居の事例をみると、第 2・3 次調査の Y2 号住居址・Y3 号住居址・Y4 号住居址がある（図 33）。

　これらの住居の重複関係をみると、Y2 号住居址を壊して不連続に Y3 号住居址・Y4 号住居址が存在することから、3 軒のなかでは Y2 号住居址が最も古い。Y3 号住居址・Y4 号住居址は直接の重複関係はないが近接して存在することから、両住居址が同時存在することはできない。時期は出土した土器から、Y2 号住居址が石井Ⅱ期前半（松本 2a 期・安藤 SiⅣ期）、Y4 号住居址は石井Ⅲ期（松本 3 期・安藤 SiV 期後半）で、Y3 号住居址は出土土器が多くなく宮ノ台式土器の範疇に収まると推測できるものの、細分時期は決定できない。しかし、Y2 号住居址との重複関係からⅡ期前半を遡らないことが判明する。また、折本西原遺跡出土の宮ノ台式土器の細分はⅢ期が最も新しい段階であることと、Y4 号住居址と同時ではあり得ないことから、Ⅲ期よりも古いことが理解できる。これらのことからいくつかの変遷が想定できるが、Y2 号住居址（石井Ⅱ期前半）—Y3 号住居址（石井Ⅱ期後半）—Y4 号住居址（石井Ⅲ期）という変遷が最も理解しやすい[11]。こうした想定をしたうえで、最も古い Y2 号住居址の土層図を見ると、西壁が撹乱されほとんど残っていないが、壁際に堆積する黒褐色土（3 層）が、三角堆積を呈しているのがわかる。すなわち、Y2 号住居址がある程度自然堆積によって埋まるまでの時間と想定することができ、少なくとも Y2 号住居址の壁際の三角堆積が形成される時間を想定するべきであろう。このことは、Y2 号住居址に居住しなくなってすぐに Y3 号住居址を建築したわけではないことを示している。

（3）　神奈川県赤坂遺跡（諸橋・中村 2006）

　赤坂遺跡は、周辺の低地部との比高差 30ｍ前後を測る台地上に所在する遺跡である。海蝕によって形成された深く、入り組んだ谷をもつ台地上の基部に位置する（図 24）。数次にわたる部分的な調査が多いが、弥生時代中期後半から後期後葉にかけての住居や方形周溝墓が密集して発見されている。不連続な重複事例の代表的なものとして、第 11 次調査地点の 3B 住、3C 住、5 住の 3 軒の住居がある（図 34）。これらの新旧関係は、報告者によれば 3B 住・5 住との重複する部分に、貼床を施す 3C 住が最も新しく、3B 住の西側コーナー部の地下に 5 住が埋没している状況から、5 住が古いとする[12]。3B 住と 3C 住の土層図を検討すると（A-A'）、1 〜 3 層が最も新しい 3C 住の覆土であり、その直下は 3B 住との重複部分に貼床を施している。そして、貼床の下層は炭化穀類・炭化材を多く含む 4 層・暗褐色土であり、3B 住が火災住居であることがわかる。さらにこの 4 層（火災時形成土壌）の下層、床面直上には炭化材を含まない、ローム粒を多く含む 5 層・暗褐色土が存在する。こうした土層の堆積状況から、3B 住が火災に遭う以前に、床面全体および三角堆積の土壌が形成される時間があり、それまで上屋が存在していたことを示唆している。そして、上屋が存在していたとすれば、その間は不連続に重複する 3C 住の建築は不可能であったはずである。またこうした状況は、3B 住より古い 5 住にも可能性がある。5 住は火災住居でないため、明確にはとらえられないが、3C 住同様、床面直上に薄く堆積する、ローム粒子を多く含む暗褐色

174 第4章 個別要素の検討

旧　新
3A住 → 3B住 → 3C住
5住 →

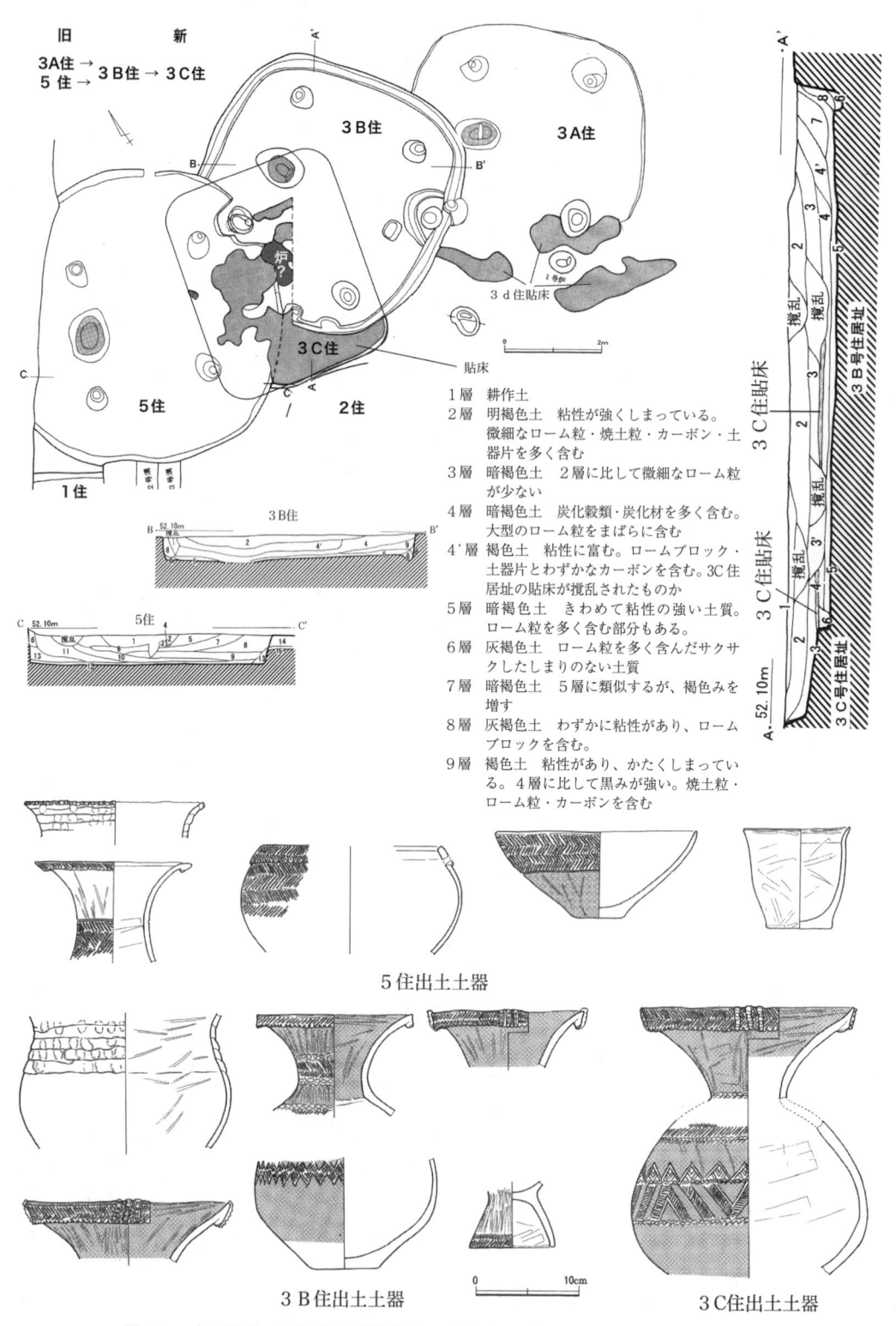

1層　耕作土
2層　明褐色土　粘性が強くしまっている。微細なローム粒・焼土粒・カーボン・土器片を多く含む
3層　暗褐色土　2層に比して微細なローム粒が少ない
4層　暗褐色土　炭化穀類・炭化材を多く含む。大型のローム粒をまばらに含む
4'層　褐色土　粘性に富む。ロームブロック・土器片とわずかなカーボンを含む。3C住居址の貼床が撹乱されたものか
5層　暗褐色土　きわめて粘性の強い土質。ローム粒を多く含む部分もある。
6層　灰褐色土　ローム粒を多く含んだサクサクしたしまりのない土質
7層　暗褐色土　5層に類似するが、褐色みを増す
8層　灰褐色土　わずかに粘性があり、ロームブロックを含む。
9層　褐色土　粘性があり、かたくしまっている。4層に比して黒みが強い。焼土粒・ローム粒・カーボンを含む

5住出土土器

3B住出土土器　　3C住出土土器

図34　赤坂遺跡の不連続な重複住居と出土土器（諸橋・中村2006原図：改変）

土の12層と、三角堆積を示すローム粒がやや大きい暗褐色土の13層がある。この堆積は3B住と同じ形成過程を経たものとすれば、5住も一定期間、上屋が存在していた可能性がある。

　古いほうから5住→3B住→3C住と変遷する住居から出土した土器は、すべて弥生時代後期のものである。5住の土器は、幅狭の口縁部で沈線区画をもつ壺、輪積みを残す甕、無形壺、坏などで構成される。安藤氏の下末吉編年（安藤1996）にあてはめれば、後期Ⅱ期に相当するだろう。また、3B住の土器は幅広の複合口縁、結節縄文区画、多段の鋸歯文の胴部文様帯などがあり、後期Ⅳ期に比定できる。また3C住の出土土器は、幅広の複合口縁、肩部・胴部の文様帯などから後期Ⅴ期の段階であろう。このあてはめが正しいとすれば、3B住と3C住は時間的に連続あるいは継続しているが、3B住が非居住となった後、一定の期間上屋が存在しており、両者は連続して構築されなかったことが推定できる。

（4）　東京都赤羽台遺跡（大谷1992）

　赤羽台遺跡は、河岸川に向かって突き出す、周辺の低地部との比高差15mを測る台地上に位置している。中央部に未調査区域を残すが、台地全域に展開する後期後半の環壕集落である。不連続な重複を示す住居は多く存在するが、上屋構造と土器編年が把握できる事例として、193住、194住、195住（図35）がある。重複からみる新旧関係は193住が194住と195住を切っていることから、3軒のなかでは最も新しい。194住と195住は重複部分が撹乱され明確な新旧は不明であった。193住に切られる194住は、炭化材・焼土を伴う火災住居である。床面全体に炭化材が分布しているとの記載や、焼土粒や炭化物を含む第3層・第4層・第5層・第9層が床面に広範囲に分布していることから、この層が火災時に形成された土壌である可能性が高い。東西方向（C-C'）の土層では西側で第9層が壁際から床面にかけて水平に堆積しているが、東側では炭化物類や焼土を含まず、ローム粒子を含む第7・8・10・11層が壁際に三角堆積状に存在する。特に第7層は炭化物・焼土粒を含む第5層の下層に位置していることから、第7・8・10・11層は、火災以前の堆積として考えることができる[13]。193住よりも古い195住の覆土は、床面と同じ高さまで削平されていたため記載がない。ただし、地床炉は確認されており、ここから土器が出土している[14]。

　こうした重複状況にある3軒の竪穴住居からは、後期後半段階の土器が出土している。194住出土土器は結節縄文区画の壺、刻み口目縁のハケ甕の存在から安藤編年（安藤1996）の後期Ⅳ期にあてはまる。また193住出土土器は編目状縄文をもつ幅広口縁の壺、口縁無刻みのハケ甕の存在から後期Ⅴ期以降になるだろう。そして、195住出土の土器は両者の中間の様相を呈し、刻み目口縁のハケ甕の頸部が角張り、口縁部も直線的に立ち上がる、193住出土土器に近いタイプになる。こうした点を斟酌すれば、194住→195住→193住の順に建てられたことが理解できるが、それぞれ一定期間上屋が存在したことが想定できる。

176　第4章　個別要素の検討

旧　　　　　新
194住 － 195住 － 193住

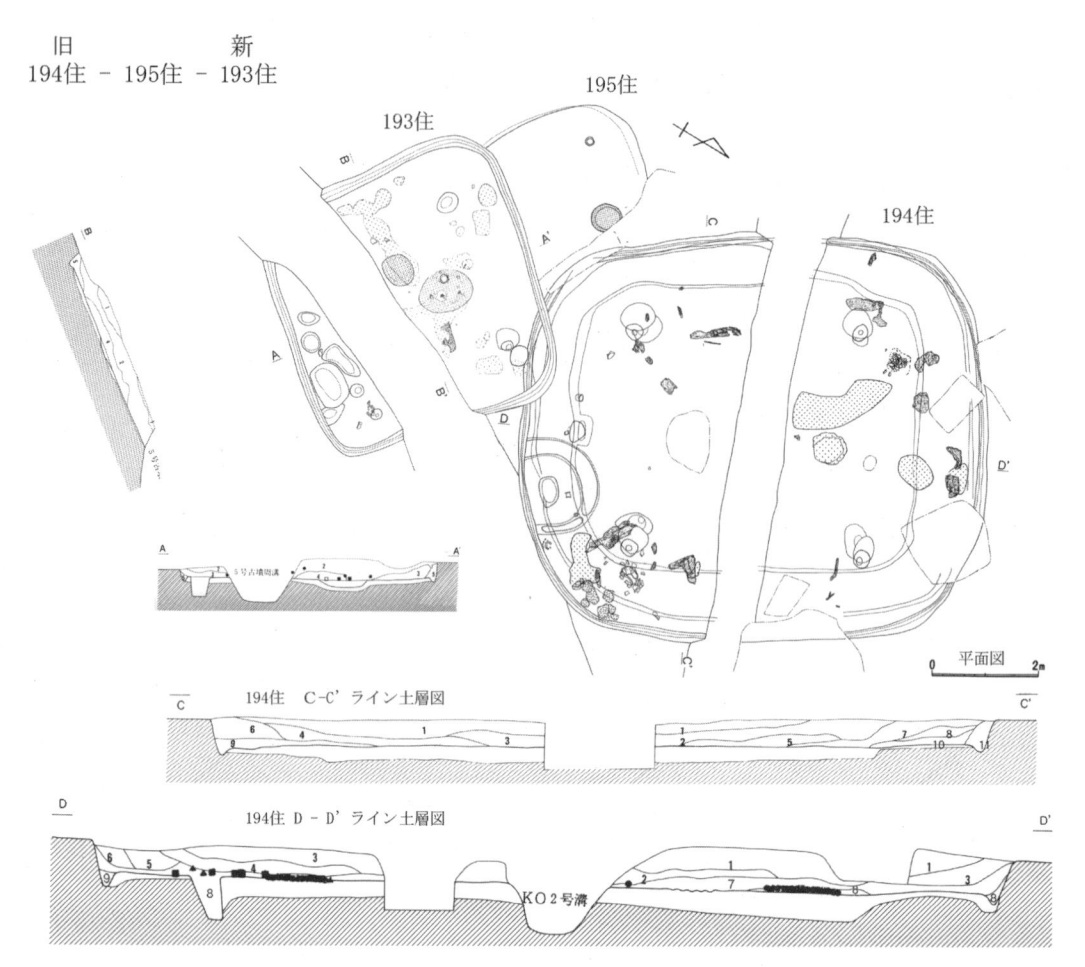

　第1層　暗褐色土　ローム粒子と焼土粒子を含む。　第2層　茶褐色土　ローム粒子と4〜5cm程度のロームブロックを少量含む。
第3層　褐色土　ローム粒子を多量に含み、焼土粒子・炭化物を少量混入する。　第4層　茶褐色土　ローム粒子を多量に含む。炭化物・
焼土粒子を少量混入する。　第5層　暗褐色土　ローム粒子と炭化物・焼土粒子を少量含む。　第6層　茶褐色土　ローム粒子を多量
に含む。　第7層　黒褐色土　ローム粒子を少量含む。　第8層　褐色土　ローム粒子を少量含む。　第9層　茶褐色土　ローム粒
子と炭化物・焼土粒子を少量含む。　第10層　暗褐色土　ローム粒子を少量含む。　第11層　茶褐色土　ローム粒子を多量に含む。

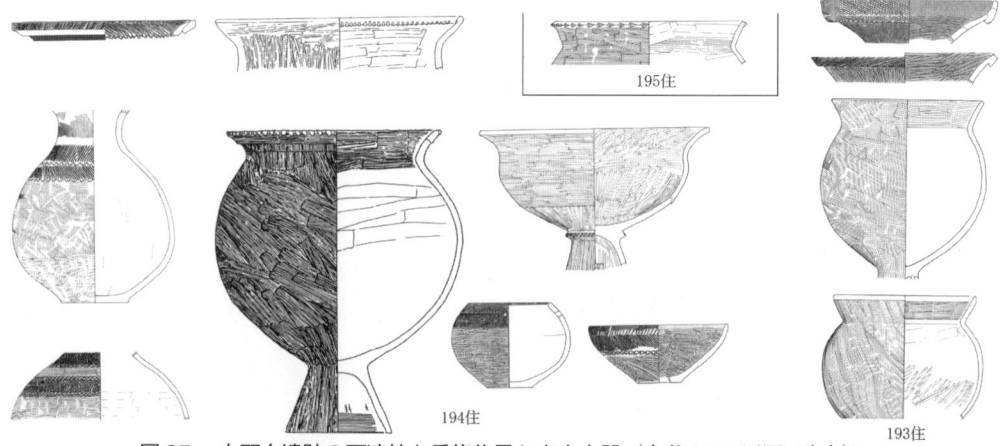

図35　赤羽台遺跡の不連続な重複住居と出土土器（大谷1992原図：改変）

5 重複事例から見た集落の移動

　連続する細別土器型式を出土する竪穴住居址が重複する場合、これまでは機械的に古い住居のあとに、型式が示す時間の中で連続して新しい住居が造られ、集落が変遷するという想定がなされてきた。しかし、これまでの分析の結果から、古い住居には一定期間上屋が存在していた（直に埋戻しを行わない）事例が確認できた。このことから、不連続な重複をする住居は、古い住居のあとに連続して新しい住居が造られたとは言えず、一定期間の空白が存在することとなる。ここに新たな解釈が必要になる。

　これまでの事例からみれば、以下のような想定ができる。

　　　　　　重複する古い住居　　→　　X住居　　→　　重複する新しい住居
　　　　　　　　　　　　　　　　　移　動　　　　移　動

　このような想定が可能ならば、古い住居から移動するX住居がどこに想定されるかが、次の課題になる。これには2つの考えができる。一つは同じ集落（例えば環壕集落）内を移動するという考えで、この場合X住居は同一集落に存在することとなる。別の考えとしてそれまでの集落と違う場所に移動するという想定であり、この場合X住居は私たちが認識する「隣接する集落」に存在する蓋然性は高くなる。

　前者の同一集落内にあって別の場所にX住居（竪穴）を建築し、竪穴内に三角堆積ができる一定期間の後、古い住居に重複するように新たに住居を構築するという想定は、一応は不連続な重複の現象面の説明にはなる。しかし、そのような現象が起こる要因や理由が説明できていない。上屋を残したまま、同じ集落内に竪穴を構築することになる、合理的な理由が説明できないのである[15]。

　もう一つの、これまでの集落とは異なった場所に移動し、新たに住居を構築するという想定は、農業社会である弥生時代は定着的・集住的な集落を形成する、という未検証の前提から開放されたとき、理解することが可能となる。細別土器ごとに弥生時代の集落の分布を見ると、狭い範囲（約3～5km）内に点在していることを、多摩丘陵・下末吉台地をフィールドに示したことがある（浜田2003）。このことは、千葉県内の遺跡でも指摘され（山田2000）、霞ヶ浦周辺地域でも確認されており（小玉2004）、関東地域における丘陵・台地での弥生集落の一般的な在り方を示している可能性が高い。そしてその背景には、第4章第1節で検討したように、周囲の水稲可能な場所として考えられてきた谷戸が生産性の低い場所であり、畑作に比重をおいた生業環境とならざるを得ないことと関連すると考える。また、第4章第2節で確認したように、東日本の炭化種実を一覧すれば、コメとともにアワ・ヒエ・キビ・マメ類などの畑作物が確実にあり、マメ類を機軸とした輪作が行われていたことが想定できる。しかし、こうした畑作も連作障害による忌地現象は必ず起こり、土地を休ませる必要が出てくる。したがってこうした農業生産性が低い土地の効率的な利用

は、農耕地を求めて別の場所に移動していくことである。移動をして数年後に戻って来る可能性があるので上屋は残しておき、戻ってきた時に状態が良ければ再利用し、状態が悪ければ焼却するなどの行為で片づけることとなる、と推定できる。

6　まとめ

　時間的に連続する土器を出す、不連続な重複関係を有する竪穴住居は、従来の連続して構築した結果である、と言う理解では解釈できないことを検証してきた。弥生時代の集落は定着的・集住的である、という理解も、不連続な重複関係からむしろ移動を基本としており、いくつもの場所に新たに住居を構えた、と考えたほうが合理的である。前述した弥生時代の集落の分布から見た、集団移動する弥生集落の姿は（山田2000、浜田2003、小玉2004）、住居址の不連続な重複事例の分析からも想定することが可能である。

　弥生時代の集落は定住的・集住的なものではなく、移動を繰り返していたことが想定できるならば、これまで考えてきた集落の様相とは、異なったものとなる。現在同一土器型式を基準にして、住居の同一性の検証や集落の規模（住居の数）を推定しているが、X住居は連続する土器型式のどちらかに分類されることとなる。そうなると同一集落の同時期に存在する住居数は、見かけ上は2軒存在するが、実際には1軒の居住者が移動して複数の住居を残した結果ということができる。したがって、同時期に存在し使われている住居数は、現在推測されている同一土器を基準とした軒数よりも減少する、ということである。このことは、これまでの集落景観を根底から考え直す問題をはらんでいる。また集落が固定化されないことによって、自ずと墓域も一個所に固定化しないであろうし、直ちに古い住居を埋戻したことが未検証の現在、不連続な重複事例を多くもつ集落を長期的な拠点の集落とする解釈は、再考をしなければならないであろう。特に今回分析の対象とした、南関東の台地・丘陵上に集落を構える集団の動態は、定着的・集住的とするよりも、移動性に富む農耕集団であったと考えるほうが、今回の住居の不連続な重複事例、集落の分布、生産耕地と生業の在り方、出土炭化種実などからみれば、理解しやすいのである。こうした仮説については、近接する遺跡での住居の平面形態・炉の形態などに類似性が見られるかといった分析を通して、検証していくことが今後の課題となる。

註

(1)　石井寛氏は住居の重複が「連続的・瞬時的でなく、「非居住期間」を挟んでのちなされるという推察は、旧住居（中略）が人為的ではなく、ある程度まで自然に埋まったのちに、同一地点に新たに住居の構築がなされている事実から導き出されてくる」（石井1977：p.2）として、縄文時代研究には時間的不連続を見る。しかし弥生時代には適用しない。縄文時代の集落研究と弥生時代の集落研究に見られるこの違いは、戦後の研究のなかで前者が狩猟採集民であり移動を想定しやすいのに対し、弥生時代は水田農耕に代表される農耕社会で、生産地に縛られる集落である、という前提が一つの原因であると考える。

(2) 南関東における弥生時代集落の同時存在の住居群とは、これらの要素のほかに住居の間隔や主軸などを含めた、手続きとしての限定された意味の「同時存在」であって、一般的な意味での「同時存在」ではない、と考える研究者は多いであろう。つまり、同一型式土器を出土する住居群は、現実に同時に存在する場合と、時間的な空白をもっていたとしても、同一型式土器が使用されていた時間内で、同時に存在していた場合の二つが考えられるが、多くの研究者は後者の、限定された意味での「同時存在」の概念で考えている、ということである。

　しかし、こうした概念をもちながらも集落の変遷をあとづける場合、時間的な空白を考慮した分析が少ないと感じられるのである。具体的には、同一土器型式を出土する住居が近接していたり、重複して物理的な同時存在が成立しない事例の解釈として、同一集落内での移動は想定しても、他集落への移動を想定して集落変遷を考える例が少ない。時間の空白を考慮すれば後者の想定も成立するのであるが、そうした想定をした集落変遷はほとんど存在しないといえるのではないだろうか。むしろ、前者の同一集落内での移動の結果、あるいは数軒単位のグループの変遷の結果という解釈が、この事例を説明するのであるとすれば、この説明は同一土器型式を出土する住居が、同一集落に連続して構築されることを説明しているのにほかならないのではないだろうか。すなわち限定されたなかでの「同時存在」＝「時間的な空白をもっていた可能性」を考えて集落を分析していながら、同一土器型式を使用している間は、同一集落に住み続けるという、時間的空白を考慮しないまま分析を行っているのではないだろうか。これは私自身も行ってきたことである。そしてこのような解釈が「同時存在」内で行われ、相前後して連続する土器型式を出土する住居にも適用され、これらの住居が一集落内でどのような変遷をするのかを考察する時、必然的に一集落内で数型式にわたり住居が継続（連続）していたという解釈になるのではないだろうか。

　集落の空白という視点から見ると、住居址小群が集落を構成する基本単位であり、拠点的集落は住居址小群が離合集散した移動の累積の結果であることを指摘し、その背景に社会的な緊張と緩和、数次にわたる戦闘状態を想定する意見がある（大村1983）。また、集団の絶えざる移動の背景には未熟な農業技術とともに、南関東の集落立地から推測する不安定な生産耕地が存在するという、優れた見解もある（甲元1986）。さらに筆者も、細分された土器を基準に集落のまとまりをみると、小規模な範囲で同一時期の集落が存在することから、集落が移動しながら形成されていた可能性を指摘した。そしてその背景に、集落立地から想定される耕地の永続的な利用ができなかったことを想定した（浜田2003）。

(3) 埋戻しを行う場合に住居を必ずしも解体する必要はなく、焼却することで埋戻しの作業を効果的に行える。

(4) 竪穴住居の覆土（埋土）がどのように形成されるのか、言い換えれば非居住後の住居がどのような過程を経て埋まっていくのか、という問題は未だ解決されていない。近年の竪穴住居の「ライフサイクル論」（小林1996a・b）や竪穴自体の構造研究がクリアーになれば、こうした問題に対する解決の糸口は広がっていくだろう。しかし、ここでの当面の問題は、住居が非居住となって、直ちに埋められたのか、あるいは一定期間は上屋が残っていたかの検証である。一定期間が経過した後、被災し上屋が崩れた場合も、最終的には人為的な埋戻しが行われた可能性は高いと考えるが、それ以前の段階をここでは問題にする。

(5) 屋根に土が葺かれた「土屋根」「土葺」については、弥生時代の土屋根の事例はないが、群馬県内の古墳時代後期の災害住居から、その存在が確認されている。また焼失住居の実験的研究によっても、炭化材が形成されることが確認されている（大塚1998、石守2001）。

(6) 被災段階以前の土壌の堆積が確認されない竪穴住居の事例も多く存在する。すなわち、床面や壁に炭化物類が貼り付く形で確認できる事例である。こうした事例を、居住しなくなった後直ちに火をつけたと想定することは可能である。しかし、これは火災によって住居の機能が停止したために廃屋になった、と想定したほうが素直であろう。また、火災住居からは床面直上に炭化材が検出される事例が多いが、これをもって火災以前の堆積土が存在しなかった、と想定することはできない。覆土は一般的にレンズ状の堆積を示すので、まず壁際から堆積が開始される。この段階では床面はまだ露出したままである。こうした堆積モデルを想定し、火災までの間に時間があるかという点を検討する場合、壁際の炭化材の出土状態が鍵になる。

(7) 土屋根をもつ竪穴住居の埋没過程は、上屋の構造、周辺の地形や方角などの条件が複雑に絡み合うため、一様ではない。この問題については、発掘によって確認された住居の覆土から、埋没過程をモデル化した江口志麻氏の研究が参考になる（江口1998）。江口氏は竪穴住居の覆土の観察から、覆土の性格をいくつかにパターン化し、住居が「廃絶直後竪穴の周りにあった葺土などに由来する土が流れ込んだ第4層」として、これが最初に流入・崩落するとモデル化したが、理解しやすい考え方である。

(8) 竪穴住居の構造の具体的な様相は未解明である。壁を構成する土とは異質な土を塗布した後に植物繊維のアンペラを張った状態は、古墳時代後期の事例があり（大塚1998）、また登呂遺跡では板材によって壁を保護している事例がある（日本考古学協会1949・1954）。こうした壁の構造が弥生時代に普遍的に存在していた可能性は高いと考えられる。壁の構造物が存在し、この構造物が崩れ腐朽したと推定しても、壁際の三角堆積の形状は、構造体が崩れるまでの一定の時間が必要であり、その間には上屋が存在していたことになる。

(9) 砂田台遺跡の方形周溝墓のうち、時期的な形態変遷、集落内での位置関係などから、報告者が中期後半に比定する新旧環壕の間に存在する方形周溝墓は、後期後半の段階であることが、立花実氏によって論証されている（立花2006）。本書は立花氏の見解に準拠した。

(10) それぞれの編年の違いは、石井編年と松本編年はⅠ期の位置づけ（松本1988：p.383註20）、石井編年と安藤編年は石井Ⅰ期が前後に細分されること（安藤1990b：pp.386-387）である。

(11) 厳密には土器の細分型式が使われた時間内で住居が続けて作られたことも想定でき、この場合Y3号住居址は、土器型式で示される時間（石井Ⅱ期前半）は同じであるが、同一型式内における先後関係ではY2号住居址よりも新しく住居を建築したという想定や、同じようにY4号住居址よりも現実的な時間としては古いⅢ期、あるいは新しいⅢ期である可能性もある。こうした前提では、Y2号住居址（石井Ⅱ期前半）―Y3号住居址（石井Ⅱ期前半）―Y4号住居址（石井Ⅲ期）あるいは、Y2号住居址（石井Ⅱ期前半）―Y3号住居址（石井Ⅲ期）―Y4号住居址（石井Ⅲ期）、またY2号住居址（石井Ⅱ期前半）―Y4号住居址（石井Ⅲ期）―Y3号住居址（石井Ⅲ期）という変遷も想定できるであろう。こうした場合、最小で同じ細分型式、最大で細分された一型式を間に挟んだ時間差で、住居が作られたこととなる。

(12) 3A住と3B住も重複関係にあるが、3B住が新しい。また、3A住の南側コーナー上を中心に部分的な貼床や柱穴、炉などがあることから、これを3D住とする。3号住居址群のなかでは最も新しいとされる。3B住は4軒との不連続な重複関係が存在することになるが、ここでは土器を出土した3軒を検討する。

(13) 報告書の東西土層図では、平面図の炭化材から推測する炭化材を含む土層の位置や、番号が不自然な位置にあることから、2層・5層・7層・8層・10層・11層の層序番号の位置がずれている可能性がある。その場合、5層が2層、7層が5層、8層が7層、10層が8層、掘り方部分が10層、と東側に

ずれる。ただし、層序番号の位置がずれても、層序の解釈には変更はない。
(14) 報告書では、195住の住居址覆土の記載として炉の覆土を記載する。遺物は覆土からの出土という記載もあることから、土器は地床炉からの出土とした。
(15) 上屋があるという状況は、その住居が居住に耐えられる建築物だということである。利用できる建物があるにもかかわらず、同じ集落に別に住居を構築する理由が問われなければならない。また、火災住居の中には、床面・壁面と炭化材・焼土の間に間層を挟まない事例も存在する。こうした事例は居住している時に罹災した事例であり、その結果同じ集落内の別の場所に新たな住居を構築したという想定も可能である。おそらくは集落内の一部にはそうした現象が存在したことも肯定できるだろう。しかし、実態としてすべての住居が居住中に罹災した事例であるとすることはできないし、これまで見てきたように不連続な重複をする弥生時代の火災住居には、一定の時間が経過した後罹災した住居、すなわち上屋が残ったまま放置された住居は存在しているのである。

第5章　弥生時代集落の構造

第1節　はじめに

　これまで南関東の弥生時代の農耕集落を分析する大きな枠組みとして、谷水田の検証、コメ以外の食利用植物の存在、調理に関する石器の分析を行い、谷水田をよりどころとした集落景観は一般的ではなく、畑作物も一定の農業生産物として存在していたことを実証した。また、集落の立地、集落と生産耕地の関係、住居の重複関係を分析・整理することによって、南関東にも低位面の集落は多数あり、これまで研究が蓄積されてきた高位面の集落と同時存在することが、基本的な弥生社会での景観であることが判明し、その立地も生産耕地がある低位面・高位面に影響されることが理解できた。また、住居の重複関係と狭い範囲での集落分布の分析から、土器の一細分型式程度内での短期間の頻繁な移住が行われてきたことを実証してきた。

　こうした分析によって、南関東の弥生集落を考察する基礎であった水稲耕作だけでなく、それ以外の農業生産も視野にいれ、また、これまで集住的・定着的と概念化されてきた大規模集落に対しても、回帰性の高い非定着集落であるということを前提に、弥生集落群の関係（弥生社会論）や弥生時代像を描く必要がでてきたといえるであろう。そこには、従来とは異なった弥生時代像が描ける可能性が秘められているのである。

　本章では、前章までに分析・実証した諸点をもとに弥生集落群を考察すると、どのような社会像が描けるか。従来の集落論との関係を検討しながら提示する。

第2節 「高地性集落論」との関係

1 「高地性集落論」と南関東弥生集落

　第4章第4節で述べたように、南関東の弥生集落の基本形態に3つのタイプが存在し、低位面と高位面にある集落群の関係を検討する場合、「高地性集落論」の分析を避けることはできない。
　「高地性集落論」についての研究とその問題点については、多少の繰り返しになるが、その研究の流れと南関東の弥生集落との関わりについてみていこう。
　「高地性集落論」は山口県島田川流域の集落群の分析を行った、小野忠凞氏の研究が嚆矢であり、高地性集落の性格は、問題提起の当初から争乱や軍事に関わるものであるという想定がなされてきた。そのなかで内乱状態での軍事的な性格をもつとする規定は、佐原眞氏の影響力が大きかったといえるだろう。佐原氏は自ら手がけた紫雲出遺跡の分析から、石鏃の大型化と発達、その出土量の増加および「倭国大乱」として中国史書に記載された時期に高地性集落が増加することを根拠に、高地性集落の軍事的側面を強調した（佐原1964）。また、高地にある環濠集落は防禦的な内容をもつ集落であるという一般的な解釈と合わせ、軍事に関する性格をもつものとして研究を推進していった。その後の都出比呂志氏による「見張る」機能を強調する見解（都出1974）は、佐原氏の想定した「倭国大乱」に結びつけた性格論が年代的に破綻した後、高地性集落の性格を示す最も有力な仮説の一つとなった。
　争乱に伴う防禦的な集落や監視・見張りという、いわば軍事的な側面を高地性集落がもっているという想定は、過去にいくつもの検討が行われてきた。そこから窺える性格論は背景にある、水稲耕作地には不適切な高所に集落が存在するという実態から出発しており、こうしたいわば非水稲農業的な集落をいかに考えるか、という前提からの研究であったといえるだろう。関東地方の高地性集落についても、その研究の当初に横浜市大塚遺跡が高地性集落として挙げられていた（小野編1979）。しかし佐原氏によって海抜50m以下の台地・丘陵上に存在する、付近に水稲耕作地を控えた集落は、弥生集落の一般的な在り方である、とする定義（田辺・佐原1964）によっても明らかなように、水稲耕作地を控えているか否かが、高地性集落を決定する大きな要因と考えられてきた。大塚遺跡など南関東にこれまで多くの調査事例のある台地・丘陵の集落も、その眼下に存在する狭小な谷が水稲耕作の候補地として推定されてきたために、高地性集落の範疇からは一応除外されてきたといえるだろう。しかし、谷水田自体の検出事例は少なく、存在したとしても谷水田からは不安定な収穫しか望めないのであるならば、台地・丘陵上の集落もこうした高地性集落と同じような性格、あるいは範疇の集落として再検討する必要も出てくるのである。その具体的な分析の一つとして、木更津市マミヤク遺跡を代表とする、西日本の高地性集落と港湾的中継集落の役割を併せもつ「臨海型大型集落」が、石川日出志氏によって概念化されてきた（石川2000）。この「臨海型大型集落」は、海浜に面した高所にあるというのが一つの特徴となっているが、周辺地域で水稲

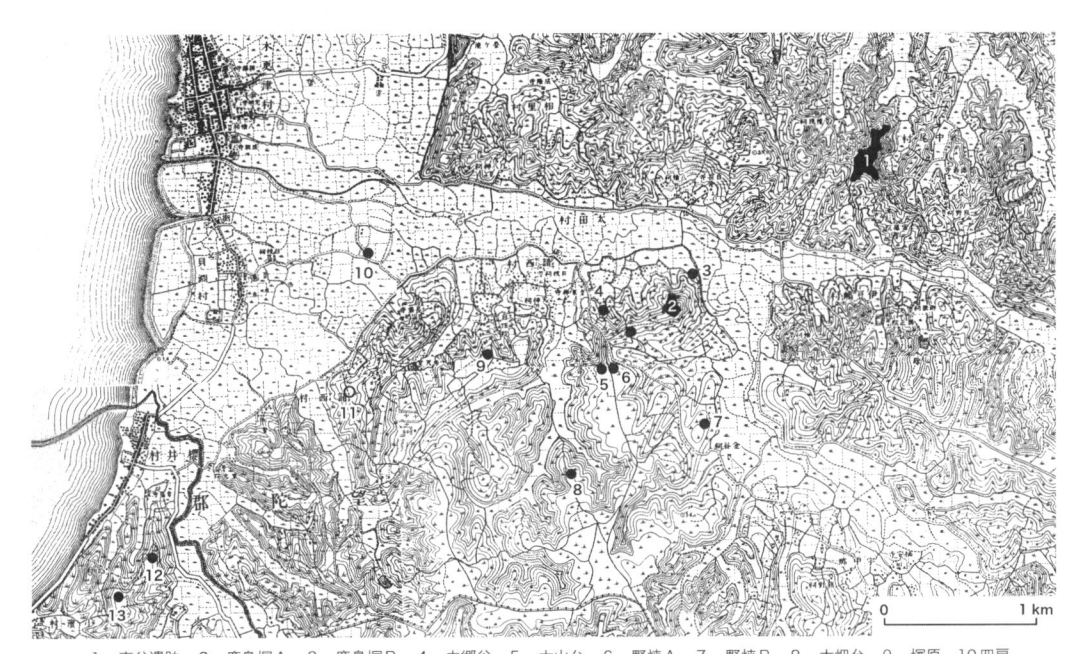

第 2 節 「高地性集落論」との関係　185

1. 東谷遺跡　2. 鹿島塚A　3. 鹿島塚B　4. 中郷谷　5. 大山台　6. 野焼A　7. 野焼B　8. 大畑台　9. 塚原　10. 四房
11. 千束台　12. 俵ケ谷　13. マミヤク

（地形図は明治15年測量 迅速測図）

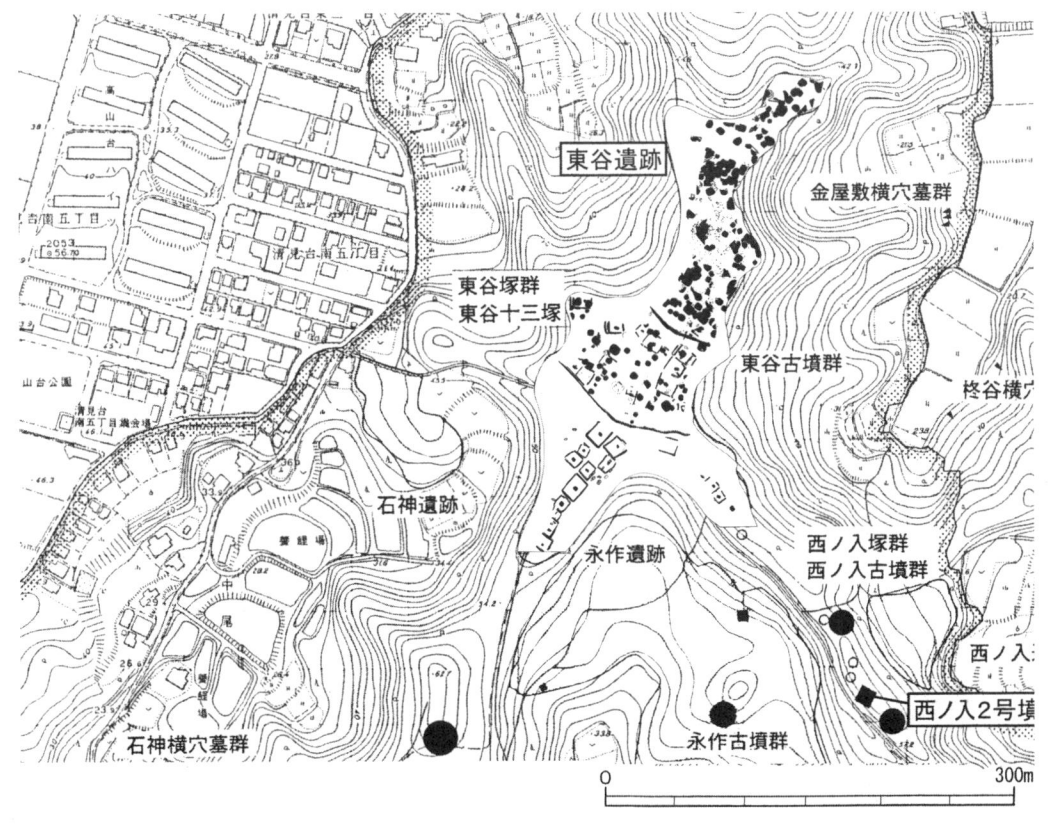

図36　木更津市内の遺跡と東谷遺跡の弥生時代後期分布図（酒巻2008原図：改変）

186 第5章 弥生時代集落の構造

図37 大山台遺跡・山伏作遺跡と周辺の遺跡（各報告書を元に作図）

耕作には不向きな立地という意味で、マミヤク遺跡と同じ部類に入る東谷遺跡、大山台遺跡、大畑台遺跡は海岸部には面しておらず（図36・37・44）、前述し、またこれから詳しく述べるように東京都・神奈川県内の遺跡群にも、同様な立地状態を示しながら海浜に面しない集落も多数存在する（図20〜23、図38・39）。仮にマミヤク遺跡などの「臨海型大型集落」と東谷遺跡などの集落の性格を区別するならば、東谷遺跡、大山台遺跡の性格も明確に規定する必要があるだろうし、マミヤク遺跡同様、東谷遺跡、大山台遺跡、大畑台遺跡なども水稲耕作を行わない集落であると規定するならば、南関東の多くの集落はこの範疇にあてはまることとなる。さらに、南関東地域でこれまで調査・分析されてきた台地・丘陵上の集落は、こうした海に面しない遺跡が多く、従来は台地・丘陵上の集落が南関東の普遍的な弥生集落の姿であると考えられてきたが、第４章第４節・第５節で述べてきたように、低位面の集落も中期中葉から普遍的に存在する事実からすれば、高地性集落の顕著な地域である近畿・瀬戸内地域と同じような集落景観をしている可能性が高いのである。したがって、南関東の高位面と低位面に存在する集落群を考察するためには、従来の「高地性集落論」に学びながら、その性格について明らかにしておく必要がある。

２　高位面集落の事例

　南関東の高位面にある集落を理解するために、まず高地性集落や臨海型大型集落の範疇に入らない高位面の集落、すなわち、従来周囲の谷水田に水稲耕作地を推定してきた集落の事例を検討していこう。

（１）　東谷遺跡

　東谷遺跡は木更津市中尾台遺跡群の一つで、請西遺跡群と矢那川を挟んで北側に位置する（図18・36）。この矢那川に向けて谷口を開く狭く深い谷を周囲にもつ、台地上の環濠集落である。後期住居址356軒、方形周溝墓29基、環濠２条が確認されているが、住居址以外は未報告である。住居の重複の著しい集落で、台地を横断するように環濠が２条発見されている（酒巻2008：図44）。谷と集落との比高差は40ｍを測る。周辺で水田となる耕地はこの谷以外にはないが、第４章第１節で検討したように、仮に水田を造っても低水温と日照不足のため、安定的な収穫は望めない。したがって、周囲に水稲耕作地が望めない、住居軒数の多い集落のタイプと考えることができるであろう。同じタイプの集落として対岸の請西遺跡群大山台遺跡がある。

（２）　大山台遺跡群

　大山台遺跡は、中期後半と後期前半の環濠をもつ鹿島塚Ａ遺跡や庚申塚Ｂ遺跡、野焼Ａ遺跡、野焼Ｂ遺跡、東山遺跡とともに請西遺跡群の高位面の集落を形成する（図37）。環濠集落の鹿島塚Ａ遺跡が、矢那川に面した台地先端に位置するのに対して、大山台遺跡は台地の奥まった深く幅の狭い谷戸に面している。この谷戸との比高差は20ｍであり、東谷遺跡と同様に周囲に水田となる

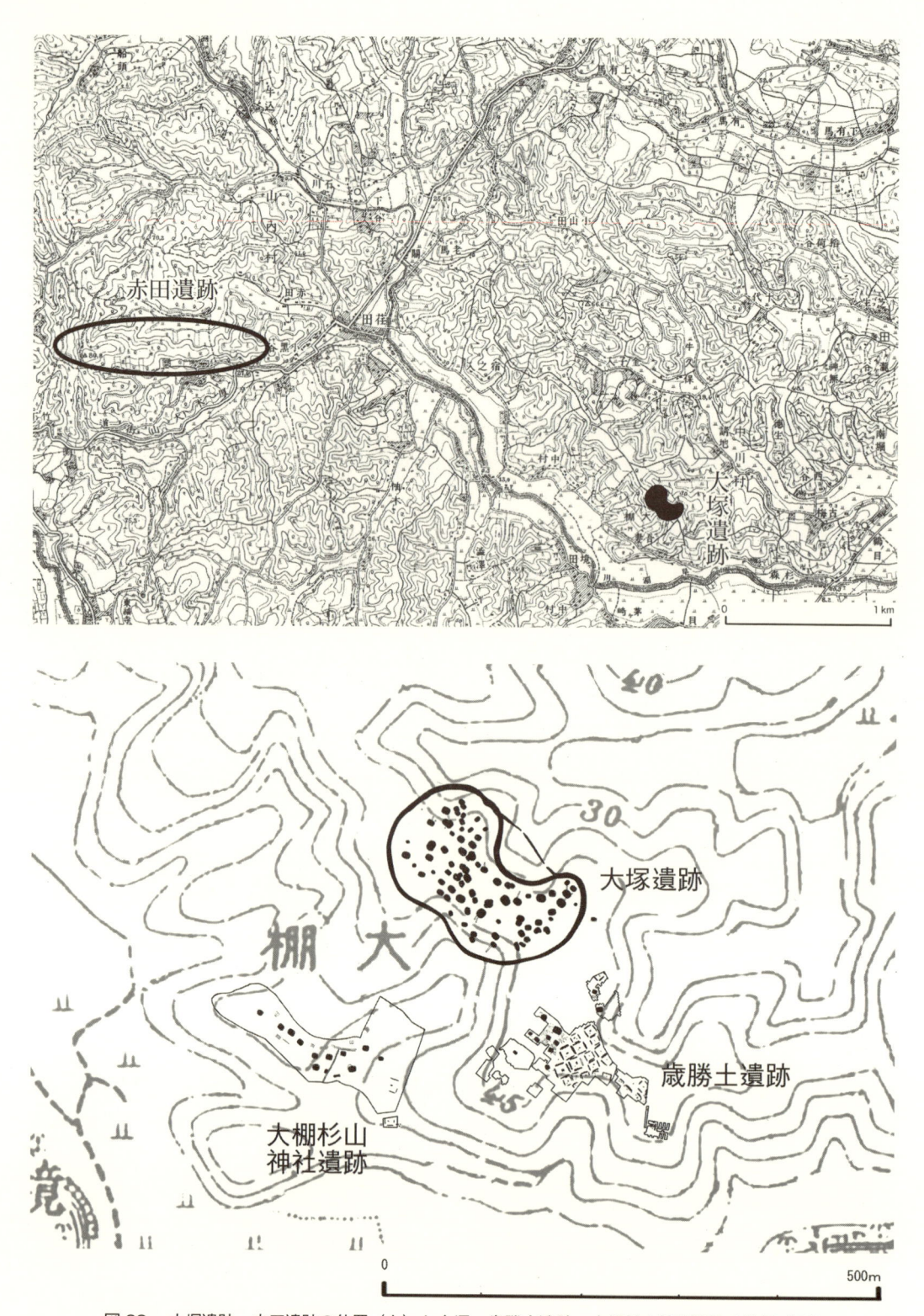

188　第5章　弥生時代集落の構造

図38　大塚遺跡・赤田遺跡の位置（上）と大塚・歳勝土遺跡・大棚杉山神社遺跡の位置（下）

耕地は谷しかない。大山台遺跡はその南に存在する山伏作遺跡とは一応区別されているが、一体の集落と考えても差し支えない。住居は台地中央部の調査成果が未報告であるが、山伏作遺跡を加えると中期後半3軒、後期末葉以前の後期で68軒以上（筆者集計）が確認されている（戸倉1988、豊巻1990、山形1994、當眞2002、光江2004）。

（3） 大塚遺跡

大塚遺跡は横浜市北部の鶴見川流域に存在する遺跡で、中期後半の環濠集落と墓域である歳勝土遺跡がセットとなって確認された事例として著名である（図38）。完全に調査された典型的な環濠集落であり、代表的な弥生集落というイメージからか、この集落が周囲の谷との比高差30mをもち、早渕川を直接望む位置にないことはあまり問題にされていない。環濠は中期後半であり、同時期の住居85軒・掘立柱建物10棟、後期の住居6軒が確認されている（武井・小宮1991）。谷を挟んで南西の舌状台地上には大棚杉山神社遺跡があり、中期後半の住居14軒、掘立柱建物4軒が確認され、歳勝土遺跡からは後期の住居9軒が確認されている（伊藤1990）。早渕川の氾濫原には大棚杉山神社遺跡、歳勝土遺跡のほうが近い距離にある（小宮1975）。

（4） 赤田遺跡

赤田遺跡群は、早渕川の上流に存在する遺跡で、この地域の台地の特徴である、狭く奥行きの深い谷に刻まれた、細長い台地の上に集落が点在する（図38・39）。谷との比高差は30mを測る。赤田遺跡群のNo.1（5軒）、No.2（1軒）、No.6（18軒）、No.10（5軒）、No.14（6軒）、No.15（7軒）、No.17と以前に調査された小黒谷遺跡Ⅰ・Ⅱ地点（同一遺跡：42軒）から、後期の集落が確認されている（大川・渡辺1994、渡辺1998）。No.17と小黒谷遺跡Ⅰ・Ⅱ地点（上野・池上1973）以外は、総じて住居の数が少ないが、弥生時代の集落が確認された地点は尾根筋から半分が調査以前に破壊されており、本来の住居軒数ではない[1]。またNo.17と小黒谷遺跡Ⅰ・Ⅱ地点から、No.10、No.2へと続く集落が展開する尾根は調査以前に破壊されていたが、地形を復元すれば本来の集落の主体は、この尾根に存在したことが理解できる。集落は地点ごとに散在する在り方をとるが、いくつかの地点は同じ集落としてとらえることが可能で、No.6とその周辺、No.14・15、前述のNo.10からNo.17にいたる尾根などが、同一集落として機能していたことが推測できる。赤田遺跡の東側の台地続きには、釈迦堂遺跡（図39-3：後期住居5軒）、釈迦堂遺跡と同一の集落と考えられる虚空蔵山遺跡（図39-4：後期住居7軒）があり、観福寺裏遺跡（図39-2：中期後半住居4軒・環濠2条）、観福寺裏遺跡と同一の集落と考えられている台地先端の観福寺北遺跡（図39-1：中期後半住居8軒、後期住居20軒）が続いており、観福寺北遺跡の台地直下で早渕川が鋭角に流路を変えている。調査を担当した渡辺務氏は、赤田遺跡およびその周辺の集落群が、谷水田を基本とする田畠の継続的な利用を前提とした移動・分村を想定している（渡辺1999）。集落の周辺に水田を開く耕地は谷だけであるが、No.17・小黒谷遺跡、No.15などは両側とも谷頭であり、谷も狭く比高差があるため、水温や日照量

190 第5章 弥生時代集落の構造

1. 観福寺北遺跡（関耕地遺跡群） 2. 観福寺裏遺跡 3. 釈迦堂遺跡 4. 虚空蔵山遺跡

赤田遺跡No15
赤田遺跡No10
赤田遺跡No6
赤田遺跡No1
赤田遺跡No17と小黒谷遺跡Ⅰ・Ⅱ
赤田遺跡No14
赤田遺跡No2

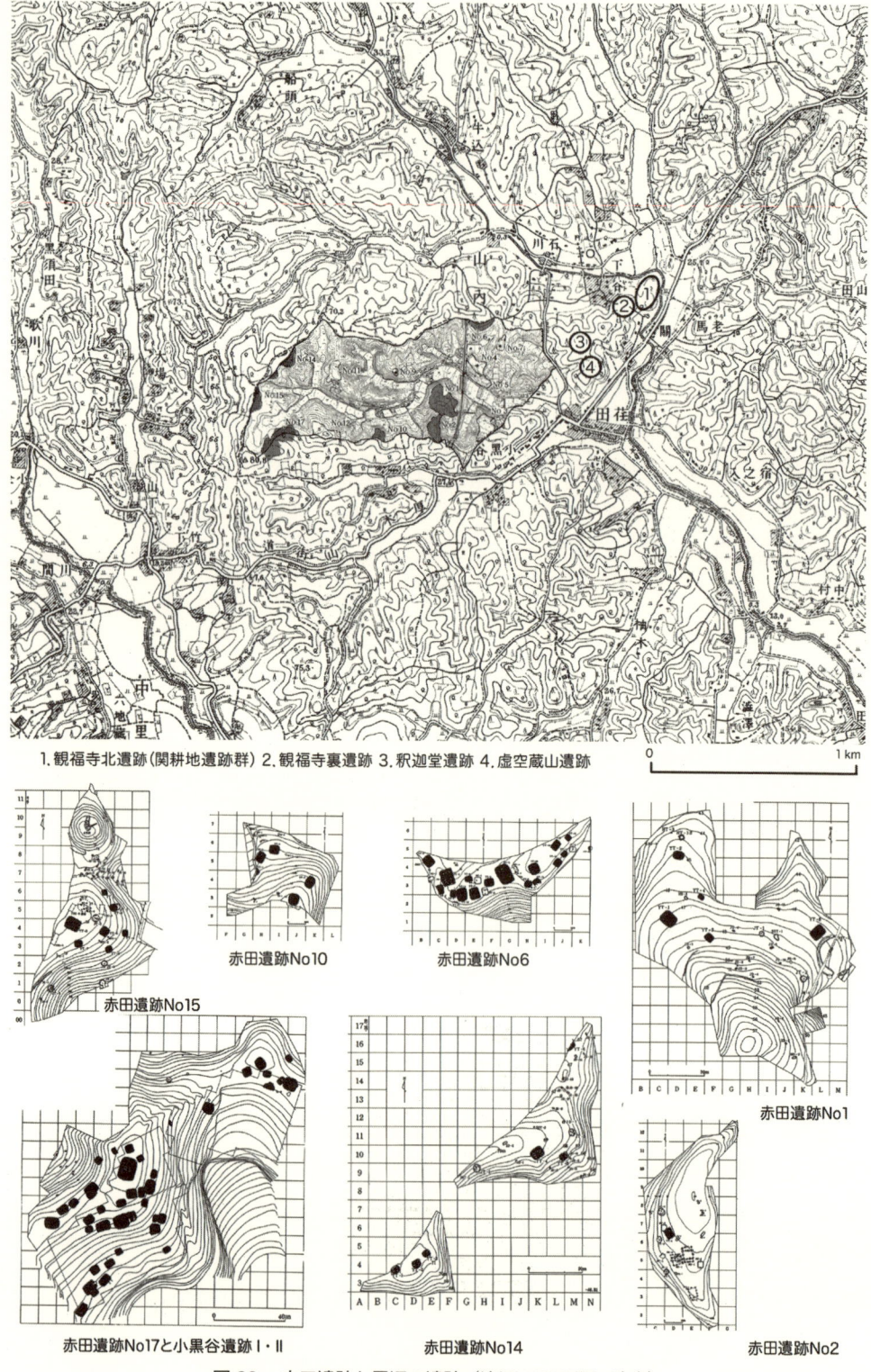

図39　赤田遺跡と周辺の遺跡（渡辺1998原図：改変）

の関係で、その安定的な収穫はほとんど期待できないといえるだろう。したがって、赤田遺跡の集落群は、谷水田に支えられた分村・移動と想定するには無理があるが、移動を前提とした点は評価できる。

　このほかにも千葉県市原市唐崎遺跡（図27）、同市山田橋大山台遺跡・山田橋大塚台遺跡・山田橋表通遺跡などの山田橋遺跡群および隣接する東千草山遺跡（田中1989、蜂屋・小橋1999、大村2004）、東京都町田市本町田遺跡（図21）、新宿区戸山遺跡、神奈川県三浦市赤坂遺跡（図24）などがあり、こうした集落は、住居数の多少・臨海部に接するか否かを別にすれば、周辺に水稲耕作地が存在しない代表的な事例であり、南関東の弥生集落ではこの第4章第4節で③タイプとした集落が、最も調査事例が多くかつ広く分布している。

3　高位面集落の性格

　南関東に数多く見出されている③タイプの集落の性格について、どのような性格が考えられるであろうか。それには「高地性集落論」の議論が参考になる。

　これまで「高地性集落論」は、主に軍事的側面からの性格づけが主流であったことは前述してきたとおりであるが、近年、こうした理解に多くの問題点があることが指摘されてきた（下條2006）。下條信行氏は「高地性集落軍事施設論の直接的な考古学的証拠は濠論と凸基式打製石鏃論」だけであり、（環）濠（下條氏は濠）は低地にも高地にも存在し、「倭国乱」とは無関係な朝鮮半島にも存在し、石鏃の出土量も低位面の集落と比べ、特段に多量であるということも存在しないなどの諸問題を整理している。また、監視・見張り説に関しても、その業務ならば多数の竪穴住居の集中は不必要であり、使用して欠損したと考えられる収穫具の存在は、高地性集落での穀物栽培を行っていた証左であり、そこから一定の定着性と労働集約性が必要となる。そして、当時定期的な航路の存在も不明であるなかで、監視・見張りを行って計画的に物資を調達することは効率的な方法ではない、などの理由を挙げて高地性集落のこれまでの性格論に疑問をみる。

　これを参考に南関東の高位面集落（高地性集落、大型臨海型集落、台地・丘陵上集落）を考えて見ると、集落から石鏃などの武器の出土が多いということはなく、環壕集落も低位面、高位面に形成されている。また縄文時代草創期から平安時代まで高位面（台地）に集落は営まれるのであり、弥生時代に限って高位面に集落を形成するわけではない。そのため、軍事的な性格づけを行う根拠となる事項が、ほとんど満たされないということとなる。また、物量に関わる監視や見張りの説については、これまでの事例で挙げてきたように、水稲耕作地に適した土地が周囲に存在しない集落は、必ずしも海に面した集落だけではない。また神奈川県内の高地性集落に積極的な論証を試みている岡本孝之氏のように、高地性遺跡と低地の遺跡とその中間を呈する台地上の集落が一体となって、情報伝達手段のネットワークとして機能していた（岡本1991a・b・1994）、としても、その性格に対しては「高地性集落論」と同じ問題にゆきあたる[2]。これまで水稲耕作地に適した土地が周囲に存在しない集落は、水稲耕作が不可能であるが故に農耕的な集落ではないと位置づけてきた

が、こうした問題提起をするには、水稲耕作以外の生業形態、特にほかの植物質食料や動物質食料の存在を検討しなければならない。

　このうち動物質食料についてはこれからの課題となるが、第4章第2節で検討したように、水稲耕作以外の植物質食料では畠作物およびドングリなどの堅果類が認められており、南関東の弥生集団の生活に、生産を保証できるだけの一定の畠作技術体系の蓄積と畠作を行う時間的な占有（畠作専業時間）があったことは間違いない。したがって、食料生産という観点から集落を見た場合、低位面にある集落以外、すなわち高位面集落（「高地性集落」、「臨海型大型集落」およびこれらにあてはまらない台地・丘陵上にある集落）[3] を造り継続させていく要因を、水稲耕作だけで推察していく必然性は存在しない。むしろ畠作も含めた包括的な農業生産を前提とすることによって、新たな集落群の関係が浮かび上ってくる。

　包括的な農業生産の追究は、高地性集落や臨海型大型集落の構成員の食料がどのようにまかなわれていたのか、という根本的な問題に直結するのである。高地性集落や臨海型大型集落が、水稲耕作に従事しないとする従来の考え方からすれば、その前提に低位面に存在する集落に情報を与える見返りに、食料を供給されるという想定をしてきたといえよう。しかし、これは未検証のままである。この検証がなされていない以上、高地性集落や臨海型大型集落が低位面集落あるいは周辺の集落のために監視するという性格をもつという想定は、未検証の問題となる。今仮にこうした想定が可能であったとすれば、「大規模」「大型」と想定する高位面集落の必要量を、供給する側の集落が準備することとなるが、低位面集落は必ずしも高位面集落の住居数を上回る集落ばかりではない。人口の少ない集落が人口の多い集落を支えることは無いとは言えないが不自然な形態である。また、高地性集落や臨海型大型集落が、食料生産を自給できていたと規定するならば、低位面集落から自立していたと考えられる。これは経済的に自立していたことになり、低位面集落との供給関係は成立しなくなる。

　こうしたことから推察すれば、低位面の集落が農業集落であるならば、高位面集落も低位面の集落と基本的には変わらない、弥生時代に一般的な農耕集落であったといえるであろう。そして、高地性集落や臨海型大型集落、そのほかの台地・丘陵の集落や低位面集落からの出土品に、考古学的な差異を見いだすことができないことからも、これらの集落の性格が、著しく異なったものであるという評価を与えることはできないと考える。したがって、高位面の集落は低位面集落との関係で分析を深めていくことは当然であるが、今後両者は農耕集落という意味では等質な集落であることが前提となることを確認しておく。

註
(1)　1917（大正6）年の地形図と調査区を重ねて見ると、調査区中心にある赤田谷戸や調査時点でも確認できる大正期からの道・川・字区分などを参考にすると、調査区南側（№1・2・10・12・17）は細長い台地の北半分にあたることがわかる。

(2) 岡本孝之氏の弥生集落のネットワーク構想は、周辺の遺跡がすべて同時期である、という前提がなければ成立しない考えである。この前提は、土器の細分型式による遺跡相互の同時性の検証が不可欠と考えるが、未検証である。そのため、その立論に妥当性があるか判断できない。また、集落が基本的に移動するという筆者の分析からすれば、岡本氏が示した遺跡分布は集落の移動の累積の結果であることが予測されるので、岡本氏のネットワーク構想は再考の余地がある。

(3) 「高位面集落」「低位面集落」についての概念は、水稲耕作ができる水利が確保できるかという点が基準になる。そのため地形学的には低位段丘面や埋没段丘面、扇状地などと区分される地形上に集落が展開していても、平面的・立体的に集落と同一面に湧水点や河川が存在すれば、これを低位面集落と考えている。詳しくは第4章第4節を参照。

第3節 「拠点的集落論」との関係

1 「拠点的集落論」の問題点

　「拠点的集落論」は田中義昭氏によって概念化されたもので、横浜市北部、鶴見川流域をフィールドとする、大規模な集落の周囲に、小規模な集落が点在する在り方から導きだされたものであった（図40）。前者を拠点的集落、後者を周辺的集落と呼び分け、谷や谷口の低湿地を耕地として開発・経営することを通じて結びあう弥生集落の基本的な姿である、と性格づけられた（田中1976・1979）。その後の弥生集落の研究は、この「拠点的集落論」で想定された、谷や谷口の低湿地水田（以下谷水田）を平地の灌漑水田に読み替えることによって、各地で分析が展開されてきたといえる。しかし南関東でこの概念を適用する場合、さしあたって二つの今日的な検討課題がある。その一つは谷水田の存在とその生産力の問題、もう一つは低位面集落との関係である。

　拠点的集落が、周辺的集落と谷水田を通じて結びあったとするモデルの核心である谷水田については、第4章第1節で述べたように、谷水田自体に安定的な生産が望めないという結果と、谷水田の確認事例の少なさから、これが普遍的な生産形態ではなかったことが理解できる。したがって当初、田中氏が想定した谷水田を紐帯とした、両者の集落の在り方には無理があり、その関係は成立しないといえる。

　拠点的集落と周辺的集落を取り結ぶ紐帯が谷水田でないならば、それに代わり集落がある台地の下に展開する水田の存在—その多くは灌漑水田—をその候補に挙げることが可能であろう。また、別の考えとして灌漑水田を支える低位面の集落の存在を仮定して、この集落が両者を結びつける要の集団として、集落群を理解する考えも想定できる。しかし田中氏がモデルケースとした鶴見川流域は、残念ながら低地の発掘調査がほとんどなく、実態がわからない。そこで、同じような地形的な特徴を有する、東京湾を挟んで対岸の内房地域の遺跡群を事例に、この問題を深めていこう。

2 高位面集落と低位面集落

　千葉県内の東京湾を望む内房の地域は、多くの弥生時代遺跡が存在することが知られている。そのなかでも、村田川流域には中期後半の水田を検出した市原条里制遺跡、中期後半の環濠集落である菊間遺跡、菊間手永遺跡、菊間深道遺跡や、中期後半の段階では、大厩遺跡（三森・阪田1974）、大厩浅間様古墳下遺跡（浅川・田所1999）、草刈遺跡（三森1983、高田1986、大西・西野2004、大村2005a、小林・大谷2006）、潤井戸西山遺跡（鈴木1986、半田1992、高橋2004、小川2005）の環濠集落群と環濠は確認されていない草刈六之台遺跡（白井1994）、潤井戸鎌之助遺跡、潤井戸中横峰遺跡（千葉県教育委員会1998・1999）などの遺跡が集中する（図28・41）。このうち低位面に存在するのが潤井戸西山遺跡、潤井戸鎌之助遺跡、潤井戸中横峰遺跡である。

　潤井戸西山遺跡は実際には埋没段丘面上に展開する環濠集落であるが、周辺との比高差1～2ｍ

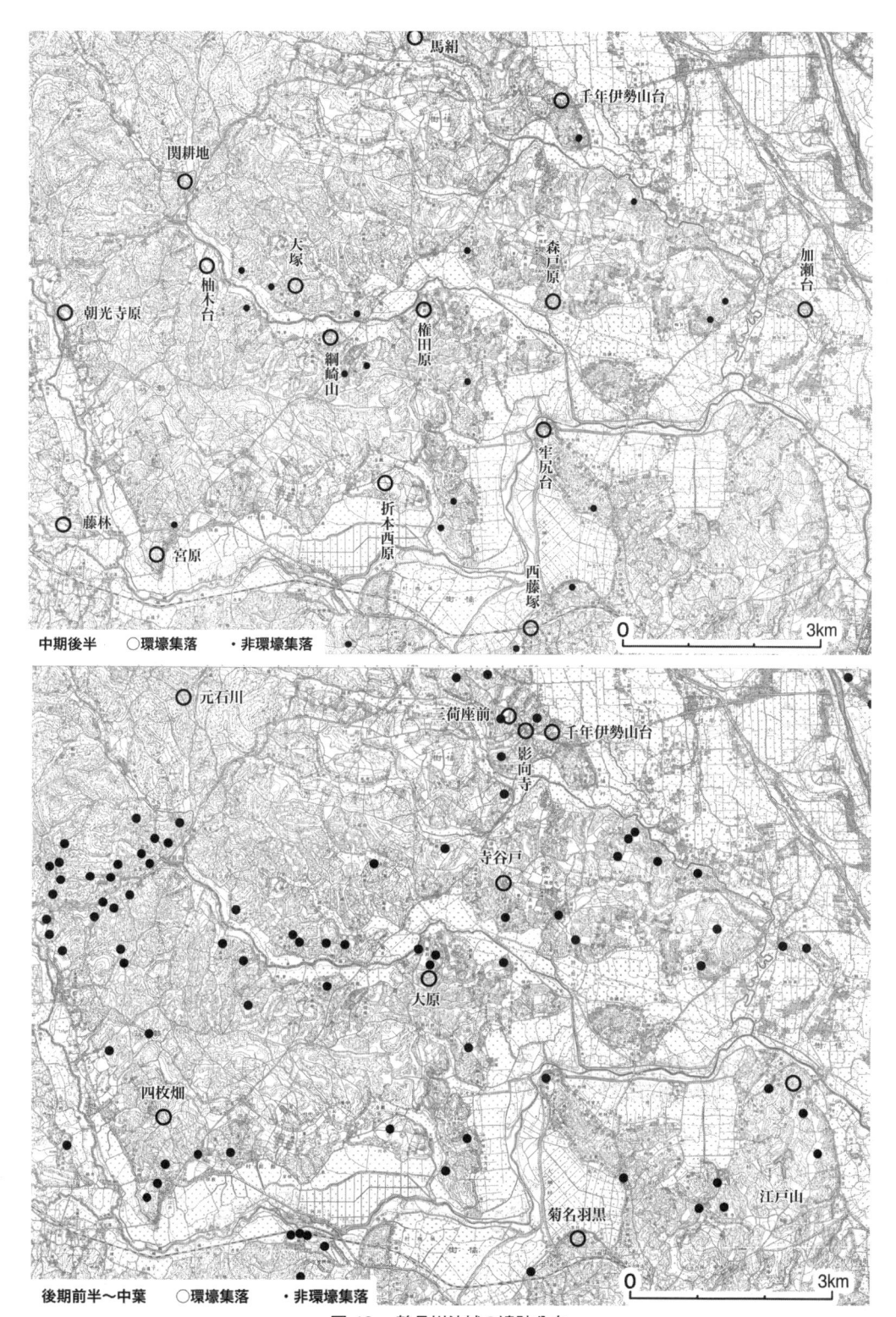

第3節「拠点的集落論」との関係　195

図40　鶴見川流域の遺跡分布

196 第5章 弥生時代集落の構造

図41 村田川流域の遺跡群と位置関係

である点は、沖積低地の微高地上に展開する集落と景観上は同じである。全体に撹乱がなされ、部分的な調査にとどまっているため、分岐するか重複するか定かではないが、環濠が２条確認されている。北西側に別の環濠集落があるか、あるいは環濠が溝の機能として働いていた可能性がある（図41）。約1.5km東には詳細は不明ながら、中期後半の住居址と方形周溝墓および後期の住居址と方形周溝墓が展開する潤井戸中横峰遺跡や、後期の住居と方形周溝部が確認された潤井戸鎌之助遺跡がある（図28）。

　こうした遺跡群の地理的景観を踏まえ、前述した「拠点的集落論」の今日的検討課題である、遺跡群は谷水田ではなく、台地下の水田を紐帯として機能している、という考えにあてはめるならば、低位面遺跡を拠点的な集落とし、高位面の遺跡群を周辺的集落ととらえ、両者の紐帯として低位面の水田が存在する、と考えるのが従来の水田を基軸に考えた「拠点的集落論」から判断する集落群の姿であろう。このような低位面の遺跡を拠点的な集落とし、高位面の遺跡群を周辺的集落と考える想定は、田中義昭氏による拠点的集落と周辺的集落が、生産力の高まりに伴う分村化、核集落と派生集落に対応する（田中義1982）という図式的な論理想定に支えられている、といってもよいであろう。しかし、集落の内容がある程度判明している潤井戸西山遺跡と大厩遺跡・大厩浅間様古墳下遺跡を比較しても、環濠の有無・住居の累積数・出土遺物の様相、集落の展開面積などに格段の相違をみることはできない。例えば、台地上には環濠集落が少ない、低位面の環濠集落の面積は高位面集落よりも大きい、低地の遺跡では金属製品が多く出土するなど、高位面と低位面の集落の比較から、どちらが拠点的であるかといった明確な判断を下すデータは存在していないと言える。そして、これまで高位面の環濠集落を拠点的ととらえ、その周辺の規模の小さい集落を周辺的集落として南関東の弥生社会を分析してきた経緯からすれば、従来の高位面の拠点的集落は、高位面の周辺的集落とともに水田を経営しながら、低位面の拠点的集落に対する周辺的集落である面も併せもつ、という多重層的な概念を設定しなければならない。すなわちこれまでの台地上の集落で組み立てられてきた「拠点的集落論」とは、理論的な整合性に欠けているのであり、新たな集団関係論を構築しなければならない。

　また、これとは逆に高位面の環濠集落が、低位面の環濠集落の上位に位置づけられるという考えもできなくはない。しかし拠点的集落と周辺的集落が、水稲耕作の生産力の高まりに伴う分村化、核集落と派生集落に対応するということを前提とするならば、高位面集落の生業の拡大による分村化という道筋は、水稲耕作を前提とする限り、成立し得ない構図である[1]。

　また、一方では高位面の環濠集落は低位面の環濠集落とは独立し、高位面の周辺的集落と協働して低位面の水田を耕作していた、と想定することも可能である。その場合高位面に展開する環濠集落の草刈遺跡と、同じ台地上に展開する非環濠集落の草刈六之台遺跡が、拠点的集落と周辺的集落の関係として理解される。そしてその西南の低地に水田を想定することになろう（図28・41）。高位面の集落とその直下の低位面に展開する水田という構図は、近接する菊間手永遺跡・菊間遺跡・菊間深道遺跡の環濠集落群と市原条里制遺跡の水田という事例があることからも、草刈遺跡と

草刈六之台遺跡とは推定する水田を紐帯とした関係が成立するようにも見える。しかし、第4章第4節・5節で見た集落の立地類型が、低位面と高位面に分かれることが基本であり、その結合型も存在するという分析結果と、集落と生産耕地の関係は同一面の至近距離に存在するということや、市原条里制遺跡の検討によって水田と同じ時期に低位面の集落が存在していることが疑われるということから見て、草刈遺跡と草刈六之台遺跡が、水田を媒介として結びあった姿であるということを、積極的に支持することはできない。むしろ、第4章第5節での集落と生産耕地が、同一の面に存在することが一般的であるとする分析結果を踏まえれば、草刈遺跡と草刈六之台遺跡の直下に想定する水田は、低位面に存在する潤井戸西山遺跡のような環壕集落の管轄化に置かれていた、と考えるほうが良いであろう。これと同じことは、高位面の環壕集落である大厩遺跡・大厩浅間様古墳下遺跡と潤井戸西山遺跡との関係にも適応することができる。

3　拠点的集落と周辺的集落の新たな解釈

　これまで見てきたように、高位面の環壕集落が低位面の環壕集落から独立して水田を造成・管理・運営したという構図や、水田を紐帯とする低位面・高位面集落の協業については、いくつもの問題点があることが浮かび上ってきた。第4章第5節の集落と生産耕地が、同一面に存在することを基本とする分析からみれば、水田を営む拠点的集落（環壕集落）が低位面と高位面にそれぞれ存在する、という想定には違和感があるということである。逆説的に述べれば、なぜ水田を造成・管理・運営するのに低位面に集落を形成せずに、高位面に集落を展開させるのであろうか。潤井戸西山遺跡・潤井戸中横峰遺跡、潤井戸鎌之助遺跡のような低位面の集落がある以上、この低地が居住に適さない空間であったと考えることはできないであろうから、その点からは高位面に水稲農民の集落を造る合理性が見つからないのである。しかし、南関東の弥生集落が水稲耕作だけではなく、畠作も視野に入れた農業経営をしていたとすれば、こうした問題も解消できる。すなわち、低位面の集落は水田を基軸とし、高位面の集落は畠作を基軸とした生産活動を行っていた、とする解釈である。具体的には、低地を耕作地とする潤井戸西山遺跡、潤井戸中横峰遺跡、潤井戸鎌之助遺跡の集落、その西側の台地を耕作地にもつ大厩遺跡、大厩浅間様古墳下遺跡の集落、この集落と低地を挟んで対岸の台地を耕作地とする草刈遺跡と草刈六之台遺跡の集落というグループに分けることが可能であろう。そして各グループで拠点的、周辺的集落が水稲経営だけではなく、畠作を含む包括的な農業を通じて結びついた関係を想定することができる。

　この関係は先述した鶴見川流域の遺跡群に照らし合わせて見ると、現在までのところ低位面の集落がないため明確にすることはできない。畠作自体の生産性は高くないため、鶴見川流域の高位面の遺跡は、耕地を求めて移動を繰り返す集団というイメージをもっているが、この集団だけでは生活が成り立たないであろう。これまで見てきた千葉県村田川流域の遺跡群の高位面集落と低位面の水田を基軸とした集落の関係が、鶴見川流域の遺跡群にもあてはまるならば、鶴見川流域の氾濫原ではなく、多摩川低地で集落の存在が想定できる。多摩川流域の多摩川低地の弥生集落は、近年よ

うやくその存在が確認できるようになってきており[(2)]、今後鶴見川流域や多摩川流域の遺跡群が、千葉県村田川流域の遺跡群のように高位面と低位面集落が存在する関係となる可能性は高いであろう。

　ただし、これらの集団が仮に同一時期の土器を出土したことをもって、同一時期に存在していたと仮定しても、それが直ちに別の集団であると決定することはできない。第4章第6節で不連続な重複をする住居の分析から得られた、短い期間に移動を繰り返すことが弥生集落の常態であることが正しいのならば、例えば大厩遺跡に居住していた集団が、草刈遺跡に移住し、一定の期間の後、この集団が潤井戸西山遺跡に移住したということも想定できるのである。住居の不連続な切り合いに関しては、切り合う新旧の住居出土土器が、細別型式で前後する段階である事例も見られることから、少なくとも土器の細別型式で示される時間内での移動と重複が行われていたことがわかる。したがって現在の景観上の集落の存在から、土器型式が同じであることを理由に、同時存在である可能性は必ずしも高くないということである。また、同じように、大厩遺跡と大厩浅間様古墳下遺跡、あるいは菊間遺跡・菊間手永遺跡・菊間深道遺跡のように、環壕集落が隣接して存在する事例は、それぞれの環壕集落が、一集団の移動先である可能性も高くなってくる。

　第4章第2節の食利用植物の集成から第1次食料群とした、弥生時代における確実な農作物である、コメ・アワ・ヒエ・キビ・マメ類から、弥生時代に輪作が行われていたとすることは推定できるが、畠作に伴う忌地現象などの問題があり、耕地の継続的な使用は不可能である。そのため、安定的で継続的な母村となる集落の成立は、特に高位面の場合は可能性が少ないと考える。低位面の集落に関しても、狭い範囲に住居址が多数重複することは、頻繁な住居の建替えが行われたことを意味しており、これは瞬時に集落が埋没したあとに集落が再建されたのか、あるいは高位面の集落同様に頻繁な移動が行われたのかが想定されるが、いずれにしても、集落が継続的であるということは、住居址が多数確認され出土する土器が連続するということでは、立証されたことにはならない。少なくとも1～2型式土器の時間差をもつ住居が、重複しないで集落が営まれていく状況や、重複していても古い住居を埋め、そこに新しい住居が建築された状況を確認・実証しなければ、集落が継続的に営まれたとする解釈は、想定しにくいと考える。したがって、住居の重複事例からみて集落の継続性は低く、大規模・集住・長期継続という概念自体に再考が必要となり、拠点的集落・周辺的集落という関係もまた、再考が必要なのである。

　このように考えてくると、田中義昭氏の設定した拠点的集落・周辺的集落として景観上認められる台地上の集落群も、実は非定着な集団が、回帰性の高い場所に移動を繰り返すことによって累積されたのが拠点的集落であり、一、二度だけの居住場所に移動した集落が周辺型集落である、という新しい解釈もできるのである。その背景には畠作が忌地現象を伴うという、農業技術的な特徴によって耕地の休耕を余儀なくされ、新たな農耕地を求めて集落が移動する、ということが考えられるのである。

註

(1) こうした想定とは別に、高位面の集落のうち環壕集落を拠点的集落ととらえ非環壕集落を周辺的集落ととらえ、これらの集落群の上に低位面の集落が存在する、という図式もあるが、この場合も概念上は低位面集落を拠点的集落、高位面環壕集落を周辺的集落とすることと変わらないこととなる。その想定の場合拠点的集落・周辺的集落を生成する原因と考えられている、大規模集落あるいは核集落からの分村化ということと合致しなくなる。別の概念規定が必要になる。

(2) 2005（平成17）年度から、多摩川低地の遺跡確認を目的として、多摩川低地遺跡研究会と川崎市市民ミュージアムの合同調査が始まった。これまで多摩川低地の踏査や川崎市高津区諏訪天神塚古墳の発掘調査を行ってきた。残念ながらこの活動で弥生時代の遺跡を確認することはできていないが、これまで行われてきた多摩川流域の発掘調査成果を整理したところ、多摩川左岸の府中崖線上存在する東京都世田谷区の喜多見陣屋遺跡や宮之原遺跡などが、本書で扱う低位面集落であることが理解できた。詳細は川崎市市民ミュージアム編 2011『諏訪天神塚古墳』川崎市市民ミュージアム叢書7、川崎市市民ミュージアムをご参照願いたい。

第4節　「集住」論・「移動」論・「大規模集落」論との関係

1　大規模集落の認識

　前節で検討した拠点的集落・周辺的集落形態の提示（田中 1976）は、大規模な集落の周辺に小規模な集落が点在し、こうしたまとまりが、水系に沿っていくつかに分かれて存在していた、と集約することができよう。また、この論考が発表された時期から日本では広範囲にわたる発掘調査の事例が増え、環濠集落の全貌を確認する事例や集落の一部ながら多数の住居址を検出した事例が増えてきた。こうした集落の在り方は、「人口が増大し、生産がたかまり、集落は大きくなり、分村がすすみ、耕地は加速的に水田化されていった」（佐原 1975：p.152）という推測にも合致していたこともあり、拠点的集落について（集落の面積や住居数が）大規模な集落である、という認識をもつようになった。そして弥生集落の一般的な傾向として、この大規模な集落に集住する（同一土器型式の住居が同一集落に数多く構築される）という理解は、西日本では前期後半〜中期後半（秋山 2007）、南関東でも中期中葉以降に確認できる。

　このような拠点的集落あるいは大規模集落について、具体的にどのようなものが該当するのか、明確に確定された概念はない。そこで大規模集落や集住を論じる前に、筆者が想定する大規模集落を示すことから始めたい。

（1）　神奈川県秦野市砂田台遺跡（図42）

　砂田台遺跡は神奈川県秦野市にある遺跡で、標高52m前後を測る台地上に位置しており、眼下の大根川との比高差は30mである。確認された2条の環濠は台地の平坦部に確認されているものの、その北端は台地の先端近くまで調査されているが確認されていない。環濠が集落を取り巻いているのかは不明であるが、調査者は集落の80〜90％は調査したと考えている（宍戸・上本1989）。砂田台遺跡からは中期中葉の住居址3軒、土坑3基、中期後半の住居址93軒、方形周溝墓1基[1]、土坑7基、環濠2条、後期終末の住居址73軒、方形周溝墓3基、掘建柱建物2棟、土坑3基が確認されている。中期後半の段階では環濠と住居が重複する事例が存在し、集落の展開に数段階の画期を設定することができる。また、未調査部分を考慮に入れれば、中期後半の住居で100軒余りが存在していたことが推測できる遺跡である。

（2）　千葉県佐倉市大崎台遺跡（図43）

　大崎台遺跡は千葉県佐倉市にある遺跡で、集落のほぼ全域が調査されている。集落は北に張り出す舌状台地上に展開しており、周囲との比高差20mを測る。柿沼修平氏によれば中期の住居が153軒造られたとされる（柿沼1984a・b）。このなかには出土土器が少なく、可能性をもつものも含めている数字である。筆者が報告書を基に集計すると、確実に中期後半に帰属するものは100軒

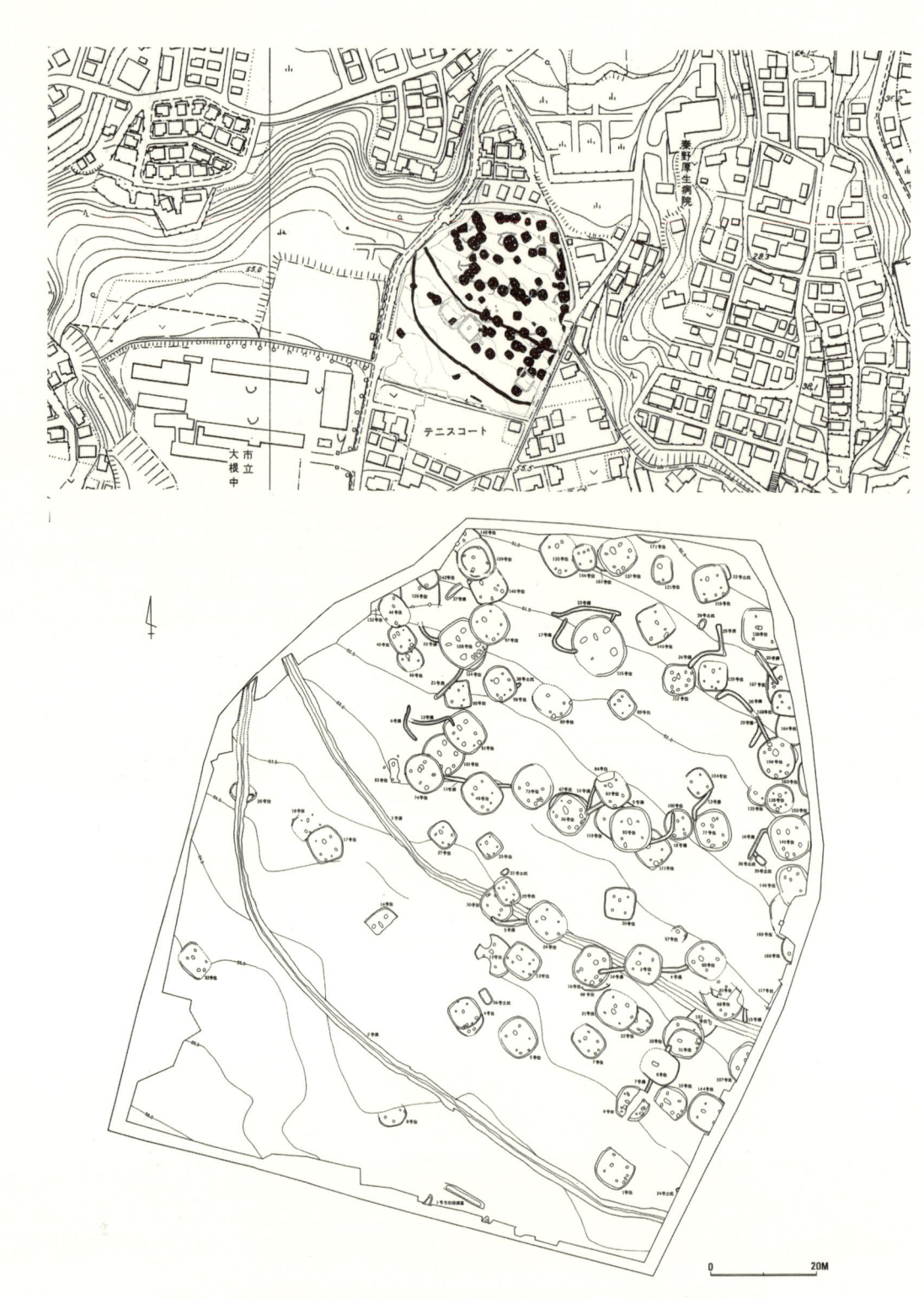

202 第5章 弥生時代集落の構造

図42 砂田台遺跡全体図と中期後半の遺構分布図（宍戸・上本1989原図：改変）

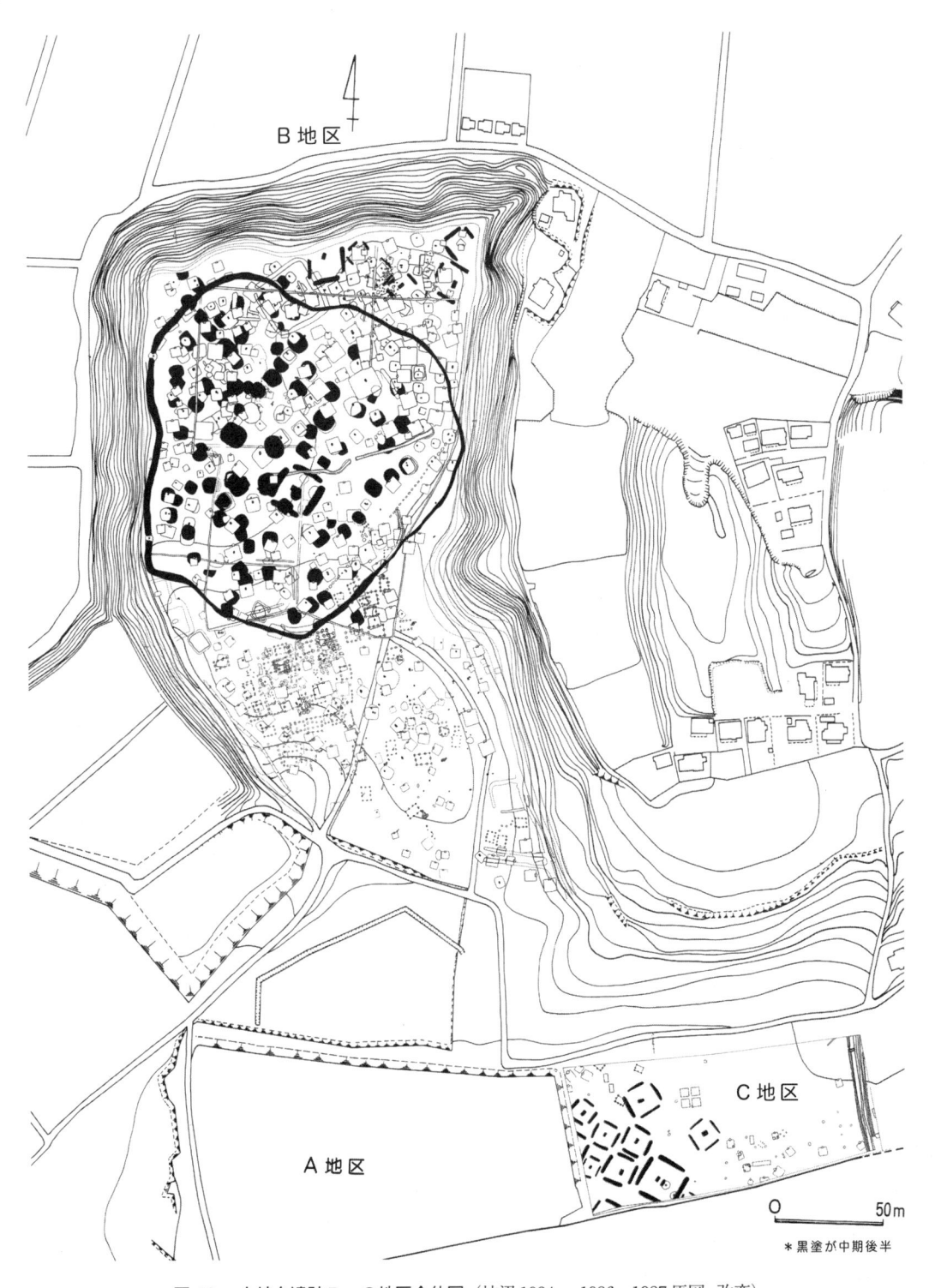

第 4 節 「集住」論・「移動」論・「大規模集落」論との関係 203

B 地区

A 地区

C 地区

0　　50m

＊黒塗が中期後半

図 43　大崎台遺跡 B・C 地区全体図（柿沼 1984a・1986・1987 原図：改変）

ほどが確認できる（図43にはこれを反映した）。これらの住居は環壕で囲まれているが、この環壕に重複する住居や環壕の外に存在する住居群もあり、確実に環壕が機能した時期と、環壕が機能していなかった時期が存在していたことが理解できる。住居は重複する事例が多くあり、最大3軒の同時存在があり得ない重複・近接事例が4ケースほど存在する。この他の住居として後期前半の33軒、弥生時代終末から古墳時代前期の時期の128軒が確認されており（柿沼1984a）、中期後半以降も集落地として利用されていたことが理解できる。また、集落が存在するB地区と舌状台地の基部以南にあるC地区から、中期後半の方形周溝墓が確認されている。横浜市大塚・歳勝土遺跡の事例とともに、南関東の中期後半の典型的な集落形態を示す遺跡である。

(3) 千葉県木更津市東谷遺跡（図36・44）

東谷遺跡は千葉県木更津市にある遺跡で、四方を狭く深い谷に囲まれた、比高差40m前後を測る馬の背状の台地上に位置している。弥生時代後期前半から中葉の遺構として、竪穴住居356軒、方形周溝墓29基、土壙墓19基、環壕2条があるが、調査者の見解として、古墳時代の住居や墓によって破壊されたことを考慮すると、本来は400軒以上の住居が存在していたとされる（酒巻2008・2009）。集落が展開する台地上の尾根は南北に細長く、そのなかでも最も平坦面が広い部分の中央に新しい環壕、それよりも北側に古い段階の環壕が確認されている。これらの環壕は地形的な位置関係を考慮するならば、台地縁辺部に巡らせて集落全体を囲い込む環壕とはならず、台地を横断・尾根を分断する壕となるだろう。こうした形態は後述する神奈川県佐島の丘遺跡群などでも確認されており、厳密な意味で「環壕」ではないが、集落を区画する壕であることの性格は不変と考え、ここでは環壕集落として一括しておく。この集落は住居が密集する部分が数箇所ほど認められているが、尾根上の最も平坦部分には住居の存在が少なく、北側の幅の狭い尾根上に集中する特徴がある。

(4) 東京都新宿区下戸塚遺跡（図45）

下戸塚遺跡は、東京都新宿区の早稲田大学阿部球場跡地地区（松本・車崎1996）を中心とした遺跡で、西早稲田地区（谷川1993）、国家公務員宿舎甘泉園住宅地区（徳澤2003）などに分かれている。比高差11m前後の舌状台地上に位置しており、その舌状台地上の東半分で環壕が完結しているが、その西側に弥生時代後期から古墳時代前期の遺物を包含し、覆土の火山灰分析・放射性炭素年代から縄文時代後期以降、AD1108年噴火の浅間Bテフラ（As-B）までに構築されたと考えられる別の溝が確認されている（パリノ・サーヴェイ株式会社2000a）。この西側の溝を弥生時代の環壕ととらえれば、その集落の範囲はこの舌状台地全体に広がっていることが推定でき、これを外環壕、台地東半分の完結する環壕を内環壕と呼んでおこう。ただし、西早稲田地区は後世の土地改変が著しく、調査範囲も狭いため、関連した遺構の確認が不十分となっている。こうした特徴をもつ下戸塚遺跡にあって、内環壕の約1/3を占める早稲田大学阿部球場跡地地区においては、弥生時代後

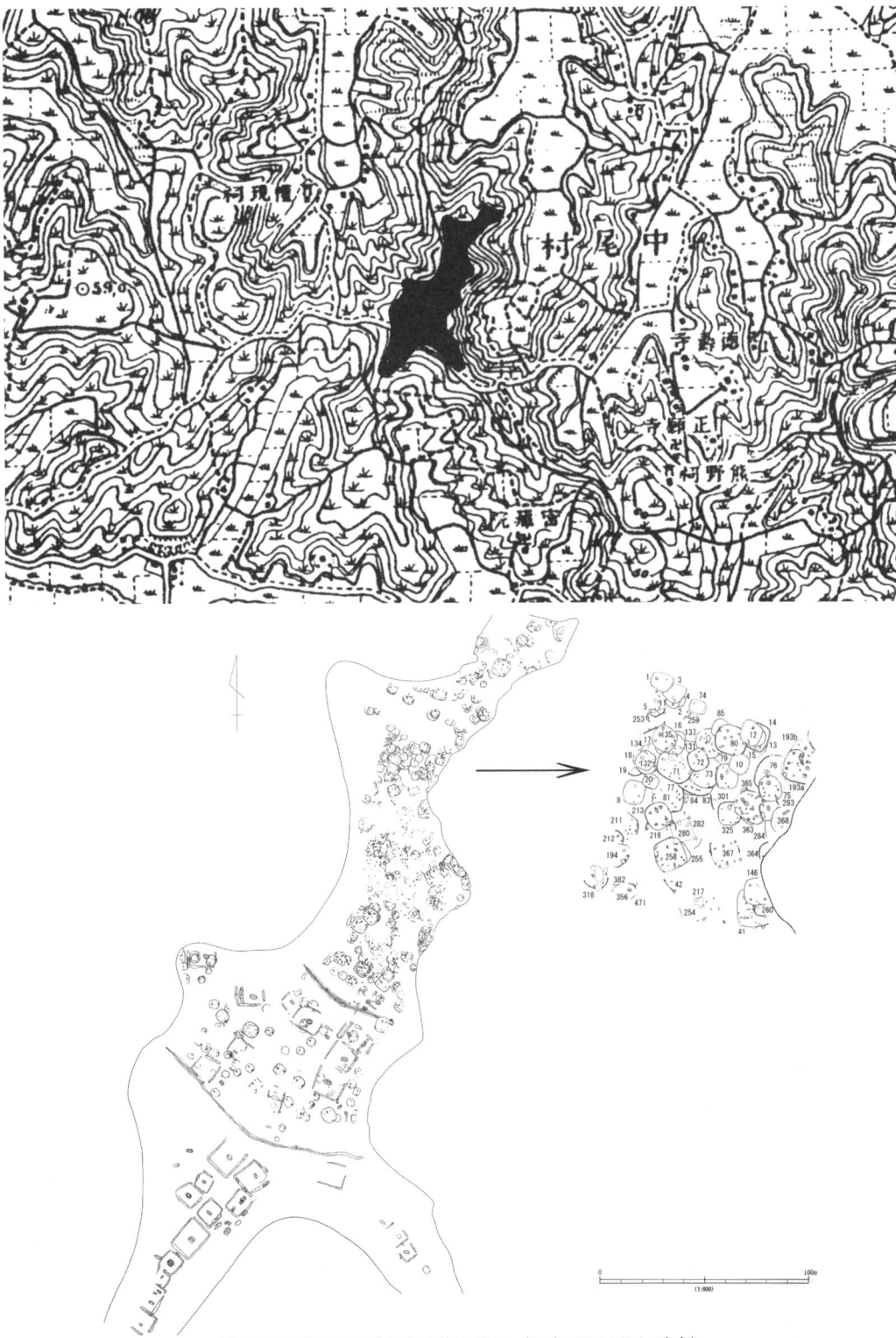

第4節 「集住」論・「移動」論・「大規模集落」論との関係　205

図44　東谷遺跡弥生時代後期分布図（酒巻 2008 原図：改変）

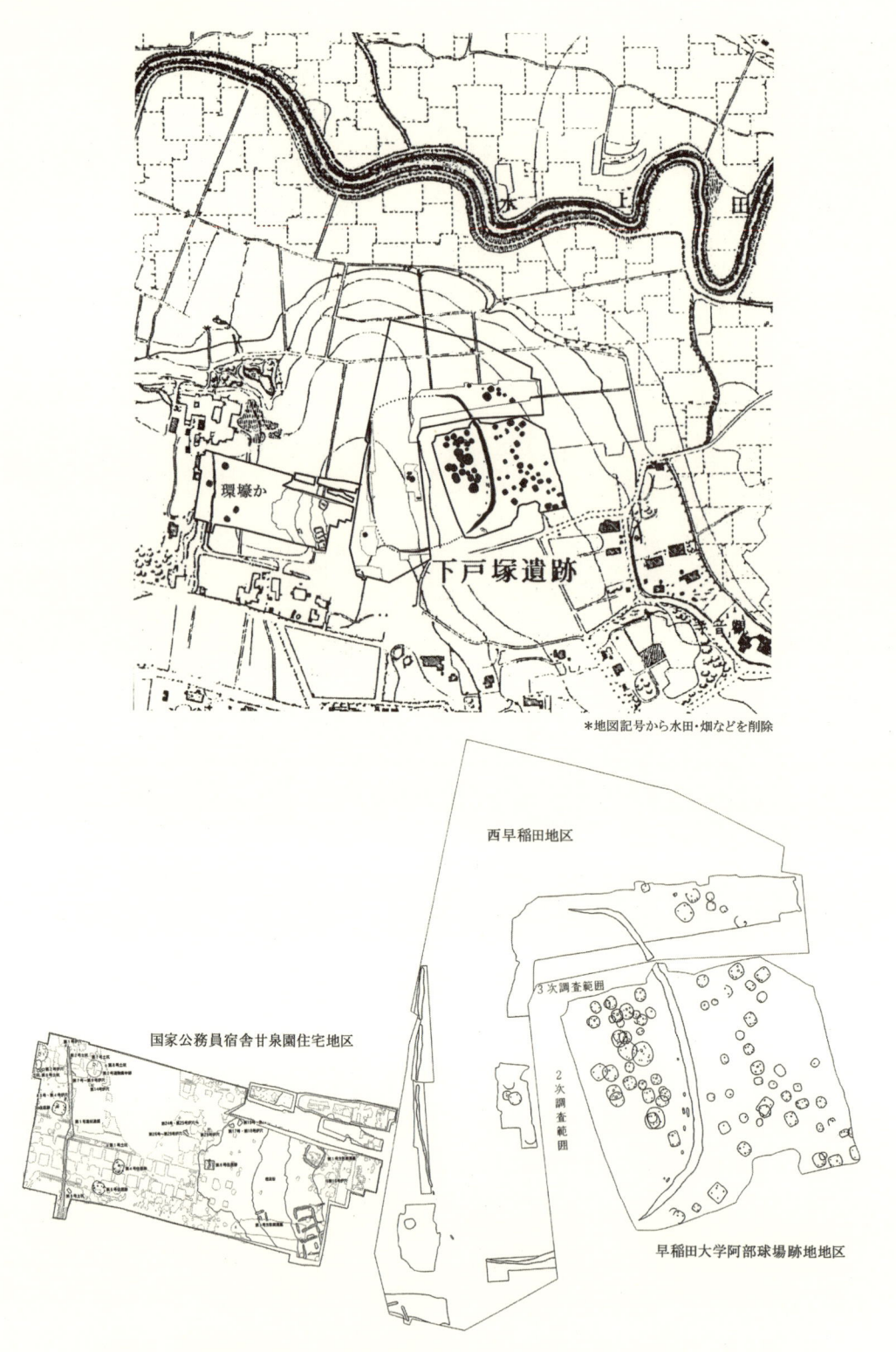

206 第5章 弥生時代集落の構造

＊地図記号から水田・畑などを削除

図45 下戸塚遺跡の弥生時代後期の遺構分布（松本・車崎1996、徳澤2003原図：改変）

期前半から後期後半までの遺構があり、出土土器からこれらを1～5期に区分されている。1～3期を後期前半、4・5期を後期後半と便宜上区別しておこう。早稲田大学阿部球場跡地地区での特徴は、1・2期の住居が内環壕の内部に展開するのに対して、3期になると内環壕の内外に住居が造られるようになり、4・5期には内環壕の外、東側にほとんどの住居が造られるようになることである。これと連動するように、内環壕と外環壕の間である国家公務員宿舎甘泉園住宅地区にも、4・5期の住居が構築されるようになる。したがって、1・2期と4・5期とでは集落の規模が異なっていた可能性は高いと考えられる。それを踏まえ各期の遺構数を挙げれば、可能性のある住居を含め1期が8軒、2期が23軒、3期が23軒、4期が17軒、5期が21軒である。しかし、前述のように西早稲田地区、すなわち内環壕内部での遺構確認が未確定であり、発掘面積から1～3期については2～3倍の住居数である100～150軒、4～5期については、居住域が拡大することを考えれば100軒を越す住居が存在していたと推測できるのである。

(5) 神奈川県横須賀市佐島の丘遺跡群 (図24・46)

佐島の丘遺跡群は神奈川県横須賀市にある遺跡群で、高原遺跡、高原北遺跡、唐池遺跡、一本松遺跡、上ノ山A遺跡、深田遺跡、深田横穴の総称である。このうち弥生時代の集落は、高原遺跡と高原北遺跡で後期後半～終末の住居309軒、方形周溝墓1基、竪穴状遺構6基、環壕3条が確認されている（大坪・横山2003）。高原遺跡・高原北遺跡が存在する地形は四方を深く狭い谷に囲まれた、谷との比高差50m以上を測る台地であり、台地の南側には海岸平野が広がっている。この狭小な尾根に住居が集中するいくつかのブロックが形成され、数軒が重複しながら集落が展開している。また、高原遺跡内において高原北遺跡との境、最も平坦部となる地点、遺跡南西端、南端の高原遺跡調査範囲飛び地の4箇所に、溝が確認されている。これらの溝はいずれも断面V字を呈しており、時期的にも住居の時期と同じであることから集落を囲繞しないものの、性格的には環壕と同じであると考えられる。これらの住居から出土した土器について調査者は、ほとんどが後期後半のものであるとされているが、Y141号住居跡出土土器のような、口縁部～口頸部に短節斜縄文が施文される沈線区画の土器があり、これを後期前半の土器とするならば（浜田2009b）、309軒の住居も後期前半から後期後半までの、後期全般にわたって造られたと考えることができる。

(6) 大規模集落と周辺の集落の認定

以上挙げてきた集落を参考にすれば、中期後半の砂田台遺跡では93軒以上、大崎台遺跡では100軒以上、後期前半の東谷遺跡で356軒、下戸塚遺跡で100～150軒、後期後半の大崎台遺跡で128軒、下戸塚遺跡で約100軒、後期全般にわたる佐島の丘遺跡群で309軒以上の竪穴住居が存在しているのが確認できる。これらはすべて環壕で限られ、あるいは急峻な地形によって明瞭に集落の範囲が想定できる事例である。すなわちこうした限られた範囲の中で、かつ限られた時間のなかで多くの住居が存在するのが大規模集落である、と認識して大きな間違いはないであろう。これ

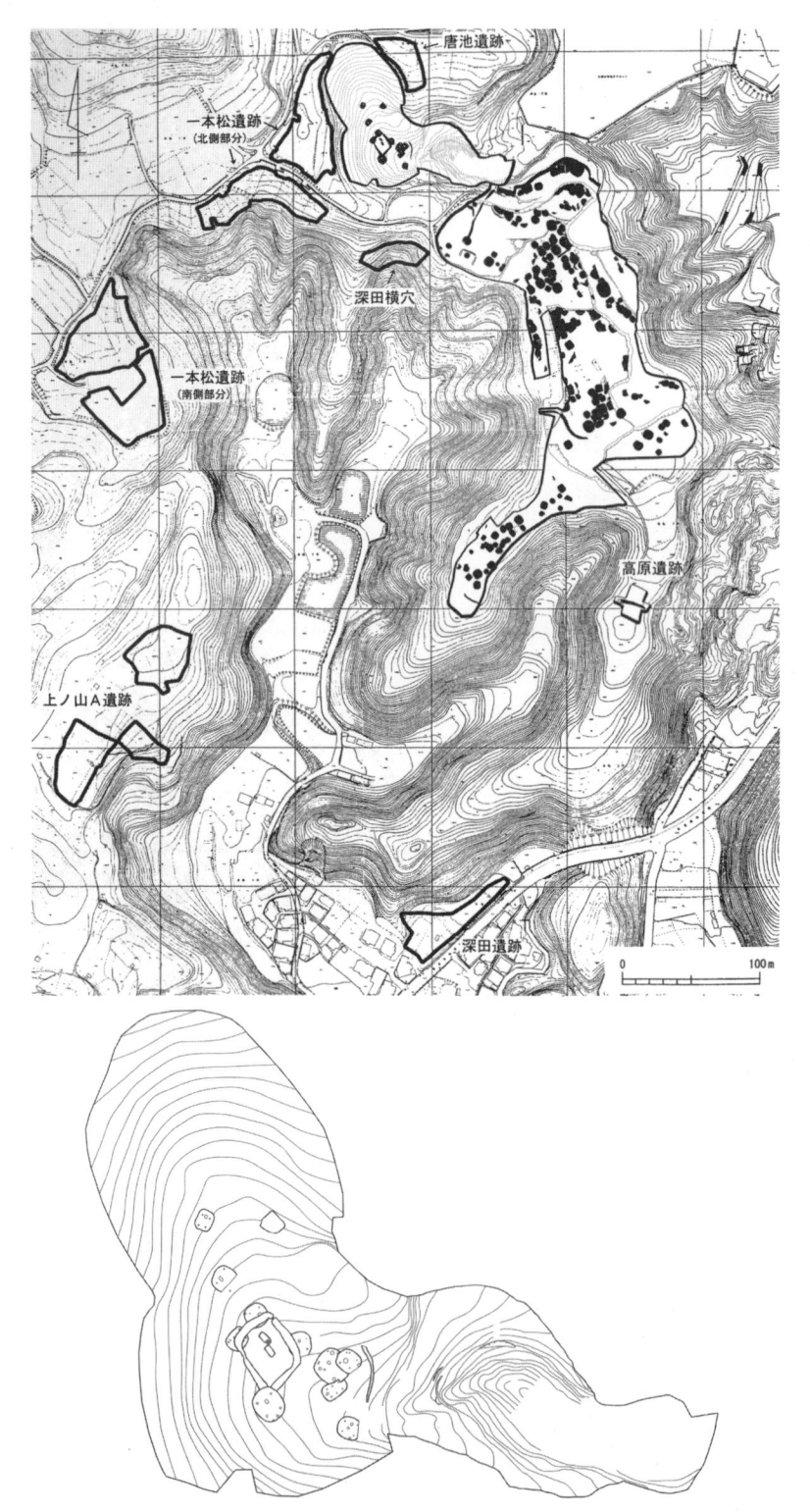

208　第 5 章　弥生時代集落の構造

図 46　佐島の丘遺跡群の弥生時代後期後半〜後期終末の遺構分布図と高原北遺跡の遺構の重複状態
（大坪・横山 2003 原図：改変）

らの遺跡のほかにも、集落の範囲を限ることができないが、東京都北区赤羽台遺跡から91軒以上（森田・渡辺2000）、東京都中野区新井三丁目遺跡・平和の森公園北遺跡で計249軒（佐々木1988）の後期中葉～末葉までの住居が確認された事例や、埼玉県富士見市南通遺跡から297軒の環壕を伴う後期後半の集落（小出2007）が確認されているなど、断片的な調査でも多数の住居が確認できた事例もあり、いわゆる大規模集落が、弥生時代中期後半以降後期末葉まで、かなり普遍的に存在しているのが理解できるであろう。

2　大規模集落のとらえ方

　こうしたいわゆる大規模集落に対する解釈は、数棟の住居を基礎とする単位集団が定着することなく移動の累積した結果である、とする考え（甲元1986、大村1988）があり、これらは集落の頻繁な移動を推定する。一方、集住する集落を基本におく考えには、水田経営に関わる集団の結集あるいは水稲農業の生産化・効率化のための結集（近藤1959、秋山2007）、政治的緊張に対処するための結集（都出1984）などの解釈がある。

　大規模集落をめぐるこれらの考えは二律背反しているが、細部では共通する部分もあり、一つの基準でとらえることはできない。移動の累積によるとする大村直氏の考えの前提には軍事的緊張状態があり、その点では集住する都出比呂志の想定と通底する。農業経営を原因と考える甲元眞之氏は集落の頻繁な移動を想定し、近藤義郎氏・秋山浩三氏は集住を想定する。

　こうした差異性と同一性が生まれるのは、従来の研究が議論を保証する前提条件に対する検証が、必ずしも徹底されていなかったためと考えられる。特に南関東地域で確認され、集落研究の題材となってきた高位面の集落に対しては、谷水田が集落構成員を支える耕地であるとする想定をほとんど検証してこなかった。また、軍事的緊張という社会現象に対して、南関東地域での検証はなおざりにされたまま、前提だけが一人歩きする結果となっている。こうした前提となる事由の検証からすれば、前節までに論究したように従来の考えの再検討を促すこととなる。集落が定住し、集住するということは、土器型式を基準にした同時代性を根拠に、環壕集落内の住居の同時性を推測し、周辺の集落との同時性も推し量ってきた。また、土器型式が連続して発見される集落を、居住が同一場所に継続した集落であるという意味に置き換え、これを無批判に援用してきたといえる。しかし、第4章第6節および本章前節で一集落内での住居の重複をもとにすれば、連続する細別土器型式にあっても、同じ場所で連続して集落が営まれたわけではなく、むしろ移動を繰り返した結果、回帰性の強い地としての集落が、これまで拠点的集落あるいは大規模集落と呼ばれたものである可能性が高くなってきたといえる。すなわち、従来大規模集落として把握してきた集落は、甲元氏や大村氏が想定したような、移動を繰り返す累積した結果としての姿である可能性が高くなるのである。両者の移動論はその原因となる事由の検証が不十分であったために、説得ある論証となっていないのが惜しまれるが、畠作を移動の原因とする甲元氏の移動論は、不安定な農業運営をその原因に考える点で、基本的に本研究と根幹の部分では同じ発想に根ざしており、その先駆性は

高く評価されるものである。

これまでの集住する集落、大規模集落ととらえられてきた集落に対して、「移動する集落」論を通してどのような弥生集落の様相が推測できるか、神奈川県砂田台遺跡とその周辺の集落事例を通して提示していきたい。

3 集落群の展開過程

この遺跡は第4章第6節・本節で述べたように、中期中葉の住居3軒・土坑3基、中期後半の住居93軒・環壕2条・方形周溝墓1基・土坑7基、後期後葉から古墳時代初頭の住居73軒、方形周溝墓3基・掘立柱建物2棟・土坑3基が確認された。

このうち、中期後半の宮ノ台式期は出土した土器の様相から4期Ⅴ段階に分けられ、集落も同じように展開していったと考えられてきた（図47）。しかし、中期後半の第30号住居址（Ⅳ期前半：集落変遷Ⅳ段階）と第25号住居址（Ⅳ期後半：集落変遷Ⅴ段階）に不連続な重複事例が存在し（図32）、その堆積土層の観察から、連続する時期（細分土器型式）に住居が営まれた場合であっても、集落としてはその間に断絶があるか、同時併存の住居数が半減することが理解できた。これは端的にいえば集落外移動か集落内移動かということであるが、両者を比較した場合、後者のような同一集落内での移動は上屋を残したままの移動であり、そうした現象は、第4章第6節で述べたように、その理由づけは難しく可能性は高くない。したがって、この事例からⅣ期前半と後半の間で、集落は一時別の場所に移動したと推察されるのである。砂田台遺跡での住居の不連続な重複事例は、ほかにも119住（Ⅱ段階）—111住（Ⅲ段階）—93住（Ⅳ段階）、101住（Ⅱ段階）—74住（Ⅲ段階）、19住（Ⅱ段階）—17住（Ⅲ段階）、167住（Ⅱ段階）—168住（Ⅲ段階）、12住（Ⅲ段階）—13住（Ⅳ段階）、35住（Ⅲ段階）—31住（Ⅳ段階）など、Ⅱ段階からⅣ段階に認められ、各段階の間での移動が示唆されるのである。

不連続な重複のある住居は連続して構築されたものではなく、その間には「X住居」が別の場所に作られたことを敷衍的に適用でき、また環壕からの遺物の出土状況をもとにすれば、砂田台遺跡は中期後半には、数度の移動を繰り返しながら回帰性の強い場所として、砂田台集落を形成してきたことが理解できるのである。砂田台遺跡をこのように想定した場合、では「X住居」はどの場所に想定できるであろうか。この問題については確実に実証できる方法が今のところなく、状況証拠に頼らざるを得ないが、推測することは可能である。

移動先については、小田原市中里遺跡から中期中葉の摂津地域の土器が一定の割合で出土している事例や綾瀬市神崎遺跡の出土後期土器の95％が、外来系の土器で占められるという事例（村上2002）を傍証にすれば、当時の移動は遠方へ及んだことは確実である。しかし、こうした事例は多くないことから、稀な事例であったことがわかる。むしろ、集落群を拠点的・周辺的ととらえられてきたように、集落は近接して存在していることが、弥生時代集落の大きな特徴である。砂田台遺跡をもとにこうした関係を見てみると（図48）、中期後半で2km北東には根丸島遺跡（伊東・杉山

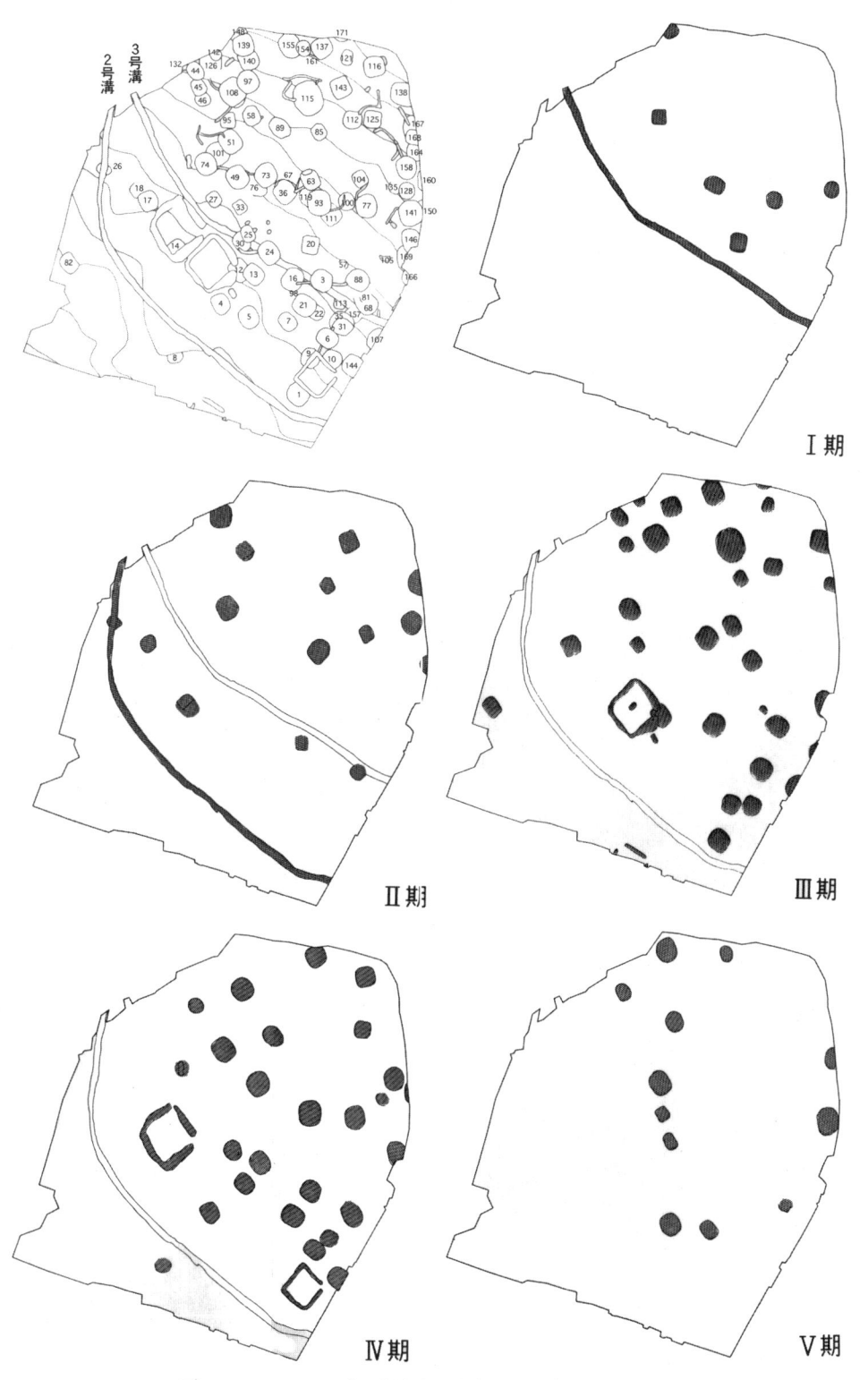

第 4 節 「集住」論・「移動」論・「大規模集落」論との関係　211

図 47　これまでの砂田台遺跡の集落変遷案（宍戸 1991 原図）

1985)、1.5km東には真田・北金目遺跡21区（河合2003）、2km南には原口遺跡（長谷川1997・2001）があり、すべて環濠集落である。これらの集落以外では真田・北金目遺跡19区から住居址（河合2003）、真田城の下層から溝が確認されており（田尾1995）、大原遺跡（岡本1999）でも住居が確認されている。こうした集落に「X住居」を構築しながら集落間を移動して生活していた可能性が示唆されるのである。

　同じような現象は後期後半でも確認することができる（図48）。後期後半では原口遺跡に環濠を伴う集落と地続きで80mほどの距離をおいて環濠を伴わない集落が展開する。原口遺跡から500m南西には向原遺跡（中田・伊丹1982）、原口遺跡の北側には砂田台遺跡、王子ノ台遺跡（宮原2000）、真田・北金目遺跡、大原遺跡、根丸島遺跡（伊東・杉山1985）などが確認されている。このうち原口遺跡の環濠集落、王子ノ台遺跡、真田・北金目遺跡、根丸島遺跡では後期後半の時間幅での住居の不連続な重複事例が多く、移動を頻繁に繰り返した結果であることがわかる。逆に向原遺跡、原口遺跡の環濠を伴わない集落、砂田台遺跡などは住居の不連続な重複事例があまりなく、1～2・3回の利用にとどまっていると考えられる。これらを総合して考えれば、この周辺ではほぼ数km圏内に移動の対象とした領域が存在していた可能性を指摘できるのである。これらの集落がすべて一つの集団が展開して形成したものなのか、あるいはいくつかの単位に分かれて生活していたのかはわからない。いくつかの単位に分けるとすれば、原口遺跡の環濠集落、原口遺跡の環濠を伴わない集落、向原遺跡が一つの移動領域となって生活していた単位、王子ノ台遺跡、砂田台遺跡、真田・北金目遺跡が移動領域の単位、根丸島遺跡、大原遺跡を一つの移動領域とする単位に分けて、この間を移動しながら集落と耕地を変えて集団を維持していった、と見かけ上想定することができるであろう。このどちらのケースを取るにしろ、ある一定の移動領域をもちながら集団が生活を維持していったことが、これまでの集落の分布から推測することができるのである。

　さらに中期中葉の段階では砂田台遺跡と王子ノ台遺跡で集落が確認されているが、どちらも住居の数は少なく、不連続な重複事例はない。また周辺では根丸島遺跡、真田・北金目遺跡が、当該時期の土器を出土している。不連続な重複をする住居事例はないものの、両遺跡とも単一土器型式内の時間幅で集落が終焉するようであり、移動を前提にするならば、数回の移動によってこの地を離れていった集団を想定することができるであろう。

　後期前半についても同じような想定をすることができるが、この時期は真田・北金目遺跡19区で、後期初頭の土器を出土する住居（SI004、SI005住居）が2軒確認されているだけであり、集落の動向を窺うには資料不足である。ただし、前後の中期後半と後期後半の時期には、頻繁な移動を繰り返して集落を形成しており、この時期だけ移動を行っていないとするのは合理的ではないので、後期前半段階でも一定の領域をもちながら移動していたことを推測しておきたい。

4　環濠集落の形成過程

　従来、弥生集落のこうした景観を呈する分布は、それぞれの集落が同時に独立して存在し、それ

第4節 「集住」論・「移動」論・「大規模集落」論との関係 213

中期中葉

中期後半

後期前半

後期後半

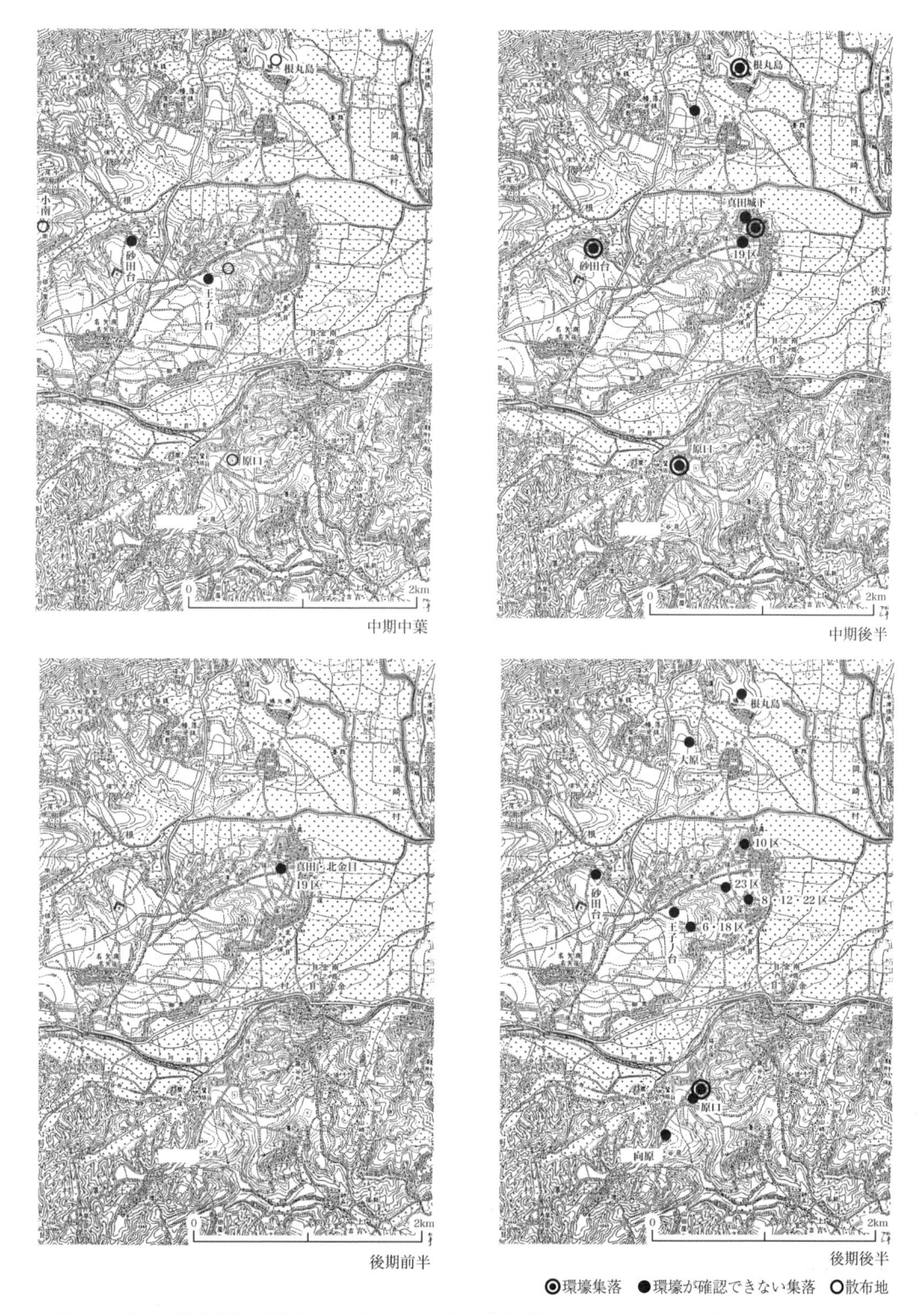

◎環壕集落　●環壕が確認できない集落　○散布地

図 48　砂田台遺跡周辺の遺跡分布（宮原 2000、平塚市博物館編 1984 原図：改変 地形図は明治 39 年測量）

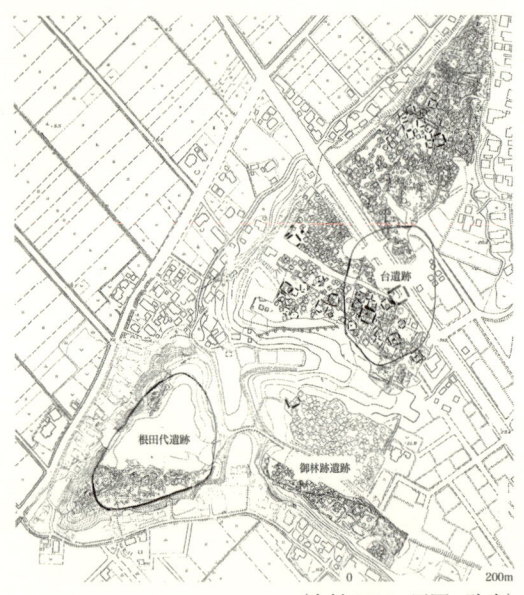

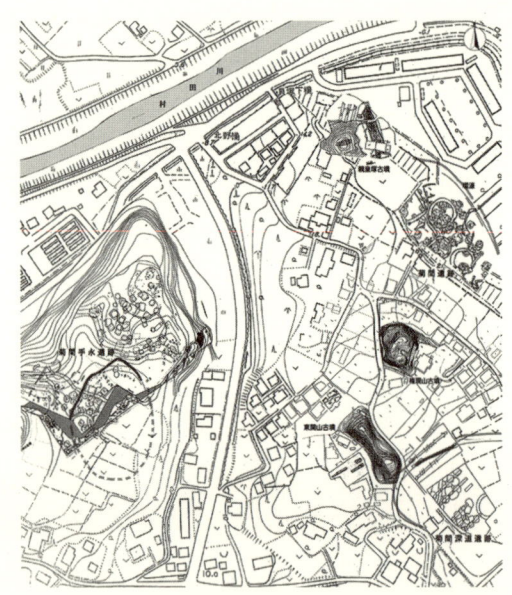

(大村 2005a 原図:改変)　　　　　　　　　　　　（市原市文化財センター編 Web 版
　　　　　　　　　　　　　　　　　　　　　　　「遺跡ファイル菊間遺跡」原図:改定）

図 49　市原市内の隣接する環濠集落

ぞれの集落は継続して住居が形成されてきたと理解されてきたが、移動を前提にすれば、近接する環濠集落であっても、それは独立して同時に存在していたのではなく、移動を繰り返した結果としての集落群景観であったと推察したほうが良いこととなる。それが例え環濠集落であっても、環濠集落自体は回帰する場所として頻繁に利用されていたのであり、基本的には移動の対象の集落の一つであったという性質は、変わらないということができるであろう。

　環濠集落が近接して形成される代表的な中期後半の事例として、千葉県市原市の村田川下流域の集落群、市原市の養老川下流域左岸の集落群、神奈川県横浜市北部の鶴見川流域の集落群がある。これらの環濠集落の在り方は市原市の村田川下流域では菊間遺跡、菊間手永遺跡、菊間深道遺跡が約 300m の範囲に存在し（図 28・図 49 右）、養老川流域では台遺跡 C 地点と根田代遺跡が 200m の距離で隣接する（図 49 左）。また横浜市鶴見川・早渕川流域では、市原市内の事例ほど極端ではないが、大塚遺跡、綱崎山遺跡、権田原遺跡、折本西原遺跡、森戸原遺跡、朝光寺原遺跡、関耕地遺跡、牢尻台遺跡、宮原遺跡、藤林遺跡、西藤遺跡などが 1.3～3 km の範囲で分布している（図 40）。

　前者の市原市内の環濠集落の在り方は、それぞれの環濠集落の距離が 200～300m という景観であり、出土土器の精査が必要だがこれらが同じ土器型式の時間幅で集落として機能していたならば、従来解釈されてきた、環濠集落を代表とする大規模集落は、（水稲）農耕のために集住、あるいは政治的緊張に対処するために集住する、という説明では理解することは難しいこととなる。農耕のための集住であれば、集住した一つの環濠集落集団が耕作する生産地は一定程度の規模、すなわち一定程度の物理的な距離をもつことが予想できるが、そうした生産耕地の在り方とは矛盾する

集落景観を合理的に説明できない。また、各環壕集落間では生産耕地以外にも、燃料の調達など、有限の資源をめぐる集団の利害関係が発生する。これに対処するためにも集落は一定の間隔が必要と考えるが、その問題にも環壕集落の隣接は説明ができないのである。仮に複数の環壕集落が一つの生産耕地を共同で運営し、利害関係を一にすることを肯定した場合であっても、冷害・病虫害などによる農業生産物に対する収穫量が少なくなった時、同じ条件の耕作地での一括生産は、集落に壊滅的なダメージを与えることとなる。複数の環壕集落の集団が背負うこうしたリスクを想定した場合、共同経営は現実的ではない、と考える。

政治的緊張への対処であっても、環壕集落が隣接して対処する緊張がどのようなものであるか、何に対する緊張であるのかが不明であるが、仮に近隣の集落との緊張であればこのような隣接する環壕集落の在り方は理解し難い。またその範囲は不明であるが他領域の集団からの緊張に対処すると仮定しても、なぜ一つの大きな集住―環壕集落を形成せずに、複数の環壕集落が隣接する体制をとることになるのかわかりにくい。集住が戦いを効率的に進めるためであれば、集住する集落をいくつにも分けて構築する必要はないであろう。ただし、複数の環壕集落がまとまって緊張状態に対処する、という想定も可能ではある。しかしこうした想定は、逆に複数の環壕集落がまとまらなければならないほどの緊張状態を窺わせる資料の出土、最もわかりやすいのは武器・武具の出土などの検証がなされていない現状では、想定することはできない。

従来の考え方による集住する環壕集落の説明には、いわば集落は定住するという前提で行ってきたために生まれた、現実とのズレがあると感じる。しかし、これらの環壕集落は住居の不連続な重複事例をもっているのであり、「移動する集落」を前提にすれば、環壕集落と環壕をもたない（確認できない）集落は、集団の移動先の一つとして存在していたと推定することができる。そして市原市内での環壕集落の在り方は、環壕集落から環壕をもたない集落、あるいはその逆だけではなく、環壕集落から環壕集落へ集団が移動する想定が成立することを示唆しているのである。

市原市内の中期後半の集落の在り方を参考にすれば、環壕集落が近接して存在するもう一つの代表的な地域である、横浜市鶴見川・早渕川流域の集落群にも、これまでとは異なった理解をすることができる。この地域は前述したように中期後半の環壕集落が3km以内に近接しながら、狭い範囲に分散するという特徴をもっている。そして環壕をもたない集落がその周辺に点在する集落群景観を呈している。これまでは、環壕集落を大規模集落・拠点的集落と位置づけ、その周囲に環壕をもたない小規模の集落が展開しており、両者は同時期に存在し有機的に結びついた集落として、社会的に存在していたと考えられてきた。しかし、この地域の環壕集落でも折本西原遺跡を代表に、環壕集落には住居の不連続な重複事例が多く確認されているのである[(2)]。したがって、砂田台遺跡周辺や市原市内の環壕集落同様に、この地域の環壕集落も移動を行っているのであり、環壕集落から環壕集落へ集団の移動を想定することができる。3km以内に環壕集落が展開するこの地域は、そのなかの複数の環壕集落は一つの集団の移動先として認識されていたことも想定でき、これまで想定してきた環壕集落の同時存在についても再考する必要がでてくるのである。

註

(1) 砂田台遺跡の方形周溝墓のうち、時期的な形態変遷、集落内での位置関係などから、報告者が中期後半に比定する新旧環壕の間に存在する方形周溝墓は、後期後半の段階であることが、立花実氏によって論証されている(立花2006)。また、原口遺跡でも同様の論証がなされており(立花2004)、本書は立花氏の見解に準拠した。

(2) 折本西原遺跡について安藤広道氏は、この地域の環壕集落のなかで隔絶した環壕規模をもっている点や流域内最大の住居が存在すること、また、傑出した規模の方形周溝墓が集団墓地から離れた集落内にほぼ単独で築かれている点などから、この地域の環壕集落の上位に位置づけられる中心的な集落である、と推断している(安藤2001a)。しかし、環壕の規模については、発掘調査区で確認された環壕と台地の東端で確認された環壕との間には280mの未調査区がある。前述した菊間遺跡、菊間手永遺跡、菊間深道遺跡との位置的関係、根田代遺跡、台遺跡C地点との位置関係を参考にすると、折本西原遺跡の環壕は、台地東端の環壕と、調査区の環壕は別の環壕集落である可能性も指摘できる。少なくとも環壕の規模が傑出しているというには論証不足であろう。

第5節　南関東以外の集落の分析

1　はじめに

　水稲耕作以外の農業生産、短期間での頻繁な移住、集落と生産耕地の関係、集落の立地などの分析・検証を通して、南関東の集落の構造を前節までで述べてきた。具体的には従来の「高地性集落論」、「拠点的集落・周辺的集落論」、「大規模・集住集落論」を分析することによって、従来描いてきた南関東の弥生集落像とは、かなり異なった集落像・社会像を提示した。弥生時代の集落は、短期間のうちに頻繁に移動を繰り返すという姿である。これを基本にして水田だけではなく、畠作も含めた農業経営を基本とした社会が成立していた、と考えてきた。提示した集落像・社会像が仮に確認できるとすれば、これがはたしてどの地域まで有効に適用できる考えであるか、が次の問題となろう。その問題に対してはさらなる分析が必要で、向後の研究課題となるが、ここでは大阪府内、岡山県内の集落を分析し、この問題に対する一つの見通しを示しておきたい。

2　大阪府古曽部・芝谷遺跡の分析（図50）

（1）　古曽部・芝谷遺跡の概要

　古曽部・芝谷遺跡は大阪府高槻市に存在する、古くから著名な遺跡である。古曽部遺跡・芝谷遺跡・奥天神遺跡として把握されていたが、1972（昭和47）年、1984（昭和59）年、1991（平成3）年、1992（平成4）年の発掘調査で、これらが一体の遺跡であることがわかり、現在の遺跡名称となり、それぞれの遺跡名は地区名に読み替えることとなった（宮崎1996）。

　急峻な尾根上に弥生後期の住居址が、重複事例を含めて82軒確認され、部分的ながら環壕が確認されている。こうした点と周辺にある低地の安満遺跡などとの集落の消長の関係から、大規模な高地性集落としての性格が与えられている。

　住居の分布は古曽部地区、芝谷地区、奥天神地区すべてから確認されているが、重複関係をもつ事例もいくつかあり、出土遺物から1期～3期に大別されている。以上のことを前提に古曽部・芝谷遺跡の住居を分析していく。

（2）　住居址の分析

　第4章第6節で、南関東の火災住居の炭化物の出土状況から、竪穴住居に住まわなくなって後も、一定期間は上屋が存在していたこと、また南関東の集落には不規則な重複のある住居址があり、この新旧の住居から連続する細別型式の土器が出土する事例が多くある。この二つを検討した結果、連続する細別型式の土器を出土する不連続な重複住居は、古い住居に人が住まわなくなって、それに重複して住居を作るには、一定期間の時間が必要であったことを検証した。すなわち、

218　第5章　弥生時代集落の構造

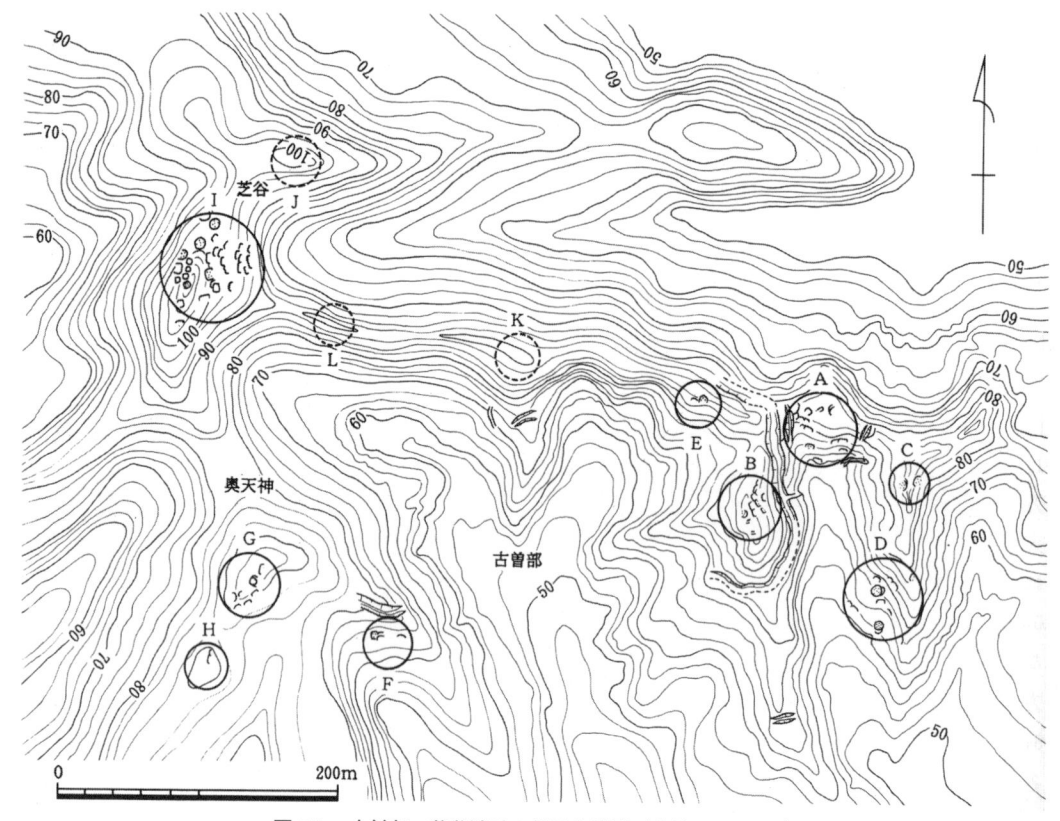

図50　古曽部・芝谷遺跡の位置と地形（宮崎1996原図）

住居の住人が家を壊さずに集落内あるいは集落外のどこかに移住し（これをX住居とする）、一定期間の後、（X住居の住人とは限らないが）この家と重なる位置に新たに住居を構築したことが推測できる。新しい家を建てる場合、腐朽したか焼却したか解体したかは不明だが、当然ながら上屋は存在していないことになる。仮にX住居は存在せず、続けてその場所に住んだと主張するためには、少なくとも古い住居を最初から埋戻していることを証明しなければならないであろう。このことは、今まで住んでいた家を出る時に、家（上屋）を残したままにするのか、壊してすぐに埋戻すのかという考えに通じるのである。では、古曽部・芝谷遺跡からは、上記のような移住・移動するということが、南関東の事例のように示すことができるであろうか。

　まず、上屋の存在については、火災住居の炭化材の在り方から検討する良好な資料がない[1]。ただし、別の方法によってある程度の推測が可能となる。それは弥生時代の住居址覆土（報告書では埋土と表現、以下覆土とする）の堆積状態と出土する須恵器の事例からである。

　古曽部遺跡の住居K33は2軒の住居が不規則に重複するが、このうち新しい住居である住居K33bの覆土中、黒褐色土（2層）からは、5世紀末から6世紀初頭頃の須恵器が出土している。2層より時間的に後から堆積したことが明白な1層を含めて考えれば、住居K33bは5世紀末から6世紀初頭の段階には、住居が埋まり切らずに窪地として存在していたことが理解できる[2]（図51）。また、

第5節　南関東以外の集落の分析　219

住居K33b 出土の弥生土器

1. 10YR5/4 にぶい黄橙色砂質土（含細礫・土器）
2. 10YR3/1 黒褐色砂質土（含礫・土器）
3. 10YR5/1 褐灰色シルト質土（含細礫）
4. 10YR7/3 にぶい黄橙色砂質土（含細礫）
5. 2.5Y7/1 灰白色砂質土（含細礫）
6. 10YR7/1 灰白色砂質土（含細礫）
7. 10YR7/6 明黄褐色砂質土（含細礫）
8. 10YR5/2 灰黄褐色砂質土（含細礫）
9. 10YR7/8 黄橙色砂質土（含細礫）
10. 10YR5/4 にぶい黄褐色砂質土（含細礫・土器）
11. 10YR7/3 にぶい黄橙色砂質土
12. 10YR5/6 にぶい黄褐色砂質土
13. 10YR6/1 褐灰色砂質土（含細礫）
14. 10YR7/2 にぶい黄橙色砂質土
15. 10YR7/2 褐色砂質土（含細礫）
16. 10YR4/3 にぶい黄褐色砂質土（含細礫）

住居K33a、33b 平面図・断面図

住居K33b 2層出土の須恵器

住居K28 出土土器（報告書編年Ⅱ期）

1. 7.5YR3/4 暗褐色砂質土（含土器）
2. 10YR5/8 黄褐色砂質土（含礫）
3. 10YR5/6 黄褐色砂質土
4. 2.5YR4/1 黄灰色砂質土（含細礫・土器）
5. 10YR3/2 黒褐色砂質土（含細礫・炭）
6. 10YR3/1 黒褐色砂質土（含礫）

住居K29 平面図・断面図

住居K29 出土土器（報告書編年Ⅰ期）

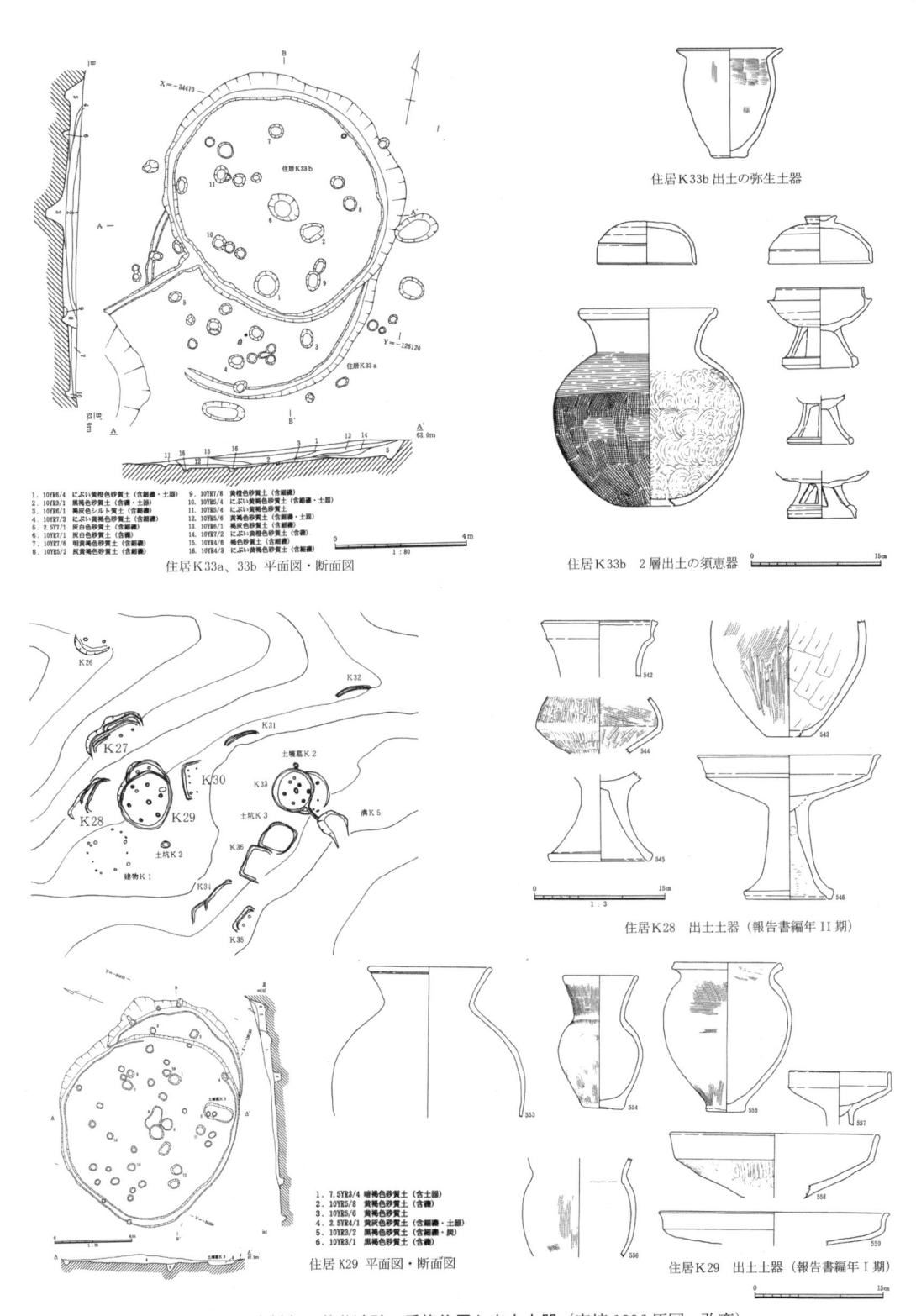

図51　古曽部・芝谷遺跡の重複住居と出土土器（宮崎1996原図・改変）

古墳時代に埋まり切っていない住居K33bの埋没過程を推測するならば、埋まり方が壁際に厚く住居中央が薄い、いわゆるレンズ状の堆積をしていることは、住居に住まわなくなったのち人為的な埋戻しを行わないまま、自然に竪穴住居が埋没していったと考えることができる。現代に残る埋まりきっていない平安時代や擦文時代の竪穴住居の埋没状態と類似し、埋まり方として矛盾がない。他方、ブロック状の土塊がいくつも認められ、あるいは水平・直角といった人為的と判断できる覆土の堆積状況ではないので、住居に住まわなくなった後、すぐに上屋を取壊しあるいは解体した後、埋戻した結果であると判断することはできない。こうした解釈に則れば、住居に住まわなくなって後、自然に埋もれるままにまかせ、5世紀末から6世紀初頭に至っても、完全に埋まり切らない竪穴であった、と判断することができるであろう。埋まり切らない竪穴住居の覆土上層に、古墳時代の須恵器と土師器が出土する状況は、同じ古曽部地区の住居K29でも確認されている（図51）。住居K29は住居K33と同じく、不連続な重複をしており、古い住居K29aと新しい住居K29bに分けられ、両者の住居にかかる第1層暗褐色砂質土から古墳時代の土器が出土している。住居K29bも住居K33bと同じ解釈をすることができる。こうした事例から想定されることは、古曽部・芝谷遺跡においても、竪穴住居に住まわなくなった後、竪穴住居はそのまま放置されることを原則としていたのではないか、ということである。仮に竪穴住居を廃絶する時に、上屋を撤去し埋戻すことを原則としていたならば、古墳時代に竪穴が窪地として残っている状態を想定することはできないからである[3]。

（3）集落の分析

　こうしたことを前提に集落の変遷を想定すれば、報告者が想定した変遷とは異なった解釈となる。例えば住居K33bおよび住居K29bは集落全体を3期に分けたうち、最も古い1期の土器を出土しており[4]、2期の住居として住居K28、住居K30が存在すると推定されているが、1期の住居K29bと2期の住居K28、住居K30とは、直接的な重複関係はないものの、近接して存在しており、同時に建物として存在することは不可能である（図51）。特に住居K28は南側が崩れ床面や壁が消失しているが、残存している一辺を参考に復元するならば、住居K29bと重複関係にあったことが理解できる。前述したように1期の住居K29bが住居に住まわなくなった後、上屋を残して存在していたとすれば、2期の住居K28、住居K30との同時存在は否定できる。すなわち、2期の住居K28、住居K30が建築された時には、すでに1期の住居K29bは上屋が取り除かれていた状況を想定しなければならなくなる。これらのことを総合すれば、古曽部地区D居住区で、1期の住居から続けて2期の住居が建築された、すなわち集落が連続して営まれ続けたと想定することは困難であり、1期の集落と2期の集落の間には、南関東で摘出した「X住居」の存在を指摘できるのである。

　このように考えていくと、急峻に立ち上がり狭い尾根上や斜面に、不規則な重複を複数もつ古曽部地区、芝谷地区、奥天神地区の集落内で、頻繁に移動しながら生活をしていた姿を予想するこ

とができる。先に指摘した古曽部地区D居住区の「X住居」は、地形的に区別される奥天神地区や芝谷地区などに想定することができ、逆に芝谷地区の1期と2期の「X住居」が古曽部地区に想定することもできるのである。古曽部・芝谷遺跡も、南関東の弥生集落同様に、短期間で頻繁な移動を繰り返していたと考えることができる。

3 用木山遺跡の分析（図52）

(1) 用木山遺跡の概要

　用木山遺跡は、岡山県赤磐市（旧山陽町）に存在した遺跡である。山陽団地造成に伴う調査で、1969～1974（昭和44～49）年の調査面積65,000㎡にわたる、大規模な調査であった。遺跡は盆地を取り囲む丘陵の一つ、東高月丘陵群と俗称される上にある。その丘陵上には谷や尾根が狭まり結界となる地形にあわせて、惣図遺跡、大久保遺跡、さくら山遺跡、愛宕山遺跡、新宅山遺跡、中池遺跡が点在するが、そのなかで最も高所に位置しているのが用木山遺跡である。遺跡は東西約200m、南北約80mにわたり、その比高差は30m、周囲の谷との比高差は40mをもつ。平均傾斜度30度を超える急斜面に、等高線走向に沿って階段状のテラスを造って、住居を構築しているのが特徴的な遺跡である（神原1977a）。

　住居はこうしたテラスに13支群確認され、建物跡124軒、ピット状遺構20が確認され、その中には重複関係をもっていたり、近接して同時併存が不可能な事例も存在する（図52）。斜面地に集落が形成されているため、遺物が遊離して確実に住居に伴うものが少なく、個々の住居の詳細な時期は不明である。しかし、遺跡全体から出土した2片の前期後半と思われる土器を除いて、弥生時代中期中葉から後期初頭にかけての土器で占められており、この時期に集落が展開していたとされている。

(2) 住居の分析

　用木山遺跡では、急斜面にテラスを造り、ここに住居を構築しているが、その関係で斜面の下にあたる床面・壁は、流失して確認できないものが多い。建物跡124軒の中で形態が完全に確認できるのは第12支群第1号住居址だけで、斜面側に住居の輪郭が一部残るものを入れても第9支群第4号住居址、第11支群第4号住居址の2棟だけである。したがって、これ以外の建物が竪穴住居ではなく、テラスに建てた掘立建物である可能性も否定しきれないが、隣接する惣図遺跡第1地点第1・7・15・20住居址、第2地点第16・22住居、新宅山遺跡第1号住居址など、斜面側にも床・壁が検出できた事例があることから、用木山遺跡のものも竪穴住居として分析することとする。

　第12支群第1号住居址は、前述の通り用木山遺跡では唯一全貌がわかる竪穴住居で、重複関係をもたない火災住居である（図53）。用木山遺跡では竪穴住居の覆土の堆積状況を示す図の提示がない。したがって、覆土の堆積状況から住居に住まわなくなった時に、上屋が存在し、移動して

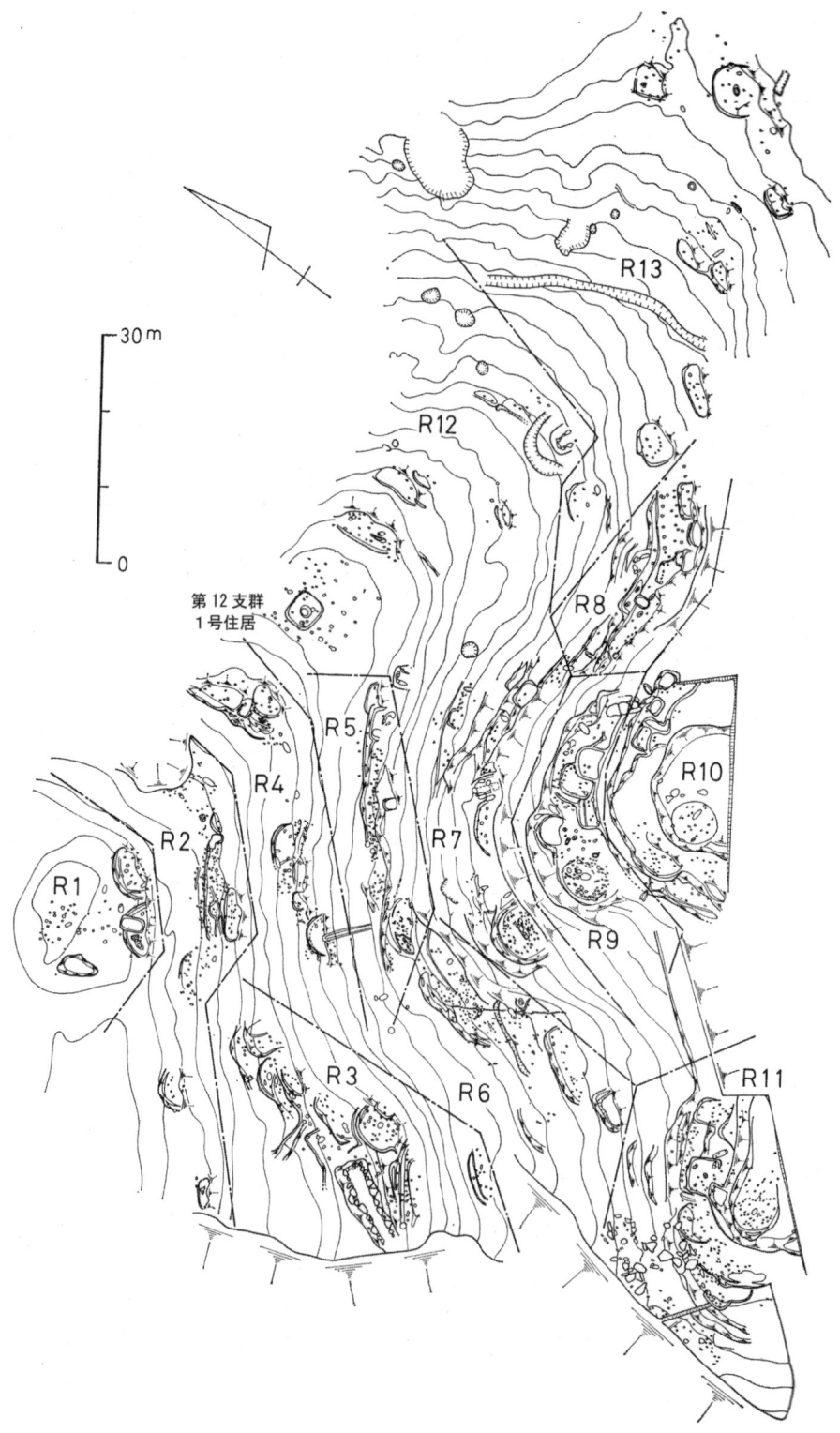

222 第5章 弥生時代集落の構造

図 52 用木山遺跡の支群と住居の分布（神原 1977a 原図）

いたことを証明することはできない。しかし、炭化材の出土状況からこの問題にある程度迫ることができる。第12支群第1号住居址の炭化材の検出状況は「本住居址の現在掘り込み壁面上端部は、現丘陵表土下約15㎝～50㎝に埋没している削平整地面ではじめて検出されたが、掘り込み内は図示したように、一面炭化木材灰層で覆われ、本住居址が火災に遭って焼け落ちていたことを示している」（p.315）とし、覆土に炭化材が埋もれていたことを記述する。断面でも住居中央部を中心に床面に炭化材が検出されているのがわかる。ここで注目したいのは東西方向の断面（A-B、E-F）に見られる西側壁に検出している炭化材の状態である。A-B軸の断面では東側（ポイントB）では床面に密着して炭化材が検出しているが、西側（ポイントA）では床面より数十センチ浮いた状態で検出している。同様にE-F軸の断面でも、東側（ポイントF）から西側（ポイントE）の床面に密着する状態で炭化材が検出しているが、西側

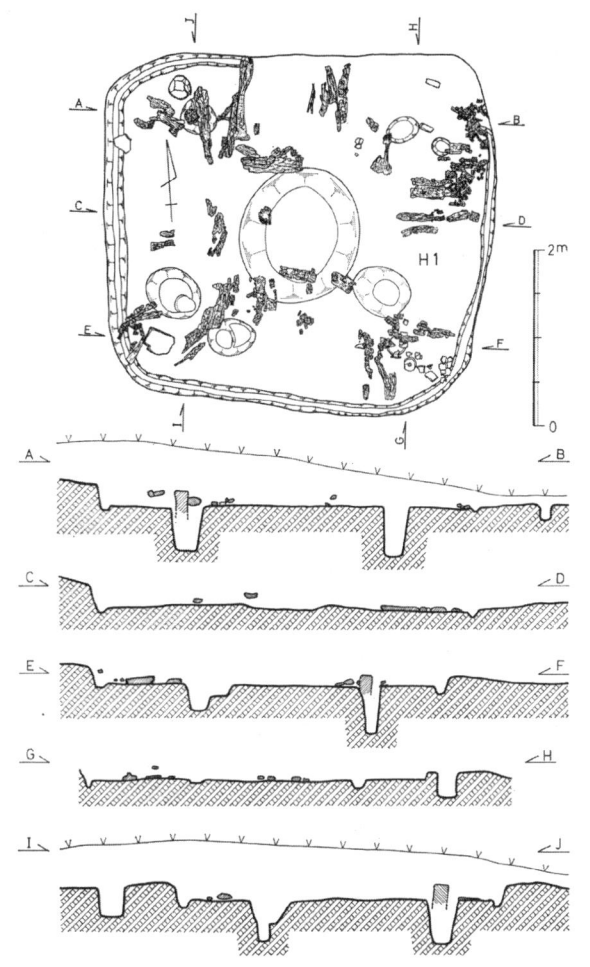

図53　用木山遺跡第12支群第1号住居址炭化材出土状態
（神原 1977a 原図：改変）

の壁溝（報告では壁帯溝）上方で炭化材が検出している。こうした状態は、本住居址が火災に遭遇した時に西側の壁際に堆積土が存在していたことを示唆しており、その堆積が行われる間、上屋が残っていたことを物語っている。言い換えれば、非居住となった住居は上屋を残した状態であり、まだ居住に適した建物であったといえるであろう。用木山遺跡の出土土器はⅠからⅣ類に分けられ、第12支群第1号住居址出土土器は、中期後半のⅡ類の時期に比定できそうである。したがって、第12支群第1号住居址に住まわなくなって後も、人々はこの地に住んでいたのであり、居住に適した住居を残したまま、同じ地区に新たに住居を建築したと考えるよりも、別の遺跡・地区に居住地を移したと考えられよう。上屋を残したままが用木山遺跡での非居住となった住居の一般的な在り方であるならば[5]、各支群での不規則な重複住居から、旧の住居と重なって新しい住居を造る間の、「X住居」の存在を想定することが可能となる。すなわち、用木山遺跡の弥生集落は、頻繁な移動を行う集落であったといえるであろう。

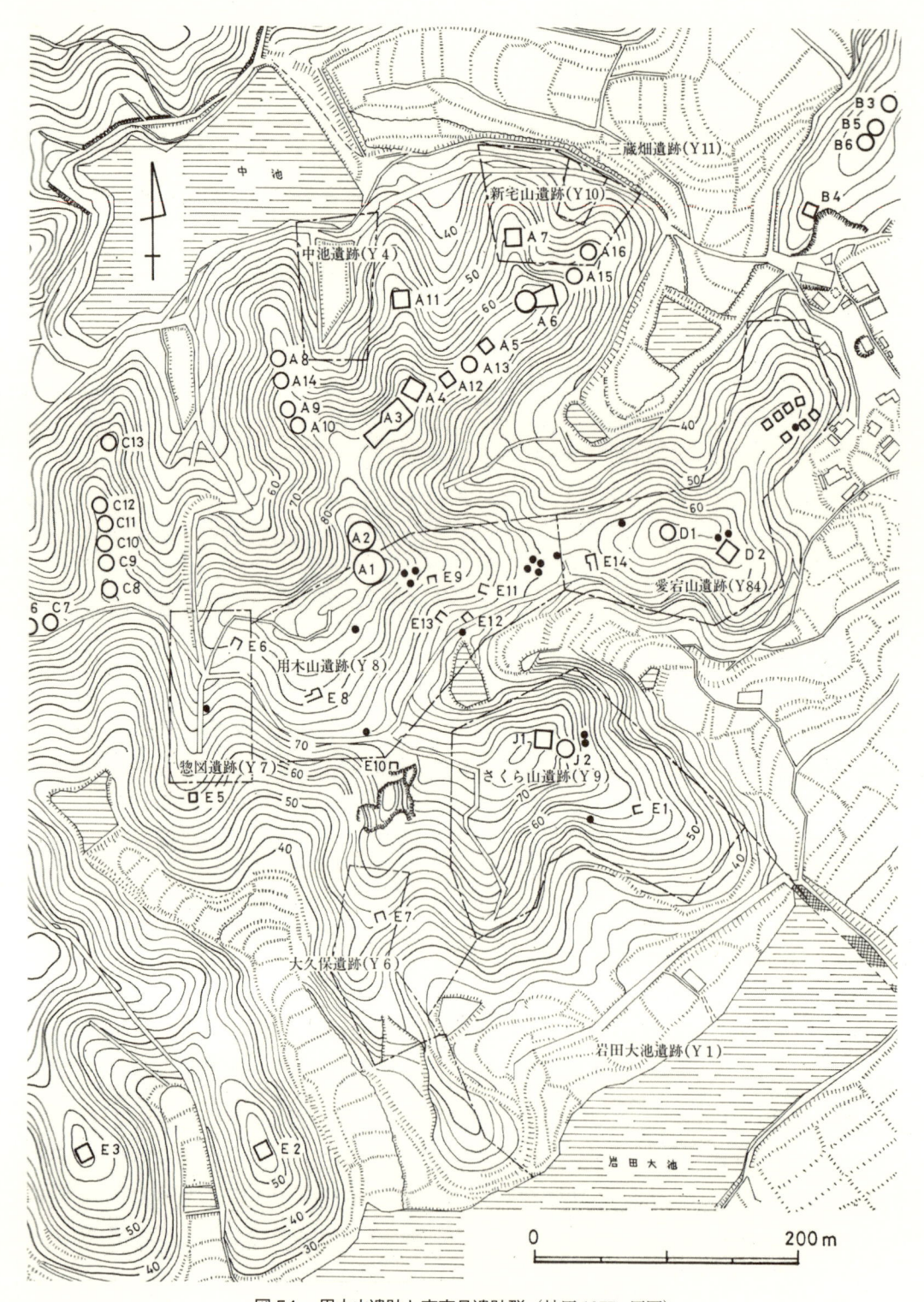

224　第 5 章　弥生時代集落の構造

図 54　用木山遺跡と東高月遺跡群（神原 1977a 原図）

（3） 用木山遺跡と周辺集落の分析

　用木山遺跡の検討から移動を行う集落であることが推定できたが、その移動先となる「X住居」とはどのようなものが設定できるであろうか。周辺の遺跡との関わりから探ってみたい。用木山遺跡の周辺には、遺跡が点在しこれらを総称して東高月丘陵遺跡群（神原1977b）、東高月遺跡群（近藤1983）としている。そのなかで弥生時代の集落が確認されたのは惣図遺跡、さくら山遺跡、愛宕山遺跡、新宅山遺跡、このほかに岩田大池遺跡、四辻遺跡、門前池遺跡などが点在している（図54）。これらの集落を時系列に整理すると弥生時代中期中葉に用木山遺跡、惣図遺跡、四辻遺跡、中期後半にこれらの遺跡にさくら山遺跡、愛宕山遺跡、新宅山遺跡が加わるが、さくら山遺跡、愛宕遺跡が後期前半の遺物を出す以外は、後期初頭で終わる。多くの遺跡が衰退する後期後半以降は、丘陵裾部に展開する岩田大池遺跡が中期終末から後期後半の土器を出土している（神原1977a・b）。

　こうした東高月遺跡群の消長を踏まえ神原英明氏は、弥生時代中期中葉に谷水田を切り拓き、中期後半には生産の増大をはかって谷口から低地部に生産耕地が設定され、生産の増加・人口の増加・集落の拡大・住居空間の拡大が後期初頭まで行われ、用木山遺跡を母集落、愛宕山遺跡・さくら山遺跡を子村とする関係が成立する。しかし後期前半には丘陵上の集落は廃絶され、後期前半以降、丘陵裾部に集落が移動すると解釈してきた（神原1977b）。また、用木山遺跡・愛宕山遺跡・さくら山遺跡に見られたテラスに造られた住居址群を「単位集団」として把握して、耕地・用水の開発・維持・利用を行う集団的な共同労働を行っていたとも解釈されている（近藤1983）。

　従来の見解では、中期中葉に東高月丘陵に人々が進出（移動）し、後期前半以降丘陵上から裾部に移動するということは、筆者が先に示した集落が移動するということと基本的には同じである。違いは従来の見解が出土土器の消長によって集落が永続的、この場合では用木山遺跡が中期中葉から開始され、後期初頭まで永続的に集落が営まれていたとするのに対して、筆者が示したのは非居住となった時の竪穴住居の在り方と、竪穴住居の不規則な重複事例を複数もつ集落の在り方から、集落は特定個所に固定せず、頻繁な移動を繰り返すということにある。従来の見解ではそれまで低地部の集団が丘陵上に集落が進出する前提は、新たな耕地を谷水田に求めて丘陵上に集落を構え、その後集落は丘陵上のまま、低地部に水稲耕地を求めた結果、集落は拡大し丘陵上に子村を設けるようになった。しかしその後再び集落は低地部に戻る、という図式をもつこととなる。しかし、母村である用木山遺跡の個別住居の分析で、不規則な重複を示す住居が時間的に連続して建てられたのではないとするならば、こうした図式は不可能となる。一方筆者が先に示した、用木山遺跡が頻繁に移動する集落であることをあてはめて考えると、愛宕山遺跡やさくら山遺跡が、用木山遺跡の子村としてとらえられると考えるよりも、それぞれの遺跡は集落の移動先として想定され、それぞれの集落が「X住居」として機能していたと考えることは可能なのである。それは隣接する同時期の遺跡である、惣図遺跡、新宅山遺跡なども包括して考察することによって、「X住居」の候補は増えることとなる。用木山遺跡をはじめとした東高月遺跡群の弥生集落の在り方は、頻繁な移動

を行う集団が残した累積結果である、と解釈することができるであろう。

4　小　結

　大阪府古曽部・芝谷遺跡群、岡山県東高月遺跡群の分析を行った。その分析を通して、南関東以外の弥生時代集落でも、頻繁な移動が行われていたことが推測でき、これまでの集落の分布とも矛盾しないで解釈をすることができた。弥生集落は移動するという南関東の事例が、地域をこえても確認されたことは、頻繁な移動を行う形態が弥生時代の一つの特徴であることを示しているといえるであろう。

註
(1)　唯一の事例が芝谷地区の住居 S-12 である。この住居は「火災にあって焼失していた。床面には炭化した建築材や焼土が遺存し」(p.283) ていたものであり、住居東側に炭化材が集中し、西北にコメ・マメを貯蔵した土器を含む、47点の土器が出土している。残念ながら土層図に炭化物を示す説明や壁際の炭化材の産出状態の細かな記載が抜けており、炭化材からみた上屋焼失時期の時間差の存在は判然としない。土層図では6層が赤褐色土（焼土）となっており、床面から浮いている点や、B-B'ラインで黒く塗りつぶされた炭化材状の表現物が床面から浮いて検出していることなどが、このことを考える材料になるかもしれない。
(2)　覆土の1層・2層が、5世紀末から6世紀初頭段階での人為的な掘込みである可能性もある。しかし、断面がレンズ状の曲線を呈していることは、自然堆積であることを示唆している。
(3)　竪穴住居の埋戻し行為が存在しなかったわけではない。特に不規則な重複をする住居の場合、重複する部分の新しい住居の壁は、古い住居の覆土に形成されている。竪穴の堆積速度が古墳時代までの間に住居 K29b の堆積程度であるとするならば、窪地の部分を埋戻してから新しい住居をつくることを想定しなければ、新しい住居の壁は構築できないこととなる。したがって、埋戻し行為が行われていたことを否定することはできない。必要であるならば竪穴住居の埋戻しは、当時も行われていたのである。しかし、ここで問題にしているのはその存否ではなく、居住しなくなった竪穴住居の処置の仕方は、そのままの形、おそらくは上屋を残したままにしておく、ということが原則であったということである。
(4)　実際には1期の住居 33b よりも古い住居 33a の存在や、1期の住居 O2 は3軒の重複事例であることから、集落変遷は少なくとも4期に分けられる。
(5)　用木山遺跡ではこのほかに第9支群第7号住居址が火災住居であり、不規則な重複事例である。しかし、断面図や土層図から炭化材の出土状態を窺うことはできない。報告では「本住居址床面北半部のほぼ全面は、本住居址が火災に遭って焼け落ちた状態を示す炭化木材と灰で覆われていた」(p.286) と記載があるだけで、写真でも壁際の炭化材と床面との間に堆積土が存在するか判断できない。仮に炭化材と床面に堆積土が無い場合は、居住しなくなった時に人為的に罹災させたのか、あるいは火災によって居住ができなくなった住居であるのか、二つの考えができるであろう。どちらも検証されていないが、前者の場合を想定するならば、その意味も合わせて考えなくてはならないであろう。

第6章　総括と展望

第1節　総　括

　これまで弥生時代の集落に対して、食料生産活動に視点を置き、従来の弥生集落像とは異なった姿を描いてきた。具体的には谷水田の検証、遺跡出土の炭化種実の集成、遺跡立地の類型化、集落と生産耕地との位置的関係の整理、集落の継続性の分析を行い、南関東の集落は畠作を含めた農業経営を基盤とする低位面と高位面の集落があり、それぞれ短期間に頻繁な移動を繰り返しながら、相互扶助を行う相手として存在し、生活していたことを提起した。

　この集落像・社会像は従来描かれてきた、水稲耕作を根幹とする食料生産活動によって、土地に定着し、生産性が向上することにより集落規模・人口が大きくなり、分村が生まれ、複数の集団によって水稲耕作地、灌漑水路の共同管理・利用を通した共同体が生まれたとするイメージとは、かなりかけ離れたものとなった。しかし、谷水田の検証以下、各々の分析課題に対して、これまでの検証方法や分析などを吟味していった結果、従来の仮説が未検証なままの仮定事象をもとに議論が進められてきた、あるいは考古学的記録の個別検証を行わずに議論が進められてきたことが理解できた。こうしたいわば未検証事例の積み重ねによって、従来の弥生時代像が結ばれてきたのではないか、と考える。

　今回谷水田以下の項目を個別に検証した結果から、弥生時代の集落、特に高位面に構える集落は、生産耕地が不安定なために頻繁な移動を繰り返していたと推測したことは、実は従来の研究でも指摘されてきたことである。その一つが従来の典型的な弥生集落像を形成する土台となった近藤義郎氏の一連の研究であるのは、意外であるかもしれない。「弥生中期を通じて、沖積平野での集落の拡大と分散がおこなわれたいっぽう、山をこえ河をさかのぼった集団も少なくなかった。彼等が開発した耕地の多くは、丘と丘、山と山の間の谷の出口を中心とする水田であった。（中略）湧水はつめたくその生産性はかならずしも高いとはいいがたく、さらに土壌条件の一般的劣勢、山地帯では冷涼な気温と日照時間の不足などの悪条件がこれに加わる。先にふれた畠作物がそれを補ったかもしれないが、とにかく山地帯への遺跡分布の拡大がみられることは、人口圧の強まりとともに、悪条件を克服するだけの栽培諸技術の蓄積がなされていたことを物語っている。しかし、谷水田の狭小さと右の諸条件の下では、生産力の相対的劣勢はおおいがたかったと思われる。岡山県美作地方における丘陵上の弥生遺跡の分布をみると、集落はほとんど継続型をとらずおびただしい数での分散状況を呈しているが、このことは頻繁な移動を示すものと考えてよい」（近藤1983：p.24）と述べる近藤の考古学的事象の理解は、灌漑用水の開発や維持を含めた水稲耕作を軸とした共同体論では、沖積平野の集落と丘陵山間地諸集団との経済的・文化的発達の不均衡を示す事象として考えられてきた。この背景には、連続する複数の土器型式を出土する集落が、長期に継続する集落

（継続型：佐原1975）であり、継続型ではない集落は頻繁な移動を繰り返すという考えが背景にある。その後の研究は長期の継続型集落は定住すると読み替え研究が推進されてきたためか、集落を構成する重要な個別要素である住居の分析と検証を怠ってきたのではないか。あるいは水稲耕作に支えられた沖積低地の集落は拡大を続けていくという前提を、沖積低地に集落が確認できず、丘陵山間地に環壕集落を含む弥生集落が存在する南関東の事例にも、無批判に適用してきたといえるのではないだろうか。近藤氏が指摘するように、谷水田では生産性は高くない。近くに水稲耕作地のできる場所を谷に求めることしかできない丘陵山地では、沖積低地のように集落が拡大を続けていくことは、この概念では説明できないはずである。しかし、以後の研究の進展はこうした問題も、未検証のまま解決済みの前提としてきたといえるだろう。

　また畠作の存在に対しても、特に近藤氏は東日本での耕作の可能性に先鞭を付け、都出比呂志氏は弥生時代の成立期から一定の比重をもって存在し、長野県や大分県の山間部など、その比重が大きかった地域が存在したことを想定してきた（都出1984・1989）。しかし、こうした研究のなかにあっても、弥生社会を理解するために、畠作を稲作と同じような農耕要素、同一価値をもつ農耕として分析や検討が行われてきた事例は非常に少ない。

　このように、丘陵山間地の高位面の集落が、移動を頻繁に繰り返すという先行研究の提示も、その後の研究においては発展・展開しなかった。そこからは、水稲耕作をもととした理論的な枠組みのなかに、無理やり個別事例を押し込めてきた研究姿勢が垣間みえるのである。演繹的な弥生時代像の提示にあって、理論とともに検証がされなければならないが、検証されてこなかったことが、同じ集落の移動を考えながらも本稿とは異なる結論となった要因と考える。

　これに対して甲元眞之氏が示した移動論がある。甲元氏は弥生社会がイネのほかムギ・ヒエ・キビ・アズキとともに、堅果類などの野生食物を含めた可変的な食料体系をもっていたことを前提に、近藤氏の単位集団の把握（近藤1959）に佐原眞氏が導入した遺跡の継続性（佐原1975）を加味し、弥生時代から平安時代の集落を分析している。そのなかで、「三殿台遺跡のように一定の大きさの集団で長期間継続するものと、大塚遺跡や朝光寺原遺跡のように単位集団の数に変化をきたすものとに分けることができる。後者の場合は集落址内において住居址相互に重複関係がほとんどないのであり、弥生時代の南九州や古墳時代の中九州にみられるように、廃絶型集落の集合、すなわち単位集団がそのままのかたちで存在しているのであって、過去に対する継承性がみられない。このことは非同一集団による占拠もしくは時間的に空白をおいての同一集団による再占拠であることを示し、いずれにしろ集落の絶えざる移動が想定されるのである」（甲元1986：pp.107-108）と南関東の弥生集落の特徴を指摘する。そして「畑地の場合には常に異なったものを輪作しなければならないのであり、犁などによる深耕と施肥が導入される以前の段階では焼畑耕作地と同様に数年して畑地の移動も行わなければならなかったであろう。このような耕地の不安定さ、またそれをもたらす農耕技術の未発達は、定住的な同一場所での集落の形成を不可能にするものであり、短期廃絶型集落が東日本での一般的状況であるのは、こうしたことも重要な要素であったことが考えられる」

第1節 総括

（同 pp.115-116）と、集落の移動の要因を明快に説明している。甲元氏の移動論は水稲農耕以外での生産活動も視野に入れた分析であり、新たな社会像を示した点で研究の指針となりうるものであったが、残念ながらその後、後進の研究者の批判的継承はされてこなかったのである。

甲元氏の研究はこれまでとは異なる集落像を展開したが、克服すべき問題点も内在していた。その一つが時間軸の利用に大別された土器型式を利用したことである。甲元氏が行ったのは例えば朝光寺原遺跡では、宮ノ台式期55軒、久ヶ原式期5軒、弥生町式期22軒、前野町・五領式期15軒といった内容で比較し、集落の消長を論じているので、同じ時期で住居が重複する事例をどのように理解するのか、ということには答えていないこととなる。そのため、報告の記載が簡略であることも影響しながらも「関東地方でも三殿台遺跡ように密集して複雑に重複をくり返す単位集落においては、集落が継起的に維持されていたことが知られる」（p.107）とし、「三殿台遺跡が少数の単一集落のみで長期間営まれた」（p.108）いう解釈をすることとなる。また、別の問題として、大塚遺跡や朝光寺原遺跡のように、開拓期当初は大規模な集団構成を取りながら、後期に入り小規模になり、集落内において住居の重複事例がほとんどないのは、ほかの遺跡に移動したと想定をしている。こうした集落内の住居址の見かけの数や分布状態をもととした集落景観を根拠とすれば、逆説的には住居が密集し同一時期で重複事例のある宮ノ台式期は移動を想定できない、すなわち三殿台遺跡と同じく長期にわたって造られる集落という解釈となる。すなわちここには、集落景観から導きだされた集落像があり、中期と後期に見られる住居数の跛行性を移動で考えようとするものであり、大規模集落は必ず長期に継続あるいは継起する集落であることとなる。

そしてこのことと関連し、最も重要な問題点は、移動を繰り返す要因として挙げた、生産耕地の不安定さ・農耕技術の未発達が中期後半の宮ノ台式期には克服でき、後期に入るとその問題に直面しそのための移動を行うという理解を強いることにあるのである。そこには集落景観をもとに導きだした集落の動態に対して、さらに大きな理論的・概念的な問題点を提起することになり、方法論上の検討も行う必要が存在することとなった。

本論はこうして示されてきた、集落の移動論に対する視点を比較・検討し、分析を試みたものである。結果として甲元氏が示された視点をトレースしながらも、具体的な事項、谷水田、畠作（炭化種実）、集落の在り方、集落と生産耕地の関係、不規則な重複住居の分析・検討を通して発展させたものということができる。そしてそこにはこれまでの集落論がもっていた検証の不備を克服して、「高地性集落論」、「拠点的・周辺的集落論」、「大規模・定住集落論」に対する、本章冒頭のような新たな解釈を行うことができた。

しかし、今回分析を積み残した課題があるのも事実であり、次節でそれに触れ今後の展望にかえたい。

第2節　展　望

　本論では弥生集落の在り方をいくつかの要素から分析してきたが、集落の構成要素として重要な、墓については触れることができなかった。従来の集落内における住居と墓の関係については、大塚遺跡と歳勝土遺跡を対象とした分析を行った都出比呂志氏の説明がある。都出氏は大塚遺跡（住居群）と歳勝土遺跡（墓域）がセットと考えられること、歳勝土遺跡には互いに周溝を接して連結しつつ順を追って連続的に築造された3基前後の方形周溝墓が一つの単位となっていることを前提に、1単位は溝を接しあう緊密な関係を有していることから、2〜3世代が累世的に営んだ墓域と推定し、1単位の墓が数単位集まった支群が、住居群における世帯共同体の1単位に相当する、とその関係を提示した（都出1984）。こうした見解は従来の定住する大規模な集落をもとに提示されたものであるが、移動する集落論によって方形周溝墓の築造原理の評価は変化する可能性がある。

　死者は死亡した場所の付近に葬られることを前提にするならば、集落が頻繁に移動し、移動した先で死亡者が出た場合、その集落の周辺に葬られたと推測することができる。その中には首長層もいたし、幼児も存在していたわけであるから、方形周溝墓の造営機会がどのような理由であれ、累代あるいは累世的な墓域の形成は、原則的には成立しないこととなるであろう。また、生前における計画的な墓の造営も、基本的には考えることはできない。つまり、特定集団の墓域は、必ずしも固定化されないといえるのではないか。集落として1回しか利用しなかった場所は、頻繁に利用する集落に比べ、墓の造営は確率的に低くなる。弥生集落にはしばしば墓域を形成しない事例が存在することは、こうしたことの反映であろう。また、一度集落を形成していた同じ場所に移動し、その時に死者が生じた場合、そこに死者に関係する墓が存在していたならば、追葬するか新たな墓を造成することとなる。横浜市折本西原遺跡1号方形周溝墓（石井1980）、横浜市受地だいやま遺跡第1号方形周溝墓（重久1986）、秦野市王子ノ台遺跡YK5・7墓（宮原2000）、市原市山田橋大山台遺跡（大村2004）、などの、方台部に重複する複数内部主体が存在する事例は、追葬を示すものと考えてよいだろう。

　また、周溝内土壙の存在も追葬を示している事例が多い。周溝内土壙は、横浜市歳勝土遺跡S3号方形周溝墓T1号壺棺事例や横浜市港北区折本西原遺跡第1次調査の1号方形周溝墓（以下Ⅰ-1号方形周溝墓と表記）の四辺の溝から土壙と土器棺が確認された事例（岡田・水澤・松本1988）、川崎市三荷座前遺跡第2地点の第1号方形周溝墓から土壙を伴って出土した事例（小林1997）、平塚市王子ノ台遺跡のYK5（宮原2000）などの事例が確認されている。こうしたなかで折本西原遺跡の事例は、方形周溝墓の溝がある程度埋まった後に掘り込まれていた事例であり、方形周溝墓を造った当初とは時間差をもっていたことが推定される。また、多くの事例にあるように、底部穿孔土器が周溝の溝底と覆土中層・上層に分かれて出土することがある。これも方形周溝墓で時間差をもって、儀礼が行われていたことを示している。こうした追葬や儀礼の存在は、方形周溝墓が造

られて以降溝が埋まるまでの一定の期間は、人々に意識され管理されてきた、いわば「生きている墓」ととらえることが可能であろう。

こうした「生きている墓」の管理については、本稿で提唱した移住する集落論を前提にすれば、溝が埋もれる期間、近隣にこの墓の親族や関係者は存在していなかったのであり、同じ集落に回帰した時に追葬や儀礼を行った状況として理解することができるのではないだろうか。移動するにしろ同一地点に居住していたにしろ、墓の被葬者は隣接する集落で生活を営んでいたということは問題ないとしても、後者の考え方からすれば、集落に隣接する方形周溝墓は築造が行われて以来、追葬や儀礼が継続している期間も遺物の出土状態から、埋もれるに任せる状態であったことが推測できる。この場合、弥生時代の「生きている墓」の管理は、傍らに親族や関係者がいながらも、追葬や儀礼を行うまでの一定期間は放置に近い状態を想定しなければならなくなる。こうした点からも、従来の方形周溝墓と集落との関係を、「移動する集落」を前提に再検討していく必要がある。

もう一点今回触れ得なかった問題として、集落が頻繁に移動する弥生社会から、王権が存在し階級社会と認識する古墳時代以降の歴史的過程を、南関東地域ではどのように想定をするのかが今後の重要な課題となってくる。少なくとも稲の余剰生産・富の蓄積と集団間の不均衡からの発展や、灌漑用水を機軸とした集団間の結合・統合の道筋など、水稲耕作を根幹に据えた推定は、本稿で行った谷水田の検証や遺跡出土の炭化種実の集成・検討、遺跡立地の類型化、集落と生産耕地との位置関係の整理を通して、水稲耕作を主体とした集落だけで南関東の弥生社会が成り立っていたのではないことから、再検討が必要であることが明白になった。また、南関東地域における武力による階級社会への到達も、従来の「高地性集落論」や「集住・定住・大規模集落」論を検討した本論の結果からは認めることはできなかった。戦後一貫して検討してきたこれらの論理的な蓋然性は認めることができるが、考古学的記録に基づいた本稿の分析から、これら以外の要因に階級社会への発展を推測していく必要が生じたと考える。集団が統合し政治的な組織体に成長していく原理を何に求めていくのか。このことに対する見通しを、現在筆者はもち合わせていない。しかし、本稿から導き得た一つの方向として、移動をする集落が移動をやめる要因とその時期の追究が、階級社会へ至る道筋の歴史的な解明につながると思慮する。

このように「移動する集落」を前提にすることにより、今後弥生時代の集落に新たな展望を開けると確信するが、そのためにも最も基礎となる考古学データの検証が必要となる。不十分な検証や論理性を欠く考古学的な歴史描写は、科学ではない。今後、さまざまな問題設定に対する検証方法の確立、論理の基礎となるデータの扱い方・資（史）料批判の検討と研究者間の相互批判を通して、これまでの不十分な材料に基づいた歴史描写の問題は改善されると考える。相互批判の意義はそこにあり、それを避けて通ることはできない。これを自戒の言葉として本論考の展望に替えておく。

あとがき

「博士論文を書いてみませんか」。

専修大学の土生田純之先生からお誘いを受けたのは、2005（平成17）年9月のことであった。その当時、身の回りで楽しくないことが重なっていた私にとって、このお誘いは何よりも嬉しく、それ以降状況が好転しない日々も、このことが支えになって過ごすことができた。テーマを弥生時代の集落にすることはすぐに決定したが、どのような論文構成にするのかをじっくりと考え、骨格が決定したのはその年の暮れであった。翌年以降、意気込みを新たに一つ一つの論文に取り組んでいったが、日中は川崎市市民ミュージアムで学芸員として勤めていた私にとって、その執筆行為は当初の予想を超えたかなりのハードワークとなった。それは論文執筆終了まで続いたが、なかでも帰宅後に食事もそこそこにパソコンに向かう日々が続いていた当初の頃は、南関東地域の弥生集落に対する構想は空回りして、なかなか思うようにはかどらなかった。それがようやく軌道にのってきたのは、主たる執筆時間を朝型に変更しはじめた、年の半ばを過ぎた頃からだった。

執筆を進めながらも、今自分が書いているものにどのような評価が下されるのか、自分のデータに事実誤認がないだろうか、自分の知らない論文が存在しているのではないか、など常に不安を抱えていた。この不安を解消するためには、査読制度をもつ学術雑誌に投稿することが一つの解決策であることは思い浮かんでいたが、博士論文のすべてを査読雑誌に投稿することは時間がかかり現実的ではないことから、博士論文で骨格をなす二つの論文を選んで投稿することにした。それ以外の論文についても、以前から十数人の仲間とともに活動していた「集落研究会」（及川良彦代表）でその多くの発表を行う機会に恵まれ、また、神奈川県考古学会でも集落の立地に関する発表をすることができた。こうした機会をつかまえて、拙稿の内容や質問などを整理し博士論文に生かすことができた。そういった意味で、本書の基礎となった博士論文がこれらの方々のご協力のおかげであったことを感謝したい。博士論文は2009（平成21）年3月に専修大学に提出し、翌2010（平成22）年3月に博士号を授与された。

本書は、この博士論文の章立て・構成とほとんど同じである。ただ、博士論文では研究史の「明治期から和島誠一「原始聚落の構成」まで」とした項目部分が、本書の第2章第1節「戦前から「原始聚落の構成」発表までの集落研究概略」として、その要約になっているのが大きな変更の一つである。これは戦前の研究は直接的に現代の研究課題に結びつくものが少なく、すでにこの研究史は発表しているからである（浜田2006）。また、第4章第2節の炭化種実の集成表を割愛した。これはいわば分析のための原データであるが、これもすでに本文とともに公にしているからである（浜田2007a）。章立てや構成に大きな変更はないが、内容については、論文審査にあたった主査・副査の先生方の意見を整理し、筆者なりの補足部分の加筆、明らかな間違い箇所の訂正を行った。

234　あとがき

　以下、本書の目次を掲げ、博士論文の目次と異なる部分を【　】で示し、もととなった初出論文を（　）で示しておく。

＊

第1章　研究の目的とその範囲　　　　　　　（本書：博士論文）
第2章　日本における集落研究の学史的検討　（本書：博士論文）
第3章　農耕集落分析のための方法論的検討　（本書：博士論文）
第4章　個別要素の検討
　　第1節　谷水田の検証（「弥生集落と谷」『日本考古学』第24号、日本考古学協会、2007をもとに一部改変）
　　第2節　弥生時代炭化種実の検討（「弥生時代炭化種実の検討」『川崎市市民ミュージアム紀要』19号、川崎市市民ミュージアム、2007をもとに一部改変）
　　第3節　弥生時代の石皿と磨石（「弥生時代の石皿と磨石・再考1」『西相模考古』第16号、西相模考古学会、2007）
　　第4節　弥生集落の立地類型（「南関東における弥生集落の基本形態」『竹石健二先生・澤田大多郎先生古希記念論文集』六一書房、2009）
　　第5節　弥生集落と生産耕地の立地論的検討【弥生集落と生産耕地】（「弥生集落と生産耕地の立地論的検討」『史叢』第81号　日本大学史学会　2009をもとに一部改変）
　　第6節　弥生時代の重複住居からみる集落の移動（「弥生時代の重複住居からみる集落の動態」『考古学研究』217号、考古学研究会、2008をもとに一部改変）
第5章　弥生時代集落の構造【南関東弥生時代集落の構造】（本書：博士論文）
第6章　総括と展望　　　　　　　　　　　　（本書：博士論文）

＊

　2000（平成12）年11月に発覚した前・中期旧石器捏造問題は、多くの課題や変革を考古学者につきつけた。この時代を専門としない私にとっても、このことを傍観することは許されないことであり、その課題や変革を実践するための方法を定める必要を感じていた。今後捏造を防ぐための方法を自分なりに見つけておく必要である。捏造は旧石器時代だけでなく、あるいは考古学の問題だけではなく、科学的学問全般に可能性のあることであり、学問に携わる人間にとって必要な心構えといってもいいかもしれない。今回の捏造事件から筆者が受けたのは、基礎的な考古学データの提示と検証、そしてその議論を通して確実なるデータの積み重ねがいかに少なかったかということである。出土したことを検証・議論なく正しいものとして出発したことが、大きな過ちの出発点であったということである。こうした点を弥生時代研究に照らし合わせるならば、戦後一貫して理論が先行し、その理論的な前提―弥生時代は水稲農耕によって築かれた社会である―の検証・議論がないままに、個別の遺跡や遺物の事例をその理論で叙述された時代像にあてはめていくことが、本書の研究史にも触れているように、研究の実態として存在していたことが多くあったといえる。

しかし、現実の考古学データと突き合わせていくと、理論的な前提と個別の考古学データとの間に齟齬が目立つ事例が多く存在しているのである。このことは演繹的推理によって導き出された叙述を、個別事例に沿って検証することを怠ったままにしていたということであり、実際に検証すると必ずしも演繹的推理によって導き出された叙述が成立しないということである。少なくとも従来の理論的な前提を生かすためには、弥生時代の水稲農耕集落と考えられる遺跡への、敷衍的な適用が可能かどうかの検証が必要になるであろう。しかし、本書で取り上げた谷水田の問題や住居の重複事例の問題、周辺に水稲耕作地をもたない集落の問題（高地性集落論）、数型式継続する集落の問題（大規模集落・集住集落）などを例にすれば、これまでの理論的な前提が個別事例との間で齟齬が生じていることを、具体的な考古学的なデータをもとに提示することができる。あてはまらない事例が多い以上、理論的な前提を再検討する必要が生じるのではないだろうか、というのが本書の最も訴えかけたいことであった。

このような提起をすると、弥生時代の農業は、決して水稲一辺倒の社会として理解していたわけではないと反論もされるであろう。しかし、そうした言説も「まえがき」で触れたように、弥生時代の水稲農業の社会への影響をどの程度に考えるのかによっては、水稲一辺倒と同じことになってしまう。畠作は行っていたけれども、社会を動かしたのは水稲耕作である、という弥生時代の生業看板を掛け替えただけに終わっていたとしたら、問題があるだろう。なによりも、水稲一辺倒ではないと考える検証を行っていない点において、従来の方法・考え方からは何も変わっていないと思うからである。

「弥生時代は水稲や畠作・採集を含めた包括的な農業社会である」ということが、弥生時代を理解する筆者の理論的な前提である。本書のこの結論は帰納的な推理によって導き出されたものであり、今後この理論が正しいことなのか、全国的な遺跡に照らし合わせることで検証する必要がある。そのためにはまず、「弥生時代は水稲農耕によって築かれた社会である」という先入観（理論的な前提）を捨てて、遺跡・遺物を分析していかなければならないと考える。

検証ができなければ科学ではないし、検証を怠ることは自ら科学性を拒否することにつながる。今回の各論を展開する上において最も気を配ったことは、その検証の方法である。なぜそう考えるのかを根拠を示して説明することは当然として、例えば谷水田の検証では植物的な稲の特性という指標を示してその生産性を論じ、炭化種実の集成では問題となっていた出土状況を、限定した事例のなかから考古学的に確実と考える状況を基準として示し、そこから推測できる弥生時代に存在した食利用植物の提示を試みた。また、重複住居の新旧とそこに現れる時間差についても、覆土の形成と炭化材との物理的な関係を説明し、それを基準としてメルクマールとなる三角堆積土を導き出し、新旧住居出土土器の間に空白の時間が存在していたと分析していったように、前提や基準そして論理過程については、それぞれの内容を示しながら論を進めていくことを心がけた。そのことによって、拙論の結果が正しいかどうかを、各論の分析過程で確認でき、ほかの研究者が検証できるようにしたかったのである。

検証を行っていない事例の土台の上に建って、いくつもの考古学的事象の説明を加え解釈を行っても、そこから得られる叙述がどの程度の確からしさをもっているかの判断はつかないであろう。そのためにも検証を行うという行為とともに、その検証作業に対する冷静な議論が必要であると考える。本書をご覧いただいた方のなかには、一部に挑発的な表現となっている部分が目につくかもしれない。もし、そのように感じるとすれば、これはひとえに筆者の議論を呼び起こそうとする思いが文字に乗ってしまったものであって、その点はご寛恕いただくとともに、それ以外の思惑はないことをお断りしておく。

　本書のような帰納的推測方法による社会復元は、時間がかかる割には大きな結果が出にくいものであろう。実際、本書の描いたものは農民としての弥生人の姿だけであり、集団や国家、大陸との交渉、そして階級社会への過程などについては、触れることができていない。そういった意味で、地味であり華やかな研究成果ではない。しかし今こうした地道な検証の積み重ねを行うことが、将来の考古学的研究の土台を作っていくであろうし、遺跡や遺物の新しい解釈へ繋がるものと信じている。

*

　本書が曲がりなりにも単著として刊行できたのは、修士課程に進まなかった私に声をかけていただいた博士論文主査の土生田先生と博士論文を審査していただいた副査の荒木敏夫先生・亀井明徳先生・石川日出志先生のおかげである。

　大学で考古学を始めた筆者に、発掘調査を通してその面白さを教えていただいた竹石健二先生、澤田大多郎先生、考古学の理論的な面白さを教えていただいた橋口定志氏からも、現在の筆者が存在する基礎を作っていただいた。また、大学や職場において良き先輩や同輩、後輩に巡り合い、日々の会話からも大きなヒントや成果を得ることができた。本書はそうした方々の上に成り立っていることに、衷心から感謝申し上げたい。

　最後に大学入学以来、自由気ままな生き方を容認してくれた両親の利明・聡子、そして日頃から献身的に支えてくれる妻由美子に、末筆ながら感謝の言葉を述べるのをお許しいただきたい。

平成22年11月　　筆者

引用文献

相川　薫・北村尚子　1997『長尾台北遺跡発掘調査報告書』長尾台北遺跡調査団
相川　薫・若井千佳子　2000『東雲寺上遺跡発掘調査報告書』吾妻考古学研究所
相沢貞順・中村富夫　1973「群馬県北橘村分郷八崎弥生住居跡」『考古学雑誌』59-1　日本考古学会
青木　豊　1995『大里東遺跡発掘調査報告書』大里東遺跡調査団
赤星直忠　1975『持田遺跡発掘調査報告』逗子市文化財調査報告書6　逗子市教育委員会
赤松啓介　1937「古代聚落の形成と発達過程―播磨加古川流域の研究―」『経済評論』4―2　叢文閣
赤松啓介　1964「原始農耕についての断想」『日本考古学の諸問題』河出書房
穐田千花・牛山英昭　1999『十条久保遺跡』十条久保遺跡調査会
秋山浩三　2007『弥生大型農耕集落の研究』青木書店
秋山重美　1993『渡内遺跡発掘調査報告書』渡内遺跡発掘調査団
浅賀貴広　2008「小田原市愛宕山遺跡第Ⅱ地点」『第31回神奈川県遺跡調査・研究発表会発表要旨』神奈川県考古学会
浅川利一・先崎忠衛　1982『町田市椙山神社北遺跡』町田市椙山神社北遺跡調査会
浅川幸一・田所　真　1999『市原市大厩浅間様古墳調査報告書』市原市文化財センター調査報告書42　市原市文化財センター
浅野　毅　2004『古代建物のまつり』静岡市立登呂博物館
麻生正信・半澤幹雄　2005『君津市三直中郷遺跡』千葉県文化財センター調査報告522　千葉県文化財センター
安達厚三　1983「石皿」『縄文文化の研究』7　雄山閣
阿部　真・相川　薫・小林克利　2005「東雲寺遺跡群（東雲寺上遺跡）」『町田市遺跡分布調査報告書』町田市教育委員会
網野善彦　1980『日本中世の民衆像』岩波新書（黄版）136　岩波書店
網野善彦　1981「南北朝内乱の社会史的意義」『シンポジウム中世の瀬戸内（上）』山陽新聞社（後に、1986『中世再考―列島の地域と社会―』日本エディタースクール出版部に再録）
網野善彦　1985「中世民衆生活の様相」『千葉史学』7　千葉歴史学会（後に、1986『中世再考―列島の地域と社会―』日本エディタースクール出版部に再録）
網野善彦・石井　進　2000『米・百姓・天皇』大和書房
新井　清・持田春吉　1970「川崎市梶ケ谷神明社上遺跡発掘調査報告」『高津郷土史料集』7　高津図書館
新井　悟　2003『田端不動坂遺跡Ⅴ』北区教育委員会
新井　悟・坂上直嗣　2003『南橋遺跡Ⅲ・宿遺跡Ⅱ』北区埋蔵文化財調査報告書32　東京都北区教育委員会
荒木幸治　2002「「高地性集落」研究論」『古代文化』54-4　古代學協會
荒木幸治　2006「移住現象からみた社会分析方法の模索」『古代文化』58-2　古代學協會
安藤広道　1990a「神奈川県下末吉台地における宮ノ台式土器の細分（上）」『古代文化』42-6　古代學協會
安藤広道　1990b「神奈川県下末吉台地における宮ノ台式土器の細分（下）」『古代文化』42-7　古代學協會
安藤広道　1991a「相模湾沿岸地域における宮ノ台式土器の細分」『唐古』田原本唐古整理室OB会
安藤広道　1991b「弥生時代集落群の動態」『調査研究集録』8　横浜市埋蔵文化財センター

安藤広道　1992「弥生時代の水田立地と面積」『史学』62-1・2　三田史学会
安藤広道　1996「南関東地方」『YAY!』弥生土器を語る会
安藤広道　2001a「集落の移動から見た南関東の弥生社会」『弥生時代の集落』学生社
安藤広道　2001b「弥生時代の生業をめぐる断層」『シンポジウム「銅鐸から描く弥生社会」予稿集』一宮市博物館
安藤広道　2002「異説弥生畑作考」『西相模考古』11　西相模考古学研究会
安藤広道　2003「弥生時代集落群の地域単位とその構造」『考古学研究』50-1　考古学研究会
安藤広道　2004「南関東地方における弥生時代集落遺跡研究の課題」『原始・古代日本の集落』同成社
安藤広道　2006「先史時代の植物遺体・土器圧痕の分析をめぐる覚書」『西相模考古』15　西相模考古学研究会
安藤道由　1997『根形台遺跡群XIV』君津郡市文化財センター発掘調査報告書136　君津郡市文化財センター
安藤文一　1988『カラス山・堂山遺跡』山北町カラス山・堂山遺跡調査会
D'Andera, A, C　1992: Palaeoethnobotany of later Jomon and Yayoi cultures of northeastern Japan: *North-Eastern Aomori and Southwestern Hokkaido.*
安中市教育委員会　1990『三本木・落合遺跡』
井　憲治　1997『白岩堀ノ内遺跡』福島県文化財報告書332　福島県文化センター
飯塚武司　1995「IV考察」『多摩ニュータウン遺跡　平成4年度』東京都埋蔵文化財センター調査報告19　東京都埋蔵文化財センター
飯塚武司　1996『多摩ニュータウン遺跡』東京都埋蔵文化財センター調査報告28　東京都埋蔵文化財センター
飯塚武司　1998『多摩ニュータウン遺跡』東京都埋蔵文化財センター調査報告49　東京都埋蔵文化財センター
猪狩忠雄　1985『龍門寺遺跡』いわき市埋蔵文化財調査報告11　いわき市教育委員会
池上曽根遺跡史跡指定20周年記念事業実行委員会編　1996『弥生の環濠都市と巨大神殿』池上曽根遺跡史跡指定20周年記念事業実行委員会
池田　治　1993「土器以外の遺物」『海老名本郷』IX　富士ゼロックス株式会社・本郷遺跡調査団
池田　研　1999「高地性集落の機能と生業」『国家形成の考古学』大阪大学考古学研究室
池谷勝典　2003「磨石・敲石・石皿の実験考古学的研究」『アルカ研究論集』1　株式会社アルカ
池橋　宏　2005『稲作の起源』講談社選書メチエ350　講談社
井澤　純ほか　2004『宮山中里遺跡・宮山台畑遺跡』かながわ考古学財団調査報告書170　かながわ考古学財団
石井　寛　1977「縄文社会における集団移動と地域組織」『調査研究集録』2　横浜市埋蔵文化財センター
石井　寛　1980「調査の成果と課題」『折本西原遺跡』横浜市埋蔵文化財調査委員会
石井　寛・倉沢和子　1980『折本西原遺跡』横浜市埋蔵文化財調査委員会
石神　怡　1977「池上弥生ムラの変遷」『考古学研究』23-4　考古学研究会
石川日出志　1985「関東における弥生時代のはじまり」『〈条痕文系土器〉文化をめぐる諸問題発表要旨』愛知考古学談話会
石川日出志　1992「関東台地の農村村落」『新版古代の日本』8　角川書店
石川日出志　2000「南関東の弥生社会展開図式・再考」『大塚初重先生頌寿記念考古学論集』東京堂出版
石川日出志　2001「関東地方弥生時代中期中葉の社会変動」『駿台史学』113　駿台史学会
石川日出志　2002「南関東の弥生時代後期集落」『弥生の「ムラ」から古墳の「クニ」へ』学生社
石川日出志　2007「弥生時代中期後半の関東地方西部域」『埼玉の弥生時代』六一書房

石川由美子　1988「種子同定」『新井三丁目遺跡』新井三丁目遺跡調査団
石野博信　1973a「三世紀の水城と高城」『古代学研究』68　古代學研究會
石野博信　1973b「大和の考古学」『橿原考古学研究所論攷』2　橿原考古学研究所
石野博信　1990『日本原始・古代住居の研究』吉川弘文館
石守　晃　2001「復元住居を用いた焼失実験　再び」『研究紀要』19　群馬県埋蔵文化財調査事業団
市毛　勲　1975『朱の考古学』雄山閣
板倉歓之・高橋直子　2006『十条遺跡群　南橋遺跡』共和開発株式会社
伊藤　郭　1990「大棚杉山神社遺跡」『全遺跡調査概要』港北ニュータウン地域内埋蔵文化財調査報告Ⅹ　横浜市埋蔵文化財センター
伊藤堅吉　1951「富士山麓粉食誌」『あしなか』75　山村民俗の会（後に、『あしなか』4として、名著出版から復刻）
伊藤玄三・福田敏一　1981『中野前原遺跡―第2次発掘調査（B地点）―』埼玉県与野市文化財報告書5　与野市教育委員会
伊藤　健　1997「弥生時代の石器についての一考察」『菅原神社台地上遺跡第3分冊』東京都埋蔵文化財センター調査報告46　東京都埋蔵文化財センター
伊東秀吉・碓井三子　1997『長尾台北遺跡』長尾台北遺跡調査団
伊東秀吉・杉山博久　1985「根丸島遺跡」『秦野市史』別巻考古編　秦野市
稲葉理恵　1991『請西遺跡群発掘調査報告書Ⅱ―野焼B遺跡・野焼古墳群第2号墳・鹿島塚B遺跡・中郷谷遺跡Ⅱ―』木更津市教育委員会
稲葉理恵　1992『請西遺跡群発掘調査報告書Ⅲ―野焼B遺跡・野焼古墳群第2号墳・鹿島塚B遺跡・中郷谷遺跡―』木更津市教育委員会
稲葉昭智・浜崎雅仁　1991「千束台遺跡群」『君津郡市文化財センター年報』8　君津郡市文化財センター
稲村圭一・山田幹雄　2002『一般国道6号相馬バイパス遺跡発掘調査報告Ⅳ　柴迫A遺跡　柴迫古墳群』福島県文化財調査報告書403　福島県教育委員会
乾　哲也　1996「弥生中期における池上曽根遺跡の集落構造」『弥生の環濠都市と巨大神殿』池上曽根遺跡史跡指定20周年記念事業実行委員会
井上哲朗　2000『東関東自動車道（千葉・富津線）埋蔵文化財調査報告書11―木更津市中越遺跡―』千葉県文化財センター調査報告書384　千葉県文化財センター
井上洋一・吉川純子　1991「炉址出土の炭化植物遺体について」『砂田台遺跡』Ⅱ　神奈川県立埋蔵文化財センター
今泉　潔　2002『東関東自動車道（千葉・富津線）埋蔵文化財調査報告書6　木更津市金二矢台遺跡・堀ノ内台遺跡―』千葉県文化財センター調査報告書436　千葉県文化財センター
岩崎しのぶ　2000「静岡県沼津市北神馬土手遺跡他の畑状遺構」『はたけの考古学』日本考古学協会2000年度鹿児島大会実行委員会
岩田明広　1999『中里前原遺跡』埼玉県埋蔵文化財調査事業団報告書228　埼玉県埋蔵調査文化財事業団
岩田明広　2006「ある弥生集落の終焉」『埼玉の考古学Ⅱ』埼玉県考古学会
植田文雄　1998a「縄文時代における食料獲得活動の諸相」『古代文化』50-10　古代學協会
植田文雄　1998b「無縁石皿考」『列島の考古学』渡辺誠先生還暦記念論集刊行会
上野佳也・池上　悟　1973『小黒谷遺跡発掘調査概報』中央大学考古学研究会

上原正人・川端清倫　2000「平塚市真田・北金目遺跡群」『第24回神奈川県遺跡調査・研究発表会　発表要旨』神奈川県考古学会
上本進二・大村浩司　1996『文化資料館特別展　湘南の低地遺跡』茅ヶ崎市教育委員会
宇佐美義春　1998『多摩ニュータウン遺跡』東京都埋蔵文化財センター調査報告48　東京都埋蔵文化財センター
丑野　毅・田川裕美　1991「レプリカ法による土器圧痕跡の観察」『考古学と自然科学』24　日本文化財科学会
牛房茂行　1985『境No.2遺跡』君津郡市文化財センター
牛山英昭・新井　悟　2001『十条久保遺跡Ⅱ』十条久保遺跡調査会
氏原暉男・川合　徹　1981「橋原遺跡における植物遺体からみた古代の農耕について」『橋原遺跡』岡谷市教育委員会
氏原暉男・廣瀬玉紀　1992「下聖端遺跡出土の炭化種子類について」『国道141号線関係遺跡（本文編）』佐久市埋蔵文化財調査書9　佐久市教育委員会
内川隆志・岡　稔　1996「第2項石器」『大里東遺跡発掘調査報告書』大里東遺跡調査団
内田憲治　1985『峰岸遺跡』新里村教育委員会
宇野隆夫　1999「古墳時代中・後期における食器・調理法の革新」『日本考古学』7　日本考古学協会
江口志麻　1998「竪穴住居復元のための一考察」『研究紀要』2　新潟県埋蔵文化財センター
江坂輝彌　1967『日本文化の起源』講談社現代新書108　講談社
大川　清・青木健二　1986「上恩田遺跡群（西ヶ谷遺跡）」『文化財年報（埋蔵文化財その4）』横浜市教育委員会
大川　清・水野順敏　1986「上恩田遺跡群（大潰谷遺跡）」『文化財年報（埋蔵文化財その4）』横浜市教育委員会
大川　清・渡辺　務　1994『赤田地区遺跡群集落編Ⅰ』日本窯業史研究所報告45　日本窯業史研究所
大久保哲也　1995「讃岐地方における朱関連資料」『考古学ジャーナル』394　ニューサイエンス社
大熊　孝　1981「近世初頭の河川改修と浅間山噴火の影響」『アーバンクボタ』19　株式会社クボタ
大谷　猛　1992『赤羽台遺跡』東北新幹線赤羽地区遺跡調査会
大谷弘幸　2002「炭化種子からみた農耕生産物の推定」『千葉県文化財センター研究紀要』23　千葉県文化財センター
大塚昌彦　1998「土屋根をもつ竪穴住居」『先史日本の住居とその周辺』同成社
大坪宣雄　1987『金井原遺跡群Ⅱ』町田市小田急野津田・金井団地内遺跡調査会
大坪宣雄・横山太郎　2003『佐島の丘遺跡群発掘調査報告書』佐島の丘遺跡発掘調査団
大坪宣雄・相川　薫・杉本靖子　2005「川崎市宮前区馬絹神社北遺跡発掘調査報告書」『川崎市文化財調査集録』40　川崎市教育委員会
大西弘幸・西野　雅　2004『千原台ニュータウンⅪ市原市草刈遺跡（C区・保存区）』千葉県文化財センター調査報告479　千葉県文化財センター
大野雲外　1902「朱の付着せる石皿」『東京人類学会雑誌』198　東京人類学会
大場磐雄　1948『古代農村の復原　登呂遺跡研究』あしかび書房
大場磐雄　1980『上総菅生遺跡』中央公論美術出版
大政正隆　1977『土の科学』NHKブックス　日本放送協会出版協会

大村　直　1983「弥生時代におけるムラとその基本的経営」『史館』15　史館同人会
大村　直　1988「竪穴住居に住む人々」『考古学研究』136　考古学研究会
大村　直　1991『市原市姉崎宮山遺跡・小田部向原遺跡・雲之境遺跡』市原市文化財センター調査報告書40　市原市文化財センター
大村　直　1993「ムラの廃絶・断絶・継続」『市原市文化財センター研究紀要』Ⅱ　市原市文化財センター
大村　直　2004『市原市山田橋大山台遺跡』市原市文化財センター調査報告書88　市原市文化財センター
大村　直　2005a「市原市の環壕集落」『市原市文化財センター遺跡発表会要旨平成17年度』市原市文化財センター
大村　直　2005b『市原市根田代遺跡』上総国分寺台遺跡調査報告ⅩⅢ　㈶市原市文化財センター・市原市教育委員会
大山　柏　1934a「日本石器時代の生業生活」『改造』1月号　改造社
大山　柏　1934b「史前生業研究序説」『史前学雑誌』6-2　史前学会
大山　柏　1944「史前人工遺物分類　第一綱」『史前学雑誌』11-1・2・3　史前学会
岡田威夫　1982『横浜市道高速2号線埋蔵文化財発掘調査報告書　No6遺跡-Ⅱ No9遺跡-Ⅰ』横浜市道高速2号線埋蔵文化財発掘調査団
岡田威夫　1983『横浜市道高速2号線埋蔵文化財発掘調査報告書　No6遺跡-Ⅲ No9遺跡-Ⅱ』横浜市道高速2号線埋蔵文化財発掘調査団
岡田威夫　1984『横浜市道高速2号線埋蔵文化財発掘調査報告書　No6遺跡-Ⅳ』横浜市道高速2号線埋蔵文化財発掘調査団
岡田威夫・水澤裕子・松本　完　1988『折本西原遺跡―1』折本西原遺跡調査団
岡田淳子・服部敬史　1971『鞍骨山遺跡』東京都八王子市谷野遺跡調査団
岡田文男　1997「パイプ状ベンガラ粒子の復元」『日本文化財科学会第14回大会研究発表要旨』日本文化財科学会
尾形則敏　1998「志木市田子山遺跡の弥生時代後期の事例について」『あらかわ』創刊号　あらかわ考古談話会
岡野祐二　1994『請西遺跡群Ⅲ鹿島塚A遺跡』君津郡市文化財センター発掘調査報告書84　君津郡市文化財センター
岡村　渉　2002「静岡県登呂遺跡」『静岡県における弥生時代集落の変遷』静岡県考古学会
岡村　渉　2006「報告3「登呂遺跡及び周辺における弥生農耕の様相」」『第6回考古学研究会東海例会　東海地域における弥生農耕の展開過程』第6回考古学研究会東海例会事務局
岡本　勇　1968『昭和42年度横浜市域北部埋蔵文化財調査報告書』横浜市域北部埋蔵文化財調査委員会
岡本　勇　1969『昭和43年度横浜市埋蔵文化財調査報告書』横浜市埋蔵文化財調査委員会
岡本　勇　1970『昭和44年度横浜市埋蔵文化財調査報告書』横浜市埋蔵文化財調査委員会
岡本　勇　1977『赤坂遺跡』赤坂遺跡調査団
岡本　勇　1979「縄文時代の集落をめぐって」『南関東の縄文文化諸問題』武相文化協会編
岡本　勇編　1971『港北ニュータウン地域内文化財調査報告書』Ⅰ・Ⅱ　横浜市埋蔵文化財調査委員会
岡本孝之　1976「宮ノ台期弥生文化の意義」『神奈川考古』1　神奈川考古同人会
岡本孝之　1991a「相模湾岸の高地性遺跡」『湘南考古同好会々報』42　湘南考古同好会
岡本孝之　1991b「相模川流域における弥生時代の集落」『足もとに眠る歴史西相模の三・四世紀』東海大

　　　　　　学文学部東海大学校地内遺跡調査団
岡本孝之　1992『内遺跡』4　慶應義塾
岡本孝之　1993『湘南藤沢キャンパス内遺跡』1　慶應義塾
岡本孝之　1994「大磯丘陵の高地性集落」『考古論叢　神奈河』3　神奈川県考古学会
岡本孝之　1999「大原遺跡」『平塚市史　別偏考古(1)』平塚市
岡山真知子　1997『辰砂生産遺跡の調査』徳島県立博物館
岡山真知子　1998「弥生時代の水銀朱の生産と流通」『考古学ジャーナル』438　ニューサイエンス社
小川浩一　2005『市原市潤井戸西山遺跡D地点』市原市文化財センター調査報告96　市原市文化財センター
小川直之　1995『摘田稲作の民俗学的研究』岩田書院
奥田直栄　1936a「空堀らしき溝を持つ竪穴住居遺跡」『ミネルヴァ』3月号　翰林書房
奥田直栄　1936b「古墳時代の聚落」『ミネルヴァ』5月号　翰林書房
奥田直栄　1936c「東京市西部に於ける古墳時代末期聚落の規模㈠」『ミネルヴァ』7・8月号　翰林書房
奥田直栄　1936d「東京市西部に於ける古墳時代末期聚落の規模㈡」『ミネルヴァ』9月号　翰林書房
奥田直栄　1936e「東京市西部に於ける古墳時代末期聚落の規模㈢」『ミネルヴァ』12月号　翰林書房
小久貫隆史　1999『市原市市原条里制遺跡』千葉県文化財センター調査報告354　千葉県文化財センター
小久貫隆史　2001『東関東自動車道（千葉・富津線）埋蔵文化財調査報告書8』千葉県文化財センター発掘調査報告書410　千葉県文化財センター
奥村恭史　1988『中里前原北遺跡・上太寺遺跡』与野市文化財調査報告書13　与野市教育委員会
奥山和久・檜山　智　1999『尾崎遺跡Ⅱ』八王子市尾崎遺跡第2次地区発掘調査団
小澤かおる　1993「土壌サンプルの分析」『湘南藤沢キャンパス内遺跡』第1巻総論　慶應義塾
小沢　洋　1989『小浜遺跡群Ⅱ　マミヤク遺跡』君津郡市文化財センター発掘調査報告書44　君津郡市文化財センター
小沢　洋　1993『小浜遺跡群Ⅴ』君津郡市文化財センター発掘調査報告書80　君津郡市文化財センター
小沢　洋　1995「千束台遺跡群〔高部古墳群・千束台遺跡〕」『君津郡市文化財センター年報№12―平成5年度―』君津郡市文化財センター
小沢行雄　1955「水稲成育に及ぼす冷水の影響」『水稲冷害の文献的研究』日本農業気象学会
小沢佳憲　2006「北部九州の高地性集落―集落動態からの検討―」『古代文化』58-2　古代學協会
小田富士雄・佐原　眞　1979「瀬戸内をめぐる九州と畿内の弥生土器編年の検討」『高地性集落跡の研究資料編』学生社
小高春雄　1989「農耕集落の定着と発展」『房総考古学ライブラリー4　弥生時代』千葉県文化財センター
小高春雄　1993「炭化種子の同定に関連して」『袖ケ浦市滝ノ口向台遺跡・大作古墳群』千葉県文化財センター
小高幸男　1998『常代遺跡群Ⅱ』君津郡市埋蔵文化財センター発掘調査報告書146　君津郡市埋蔵文化財センター
小田原市教育委員会　2000『中里遺跡講演会～東日本弥生時代の幕開けを解明する～発表要旨』
乙益重隆　1967「弥生式時代開始の諸問題」『考古学研究』14-3　考古学研究会
乙益重隆　1980『上総菅生遺跡』中央公論美術出版
小野真一　1970『目黒身』沼津考古学研究所
小野忠凞　1953「島田川流域の遺跡の考察」『島田川』山口大学島田川遺跡学術調査団（後に、1984『高地

性集落論』学生社に再録)
小野忠凞　1958「弥生式集落の垂直的遷移現象に関する若干の問題」『人文地理』10-3　人文地理学会
　　(後に、1984「弥生集落の垂直的遷移現象」と改題し『高地性集落論』学生社に再録)
小野忠凞　1959「瀬戸内地方における弥生式高地性村落とその機能」『考古学研究』6-2　考古学研究会
　　(後に、1984「瀬戸内の弥生系高地性村落とその機能」と改題し『高地性集落論』学生社に再録)
小野忠凞編　1979『高地性集落跡の研究(資料編)』雄山閣
及川良彦　1998「関東地方の低地遺跡の再検討」『青山考古』15　青山考古学会
及川良彦　1999「関東地方の低地遺跡の再検討(2)」『青山考古』16　青山考古学会
及川良彦　2001「関東地方の低地遺跡の再検討(3)」『青山考古』18　青山考古学会
及川良彦　2002「住居と掘立柱建物跡(関東)」『静岡県における弥生時代集落の変遷』静岡県考古学会シンポジウム資料集　静岡県考古学会
及川良彦　2003「関東地方の低地遺跡の再検討(4)」『西相模考古』12　西相模考古学研究会
甲斐博幸　1996『常代遺跡群』君津郡市考古資料刊行会
貝塚爽平・小池一之・遠藤邦彦・山崎晴雄・鈴木毅彦編　2000『日本の地形4　関東・伊豆・小笠原』東京大学出版会
香川慎一　1999『福島空港・あぶくま南道路遺跡発掘調査報告6』福島県文化財調査報告書367　福島県教育委員会
賀川光夫　1960「中国先史土器の影響」『代学研究』25　古代學研究會
賀川光夫　1961「縄文晩期における大陸文化の影響」『歴史教育』9-3　歴史教育研究会
賀川光夫　1972『農耕の起源』講談社
賀川光夫編　1980『大野原の遺跡』大野町教育委員会
柿沼修平　1984a『大崎台遺跡発掘調査概要』佐倉市大崎台遺跡B地区遺跡調査会
柿沼修平　1984b「大崎台遺跡出土の弥生式土器」『奈和』奈和同人会
柿沼修平　1986『大崎台遺跡発掘調査発掘調査報告書1』佐倉市大崎台遺跡B地区遺跡調査会
柿沼修平　1987『大崎台遺跡発掘調査発掘調査報告書2』佐倉市大崎台遺跡B地区遺跡調査会
柿沼幹夫　2007「埼玉県の地勢」『埼玉の弥生時代』六一書房
柿田祐司・伊藤雅文　1998「梅田B遺跡」『治水・利水遺跡を考える』第Ⅰ分冊資料編　第7回東日本埋蔵文化財研究会
蔭山誠一　1999「炭化米は本当に炭化したのか」『国家形成期の考古学』大阪大学考古学研究室
笠原安夫　1984「住居址出土炭化種子の同定」『横浜市道高速2号線埋蔵文化財発掘調査報告書　1983年度』横浜市道高速2号線埋蔵文化財発掘調査団
笠原安夫・藤沢　浅・浜田晋介　1987「中野甲の原遺跡出土の炭化種子をめぐる畑作の問題」『東京考古』5　東京考古談話会
鹿島保宏・鈴木重信　1997『畳屋の上遺跡　西谷戸の上遺跡　北川貝塚南遺跡』横浜市ふるさと歴史財団
堅田　直　1996『岡本前耕地遺跡』都立学校遺跡調査会
香月洋一郎　1984「定住」『漂泊と定着』日本民俗文化体系6　小学館
香月洋一郎　1990「谷々の集落形態と定住様式」『国立歴史民俗博物館研究報告』28　国立歴史民俗博物館
加藤史郎　1969「弥生時代中後期の一様相　播磨揖保川水系における谷水田の開発」『古代学研究』55　古代學研究會

加藤芳朗　1997「北神馬土手遺跡の畑遺構土層の土壌学的検討」『北神馬土手遺跡他』静岡県埋蔵文化財調査研究所調査報告74　静岡県埋蔵文化財調査研究所
金箱文夫　1989『赤山』川口市遺跡調査会報告12　川口市遺跡調査会
かながわ考古学財団　2000『公開セミナー弥生時代の幕開け～縄紋から弥生への移行期の様相を探る～記録集』
加納　実　1996『市原市武士遺跡1』千葉県文化財センター調査報告書289　千葉県文化財センター
上条朝宏　1997「赤色顔料の研究（その3）」『東京都埋蔵文化財センター研究論集』XVI　東京都埋蔵文化財センター
上条朝宏・松井和浩　2004「赤色顔料の研究（その3）」『東京都埋蔵文化財センター研究論集』XX　東京都埋蔵文化財センター
神村　透　1997「弥生中期釣鐘形磨石」『信濃』49-10　信濃史学会
神野　信・加藤修司・沖松信隆　1992「木更津市芝野遺跡における水田について」『研究連絡誌』34　千葉県文化財センター
刈田　均　1997「「谷戸」の土地利用と生産活動」『民俗学論叢』12　相模民俗学会
河合英夫　2003『平塚市真田・北金目遺跡群発掘調査報告書4』都市基盤整備公団
河合英夫　2005『千年伊勢山台遺跡―第1～8次発掘調査報告書―』川崎市教育委員会
河合英夫　2008a「中里遺跡の衝撃」『平成19年度考古学講座　新神奈川・新弥生論』神奈川県考古学会
河合英夫　2008b「蛭畑遺跡の発掘調査―弥生時代の遺構・遺物を中心に―」『市史研究横須賀』7　横須賀市
神原英明　1977a『用木山遺跡』三陽町教育委員会
神原英明　1977b「岡山県山陽町の弥生時代集落の構成」『考古学研究』23-4　考古学研究会
川上久夫　1953「神奈川県三浦郡赤坂遺跡」『日本考古学年報』1　日本考古学協会
菊池真太郎・谷　旬・矢戸三男　1979『千葉市城の腰遺跡』千葉県文化財センター
菊池有希子　2007「住居と集落」『埼玉の弥生時代』六一書房
北原實徳　1994『間門遺跡』間門遺跡調査団
木下　忠　1966「弥生時代農耕具の伝統」『物質文化』8　物質文化研究会（後に、1985『日本農耕技術の起源と伝統』雄山閣に再録）
君塚正義編　1988『日本の食生活全集9聞き書　栃木の食事』農山漁村文化協会
君津郡市文化財センター　1991「野焼B遺跡」『君津郡市文化財センター年報』8
木村茂光　1977「中世成立期における畠作の性格と領有関係」『日本史研究』180　日本史研究会
木村茂光　1982「大開墾時代の開発」『技術の社会史』1　有斐閣
木村茂光　1996『ハタケと日本人―もう一つの日本文化―』中公新書
木村　礎　1983『村の語る日本の歴史・近世編1』そしえて文庫9　そしえて
九州大学　1966『北部九州（唐津市）先史集落遺跡の合同調査―昭和40年度日仏合同調査概報』
桐山秀穂　2004『縄文・弥生時代における石製製粉具の研究』平成14年度～平成15年度科学研究費助成金（若手研究B）研究調査報告書
櫛原功一　1998「炭化種実から探る食生活」『遺跡・遺物から何を読みとるか(II)―食の復元―　資料集』帝京大学山梨文化財研究所
久保常晴　1969『本町田遺跡群』町田市埋蔵文化財調査報告1　ニューサイエンス社

久保哲三　1983『南大谷』町田市殖産住宅南大谷遺跡調査会

久馬一剛　1987「土と稲作」『稲のアジア史』第一巻　小学館

熊野正也・小田静夫　1987『江戸川区上小岩遺跡』東京都埋蔵文化財調査報告書14　東京都教育委員会

栗田則久　2003「東関東自動車道（千葉・富津線）埋蔵文化財調査報告書12―木更津市山神遺跡・堀ノ内台遺跡(2)―」千葉県文化財センター調査報告456　千葉県文化財センター

車崎正彦・松本　完　1996『下戸塚遺跡の調査　第2部　弥生時代から古墳時代前期』早稲田大学

呉地英夫　1993『下原宿遺跡発掘調査報告書』下原宿遺跡発掘調査団

黒尾和久　1995「接合資料の検討からみた縄文中期の居住環境」『シンポジウム縄文中期集落研究の新地平』縄文中期集落研究グループ・宇津木台地区考古学研究会

黒尾和久　2001「集落研究における「時」の問題」『縄文時代集落研究の現段階』縄文時代文化研究会

黒尾和久・高瀬克範　2003「縄文・弥生時代の雑穀栽培」『雑穀畑作農耕論の地平』青木書店

黒澤　聡　1994『下向山遺跡』君津郡市文化財センター

黒済和彦　1985『中野区平和の森公園北遺跡』中野区・中野刑務所遺跡調査会

小出輝雄　2007「環濠の性格についての再考察」『埼玉の弥生時代』六一書房

河野喜映　1985『山王山遺跡』神奈川県立埋蔵文化財センター調査報告8　神奈川県立埋蔵文化財センター

甲元眞之　1986「農耕集落の変遷」『岩波講座日本考古学』第4巻　岩波書店

甲元眞之　2004『日本の初期農耕文化と社会』同成社

木暮伸之　1995「弥生時代の遺構と遺物」『原町火力発電所関連遺跡調査報告書Ⅵ』福島県文化財調査報告書315　福島県教育委員会

小島清一　1996『上戸田本村遺跡Ⅱ』戸田市遺跡調査会報告書6　戸田市遺跡調査会

小谷凱宣　1972「先史時代のマコモ利用（予報）」『人類学雑誌』80-1　東京人類学会

小谷龍司　1995『八木宇廣遺跡発掘調査報告書』印旛郡市文化財センター

小玉秀成　2004「玉里村の弥生時代遺跡群」『玉里村立史料館報』9　玉里村立史料館

児玉大成　2005「亀ヶ岡文化を中心としたベンガラ生産の復元」『日本考古学』20　日本考古学協会

後藤　直　2006『朝鮮半島初期農耕社会の研究』同成社（初出、2004「朝鮮半島の植物遺体」『東アジアにおける生業の地域間比較研究　平成12（2000）年度～15（2003）年度科学研究費補助金基礎研究(B)(2)研究成果報告』および2004「考古学からみた弥生時代日本列島と朝鮮半島の交流」『歴史と地理』575　山川出版社）

後藤守一　1947a『私たちの考古学（先史時代篇）』八重山書店

後藤守一　1947b『私たちの考古学（古墳時代篇）』八重山書店

後藤守一　1956「縄文時代の生活」『日本考古学講座3　縄文時代』雄山閣

小橋健司　2002『市原市加茂遺跡D地点』市原市埋蔵文化財センター

小林清隆・大谷弘幸　2006『千原台ニュータウンⅩⅣ市原市草刈遺跡（D区・E区）』千葉県文化財センター調査報告535　千葉県文化財センター

小林謙一　1996a「竪穴住居跡のライフサイクルの理解のために」『異貌』15　共同体研究会

小林謙一　1996b「竪穴住居のライフサイクルからみた住居廃絶時の状況―南関東の縄文中期集落での遺物・出土状態を中心に―」『すまいの考古学―住居の廃絶をめぐって』山梨県考古学協会1996年度研究集会資料集　山梨県考古学協会1996年度研究集会実行委員会

小林謙一　2000「竪穴住居重複関係の研究」『異貌』18　共同体研究会

小林三郎・中島広顕　1992「北区亀山遺跡」『東京都遺跡調査・研究発表会』17　東京都教育委員会
小林　茂・吉川國男　1982「秩父市下ッ原の調査(1)」『古代』72　早稲田大学考古学会
小林　茂・吉川國男　1989「秩父市下ッ原の調査(2)」『古代』87　早稲田大学考古学会
小林達雄　1965『米島貝塚』庄和町文化財調査報告書1　庄和町教育委員会
小林達雄　1973「多摩ニュータウンの先住者」『月刊文化財』112　第一法規
小林正史・柳瀬昭彦　2002「コゲとススからみた弥生時代の米の調理方法」『日本考古学』13　日本考古学協会
小林康男　1978「縄文時代の磨石」『中部高地の考古学』長野県考古学会
小林行雄　1947『日本古代文化の諸問題』高桐書院
小林行雄　1951『日本考古学概説』創元社
小林行雄・佐原　眞　1964『紫雲出』詫間町文化財保護委員会
小林克利　1997『三荷座前遺跡第2地点発掘調査報告書』三荷座前遺跡発掘調査団
小林義典　2004『小田原城下香沼屋敷第Ⅲ・Ⅳ地点』小田原市文化財調査報告書121　小田原市教育委員会
駒見佳容子　2005『大谷場小池下遺跡』さいたま市遺跡調査会報告書42　さいたま市遺跡調査会
小宮恒雄　1975『歳勝土遺跡』港北ニュータウン地域内文化財調査報告Ⅴ　横浜市埋蔵文化財センター
小宮恒雄　2003『四枚畑遺跡川和向原遺跡』港北ニュータウン地域内埋蔵文化財調査報告32　横浜ふるさと歴史財団
小柳良彦　1989『下山遺跡Ⅲ』世田谷区教育委員会
小山修三・五島淑子　1985「日本人の主食の歴史」『論集東アジアの食事文化』平凡社
小山裕之　2002『久野下馬道上遺跡発掘調査報告書』久野下馬道上遺跡発掘調査団
近藤　敏　1987『菊間手永遺跡』市原市文化財センター発掘報告書23　市原市文化財センター
近藤　敏　2003『市原市菊間遺跡群袖ヶ台地区』市原市文化財センター発掘報告書86　市原市文化財センター
近藤英夫　2007『大磯町史　10　別編考古』大磯町
近藤義郎　1952『佐良山古墳群の研究』津山市
近藤義郎　1953『蒜山原―その考古学的調査―』岡山県
近藤義郎　1957「初期水稲農業の技術的達成について」『私たちの考古学』4-3　考古学研究会
近藤義郎　1959「共同体と単位集団」『考古学研究』6-1　考古学研究会
近藤義郎　1960「農具のはじまり」『世界考古学大系』2　日本Ⅱ　弥生時代　平凡社
近藤義郎　1962「弥生文化論」『日本歴史』1　原始および古代　岩波書店
近藤義郎　1966「弥生文化の発達と社会関係の変化」『日本の考古学』河出書房新社
近藤義郎　1983『前方後円墳の時代』岩波書店
近藤　玲　2002『矢野遺跡(Ⅰ)』徳島県教育委員会
近藤　玲　2006「武力への序曲」『古代文化』58-2　古代學協会
斉木　勝　1974『菊間遺跡』房総考古資料刊行会
斉藤礼司郎　2005『中尾遺跡群発掘調査報告書Ⅴ―東谷遺跡―』木更津市教育委員会
佐伯秀人　1992『前三舟台遺跡』君津郡市文化財センター発掘調査報告書82　君津郡市文化財センター
坂井　隆　1995『中高瀬観音山遺跡』群馬県埋蔵文化財調査事業団発掘報告書194　群馬県埋蔵文化財調査事業団
酒井龍一　1984「弥生時代中期・畿内社会の構造とセトルメントシステム」『文化財学報』3　奈良大学

酒井龍一　2001「弥生社会と情報ネットワーク」『弥生時代の集落』学生社
酒詰仲男　1957「日本原始農業試論」『考古学雑誌』42-2　日本考古学会
酒巻忠史　1992『打越遺跡・神明山遺跡』君津郡市文化財センター発掘調査報告書64　君津郡市文化財センター
酒巻忠史　1995『請西遺跡群発掘調査報告書Ⅵ野焼A遺跡』木更津市教育委員会
酒巻忠史　2007『中尾遺跡群発掘調査報告書Ⅵ東谷遺跡Ⅲ―』木更津市教育委員会
酒巻忠史　2008『中尾遺跡群発掘調査報告書Ⅶ東谷遺跡Ⅳ―』木更津市教育委員会
酒巻忠史　2009『中尾遺跡群発掘調査報告書Ⅷ』木更津市教育委員会
桜井弘人　1986『恒川遺跡群』飯田市教育委員会
佐々木克典　1981「神谷原遺跡出土の石器」『神谷原』Ⅰ　神谷原遺跡調査団
佐々木高明　1971『稲作以前』NHKブックス
佐々木藤雄　1988『新井三丁目遺跡』新井三丁目遺跡調査団
笹森紀己子　1992『C-23号遺跡・A-214号遺跡』大宮市遺跡調査会
笹森紀己子　1993『深作稲荷台遺跡　東北原遺跡』大宮市遺跡調査会
笹森紀己子　1994a『深作稲荷台遺跡・A-137号遺跡』大宮市遺跡調査会
笹森紀己子　1994b『大宮市土屋下遺跡』大宮市遺跡調査会報告47　大宮市遺跡調査会
笹森紀己子　1995『市内遺跡発掘調査報告書』大宮市文化財調査報告書38　大宮市遺跡調査会
笹森紀己子　1998『大和田本村北遺跡―第2次調査―』大宮市遺跡調査会報告64　大宮市遺跡調査会
笹森紀己子　2001『北袋新堀遺跡』大宮市遺跡調査会報告69　大宮市遺跡調査会
笹森健一　1997『伊佐島遺跡第2次の調査』上福岡市遺跡調査会報告書4　上福岡市遺跡調査会
笹生　衛　2000『東関東自動車道（千葉・富津線）埋蔵文化財調査報告書7』千葉県文化財センター発掘調査報告書409　千葉県文化財センター
佐藤安平・釜口幸市　1969「朝光寺原C地区調査概報」『昭和43年度横浜市埋蔵文化財調査報告書』横浜市埋蔵文化財調査委員会
佐藤　隆・新田浩三　1997「市原条里制遺跡（県立スタジアム）の調査成果」『研究連絡誌』49　千葉県文化財センター
佐藤敏也　1989「横須賀市泉遺跡出土の米粒」『佐原泉遺跡』泉遺跡調査団
佐藤敏也　1993「A低地弥生水田出土種子」『久世原館・番匠地遺跡』いわき市埋蔵文化財調査報告33　第Ⅰ篇　いわき市教育委員会
佐藤敏也・松谷暁子・塚田順正・大塚真弘　1984「横須賀市鴨居上ノ台遺跡第135号住居址をめぐって」『横須賀市博物館研究報告（人文科学）』28　横須賀市博物館
佐藤仁彦・浜野浩美　2002「地蔵山遺跡（No.117）―桜山5-727-1外地点―」『神奈川県逗子市埋蔵文化財発掘調査報告書』2　逗子市教育委員会
佐藤洋一郎編　2002『縄文農耕を捉え直す』SCIENCE of HUMANITY BENSEI Vo.l41　勉誠社
佐野　学　1946『日本古代史論』国民社
佐原　眞　1964「石製武器の発展」『紫雲出』詫間町文化財保護委員会
佐原　眞　1968「日本農耕起源論批判―『日本農耕文化の起源』をめぐって―」『考古学ジャーナル』23　ニューサイエンス社
佐原　眞　1970「大和川と淀川」『古代の日本』5　角川書店

佐原　眞　1975「農業の開始と階級社会の形成」『岩波講座日本歴史』1　原始および古代　岩波書店
佐原　眞　1987『大系日本の歴史1　日本人の誕生』小学館
佐原　眞　1995「米と日本人」『国立歴史民俗博物館研究報告』60　国立歴史民俗博物館
佐原　眞　1999「日本・世界の戦争の起源」『人類にとって戦いとは』1　東洋書林
寒川町　2000『寒川町史』15　別編
重久淳一　1986『奈良地区遺跡群Ⅰ　上巻　No.11地点　受地だいやま遺跡』奈良地区遺跡調査団
宍戸信悟・上本進二　1989『砂田台遺跡Ⅰ』神奈川県立埋蔵文化財センター調査報告20　神奈川県立埋蔵文化財センター
宍戸信悟・谷口　肇　1991『砂田台遺跡Ⅱ』神奈川県立埋蔵文化財センター調査報告20　神奈川県立埋蔵文化財センター
宍戸信悟　1991「弥生時代中期後半の遺構と遺物について」『砂田台遺跡Ⅱ』神奈川県立埋蔵文化財センター調査報告20　神奈川県立埋蔵文化財センター
設楽博己　2000「縄文系弥生文化の構想」『考古学研究』47-1（通巻185号）　考古学研究会
設楽博己　2006「関東地方における弥生時代農耕集落の形成過程」『国立歴史民俗博物館研究報告』133　国立歴史民俗博物館
嶋倉己三郎　1979「三世紀の植物」『三世紀の考古学』上巻　学生社
島地　謙・伊東隆夫編　1988『日本の遺跡出土木製品総覧』雄山閣
下條信行編　1970『福岡市板付遺跡調査報告』福岡市埋蔵文化財調査報告書8　福岡市教育委員会
下條信行編　1989『古代史復原4弥生農村の誕生』講談社
下條信行　2006「『高地性集落』論の今日」『古代文化』58-2　古代學協会
庄司吉之助編　1982『会津農書会津農書附録』日本農書全集19　農山漁村文化協会
昭和44年津島遺跡発掘調査団　1969『昭和44年岡山県津島遺跡調査概要』
白井久美子　1994『千原台ニュータウンⅥ草刈六之台遺跡』千葉県文化財センター調査報告241　千葉県文化財センター
城田義友　2002「農耕関連遺構の分析」『千葉県文化財センター研究紀要』23　千葉県文化財センター
進藤　紀　2005『上谷地遺跡・新谷地遺跡』秋田県文化財調査報告書395　秋田県教育委員会
陣内康光・中島広顕　1987『南橋遺跡』北区埋蔵文化財調査報告書1　東京都北区教育委員会
末木　健　1975「移動としての吹上パターン」『山梨県中央道埋蔵文化財包蔵地発掘調査報告書―北巨摩郡長坂・明野・韮崎地区―』山梨県教育委員会
菅原康夫　1987『黒谷川郡頭遺跡』Ⅱ　徳島市教育委員会
杉野森淳子　2006『近野遺跡Ⅸ』青森県埋蔵文化財調査報告書418　青森県教育委員会
杉原荘介　1935「上総宮ノ台遺跡調査概報」『考古学』6-7　東京考古学会
杉原荘介　1936「相模小田原出土の弥生式土器に就いて」『人類学雑誌』51-1　東京人類学会
杉原荘介　1937「須和田遺跡に於て行いたる竪穴住居趾の発掘方法」『考古学』8-2　東京考古学会
杉原荘介　1942「上総宮ノ台遺跡調査概報―補遺―」『古代文化』13-7　古代學協会
杉原荘介　1956「農耕生活の発展」『図説日本文化史大系』1　小学館
杉原荘介　1967「下総須和田出土の弥生式土器に就いて」『考古学集刊』3-3　東京考古学会
杉原荘介・大塚初重　1974『千葉県天神前における弥生時代中期の墓址群』明治大学文学部研究報告　考古学4　明治大学文学部考古学研究室

杉山博久・湯川悦夫　1971『小田原市諏訪の前遺跡』小田原考古学研究会調査報告書2　小田原考古学研究会
鈴木一男　1981『馬場台遺跡』大磯町文化財調査報告書第21集　大磯町教育委員会
鈴木直人・富田孝彦　1996『飛鳥山遺跡』東京都北区教育委員会
鈴木英啓　1986『潤井戸西山遺跡』市原市文化財センター調査報告9　市原市文化財センター
角南聡一郎　2002「高地という『場』をめぐって」『古代文化』58-4　古代學協會
澄田正一　1955「日本原始農業発生の問題」『名古屋大学文学部研究論集』11　史学4　名古屋大学文学部
澄田正一　1959「濃飛山地に出土する石皿の研究」『名古屋大学文学部十周年記念論集』　名古屋大学文学部
住田雅和　2006「赤坂遺跡出土の植物炭化遺体について」『赤坂遺跡』三浦市埋蔵文化財調査報告書17　三浦市教育委員会
成城大学民俗学研究所編　1990『日本の食文化』岩崎美術社
瀬川清子　1946『食生活の歴史』大日本雄弁会講談社
関　孝一　1994『栗林遺跡　七瀬遺跡』長野県埋蔵文化財センター発掘調査報告書19　長野県埋蔵文化財センター
関口昌和　1986『簗田寺南遺跡』簗田寺南遺跡調査会
関口　満　1997『根鹿北遺跡　栗山窯跡』土浦市教育委員会
関野　克　1938「埼玉県福岡村縄紋前期住居址と竪穴住居の系統」『人類学雑誌』53-8　東京人類学会
芹澤廣衞・大竹憲昭　1985『利島村大石山遺跡』利島村教育委員会
千田利明　1995『多摩ニュータウン遺跡』東京都埋蔵文化財センター調査報告20　東京都埋蔵文化財センター
千田利明　1998『多摩ニュータウン遺跡先行調査報告7』東京都埋蔵文化財センター調査報告48　東京都埋蔵文化財センター
田尾誠敏　1995「真田城跡東堀の調査」『東海大学校地内遺跡調査団報告』5　東海大学校地内遺跡調査委員会
高崎市教育委員会　1980『芦田貝戸遺跡』Ⅱ　高崎市教育委員会
高崎市教育委員会　1994『浜川芦田貝戸遺跡』Ⅲ　高崎市教育委員会
高島好一・木幡成雄　1993『久世原館・番匠地遺跡』いわき市埋蔵文化財調査報告33　いわき市教育委員会
高瀬克範　2004a『本州島東北部の弥生社会誌』六一書房
高瀬克範　2004b「炭化種子研究の課題」『中部弥生時代研究会会誌』5　弥生稲作論の再検討　中部弥生時代研究会
高田　博　1986『千原台ニュータウンⅢ草刈遺跡（B区）』千葉県文化財センター
高橋康男　1994「菊間深道遺跡」『平成5年度市原市内遺跡発掘調査報告』市原市教育委員会
高橋康男　2004『市原市潤井戸西山遺跡C地点』市原市文化財センター調査報告90　市原市文化財センター
高梨友子　2001『木更津市四房遺跡』千葉県文化財センター調査報告416　千葉県教育委員会
滝口　宏　1954『安房勝山田子台遺跡』早稲田大学考古学研究室
武井則道　2004『綱崎山遺跡』横浜市ふるさと歴史財団
武井則道・小宮恒雄　1991『大塚遺跡—弥生時代環壕集落址の発掘調査報告Ⅰ　遺構編—港北ニュータウン地域内埋蔵文化財調査報告ⅩⅡ』横浜市埋蔵文化財センター
武井則道・小宮恒雄　1994『大塚遺跡—弥生時代環壕集落址の発掘調査報告Ⅱ　遺物編—港北ニュータウン地域内埋蔵文化財調査報告ⅩⅤ』横浜市埋蔵文化財センター

武末純一　1998「北部九州の弥生都市論」『都市と神殿の誕生』新人物往来社
田代　弘　1994「奈具谷遺跡」『京都府遺跡調査概報』60　京都府埋蔵文化財調査研究センター
立花　実　2004「原口遺跡の方形周溝墓群再考」『西相模考古』13　西相模考古学研究会
立花　実　2006「砂田台遺跡の方形周溝墓群再考」『西相模考古』15　西相模考古学研究会
立花　実　2008「大磯町馬場台遺跡出土の土器」『平成19年度考古学講座　新神奈川・新弥生論』神奈川県考古学会
田所　真　1995「菊間深道遺跡B地点」『平成6年度市原市内遺跡発掘調査報告』市原市教育委員会
田中清美　1989『千草山遺跡・東千草山遺跡』市原市文化財センター調査報告書29　市原市文化財センター
田中清美・鈴木英啓　1979『唐崎台』唐崎台遺跡発掘調査団
田中宣一編　1990「『食習採集手帳』と『食習調査』」『日本の食文化—昭和初期　全国食事習俗の記録—』岩崎美術社
田中　稔　1982『稲の冷害』農山漁村文化協会
田中義昭　1976「南関東における農耕社会の成立をめぐる若干の問題」『考古学研究』22-3（通巻87）考古学研究会
田中義昭　1979「南関東の弥生時代集落」『考古学研究』25-4（通巻100）考古学研究会
田中義昭　1982「南関東における初期農耕集落の展開過程」『島根大学法文学部紀要（文学科編）』5-1　島根大学法文学部
田辺昭三・佐原　眞　1964「弥生文化の発展と地域性—近畿—」『日本の考古学』Ⅲ　河出書房
谷　旬　1973『小黒谷遺跡発掘調査報告書』中央大学考古学研究会
谷川章雄　1993『下戸塚遺跡—西早稲田地区第一種市街地再開発事業に伴う埋蔵文化財発掘調査報告書—』新宿区西早稲田地区遺跡調査会
谷口　榮　1994「1序説—東京低地と葛飾—」「4大島郷を掘る」『東京低地の古代』崙書房
谷口　肇　2004「逗子市池子遺跡群の弥生時代集落について」『考古論叢神河』12　神奈川県考古学会
玉口時雄　1978『健田遺跡発掘調査報告書—第2次調査報告書—』図書刊行会
玉口時雄　1979『健田遺跡発掘調査報告書—第3次調査報告書—』図書刊行会
玉口時雄・大坪宣雄　1997『横須賀リサーチパーク計画基盤整備事業地内埋蔵文化財発掘調査報告書』横須賀リサーチパーク計画基盤整備事業地内埋蔵文化財発掘調査団
田村　博　1998「縄文時代石皿の研究史と展望」『多摩考古』28　多摩考古学研究会
田村　博　2000「石皿考」『多摩考古』30　多摩考古学研究会
田村良照　1992『上品濃遺跡群発掘調査報告書』玉川文化財研究所
田村良照　1997『横浜市観福寺北遺跡群　関耕地遺跡発掘調査報告書』観福寺北遺跡発掘調査団
千浦美智子　1977「環境復元とフローテーション」『季刊どるめん』13　JICC出版局
千葉県教育委員会　1998『千葉県埋蔵文化財発掘調査抄報—平成8年度—』千葉県教育庁生涯学習部文化課
千葉県教育委員会　1999『千葉県埋蔵文化財発掘調査抄報—平成9年度—』千葉県教育庁生涯学習部文化課
千葉県文化財センター　2003『千葉県文化財センター年報』27　千葉県文化財センター
千葉弘見・山田晴美　1970『栽培汎論』農業図書株式会社
銚子市教育委員会　1979『銚子市野尻遺跡発掘調査報告書』銚子市教育委員会
長命　豊　1988「中期以降の新田開発と村落景観(1)」『村落景観の史的研究』八木書店
辻誠一郎編　2000『考古学と自然科学3　考古学と植物学』同成社

土屋治雄・城田義友　1998『一般国道409号（木更津工区）埋蔵文化財調査報告書―木更津市菅生遺跡・祝崎古墳群―』千葉県文化財センター調査報告337　千葉県文化財センター

都出比呂志　1970「農業共同体と首長権」『講座日本史』1　古代国家　東京大学出版会

都出比呂志　1974「古墳出現前夜の集団関係」『考古学研究』20-4　考古学研究会

都出比呂志　1979「ムラとムラとの交流」『図説日本文化の歴史1先史・原史』小学館

都出比呂志　1984「農耕社会の形成」『講座日本歴史』原始・古代1　東京大学出版会

都出比呂志　1989『日本農耕社会の成立過程』岩波書店

都出比呂志　1997「都市の形成と戦争」『考古学研究』44-2　考古学研究会

常松成人　2003『川崎山遺跡d地点』八千代市遺跡調査会

椿坂恭代　1992「フローテーション法の実際と装置」『考古学ジャーナル』355　ニューサイエンス社

椿坂恭代　1993「アワ・ヒエ・キビの同定」『吉崎昌一先生還暦記念論集　先史考古学と関連科学』吉崎正一先生還暦記念論集刊行会

坪井正五郎　1890「ロンドン通信」『東京人類学会雑誌』56　東京人類学会

坪井清足　1967「縄文文化論」『講座日本歴史』原始・古代1　岩波書店

坪井洋文　1967「イモと日本人(1)」『國學院大學日本文化研究所紀要』20（後に『イモと日本人』未来社　1979に「餅なし正月の背景」として改題再録）

寺沢　薫　1979「火災住居覚書」『青陵』40　奈良県立橿原考古学研究所

寺沢　薫　1998「集落から都市へ」『古代国家はこうして生まれた』角川書店

寺沢　薫　2000『王権誕生』講談社

寺沢　薫・寺沢知子　1981「弥生時代植物質食料の基礎的研究」『橿原考古学研究所紀要　考古学論攷』5　奈良県立橿原考古学研究所

寺田良喜　1989『下山遺跡Ⅲ』世田谷区教育委員会

寺畑滋夫・久末康一郎　1982『下山遺跡Ⅰ』世田谷区教育委員会

當眞嗣史　2001『請西遺跡群発掘調査報告書Ⅶ庚申塚A遺跡・庚申塚B遺跡』木更津市教育委員会

當眞嗣史　2002『請西遺跡群発掘調査報告書Ⅷ大山台遺跡（古墳群ならびに方形周溝墓群）』木更津市教育委員会

當眞嗣史　2003『請西遺跡群発掘調査報告書Ⅸ鹿島塚B遺跡』木更津市教育委員会

當眞嗣史・稲葉理恵　2003『請西遺跡群発掘調査報告書Ⅸ鹿島塚B遺跡―』木更津市教育委員会

當眞紀子・安藤道由　2001『根形台遺跡群Ⅰ』君津郡市文化財センター発掘調査報告書169　君津郡市文化財センター

徳江秀夫　1988『荒砥天之宮遺跡』群馬県教育委員会

徳澤啓一　2003『下戸塚遺跡Ⅲ―国家公務員宿舎甘泉園住宅地区―』新宿区生涯学習財団

戸倉茂行　1988『請西遺跡群発掘調査報告書―大山台古墳群第28号墳―』木更津市教育委員会

戸倉茂行　1990『郡条里遺跡発掘調査報告書』君津郡市文化財センター発掘調査報告書52　君津郡市文化財センター

戸倉茂行　1991『川島遺跡発掘調査報告書』君津郡市文化財センター発掘調査報告書66　君津郡市文化財センター

戸田哲也　1996『稲荷台地遺跡群発掘調査報告書』稲荷台地遺跡群発掘調査団

戸田哲也　1998『川崎市多摩区No.61遺跡（宿河原縄文時代低地遺跡）発掘調査報告書』多摩区No.61遺跡

発掘調査団
戸田哲也　1999a「東日本弥生農耕成立期の集落」『季刊考古学』67　雄山閣
戸田哲也　1999b「小田原市中里遺跡第Ⅰ地点」『第23回神奈川県遺跡調査・研究発表会発表要旨』神奈川県考古学会
戸高眞知子　1986「赤い供物・朱玉」『えとのす』31　新日本教育図書
富田健司　2004『南橋遺跡Ⅳ』北区埋蔵文化財調査報告書35　東京都北区教育委員会
外山秀一　1992「宮ノ前遺跡におけるプラント・オパール分析」『宮ノ前遺跡（本文編）』韮崎市遺跡調査会
外山秀一　2001「川崎市下原遺跡出土土器のプラント・オパール胎土分析」『下原遺跡Ⅱ』川崎市市民ミュージアム
外山秀一　2006『遺跡の環境復原』古今書院
豊巻幸正　1990『請西遺跡群発掘調査報告書Ⅱ―大山台遺跡―』木更津市教育委員会
豊巻幸正　1991『請西遺跡群発掘調査報告書Ⅲ―野焼遺跡群・野焼古墳群第2号墳・鹿島塚B遺跡・中郷谷遺跡』木更津市教育委員会
鳥居龍蔵　1924『諏訪史』第1巻　信濃教育会諏訪部会
直良信夫　1956『日本古代農業発達史』さ・え・ら書房
長佐古真也　1997『多摩ニュータウン遺跡』東京都埋蔵文化財センター調査報告42　東京都埋蔵文化財センター
長佐古真也　2000『多摩ニュータウン遺跡』東京都埋蔵文化財センター調査報告81　東京都埋蔵文化財センター
中沢道彦・丑野　毅　2003「レプリカ法による山陰地方縄文時代晩期土器の籾状圧痕の観察」『縄文時代』14　縄文時代文化研究会
中島直幸・田島龍太　1982『菜畑遺跡』唐津市文化財調査報告5　唐津市教育委員会
中島広顕　1996『南橋遺跡Ⅱ』北区埋蔵文化財調査報告書20　東京都北区教育委員会
中島　宏　1984『池守・池上』埼玉県教育委員会
中田　英・伊丹　徹　1982『向原遺跡』神奈川県立埋蔵文化財センター調査報告1　神奈川県教育委員会
永峯光一　1983『三宅島坊田遺跡』東京都埋蔵文化財調査報告10　東京都教育委員会
中村　勉　1989『佐原泉遺跡』泉遺跡調査団
中村　勉　1992『赤坂遺跡―第3次調査地点の調査報告書―』赤坂遺跡調査団
中村　勉　1994『赤坂遺跡』三浦市埋蔵文化財調査報告書3　三浦市教育委員会
中村　勉　2008「三浦半島の弥生時代」『新神奈川・新弥生論』神奈川県考古学会
中村　勉・諸橋千鶴子　2001『赤坂遺跡』三浦市埋蔵文化財調査報告書5　三浦市教育委員会
中村　勉・諸橋千鶴子　2002『赤坂遺跡』三浦市埋蔵文化財調査報告書7　三浦市教育委員会
中村　勉・諸橋千鶴子　2004『赤坂遺跡』三浦市埋蔵文化財調査報告書13　三浦市教育委員会
中村　勉・諸橋千鶴子　2006『赤坂遺跡』三浦市埋蔵文化財調査報告書17　三浦市教育委員会
中村　勉・諸橋千鶴子・須田英一　2001『赤坂遺跡』三浦市埋蔵文化財調査報告書6　三浦市教育委員会
中村亮雄編　1989『川崎市民俗文化財調査報告書―麻生区・多摩区の農耕習俗―』川崎市市民ミュージアム
中森敏晴　1996「"定型石皿"論」『考古学雑渉』西野元先生退官記念会
中谷治宇二郎　1927「上野国吾妻郡の先史考古学的考察」『人類学雑誌』480（42-10）　東京人類学会

中山平次郎　1920「土器の有無未詳なる石器時代遺跡（下）」『考古学雑誌』10-11　日本考古学会
中山　豊　1996「F地点における弥生時代後期から終末の石器について」『稲荷台地遺跡群発掘調査報告書』稲荷台地遺跡群発掘調査団
名久井文明　2004「乾燥堅果類備蓄の歴史的展開」『日本考古学』17　日本考古学協会
成瀬正和　1998「縄文時代の赤色顔料」『考古学ジャーナル』438　ニューサイエンス社
新津　健・八巻與志夫　1989『金生遺跡Ⅱ（縄文時代編）』山梨県埋蔵文化財センター調査報告書41　山梨県教育委員会
新山雅広　2000「代継・富士見台遺跡出土の炭化種子」『代継・富士見台・西龍ケ崎遺跡』東京都埋蔵文化財センター調査報告90　東京都埋蔵文化財センター
西口正純・金子直之　1996『中里前原北遺跡』埼玉県埋蔵文化財調査事業団報告書176　埼玉県埋蔵文化財調査事業団
西田正規　1984「池上遺跡第5号住居址から出土した炭化物について」『池守・池上　一般国道125号線埋蔵文化財発掘調査報告書』埼玉県教育委員会
西原崇浩　2002『高部古墳群Ⅰ』木更津市教育委員会
日本考古学協会　1949『登呂（前編）』東京堂出版
日本考古学協会　1954『登呂（本編）』東京堂出版
日本考古学協会2000年度鹿児島大会実行委員会編　2000『日本考古学協会2000年度鹿児島大会資料集　第1集　はたけの考古学』
日本農業気象学会編　1955『水稲冷害の文献的研究』
禰宜田佳男編　1992『第31回埋蔵文化財研究集会　弥生時代の石器』埋蔵文化財研究会関西世話人会
禰宜田佳男　2002「遺物組成からみた高地性集落の諸類型」『古代文化』54-4　古代學協会
ねづまさし　1947「考古学から見た日本古代社会」『日本古代社会』Ⅰ　日本読書購買利用組合
禰津正志　1949『原始社会』三笠書房
野口行雄　1998『富津市川島遺跡』千葉県文化財センター調査報告書339　千葉県文化財センター
能城秀喜　1989『境遺跡　2次調査』君津郡市文化財センター発掘調査報告書42　君津郡市文化財センター
能登　健　1986「里住み集落の研究」『内陸の生活と文化』雄山閣
能登谷宣康　1991「考察」『原町火力発電所関連遺跡調査報告書Ⅱ』福島県文化財調査報告書265　福島県教育委員会
野中和夫　1988「影向寺境内遺跡(5)」『川崎市史　資料編1』川崎市
野本孝明　1993『考古学から見た大田区』大田区の文化財29　大田区教育委員会
野村幸希・菊池真太郎・谷　旬　1979『千葉市城の越遺跡』千葉県文化財センター
橋口達也　1985「日本における稲作の開始と発展」『石崎曲り田遺跡』福岡県教育委員会（後に、1999『弥生文化論—稲作の開始と首長権の展開—』雄山閣に再録）
橋本裕行　1986『奈良地区遺跡群Ⅰ』上巻　奈良地区遺跡調査団
長谷川厚　1997『原口遺跡Ⅰ』かながわ考古学財団調査報告22　財団法人かながわ考古学財団
長谷川厚　2001『原口遺跡Ⅱ』かながわ考古学財団調査報告104　財団法人かながわ考古学財団
秦野昌明　1980『中里前原遺跡―第1次発掘調査報告書―』埼玉県与野市中里前原遺跡調査会
蜂屋孝之・小橋健司　1999『市原市山田橋表通遺跡』市原市文化財センター調査報告書28　市原市文化財センター

服部敬史　1970『船田遺跡』八王子市船田遺跡調査会
馬場伸一郎　1997「弥生時代の石器製作技術」『利根川』18　利根川同人
馬場伸一郎　2001a「南関東弥生中期の地域社会（上）」『古代文化』53-5　古代學協会
馬場伸一郎　2001b「南関東弥生中期の地域社会（上）」『古代文化』53-6　古代學協会
羽二生保・岩崎しのぶ　1997『北神馬土手遺跡他』静岡県埋蔵文化財調査研究所調査報告74　静岡県埋蔵文化財調査研究所
羽生由喜子　2001「縄文の石皿・弥生の台石」『滋賀県立大学人間文化学部研究報告　人間文化』10　滋賀県立大学人間科学部
浜田晋介　1992「弥生時代の石皿と磨石」『考古論叢神奈河』1　神奈川県考古学会
浜田晋介　1995『弥生の食』展図録　川崎市市民ミュージアム
浜田晋介　1997『加瀬台古墳群の研究　Ⅱ』川崎市市民ミュージアム
浜田晋介　1998「多摩川低地の遺跡について（序説）」『川崎市市民ミュージアム紀要』10　川崎市市民ミュージアム
浜田晋介　2002a「弥生時代生業研究史」『川崎市市民ミュージアム紀要』14　川崎市市民ミュージアム
浜田晋介　2002b「鶴見川流域・弥生時代の食糧生産」『神奈川考古』38　神奈川県考古同人会
浜田晋介　2003「多摩丘陵・下末吉台地における弥生集落の構造」『川崎市市民ミュージアム紀要』15　川崎市市民ミュージアム
浜田晋介　2006「考古学における集落研究史」『川崎市市民ミュージアム紀要』18　川崎市市民ミュージアム
浜田晋介　2007a「弥生時代炭化種実の検討」『川崎市市民ミュージアム紀要』19　川崎市市民ミュージアム
浜田晋介　2007b「弥生集落と谷」『日本考古学』24　日本考古学協会
浜田晋介　2007c「弥生時代の石皿と磨石・再考1」『西相模考古』16　西相模考古学研究会
浜田晋介　2008a「南関東の弥生集落の立地（要旨）」『新神奈川・新弥生論』神奈川県考古学会
浜田晋介　2008b「弥生時代の重複住居からみる集落の動態」『考古学研究』55-1（通巻217号）　考古学研究会
浜田晋介　2009a「弥生から古墳の墓の編年」『墓からさぐる社会』雄山閣
浜田晋介　2009b「朝光寺原式土器の編年と共伴土器」「南関東弥生後期土器雑感」『南関東の弥生土器2』考古学リーダー16　六一書房
原秀三郎　1972「日本における科学的原始・古代史研究の成立と展開」『歴史科学体系第1巻　日本原始共産制社会と国の形成』校倉書房
原川雄二　1999「古墳時代の土器以外の遺物」『多摩ニュータウン遺跡№918遺跡』東京都埋蔵文化財センター調査報告61　東京都埋蔵文化財センター
原川雄二　2002『多摩ニュータウン遺跡』東京都埋蔵文化財センター調査報告104　東京都埋蔵文化財センター
原口正三　1977「考古学から見た原始・古代の高槻」『高槻市史』第1巻本編1　高槻市
パリノ・サーヴェイ株式会社　1993「炭化種実の同定」『湘南藤沢キャンパス内遺跡』第1巻総論　慶応義塾
パリノ・サーヴェイ株式会社　1996「自然科学分析」『飛鳥山遺跡』東京都北区教育委員会
パリノ・サーヴェイ株式会社　2000a「第1号溝状遺構の堆積環境および年代の分析」『下戸塚遺跡Ⅲ―国

家公務員宿舎甘泉園住宅地区―』新宿区生涯学習財団

パリノ・サーヴェイ株式会社　2000b「水洗選別および同定」『赤羽台遺跡　国立王子病院跡地地区』国立王子病院跡地遺跡調査団

パレオ・ラボ　2001「炭化種実の検討」『石墨遺跡』群馬県埋蔵文化財調査事業団発掘報告286　群馬県埋蔵文化財調査事業団

春成秀爾　1975「『倭国乱』の歴史的意義」『日本史を学ぶ1　原始・古代』有斐閣

半澤幹雄　2005『東関東自動車道（木更津・富津線）埋蔵文化財調査報告書4―君津市三直中郷遺跡（沖田地区・中郷地区）―』千葉県文化財センター調査報告書522　千葉県文化財センター

半田賢三　1992『草刈尾梨遺跡』市原市文化財センター調査報告46　千葉県文化財センター

半田賢三　2003『市原市台遺跡B地点』上総国分寺台遺跡調査報告X　㈶市原市文化財センター・市原市教育委員会

平井　勝　1991『弥生時代の石器』（考古学ライブラリー64）ニューサイエンス社

平井泰男・渡部忠世　1995『南溝手遺跡1』岡山県文化財保護協会

平塚市博物館編　1984『平塚市民俗調査報告書』平塚市博物館

広瀬和雄　1997『縄紋から弥生への新歴史像』角川書店

広瀬和雄　1998「弥生都市の成立」『考古学研究』45-3　考古学研究会

ピーター・マシウス・西田泰民　2006「残存デンプン分析の先行研究と目的」『新潟県立歴史博物館研究紀要』7　新潟県立歴史館

福岡市教育委員会　1979a『板付―県道505号線新設改良に伴う発掘調査報告書―』2　福岡市教育委員会報告48　福岡市教育委員会

福岡市教育委員会　1979b『板付周辺遺跡調査報告書』5　福岡市教育委員会報告49　福岡市教育委員会

藤尾新一郎編　1996『農耕開始期の石器組成1』国立歴史民俗博物館

藤掛　勝　1990「まとめ」『海老名本郷』Ⅳ　富士ゼロックス株式会社・本郷遺跡調査団

藤田三郎　1999「奈良盆地における弥生集落の実態」『考古学に学ぶ』同志社大学考古学シリーズ7　同志社大学考古学研究室

藤田秀司編　1986『日本の食生活全集5聞き書　秋田の食事』農山漁村文化協会

藤谷　誠　1999『福島空港・あぶくま南道路遺跡発掘調査報告7　弥栄A遺跡　八幡町B遺跡』福島県文化財調査報告書368　福島県教育委員会

藤根　久　2006『近野遺跡Ⅸ』青森県埋蔵文化財調査報告書418　青森県教育委員会

藤根　久・吉川純子　2002「志村坂上遺跡D地点住居跡出土炭化物について」『志村坂上遺跡D地点発掘調査報告書』板橋区志村坂上遺跡調査会

藤原宏志　1981「プラント・オパール分析法の基礎的研究4―熊本地方における縄文土器胎土に含まれるプラント・オパールの検出」『考古学と自然科学』14　文化財科学会

藤本　強　1983「石皿・磨石・石臼・石杵・磨臼」『東京大学文学部考古学研究室紀要』2　東京大学文学部考古学研究室

藤本幸平編　1992『日本の食生活全集29聞き書　奈良の食事』農山漁村文化協会

藤森栄一　1936「信濃の弥生式土器と弥生式石器」『考古学』7-7　東京考古学会

藤森栄一　1950「日本原始陸耕の諸問題」『歴史評論』4-4　民主主義科学者協会・小石川書房

藤森栄一　1951a「信濃北原遺跡出土石器の考古学的位置について―弥生文化における陸耕生活の暗示―」

『諏訪考古学』6　諏訪考古学研究所
藤森栄一　1951b「大化以前の歴史と考古学」『日本歴史講座　第2巻　原始古代編』河出書房
藤森栄一　1970『縄文農耕』学生社
古島敏雄　1951『概説日本農業技術史』養賢社
古島敏雄　1958「第三篇江戸時代」『横浜市史』第1巻　横浜市
古島敏雄・青木虹二　1958「初期・前期の都筑郡農村」『横浜市史』第1巻　横浜市
富津市教育委員会　1981『大明神原遺跡発掘調査報告書』
北條芳隆　1995「徳島県における弥生の朱」『考古学ジャーナル』394　ニューサイエンス社
保坂康夫　1993『平野遺跡』山梨県教育委員会
洞口正史　2008「群馬県種実類調査遺跡集成」『研究紀要』26　群馬県埋蔵文化財調査事業団
堀口万吉　1981「関東平野中央部における歴史時代の沈降運動と低地の形成」『アーバンクボタ』19　株式会社クボタ
本田光子　1990「石杵考」『古代』90　早稲田大学考古学会
蒔田鎗次郎　1897「弥生式土器」『東京人類学雑誌』12-138　東京人類学会
前田義人　2000『長野小西田遺跡』北九州市埋蔵文化財調査報告書248　北九州市教育文化事業団
前田義人　2001『北九州市埋蔵文化財調査報告書第262集　長野小西田遺跡2』北九州市教育文化事業団
間壁忠彦　1970「高地性集落の謎」『古代の日本』4　角川書店
増子章二　1982『長尾鯉坂遺跡』川崎市教育委員会
増子章二・浜田晋介　1983『新作小高台遺跡発掘調査報告書』川崎市教育委員会
増田昭子　1990『粟と稗の食文化』三弥井書店
桝渕規彰　1994『池子遺跡群』Ⅰ　神奈川県立埋蔵文化財センター調査報告27　神奈川県立埋蔵文化財センター
桝渕規彰・高村公之　1995『池子遺跡群』Ⅱ　かながわ考古学財団調査報告3　かながわ考古学財団
桝渕規彰・新開基史　1996『池子遺跡群』Ⅲ　かながわ考古学財団調査報告11　かながわ考古学財団
桝渕規彰・植山英史　1998『池子遺跡群』Ⅳ　かながわ考古学財団調査報告36　かながわ考古学財団
町田勝則　1997『篠ノ井遺跡　成果と課題編』長野県埋蔵文化財センター発掘調査報告書22　長野県埋蔵文化財センター
町田勝則　1999『榎田遺跡（第2分冊）』長野県埋蔵文化財センター発掘調査報告書37　長野県埋蔵文化財センター
町田勝則　2000『松原遺跡　弥生・総論5』長野県埋蔵文化財センター発掘調査報告書36　長野県埋蔵文化財センター
松井一明　2002「春岡遺跡」『静岡県における弥生時代集落の変遷』静岡県考古学会
松崎元樹　2004『多摩ニュータウン遺跡』東京都埋蔵文化財センター調査報告146　東京都埋蔵文化財センター
松島栄一・和歌森太郎・後藤守一・駒井和愛・斎藤　忠・杉原荘介・家永三郎　1946『新しい日本の歴史』第1巻　上古から奈良時代まで　少国民新聞社
松島　透　1951「下伊那北原遺跡より見た弥生高地性聚落の生産形態についての一私見」『高校生の研究集録』信濃教育会第三部会
松島　透　1953a「下伊那に於ける弥生文化私考1」『伊那』5月号　伊那史学会

松島　透　1953b「下伊那に於ける弥生文化私考2」『伊那』6月号　伊那史学会
松島　透　1953c「下伊那に於ける弥生文化私考3」『伊那』7月号　伊那史学会
松島　透　1953d「下伊那に於ける弥生文化私考4」『伊那』8月号　伊那史学会
松島　透　1953e「下伊那に於ける弥生文化私考5」『伊那』9月号　伊那史学会
松島　透　1953f「下伊那に於ける弥生文化私考6」『伊那』11月号　伊那史学会
松島　透　1953g『明治大学祭日本農業の黎明』明治大学考古学研究会
松島　透　1954「下伊那に於ける弥生文化私考7」『伊那』2月号　伊那史学会
松島　透　1964「飯田地方における弥生時代打製石斧―硬い耕土と石製農具―」『日本考古学の諸問題』考古学研究会十周年記念論文集　河出書房
松谷暁子　1991「身洗沢遺跡出土植物種子について」『山梨県立考古博物館・山梨県立埋蔵文化財センター研究紀要』7　山梨県立考古博物館・山梨県立埋蔵文化財センター
松谷暁子　1993a「中郷谷遺跡出土の炭化粒について」『君津郡市文化財センター年報』10
松谷暁子　1993b「植物種子等について」『袖ケ浦市滝ノ口向台遺跡・大作古墳群』千葉県文化財センター
松谷暁子　1994「下向山遺跡出土炭化種子について」『下向山遺跡』君津郡市文化財センター
松谷暁子　2000「四葉地区遺跡出土の植物種子について」板橋区四葉地区遺跡調査報告Ⅶ『四葉地区遺跡』東京都四葉地区遺跡調査会
松本　完　1988「折本西原遺跡の弥生集落」『折本西原遺跡―Ⅰ』折本西原遺跡調査団
松本　完　1999「集落の展開―武蔵野台地・東京低地―」『文化財の保護』31　東京都教育委員会
松本　完・車崎正彦　1996『下戸塚遺跡の調査　第2部』早稲田大学
馬目順一　1976『いわき市埋蔵文化財調査報告書第3冊　伊勢林前遺跡B地区』いわき市教育委員会
見上敬三　1978「平野と低地帯」『神奈川県史　各論編4 自然』神奈川県
三須田浩　1936「東京市内で発掘された古代住居址」『ミネルヴァ』7・8月号　翰林書房
水谷　類・笠原吉広　1980『昭和54年度荒川区文化財調査報告―道灌山遺跡（マンション敷地内）緊急発掘調査報告書―』荒川区教育委員会
水野政典　1989『道灌山E地点発掘調査報告書』荒川区道灌山遺跡調査団
光江　章　2004『請西遺跡群発掘調査報告書Ⅹ　大山台遺跡』木更津市教育委員会
三森俊彦　1983『千原台ニュータウンⅡ』千葉県文化財センター
三森俊彦・阪田正一　1974『市原市大厩遺跡』千葉県開発公社
三友国五郎　1937「先史聚落の一考察」『考古学』8-3　東京考古学会
南木睦彦　1988「東京都板橋区根ノ上遺跡から産出した大型植物遺体」『根ノ上遺跡発掘調査報告書』根ノ上遺跡発掘調査団
宮　昌之　1983『池上西』埼玉県埋蔵文化財調査事業団調査報告書21　埼玉県埋蔵文化財調査事業団
宮尾　亨・宮内信雄　2006「石皿の変化と植物質食料加工」『新潟県立歴史博物館研究紀要』7　新潟県立歴史博物館
宮坂光次・八幡一郎　1927「下総姥山貝塚発掘調査予報」『人類学雑誌』471　東京人類学会
宮崎康雄　1996『古曽部・芝谷遺跡』高槻市文化財調査報告書20　高槻市教育委員会
宮重俊一　2004『犬蔵遺跡群』日本窯業史研究所報告61　日本窯業史研究所
宮地淳子　2000「弥生時代の畑作耕地」『動物考古学』14　動物考古学研究会
宮原俊一　2000『王子ノ台遺跡Ⅲ―弥生・古墳時代編　本文―』東海大学

宮本久子　2007「妻沼低地周辺の弥生土器」『埼玉の弥生時代』六一書房
武藤雄六　1981「砥石」『橋原遺跡』岡谷市教育委員会
村上行弘　1964『会下山遺跡』芦屋市教育委員会
村上義直　2005『柏子所Ⅱ遺跡』秋田県文化財調査報告書 398　秋田県教育委員会
村上吉正　2002「土器」『神崎遺跡発掘調査報告書』綾瀬市埋蔵文化財調査報告 2　綾瀬市教育委員会
村上吉正・井澤　純　2003『下寺尾西方Ａ遺跡』かながわ考古学財団調査報告書 157　かながわ考古学財団
茂木徳郎　1961「宮城県における餅食の現況と民俗学的一考察」『三島学園女子短期大学三島学園女子大学研究報告』4 巻（後に、大島健彦編 1989『双書フォークロアの視点 10 餅』岩崎美術社に所収。頁数は所収本による。）
持田春吉　1988『東泉寺上』高津図書館友の会
森　浩一　1970「高地性集落と前期古墳」『古墳』保育社
森　貞次郎　1961「福岡県夜臼遺跡」『日本農耕文化の生成』東京堂
森　貞次郎・岡崎　敬　1961「福岡県板付遺跡」『日本農耕文化の生成』東京堂
森　貞次郎　1966「九州」『日本の考古学』3　弥生時代　河出書房新社
森岡秀人　1996「弥生時代抗争の東方波及」『考古学研究』43-3（通巻 117 号）　考古学研究会
森岡秀人　2002「高地性集落研究の現状と今後の展望」『古代文化』54-4　古代學協会
森川幸雄　1995『天白遺跡』三重県埋蔵文化財センター
守田良子編　1988『日本の食生活全集 17 聞き書　石川の食事』農山漁村文化協会
森田信博・渡辺昭一　2000『赤羽台遺跡』国立王子病院跡地遺跡調査会
森本六爾　1933「低地遺跡と農業」『日本原始農業』東京考古学会
森脇　広　1979「九十九里浜平野の地形発達史」『第四紀研究』18-1　日本第四紀学会
諸橋千鶴子・中村　勉　2006『赤坂遺跡』三浦市埋蔵文化財調査報告書 17　三浦市教育委員会
八木奘三郎　1902『日本考古学』《増補版》坪井正五郎校閲　嵩山房
八木光則　1976a「縄文中期集落の素描(1)」『長野県考古学会誌』25　長野県考古学会
八木光則　1976b「縄文中期集落の素描(2)」『長野県考古学会誌』26　長野県考古学会
矢戸三男　1975『阿玉台北遺跡』千葉県都市開発公社
柳沢清一　1995「「日本古代文化学会」と歴史教科書の編纂―少国民新聞編『新しい日本の歴史』第 1 巻とその周辺」『古代』99　早稲田大学考古学会
柳田國男　1936「食制の研究」『旅と伝説』三元社（後に、1969『定本柳田國男全集』14　筑摩書房に所収）
柳田博之　1989『本杢遺跡発掘調査報告書（第 3 地点）』浦和市遺跡調査会報告書 122　浦和市遺跡調査会
柳瀬昭彦　1988「米の調理法と食べ方」『弥生文化の研究』2　雄山閣
八幡一郎　1928『南佐久郡の考古学的調査』岡書院（のちに歴史図書社から再刊）
八幡一郎　1934「40. 日本石器時代の住居型式」『人類学雑誌』3-5　東京人類学会
八幡一郎　1947「水田址観経緯」『考古学雑誌』34-12　日本考古学会
山口裕文　2008「書評「稲作の起源：イネ学から考古学への挑戦」池橋宏著」『照葉樹林文化研究会ニュースレター』2　照葉樹林文化研究会
山口康行・渡辺正人　1989『御蔵山中遺跡Ⅰ』大宮市遺跡調査会報告 26　大宮市遺跡調査会
山崎純男　1987「北部九州における初期水田」『九州文化史研究所紀要』32　九州大学九州文化史研究所
山田昌久　2000「考古資料から畑を考える」『はたけの考古学』日本考古学協会 2000 年度鹿児島大会実行

　　　　委員会
山形美智子　1994『請西遺跡群発掘調査報告書 V―山伏作遺跡―』木更津市教育委員会
山村貴輝・佐藤雅一　1988『四葉地区遺跡 昭和62年度』板橋区四葉地区遺跡調査会
山本暉久・谷口　肇　1999a『池子遺跡群』Ⅸ　かながわ考古学財団調査報告45　かながわ考古学財団
山本暉久・谷口　肇　1999b『池子遺跡群』Ⅹ　かながわ考古学財団調査報告46　かながわ考古学財団
山本暉久　1999『池子遺跡群　総集編』かながわ考古学財団
山本輝久・小泉玲子　2005「中屋敷遺跡の発掘調査成果」『日本考古学』20　日本考古学協会
弥生時代研究プロジェクトチーム　2001「弥生時代の食用植物」『かながわの考古学』研究紀要6　かながわ考古学財団
弥生時代研究プロジェクトチーム　2007「相模湾沿岸の「低地」に立地する弥生時代遺跡」『かながわの考古学』研究紀要12　かながわ考古学財団
横川好富　1976『日本住宅公団（川越・鶴ケ島地区）埋蔵文化財発掘調査報告』埼玉県教育委員会
横川好富　1983a『ささら・帆立・馬込新屋敷・馬込大原』埼玉県埋蔵文化財事業団報告書24　埼玉県埋蔵文化財調査事業団
横川好富　1983b『一般国道17号熊谷バイパス道路関係埋蔵文化財発掘調査報告書Ⅰ―池上西―』埼玉県埋蔵文化財調査事業団報告書21　埼玉県埋蔵文化財調査事業団
横浜市歴史博物館編　1996『神奈川県都筑郡中川村々是調査書』
吉崎昌一編　1989『Project Seeds News No.1』プロジェクトシーズ
吉田　寿・小林貴郎　2006『高ヶ坂丸山遺跡発掘調査報告書』町田市教育委員会
吉田　稔　1991『小敷田遺跡』埼玉県埋蔵文化財調査事業団報告書95　埼玉県埋蔵文化財調査事業団
吉田　稔　2001『小敷田遺跡――一般国道17号熊谷バイパス道路関係埋蔵文化財発掘調査報告』埼玉県埋蔵文化財調査事業団
吉田　稔　2003『北島遺跡Ⅵ』埼玉県埋蔵文化財調査事業団報告書286　埼玉県埋蔵文化財調査事業団
吉田　稔　2004『北島遺跡Ⅶ』埼玉県埋蔵文化財調査事業団報告書291　埼玉県埋蔵文化財調査事業団
吉野　健　2002『前中西遺跡Ⅱ』熊谷市教育委員会
吉野　健　2003『前中西遺跡Ⅲ』熊谷市教育委員会
若林勝司・中島由紀子　2003『平塚市真田・北金目遺跡群発掘調査報告書　3第1分冊』平塚市真田・北金目遺跡調査会
若林勝司　2006『平塚市真田・北金目遺跡群発掘調査報告書　5第1分冊』平塚市真田・北金目遺跡調査会
若松美智子　2000『神奈川県逗子市池子桟敷戸遺跡』東国歴史考古学研究所
和島誠一　1938「東京市内志村に於ける原始時代竪穴の調査予報」『考古学雑誌』28-9　日本考古学会
和島誠一　1947「登呂遺跡発掘の意義」『歴史評論』2-4　民主主義科学者協会
和島誠一　1948「原始聚落の構成」『日本歴史学講座』学生書房
和島誠一　1953「歴史学と考古学」『日本歴史講座』第1巻　歴史理論編　河出書房
和島誠一　1958『横浜市史』横浜市
和島誠一　1962「東アジア農耕社会における二つの型」『古代史講座2　原始社会の解体』学生社
和島誠一　1965『三殿台』横浜市教育委員会
和島誠一　1966「弥生時代社会の構造」『日本の考古学』Ⅲ弥生時代　河出書房新社
和島誠一　1973「登呂の人びと」『日本考古学の発達と科学的精神』和島誠一著作集刊行会（初出は、宮原

誠一編 1957『ちからのつく社会科 6 年生』)
和島誠一・岡本　勇　1958「第二章　弥生時代」『横浜市史』第 1 巻　横浜市
和島誠一・藤沢長治　1956「階級社会の成立」『日本歴史講座』1　東京大学出版会
和田　定　1992『水稲の冷害』養賢堂
渡辺　務　1998『赤田地区遺跡群集落編Ⅱ』日本窯業史研究所報告 48　日本窯業史研究所
渡辺　務　1999「弥生時代後期における谷戸利用の一事例と派生する諸問題」『西相模考古』8　西相模考古学研究会
渡辺　誠　1975『縄文時代の植物食』雄山閣
渡辺　誠　1984『〈増補〉縄文時代の植物食』雄山閣
渡辺　誠　2003「縄文時代の水さらし場遺構を考える」『縄文人の台所・水さらし場遺構を考える』青森市教育委員会
渡部義通　1974『思想と学問の自伝』河出書房新社

索 引

—ア—

『会津農書』58, 73
青米 88
アカガシ 109
赤坂遺跡〔神奈川県〕16, 53, 92, 141, 142, 143, 144, 173, 174, 191
赤田遺跡群〔神奈川県〕14, 53, 188, 189, 190, 191
赤羽台遺跡〔東京都〕13, 90, 92, 175, 176, 209
赤山陣屋遺跡〔埼玉県〕110, 111, 112
秋山浩三 28, 43, 209
アク抜き 78, 84, 107, 109, 112
アサ 78
浅間Bテフラ(As-B) 59, 60, 204
浅間C軽石(As-C) 91, 148, 150
足柄平野 11, 15, 16
芦田貝戸遺跡〔群馬県〕32
飛鳥山遺跡〔東京都〕13, 90, 124, 125
アズキ・小豆 31, 78, 86, 91, 98, 100
愛宕山遺跡〔岡山県〕221, 225
愛宕山遺跡〔神奈川県〕16, 135, 136
安達厚三 101
阿玉台北遺跡〔千葉県〕129
厚木道遺跡〔神奈川県〕15
安倍川 149
網野善彦 31, 98
新井三丁目遺跡〔東京都〕77, 209
荒川 11, 12, 13, 68
荒川新扇状地 11
荒川扇状地 11, 146
荒川低地 11, 12, 13
荒木幸治 37
荒木敏夫 236
荒砥天之宮遺跡〔群馬県〕59, 60
有馬遺跡〔群馬県〕100
アロイン 88
アワ・粟 12, 13, 25, 30, 31, 38, 40, 44, 80～93, 95, 97～99, 122, 177, 199
暗渠(排水) 58, 59, 71, 74
安行3c式 30
安行3d式 30
安藤広道 28, 32, 52, 77, 80, 94, 98, 171, 216

—イ—

飯田(市) 25, 124
飯塚南遺跡〔埼玉県〕11
池上・小敷田遺跡〔埼玉県〕11, 33, 92, 130
池上(・曽根)遺跡〔大阪府〕27, 28
池上西遺跡〔埼玉県〕105, 116, 117
池子遺跡〔神奈川県〕16, 33, 36, 61, 66, 67, 68, 72, 75, 157, 158
池子桟敷戸遺跡〔神奈川県〕17, 66, 67
池田研 36
池橋宏 32
池守・池上遺跡〔埼玉県〕116, 117
伊興遺跡〔東京都〕13
伊佐島遺跡〔埼玉県〕12
石井進 98
石井寛 171, 178
石臼 85, 86, 87, 88, 101, 102, 103, 106, 122, 124, 129
石神井川 68
石川日出志 33, 184, 236
石砧 106
石杵 101, 102, 103, 104, 106, 118, 123, 125, 129
石行遺跡〔長野県〕30
石皿 3, 40, 47, 88, 91, 101～109, 112～125, 127～129, 234
石墨遺跡〔群馬県〕83
石台遺跡〔島根県〕30
石野博信 35, 163
石庖丁 1, 30, 37, 43, 103
移住 37, 49, 99, 100, 183, 199, 217, 218, 231
移住集団 53
威信財 23
泉遺跡〔千葉県〕16, 92
伊勢林前遺跡B地区〔福島県〕62
板付(I・II)式 29, 64, 65, 66, 75
板付遺跡〔福岡県〕29, 30, 52, 145
板屋III遺跡〔島根県〕30
イチイガシ 18, 78, 88, 90, 91, 92, 93, 95, 99, 109, 112, 121
市毛勲 101
市原条里制遺跡〔千葉県〕18, 33, 34, 53, 153, 154, 155, 157, 158, 194, 197, 198
市原台地 17, 153, 154
一本松遺跡〔神奈川県〕136, 141, 207
井戸状遺構 70

—ウ—

稲作 2, 3, 4, 8, 26, 30, 31, 32, 34, 38, 39, 40, 53, 54, 71, 76, 80, 81, 82, 228
伊那谷 25
稲穂 93, 99
稲荷台地遺跡群〔神奈川県〕124
稲荷山東遺跡〔埼玉県〕13
イネ・稲 9, 13, 29, 30, 31, 39, 44, 46, 47, 56, 57, 58, 71, 74, 79, 80, 82, 89, 91, 100, 228, 231
居村A遺跡〔神奈川県〕15, 137
イモ 31, 101
忌地現象 177, 199
入間川 11, 12, 13
入間台地 11, 12
岩下A遺跡〔福島県〕61
岩田大池遺跡〔岡山県〕225
岩殿丘陵 11, 12
岩名天神前遺跡〔千葉県〕17
岩鼻遺跡〔埼玉県〕12

—ウ—

植田 53
植田文雄 121
植出遺跡〔静岡県〕150, 151, 152
上ノ山A遺跡〔神奈川県〕141, 207
迂回水路 59, 61, 62, 64
宇木汲田遺跡〔佐賀県〕30
受地だいやま遺跡〔神奈川県〕14, 137, 139, 230
臼 40, 85, 86, 88, 102, 110
臼久保遺跡〔神奈川県〕15, 137, 138
内環壕 132, 204, 207
打越遺跡〔千葉県〕134
献立て法 32
姥山貝塚〔千葉県〕161
梅田B遺跡〔石川県〕74
ウリ(類) 80
瓜郷遺跡〔愛知県〕21
雨量 57, 73, 80
潤井戸鎌之助遺跡〔千葉県〕18, 155, 194, 197, 198
潤井戸中横峰遺跡〔千葉県〕194, 197, 198
潤井戸西山遺跡〔千葉県〕18, 34, 158, 194, 197, 198, 199
粳(米) 86
上屋 4, 49, 162, 163, 165, 167, 169, 171, 173, 175, 177～181, 210, 217, 218, 220～223, 226

― エ ―

穎果 99
AMS法 30
A-214号遺跡〔埼玉県〕 12, 90, 91
駅前本町遺跡〔神奈川県〕 13
江口志麻 180
会下山遺跡〔兵庫県〕 35
江坂輝彌 101
X住居 162, 177, 178, 210, 212, 218, 220, 221, 223, 225
榎田遺跡〔長野県〕 127
荏原台 13
海老名本郷遺跡〔神奈川県〕 92
演繹的 21, 228, 235
エンドウ 31

― オ ―

王権 231
王子ノ台遺跡〔神奈川県〕 212, 230
大石山遺跡〔東京都〕 105, 119, 120, 125
大磯丘陵 11, 14, 15, 16
大厩遺跡〔千葉県〕 17, 105, 116, 117, 125, 194, 196, 197, 198, 199
大厩浅間様古墳下遺跡〔千葉県〕 17, 194, 197, 198, 199
大岡川 14, 73
大型集落 27, 143, 184, 187, 192
大久保遺跡〔岡山県〕 221
大蔵東原遺跡〔神奈川県〕 15, 137, 183
大源太遺跡〔神奈川県〕 15
大阪平野 35
大崎台遺跡〔千葉県〕 17, 125, 201, 203, 207
大山台遺跡〔千葉県〕 131, 132, 134, 144, 186, 187, 189
大棚杉山神社遺跡〔神奈川県〕 188, 189
大塚遺跡〔神奈川県〕 14, 27, 28, 36, 53, 125, 126, 132, 146, 184, 188, 189, 204, 214, 228, 229, 230
大塚西遺跡〔神奈川県〕 53, 141, 142, 144
大潰谷遺跡〔神奈川県〕 137, 139
大根川 201
大野雲外 101
大場磐雄 20
大畑台遺跡〔千葉県〕 134, 144, 187
大原遺跡〔神奈川県〕 15, 212
大宮台地 11, 12
オオムギ・大麦（皮ムギ）31, 38, 79, 80, 85, 87, 95, 96, 97, 98
大村直 27, 209
大谷尻遺跡〔徳島県〕 37
大谷場小池下遺跡〔埼玉県〕 12
大山柏 101
大和田本村北遺跡〔埼玉県〕 12
岡崎敬 29
岡田(東)遺跡〔神奈川県〕 137, 138
岡本勇 26, 161
岡本孝之 26, 36, 191, 193
岡本前耕地遺跡〔東京都〕 124
小川直之 53
奥天神遺跡(地区)〔大阪府〕 217, 220, 221
小黒谷遺跡〔神奈川県〕 14, 189
尾崎遺跡〔東京都〕 124
大里東遺跡〔東京都〕 116, 129
小沢佳憲 37
小田原(谷津)遺跡〔神奈川県〕 135, 136
落合遺跡〔群馬県〕 60
オニグルミ 36, 78, 82, 115
小野忠熈 24, 34, 184
小櫃川 11, 18, 91, 131, 132, 148, 149
及川良彦 33, 148, 233
折本西原遺跡〔神奈川県〕 14, 28, 163, 164, 165, 169, 171, 172, 173, 214, 215, 216, 230
恩田川 135, 137, 139, 140

― カ ―

海岸平野 17, 18, 130, 207
回帰性 4, 183, 199, 209, 210
階級 8, 19, 24, 26, 38, 45, 236
階級社会 4, 23, 24, 25, 38, 41, 231, 236
害虫 8
貝塚爽平 11
柿沼修平 201
核集落 197, 200
獲得方法 8
掛け流し 58, 61, 62, 74
藤山誠一 99
火災住居 4, 80, 89, 91, 93, 163, 165, 171, 173, 175, 180, 181, 217, 218, 221, 226
葛西城〔東京都〕 13
風張遺跡〔青森県〕 30
火山灰 32, 38, 59, 60, 100, 159, 204
梶ケ谷神明社上遺跡〔神奈川県〕 105, 123, 124
柏子所Ⅱ遺跡〔秋田県〕 113, 114
果実 31, 82, 96
果実栽培 24
鹿島台遺跡〔千葉県〕 134
鹿島塚A・B遺跡〔千葉県〕 17, 18, 131, 132, 134, 155, 157, 158, 187
霞が関遺跡〔埼玉県〕 12
河成地帯 15
加瀬台遺跡〔神奈川県〕 14
河川氾濫原 7, 14, 45, 52, 53, 94, 95, 100, 130, 141, 144, 146
加須低地 11, 12
香月洋一郎 146
金井原遺跡〔東京都〕 14, 137, 139
香沼屋敷遺跡〔神奈川県〕 16, 135, 136
果皮 82, 84, 107
花粉分析 31, 71
上小岩遺跡〔東京都〕 13
上品濃遺跡〔神奈川県〕 129
上戸田本村遺跡〔埼玉県〕 12
上谷地遺跡〔秋田県〕 113, 114
神谷原遺跡〔東京都〕 27
亀井明徳 236
亀山遺跡〔東京都〕 13
加茂遺跡D地点〔千葉県〕 165, 166
鴨居上ノ台遺跡〔神奈川県〕 92
鴨宮段丘 15
唐池遺跡〔神奈川県〕 141, 207
唐古(・鍵)遺跡〔奈良県〕 27, 28, 88
唐崎遺跡〔千葉県〕 191
カラシナ 89, 95
カラス山・堂山遺跡〔神奈川県〕 105, 116, 117
カリ(カリウム) 96
狩川 15
川崎山遺跡d地点〔千葉県〕 167, 168, 169
川島遺跡〔千葉県〕 134
河原口坊中遺跡〔神奈川県〕 15
灌漑 24, 26, 38, 44, 45, 51
灌漑水田 26, 29, 30, 34, 38, 42, 44, 45, 51, 130, 194
灌漑用水 7, 8, 51, 52, 56, 58, 71, 145, 146, 227, 231
環濠 1, 4, 5, 11～19, 21, 26～29, 35～37, 41, 48, 52, 53, 89, 90, 118, 130, 132～135, 137, 138, 141, 144, 146, 152～154, 157, 158, 160～163, 169, 175, 177, 180, 184, 187, 189, 191,

194, 197〜201, 204, 207, 209, 210, 212〜217, 228
環濠集落　1, 4, 5, 11〜18, 27〜29, 35, 41, 52, 53, 132〜135, 137, 138, 141, 144, 146, 152〜154, 157, 160, 161, 175, 177, 184, 187, 189, 191, 194, 197〜201, 204, 209, 212〜216, 228
神崎遺跡〔神奈川県〕　15, 138, 210
乾田　30, 39, 51, 56, 57, 59, 71, 73, 97
関東山地　11, 14, 15
関東造盆地運動　11
関東平野　10, 11, 15
旱魃　57
神原英明　225
観福寺裏遺跡〔神奈川県〕　189
観福寺北遺跡〔神奈川県〕　125, 189

　　　　ーキー

菊間遺跡〔千葉県〕　17, 53, 153, 154, 194, 197, 199, 214, 216
菊間遺跡・袖ヶ台地区〔千葉県〕　153
菊間手永遺跡〔千葉県〕　17, 53, 153, 154, 157, 194, 197, 199, 214, 216
菊間深道遺跡〔千葉県〕　17, 153, 154, 194, 197, 199, 214, 216
気候変動　44
木更津台地　17, 18
木曽免遺跡〔埼玉県〕　12
北川貝塚南遺跡〔神奈川県〕　92
北関東系　16
北講武氏元遺跡〔島根県〕　30
北島遺跡〔埼玉県〕　11, 34, 97, 146, 147, 148, 149, 158
北神馬土手遺跡他〔静岡県〕　150
北通遺跡〔埼玉県〕　13
北原遺跡〔長野県〕　25
北袋新堀遺跡〔埼玉県〕　12
北山田遺跡〔千葉県〕　17
キチン質　82
畿内系　16
畿内第Ⅳ様式　35
杵　40, 67, 85, 88, 99, 101, 102, 103, 104, 106, 110, 118, 122, 123, 125, 129
帰納　24, 77, 82, 235, 236
木下忠　25
規範　9
キビ・黍　31, 80, 81, 82, 83, 87, 88, 89, 91, 95, 97, 98, 99, 100, 122, 177, 199, 228

木村茂光　31
休耕田　57
協業的　8
協働　8, 197
行道山遺跡〔愛媛県〕　37
共同体　20, 22, 24, 26, 27, 28, 35, 42, 45, 47, 73, 227, 230
居住域　10, 95, 146, 149, 152, 157, 158, 207
巨大集落　28
拠点の集落　3, 4, 26, 27, 28, 52, 161, 179, 194, 197, 198, 199, 200, 201, 209, 215, 217
漁撈　7, 32, 36, 40, 42, 74
規律　9
儀礼　43, 53, 54, 70, 87, 148, 157, 230, 231
木（枠）組遺構　109
金生遺跡〔山梨県〕　105
近世初期　12
金属器　26, 43, 106, 122, 125

　　　　ークー

杭列　15, 61, 62, 64, 67, 70, 74, 110, 150
久ケ原遺跡〔東京都〕　13
草刈遺跡〔千葉県〕　17, 194, 197, 198, 199
草刈六之台遺跡〔千葉県〕　194, 196, 197, 198
櫛引台地　11
九十九里浜　18
屑米　85, 87, 88
果物　46
久野丘陵　16
久野下馬道上遺跡〔神奈川県〕　135, 136
熊野堂遺跡〔群馬県〕　150
雲之遺跡〔千葉県〕　154
久良岐郡　56
鞍掛遺跡〔山梨県〕　83
鞍骨山遺跡〔東京都〕　79, 124
倉見才戸遺跡〔神奈川県〕　15, 137, 138
クリ・栗　18, 22, 36, 79, 82, 85, 87, 90, 91, 93, 95, 99, 101, 112, 121, 179
栗林遺跡〔長野県〕　105, 112, 113
栗原遺跡〔神奈川県〕　16
クルミ（類）　40, 78, 79, 90, 91, 95, 99, 112, 114, 115, 121
黒井峯遺跡〔群馬県〕　100, 150
黒尾和久　77, 79
黒谷川郡頭遺跡〔徳島県〕　107, 123
軍事的　3, 27, 28, 35, 36, 37, 41, 184, 191,

209
群馬県　32, 36, 56, 59, 60, 61, 83, 85, 91, 97, 100, 103, 150, 159, 179

　　　　ーケー

継起　229
経済基盤　23
型式細分　29
継続型　161, 162, 227, 228
畦畔　15, 29, 61, 64, 67, 95, 97, 148, 149, 154, 159
毛無川　13
堅果類　36, 46, 83, 84, 88, 91, 98, 99, 101, 102, 103, 107, 109, 110, 112, 114, 115, 121, 122, 128, 192, 228
研究対象　9, 82, 102, 145
玄室床面　11
検証　1〜4, 7, 8, 24, 27, 29, 31, 34, 39, 41, 42, 45, 49, 51〜53, 68, 71, 72, 82, 97, 107, 155, 157, 161〜163, 169, 178, 179, 183, 192, 193, 209, 215, 217, 226〜229, 231, 234〜236
建築部材　163

　　　　ーコー

小出川　70, 71, 137, 138
小糸川　11, 18
高位面　3, 4, 30, 33, 34, 39, 40, 41, 45, 47, 48, 55, 79, 130〜132, 134, 135, 137, 141, 143, 144, 152, 153, 157〜159, 160, 183, 184, 187, 191〜194, 197〜200, 209, 227, 228
交易　43, 47
高ヶ坂丸山遺跡〔東京都〕　34, 137, 139
耕具　25, 31, 36, 38, 57, 71, 82
皇国史観　2, 19, 20, 39
耕作集団　8
庚申塚A・B遺跡〔千葉県〕　131, 132, 134, 187
高地性集落（論）　2, 3, 25, 28, 34〜38, 41, 47, 48, 103, 143, 184, 187, 191, 192, 217, 229, 231, 235
江南台地　11
港北ニュータウン地域　14, 27, 137
甲元眞之　27, 38, 209, 228
五貫森式　30
虚空蔵山遺跡〔神奈川県〕　189
国府本郷　16

穀物(類・栽培) 2, 22, 24, 25, 31, 37, 46, 76, 79, 80, 83, 88, 101, 102, 122, 150, 191
石盛 56
穀類 2, 44, 46, 76, 80, 81, 82, 83, 85, 88, 93, 96, 98, 101, 122, 173, 174
五穀 76
古曽部・芝谷遺跡〔大阪府〕 4, 105, 217, 218, 219, 220, 221, 226
古代農業 76
小谷凱宣 76
御殿前遺跡〔東京都〕 13
御殿山遺跡〔東京都〕 13
後藤守一 101
後藤直 77, 80, 82
五島淑子 98
コナラ 31, 115, 123
小林達雄 23
小林康男 101
小林行雄 21, 25
古墳時代前期 12, 13, 32, 35, 70, 78, 83, 99, 100, 103, 119, 125, 132, 136, 148, 150, 152, 154, 155, 159, 204
午王山遺跡〔埼玉県〕 13
小松古墳〔埼玉県〕 11
駒堀遺跡〔埼玉県〕 12
高麗山(山塊) 16
コムギ・小麦 31, 38, 40, 79, 84, 85, 87, 95, 96, 98, 101
子ムラ・子村 161, 225
コメ・米 2, 7, 8, 24, 29～31, 38～40, 43, 44, 46, 52, 57, 58, 71, 74, 76, 77, 79～89, 91, 93～100, 122, 141, 145, 177, 183, 199, 226
米以外 8, 31
米粢 87
小山修三 98
小八幡東畑遺跡〔神奈川県〕 15
恒川遺跡〔長野県〕 124
根茎類 80
権田原遺跡〔神奈川県〕 214
コンタミネーション 3, 30, 38, 46, 88, 145
近藤義郎 24, 25, 28, 38, 73, 209
近藤玲 37
根粒菌 96

―サ―

歳勝土遺跡〔神奈川県〕 14, 28, 188, 189, 204, 230
再検討 24, 32, 48, 68, 99, 184, 209, 231, 235
祭祀(活動) 129, 148
採集 7, 16, 19, 25, 32, 36, 40, 41, 76, 102, 178, 235
斉条第5号墳〔埼玉県〕 11
再葬墓 11, 12, 17, 34
栽培技術 8, 57, 61
栽培種 47
細分(土器)型式 29, 41, 49, 137, 157, 162, 171, 180, 183, 193, 210
境遺跡〔千葉県〕 77
境川 14, 135, 139, 140
境№2遺跡〔千葉県〕 17
相模川 11, 14, 15, 135, 137, 138
相模川西岸 15
相模川東岸 15
相模国 56
相模野台地 11, 14, 15, 139
相模平野 14, 15, 16
酒匂川 11, 15, 56, 135
砂丘(地帯・列) 10, 15, 16, 18, 64, 131, 132, 134, 137
作業仮説 24, 27, 36
さくら山遺跡〔岡山県〕 221, 225
ササゲ 31, 78, 98
ささら遺跡〔埼玉県〕 124
佐島の丘遺跡群〔神奈川県〕 16, 141, 142, 143, 144, 204, 207, 208
砂州 10, 15, 18, 30
雑穀 2, 31, 79, 82, 85, 86, 91, 93, 98
擦文時代 76, 220
サト 53
サト型 94
佐藤浩司 109
真田・北金目遺跡〔神奈川県〕 15, 74, 92, 212
佐野学 21
佐原泉遺跡〔神奈川県〕 16, 92
佐原眞 26, 35, 80, 184, 228
サポニン 88
澤田大多郎 234, 236
三角堆積土 165, 167, 169, 171, 235
産出状況 3, 46, 80
山地 10, 11, 14, 15, 16, 53, 74, 85, 227, 228
三殿台遺跡〔神奈川県〕 14, 27, 228, 229
山王遺跡〔東京都〕 132

山王山遺跡〔神奈川県〕 68, 69, 70, 90

―シ―

シイ(類) 31, 78, 88
秕 40, 88, 122
紫雲出遺跡〔香川県〕 35, 184
しがらみ(遺構) 61, 67, 110
自然環境 8, 10, 54, 57, 95, 96
自然堆積 162, 173, 226
自然堤防 11, 12, 39, 47, 95, 131, 132, 135, 137, 138, 148
地蔵山遺跡〔神奈川県〕 16
下ッ原遺跡〔埼玉県〕 11
設楽博己 34
湿田 30, 39, 51, 56, 71
粢 86, 87
柴迫古墳群下〔福島県〕 62
芝野遺跡〔千葉県〕 18, 33, 34, 38, 147, 148, 149, 154, 155, 157, 158
柴又河川敷遺跡〔東京都〕 13
四房遺跡〔千葉県〕 18, 132, 134, 155
四枚畑遺跡〔神奈川県〕 118
島田川 24, 25, 184
下総台地 11, 12, 17, 18, 152
下神田遺跡〔佐賀県〕 66
下條信行 37, 102, 191
下末吉台地 13, 14, 26, 42, 169, 177
下末吉面 13
下寺尾西方A・B遺跡〔神奈川県〕 15, 124, 137, 138
下戸塚遺跡〔東京都〕 13, 204, 206, 207
下原遺跡〔神奈川県〕 30
下原宿遺跡〔神奈川県〕 14
下聖端遺跡〔長野県〕 83
下向山遺跡〔千葉県〕 18, 90, 91, 92, 93
下山遺跡〔東京都〕 13, 118, 124, 125
社会構造 7, 9, 23, 26, 39, 42, 130
社会像 1, 2, 7, 9, 24, 43, 45, 77, 130, 183, 217, 227, 229
釈迦堂遺跡〔神奈川県〕 189
社家宇治山遺跡〔神奈川県〕 15
煮沸製粉法 104
朱 101, 102, 103, 123
住居の重複 27, 29, 161, 162, 173, 178, 183, 187, 199, 209, 229, 235
周溝内土壙 230
集合離散 27
周溝を有する建物跡 33, 148, 149

集住（集落）　2, 3, 4, 27, 28, 29, 41, 42, 49, 53, 161, 199, 201, 209, 210, 214, 215, 217, 231, 235
集住的　8, 161, 177, 178, 183
十条久保遺跡〔東京都〕　13, 68, 69, 71
集団関係　1, 7, 23, 41, 197
集団構成員　27, 229
周辺の集落　3, 4, 26〜28, 52, 143, 194, 197〜201, 217
集落群　2, 8, 23, 26, 27, 29, 33, 52, 53, 134, 137, 158, 183, 184, 187, 189, 191, 192, 194, 197, 199, 200, 210, 214, 215
集落景観　4, 27, 48, 139, 145, 146, 153, 178, 183, 187, 215, 229
集落研究　1, 2, 7, 19, 23, 26, 33, 36, 38, 39, 40, 41, 42, 45, 47, 52, 130, 131, 161, 162, 178, 209, 233, 234
集落構成員　7, 8, 42, 53, 72, 79, 143, 162, 209
種実（類）　3, 30, 32, 36, 46, 47, 61, 76〜84, 87〜99, 101, 145, 177, 178, 227, 229, 231, 233〜235
取水口　29, 108, 110
首長（層）　26, 28, 230
出穂　58
出土種子　31, 94
種皮　84, 112, 114
松円寺山遺跡〔佐賀県〕　66
小規模集落　28, 52
請西遺跡群〔千葉県〕　89, 131, 132, 133, 134, 187
焼失住居　163, 179
上太寺遺跡〔埼玉県〕　12
上田　56
焼土　89, 91, 93, 148, 163, 164, 165, 167, 168, 169, 171, 175, 176, 181, 226
上東遺跡〔岡山県〕　84
焼土粒子・ブロック　163, 168, 176
湘南藤沢キャンパス（SFC）内遺跡〔神奈川県〕　68, 69, 70, 71, 90
縄文海退　12, 13, 15
縄文系弥生文化　34
縄文中期農耕論　101
縄文晩期農耕論　30
初期農耕社会　9, 80
初期農耕集落　9, 45
植物遺体　31, 82

植物加工具　107, 121
植物珪酸体　71
植物質食料　2, 3, 31, 40, 76, 79, 81, 95, 101, 103, 107, 128, 192
食料　1, 2, 3, 7, 8, 10, 26, 31, 32, 36, 39〜44, 54, 76, 77, 79〜81, 84, 85, 95〜97, 101〜104, 107, 114, 128, 143, 144, 192, 199, 227, 228
食料獲得　32, 43, 44, 97
食料加工具　40, 102, 104
食料供給　7, 43, 44
食利用植物　8, 29, 31, 44, 46, 47, 57, 76〜82, 84, 88, 91, 95〜98, 143, 183, 199, 235
食料生産（体制）　2, 7, 26, 39, 40, 42, 43, 44, 76, 144, 192
白岩堀ノ内遺跡〔福島県〕　64
資（史）料批判　231
城田義友　159, 160
城の腰遺跡〔千葉県〕　18, 90, 91, 105, 116, 125
人為的な埋戻し　169, 179, 220
新川　167
新作小高台遺跡〔神奈川県〕　129
辰砂　102, 103, 107, 123
神仙思想　96
新宅山遺跡〔岡山県〕　221, 225
神明ヶ谷戸遺跡〔埼玉県〕　12
神明山遺跡〔千葉県〕　134

－ス－

水温　46, 56, 57, 58, 59, 60, 61, 71, 74, 189
水温池　59
水洗選別（法）　76, 77, 78, 79, 81, 82, 83, 95, 97, 98
水田　2〜4, 7, 8, 15, 18, 20, 24〜34, 38〜49, 51〜68, 70〜74, 78〜82, 94〜97, 100, 130, 131, 134, 137, 138, 141, 144〜150, 152〜155, 157〜159, 161, 178, 183, 184, 187, 189, 191, 194, 197, 198, 201, 209, 217, 225, 227〜229, 231, 234, 235
水田・畠結合型　32
水田稲作　31, 32, 34, 81, 82
水田耕地　8, 52, 53
水田生産量　52
水田単作史観　32

水田中心史観　31, 32
水田農耕　80, 149, 178
水稲耕作　1, 2, 7〜9, 24〜26, 29, 30, 32〜36, 38〜45, 47, 48, 51, 65, 76, 79, 81, 82, 94, 130〜132, 134, 143, 144, 159, 183, 184, 187, 191〜193, 197, 198, 217, 227, 228, 231, 235
水稲農業　3, 28, 31, 41, 71, 184, 209, 235
水利　7, 26, 58, 60, 78, 131, 149, 152, 193
水量　55, 56, 58, 68
水路　30, 41, 53, 58, 59, 61, 62, 64, 65, 66, 70, 74, 148, 149, 155, 159, 227
菅江眞澄　87
須釜遺跡〔埼玉県〕　12
椙山神社北遺跡〔東京都〕　14, 137, 139
菅生遺跡〔千葉県〕　18, 33, 34, 154
スダジイ　109
砂田台遺跡〔神奈川県〕　15, 83, 92, 98, 105, 124, 125, 126, 169, 170, 180, 201, 202, 207, 210, 211, 212, 213, 215, 216
角南聡一郎　37
澄田正一　101
磨石　3, 40, 47, 88, 91, 101〜110, 112〜125, 128, 129, 234
須和田遺跡〔千葉県〕　17
諏訪の原丘陵　16, 135
諏訪の前A・B遺跡〔神奈川県〕　135, 136

－セ－

生活領域　13
生業　1, 7, 20, 24, 34, 37, 39, 40, 42, 79, 178, 197
生業活動　9
生産域　33, 43, 44, 59, 149, 152, 153, 157, 158
生産活動　43, 44, 103, 198, 227, 229
生産基盤　100
生産耕地　2, 3, 7, 10, 23, 27, 41, 45, 48, 51, 52, 66, 71, 72, 94, 95, 131, 143〜146, 150, 152, 153, 157〜160, 178, 179, 183, 198, 214, 215, 217, 225, 227, 229, 231, 234
生産物　2, 23, 24, 26, 40, 44, 46, 71, 76, 81, 94, 97, 150, 183, 215
生産力　23, 32, 38, 51, 194, 197, 227
政治的緊張　28, 209, 214, 215
精白　84, 85, 86, 87, 88

製粉　3, 40, 84, 85, 87, 88, 101, 102, 103, 104, 122
製粉具　47, 88, 101, 102
瀬川清子　85
堰　8, 29, 53, 64, 97, 114, 146, 148
関耕地遺跡〔神奈川県〕118, 119, 124, 125, 214
赤色顔料　3, 101, 102, 103, 104, 106, 107, 121, 122, 123, 124, 125, 128, 129
石製武器　35, 37, 41
石鏃　1, 37, 38, 103, 123, 160, 184, 191
石器　2, 3, 9, 19, 25, 29, 38, 40, 76, 101 ～104, 106, 107, 109, 110, 112～116, 121～125, 127～129, 158, 183, 234
瀬戸内(系)　15, 35, 41, 143, 187
セトルメントシステム　23, 26
勢増山遺跡〔東京都〕13
扇状地　13, 18, 80, 149, 152, 193
千束台遺跡〔千葉県〕17, 132, 134, 150, 151, 152

―ソ―

早期(縄文時代)　14
惣図遺跡〔岡山県〕221, 225
争乱　8, 23, 41, 47, 160, 184
続縄文時代　76
袖ケ浦台地　17
外環壕　132, 204, 207
外東遺跡〔埼玉県〕38
ソバ　31, 87
蕎麦(粉)　85, 86, 87
ソラマメ　31

―タ―

台石　103, 106, 118, 119, 123, 124, 129
台遺跡〔千葉県〕17, 214, 216
第1次新開集落　59
大規模(環壕)集落　2, 3, 4, 27, 28, 29, 34, 161, 183, 200, 201, 207, 209, 210, 214, 215, 229, 235
ダイズ・大豆　31, 78, 85, 87
台地型の谷口水田　55, 56
台地型の谷中水田　55, 56
第2次新開集落　59
太平洋　11, 12
大明神原遺跡〔千葉県〕134
大陸系磨製石器　29, 102
高砂遺跡〔千葉県〕18, 132

高瀬克範　77, 79, 98
高田遺跡〔神奈川県〕15, 137, 138
高田南原遺跡〔神奈川県〕135
鷹取山　16
高原遺跡〔神奈川県〕141, 207
高原北遺跡〔神奈川県〕141, 207, 208
滝ノ口向台遺跡〔千葉県〕90
竹石建二　234, 236
武士遺跡〔千葉県〕17
武末純一　28
健田遺跡〔千葉県〕17
竹野川　109
田子台遺跡〔千葉県〕17
田子山遺跡〔埼玉県〕13, 92, 93
打製土掘り具　32
打製穂積具　32
立川面　13
橘樹郡　56
立花実　180, 216
脱穀　40, 87, 88
建物跡　33, 43, 44, 146, 148, 149, 150, 221
田中稔　58
田中義昭　26, 27, 28, 52, 161, 194, 197, 199
谷口水田　54, 55, 56, 64
谷水田　2, 3, 4, 7, 24, 26, 27, 30, 34, 39～41, 45, 46, 51～59, 61, 62, 64, 66～68, 70～74, 131, 134, 141, 146, 158, 159, 183, 184, 187, 189, 191, 194, 197, 209, 225, 227～229, 231, 234, 235
谷底低地　14, 17, 18, 141
谷地形　10, 11
谷中水田　54, 55, 56, 61
田端不動坂遺跡〔東京都〕13, 165, 166
多摩川　11, 13, 14, 33, 53, 59, 100, 115, 198, 199, 200
多摩川低地　13, 14, 198, 200
多摩丘陵　11, 13, 14, 42, 59, 66, 73, 79, 89, 103, 139, 177
多摩区№61遺跡〔神奈川県〕14, 113, 115, 129
多摩地区　13
多摩ニュータウン遺跡群〔東京都〕14, 135, 139, 140
多摩ニュータウン№245遺跡〔東京都〕139
多摩ニュータウン№345遺跡〔東京都〕123, 124, 139

多摩ニュータウン№846遺跡〔東京都〕139
多摩ニュータウン№917遺跡〔東京都〕83
多摩ニュータウン№920遺跡〔東京都〕139
多摩ニュータウン№926遺跡〔東京都〕139
多摩ニュータウン№938遺跡〔東京都〕139
多摩ニュータウン№939遺跡〔東京都〕139
多摩ニュータウン№939遺跡南側〔東京都〕139
田村館跡〔神奈川県〕15
溜井　59, 60, 61, 74
垂木　163
俵ヶ谷遺跡〔千葉県〕132
単位集団　24, 27, 28, 161, 209, 225, 228
単一作物　8, 44
炭化　3, 12, 13, 29, 30, 32, 46, 47, 61, 76～84, 88～99, 101, 107, 145, 163～171, 173～181, 217, 218, 223, 226, 227, 229, 231, 233～235
炭化材　89, 91, 163, 164, 165, 166, 167, 168, 171, 173, 174, 175, 179, 180, 181, 218, 223, 226, 235
炭化種実　3, 30, 32, 46, 47, 61, 76～84, 88～99, 101, 145, 177, 178, 227, 229, 231, 233～235
炭化物類　163, 167, 171, 175, 180
炭化米　29, 30, 99
炭化粒子　163, 167
短期継続型　161
短期廃絶型　161, 228
段丘　11, 13, 15, 16, 17, 25, 42, 51, 54, 73, 79, 115, 131, 132, 134, 135, 137, 193, 194
丹沢山地　14, 15, 16
タンニン　88
断面図　226

―チ―

千浦美智子　76
近野遺跡〔青森県〕113, 114
治水施設　24
秩父山地　11
秩父盆地　11

窒素 96
千年伊勢山台遺跡〔神奈川県〕 14
中世(史) 31, 57, 68, 94, 95, 99, 146, 148
沖積低地 10, 18, 53, 56, 59, 107, 130, 134, 135, 145, 197, 228
紐帯 194, 197, 198
中田 56
中部高地系 16, 100
中部(地域・地方) 9, 25
長期継続型 161, 162
長期断絶型 161
長期定住化 49
朝光寺原遺跡〔神奈川県〕 14, 27, 28, 89, 90, 132, 214, 228, 229
朝鮮半島 30, 77, 80, 191
重複住居 3, 4, 6, 29, 38, 148, 161, 170, 171, 172, 174, 176, 217, 219, 223, 229, 234, 235
調布市 13
長命豊 146
直播 53
沈降運動 11

―ツ―

追葬 230, 231
通信基地 37
附島遺跡〔埼玉県〕 12
辻誠一郎 82
津島遺跡〔岡山県〕 52
土屋下遺跡〔埼玉県〕 12
土屋根 93, 163, 169, 179, 180
都筑郡 56, 73, 146
都出比呂志 25, 28, 32, 35, 38, 184, 209, 228, 230
綱崎山遺跡〔神奈川県〕 117, 214
椿古墳墳丘下〔千葉県〕 149
ツブラジイ 109
坪井正五郎 101
坪井洋文 31
坪ノ内遺跡〔神奈川県〕 15
摘田 53, 54, 73
鶴ケ丘遺跡〔埼玉県〕 124
ツルマメ 78

―テ―

低位部 131
低位面(集落) 3～5, 33, 34, 39, 47, 48, 130～132, 134, 135, 137, 139, 141, 143, 152～154, 157～160, 183, 184, 187, 191～194, 197～200, 227
低湿地 24, 26, 73, 109, 110, 112, 129, 194
定住 1, 2, 3, 19, 32, 41, 42, 48, 49, 99, 100, 178, 209, 215, 228, 229, 230, 231
低水温 58, 59, 187
低地 1, 2, 3, 10～15, 17, 18, 25, 27, 29, 33～35, 37, 38, 40, 41, 53, 56, 59, 61, 62, 64, 97, 107, 130, 134, 135, 141, 144～146, 154, 155, 163, 169, 173, 175, 191, 194, 197, 198, 200, 217, 225, 228
低地(性)集落 27, 33, 34, 37, 41, 144
低地遺跡 2, 33, 155, 200
低地帯 11
定着時期 9
定着 4, 8, 161, 177, 178, 183, 199
底部穿孔土器 230
鉄 1, 23, 35, 36, 37, 38, 51, 102, 103, 104, 121, 128
鉄器 23, 35, 51, 102, 104, 121, 128
鉄鏃 36
寺沢薫 28, 31, 76, 79, 98
寺沢知子 31, 76, 79
テラス 221, 225
寺屋敷Ⅰ・蓋遺跡〔群馬県〕 100
天水田 51, 56
伝統集落 59
天白遺跡〔三重県〕 103
天竜川 25, 32, 42, 91

―ト―

砥石 103, 104, 106, 109, 117, 122, 125, 126, 127, 128, 129
銅 1, 35, 37, 88, 91
同一細分型式 29
同一時期 3, 4, 8, 49, 99, 116, 118, 137, 148, 152, 160, 179, 199, 229
東雲寺上遺跡〔東京都・神奈川県〕 14, 137, 139
東海 9, 16, 76, 130
東海系 16
道灌山遺跡〔東京都〕 13
東京低地 12
東京湾 12, 13, 14, 16, 17, 18, 131, 135, 148, 152, 153, 154, 158, 194
同時(代)性 4, 29, 145, 193, 209
同時存在 8, 100, 159, 162, 169, 173, 179, 183, 199, 204, 215, 220
島嶼部 103
東泉寺上遺跡〔神奈川県〕 124
銅鏃 1, 91
同定 77, 78, 79, 81, 83, 88, 89, 91, 97, 99
動物性たんぱく質 143
とうもろこし 85, 86
土器圧痕 30, 95
土器型式 4, 8, 29, 41, 49, 72, 99, 149, 161, 162, 169, 177, 178, 179, 180, 199, 201, 209, 210, 212, 214, 227, 229
常代遺跡〔千葉県〕 18, 33, 34, 38, 130, 158
豊島馬場遺跡〔東京都〕 38
土壌改良 8
土層図 165, 167, 173, 180, 226
トチ・栃・トチノキ 30, 82, 85, 86, 87, 88, 99, 112, 114, 115, 121
土地利用 54, 94
利根川 11, 12, 17
殿屋敷遺跡〔神奈川県〕 132
富の蓄積 231
戸山遺跡〔東京都〕 191
鳥居龍蔵 101
鳥山川 70
登呂遺跡〔静岡県〕 20, 21, 36, 39, 51, 76, 145, 147, 149, 158, 159, 180
ドングリ(類) 22, 31, 40, 44, 46, 78, 79, 80, 82, 84, 88, 95, 96, 97, 101, 109, 112, 114, 143, 192
ドングリピット 79, 109, 112, 114
どんどん塚遺跡〔神奈川県〕 137, 138

―ナ―

内面朱付着土器 103
直良信夫 31, 76
長尾台北遺跡〔神奈川県〕 14, 118, 119
中川 11
中川低地 12
中郷遺跡〔東京都〕 124
中郷谷遺跡〔千葉県〕 18, 89, 90, 131, 132, 134, 157
中里遺跡〔神奈川県〕 15, 33, 34, 38, 100, 130, 135, 158, 210
中里前原遺跡〔埼玉県〕 12
中里前原遺跡群〔埼玉県〕 12
中里前原北遺跡〔埼玉県〕 12
長須賀条里制遺跡〔千葉県〕 33

中田遺跡〔東京都〕 79, 124
中高瀬観音山遺跡〔群馬県〕 36
中池遺跡〔岡山県〕 221
長野川 107
中野甲の原遺跡〔東京都〕 77, 79
長野小西田遺跡〔福岡県〕 105, 107, 108, 109, 112, 121
中野桜野遺跡〔神奈川県〕 15
中原志外顕 29
中道・岡台遺跡〔埼玉県〕 13
中村亮雄 59
中谷治宇二郎 25, 144
中屋敷遺跡〔神奈川県〕 30
中山館跡〔福島県〕 61
名久井文明 110
奈具岡遺跡〔京都府〕 110
奈具谷遺跡〔京都府〕 107, 108, 109, 110, 121
菜畑遺跡〔佐賀県〕 30, 61, 64, 65, 66, 67, 68, 72, 75
奈良盆地 28

―ニ―

西浦北Ⅱ遺跡〔群馬県〕 100
西ヶ谷遺跡〔神奈川県〕 14, 137, 139
西小磯 16
西藤遺跡〔神奈川県〕 214
日照時間 46, 57, 227
日本考古学協会 29, 33, 97, 100, 145, 150, 180, 234
人間行動 10

―ヌ―

温井 59
温み 59

―ネ―

根形台遺跡群〔千葉県〕 17
根鹿北遺跡〔茨城県〕 164, 165
根古代遺跡〔千葉県〕 17, 214, 216
ネットワーク(構想) 8, 191, 193
襧津正志 21
根ノ上遺跡〔東京都〕 77
根平遺跡〔埼玉県〕 12
根丸島遺跡〔神奈川県〕 15, 210, 212
年貢 31, 146

―ノ―

農業 2～5, 7～10, 20, 23, 26～29, 31～35, 37, 40, 41, 43, 44, 46, 48, 51～53, 56～58, 71, 73, 76, 77, 94～97, 131, 145, 177, 179, 183, 184, 192, 198, 199, 209, 215, 217, 227, 235
農業技術 7, 44, 51, 52, 57, 58, 179, 199
農業共同体 26, 35
農業経営 4, 7, 8, 27, 32, 96, 145, 198, 209, 217, 227
農耕社会 7, 9, 23, 26, 31, 33, 38, 39, 46, 80, 102, 128, 130, 144, 146, 178
農書 7, 56, 58, 73
能満寺遺跡〔千葉県〕 17
農薬 8, 40
能登健 59
登戸遺跡〔埼玉県〕 12
野焼Ａ・Ｂ遺跡〔千葉県〕 131, 132, 187

―ハ―

灰 32, 38, 59, 60, 86, 88, 100, 159, 163, 166, 174, 204, 223, 226
パイプ状ベンガラ 104
墓 1, 4, 8, 11～13, 15, 17, 18, 21, 23, 28, 33, 34, 41, 43, 44, 67, 70, 80, 130, 132, 137, 150, 158, 162, 169, 173, 178, 180, 187, 189, 197, 201, 204, 207, 210, 216, 230, 231
白山Ｄ遺跡〔福島県〕 60
箱根火山 11, 15, 16
箱根町 15
端境期 95, 96
橋口定志 38, 236
橋原遺跡〔長野県〕 80, 90, 91, 92, 93, 98, 102
派生集落 197
畠稲作 32
畠卓越型 32
はたけの考古学 33
畠作(畑作) 1, 2, 4, 7, 25, 29, 31, 32, 34～36, 38, 47, 73, 79～82, 94～96, 98, 100, 144～146, 177, 183, 192, 198, 199, 209, 217, 227～229, 235
畠作農業 2, 29, 31
畠作物 2, 31, 79, 80, 94, 95, 96, 145, 177, 183, 192, 227
秦野盆地 16
八幡町Ｂ遺跡〔福島県〕 62

ハトムギ 100
花ノ木遺跡〔埼玉県〕 13
母ムラ・母村 42, 161, 199, 225
土生田純之 233, 236
早渕川 89, 189, 214, 215
ハラ型 94
原口遺跡〔神奈川県〕 15, 16, 212, 216
パラダイムシフト 2, 39, 42
原秀三郎 22
春岡遺跡〔静岡県〕 158
春成秀爾 35
「原ノ辻上層」式 35
番匠地遺跡〔福島県〕 61, 62, 63, 64, 67, 74, 97
馬場台遺跡〔神奈川県〕 16, 158
氾濫原 7, 14, 34, 45, 47, 52, 53, 54, 71, 91, 94, 95, 100, 130, 139, 141, 144, 146, 189, 198

―ヒ―

ヒエ・稗 12, 30, 31, 40, 44, 79～89, 91, 93, 95, 97～99, 122, 177, 199, 228
ヒエシトギ・稗粢 86, 87
東高月遺跡群〔岡山県〕 224, 225, 226
東高月丘陵(遺跡)群〔岡山県〕 221, 225
東千草山遺跡〔千葉県〕 191
東谷遺跡〔千葉県〕 17, 53, 132, 134, 185, 187, 204, 205, 207
東山遺跡〔千葉県〕 131, 187
非環壕集落 12, 18, 197, 200
比企丘陵 11, 12
微高地 13, 15, 18, 47, 53, 55, 56, 61, 79, 94, 100, 131, 132, 134, 146, 148, 149, 157, 158, 197
微高地型の谷口水田 55, 56
微高地型の谷中水田 55, 56
久本富士見台遺跡〔神奈川県〕 14
非居住 162, 163, 175, 178, 179, 223, 225
非水田 31, 82
日高遺跡〔群馬県〕 56, 61
斐太後風土記 98
非農業 31
ヒョウタン 36, 78, 79
病虫害 2, 40, 44, 57, 95, 215
平井勝 102
平野遺跡〔山梨県〕 92
蛭畑遺跡〔神奈川県〕 16
広瀬和雄 28, 32

品種改良 8, 40, 44

―フ―

深作稲荷台遺跡〔埼玉県〕118, 119
深田遺跡〔神奈川県〕141, 207
吹上遺跡〔埼玉県〕13
吹屋中原遺跡〔群馬県〕150
福田KⅢ式 30
藤沢№208遺跡〔神奈川県〕15, 137, 138, 158
藤沢長治 24
藤田三郎 28
藤林遺跡〔神奈川県〕214
藤本強 101
藤森栄一 22, 25, 101
二子塚古墳〔神奈川県〕13
ブドウ 31, 95, 96
太型蛤刃石斧 123, 125, 127
ブナ 82, 115
船田遺跡〔東京都〕102
不稔 57, 58
踏み鋤 25
浮遊選別 76
プラント・オパール(分析) 30, 38, 61, 67, 100, 150
武力 231
篩(目) 77, 78, 81, 82, 83, 85, 98
古島敏雄 56, 58
不連続な重複 49, 99, 148, 161, 162, 169～178, 180, 181, 199, 210, 212, 215, 217, 220
文献史学 31, 38
分郷八崎遺跡〔群馬県〕90, 91
分村 8, 26, 41, 42, 189, 191, 197, 200, 201, 227

―ヘ―

平野 10, 11, 14, 15, 16, 17, 18, 28, 35, 36, 56, 64, 73, 130, 149, 207, 227
平和の森公園北遺跡〔東京都〕118, 119, 209
ベンガラ 102, 103, 104, 123, 124
扁平片刃石斧 125

―ホ―

墓域 13, 15, 17, 43, 44, 130, 158, 178, 189, 230
防禦(集落) 28, 35, 36, 184

方形周溝墓 1, 15, 18, 28, 33, 41, 67, 70, 80, 131, 132, 137, 150, 169, 173, 180, 187, 197, 201, 204, 207, 210, 216, 230, 231
房総丘陵 11, 17
坊田遺跡〔東京都〕105, 116, 117, 125
北陸系 16
墓制 23
掘立柱建物 43, 70, 146, 148, 150, 158, 189, 210
洞口正史 97
本郷1丁目遺跡〔千葉県〕18, 132
本郷3丁目遺跡〔千葉県〕18, 132
本田光子 102
盆地 11, 16, 28, 221
本町田遺跡〔東京都〕14, 137, 139, 191
本杢遺跡〔埼玉県〕12

―マ―

蒔田 53
蒔田鎗次郎 76
埋没 11, 14, 35, 38, 39, 62, 110, 149, 161, 162, 173, 180, 193, 194, 199, 220, 223
前中西遺跡〔埼玉県〕11
前三舟台遺跡〔千葉県〕134
間門遺跡〔神奈川県〕129
間壁忠彦 35
馬絹神社北遺跡〔神奈川県〕14
磨製石斧(類) 30, 103, 125, 126, 127
磨製石器 9, 29, 102, 125, 127
松島透 25
松原遺跡〔長野県〕103, 105, 123, 124, 127, 128
松山遺跡〔千葉県〕18, 132
マミヤク遺跡〔千葉県〕53, 132, 134, 144, 184, 187
マメ・豆(類) 9, 13, 25, 31, 44, 61, 78, 79, 80, 87, 90, 91, 92, 93, 95, 96, 97, 98, 177, 199, 226
豆粢 87
丸山遺跡〔徳島県〕37

―ミ―

身洗沢遺跡〔山梨県〕97
三浦丘陵 11, 14
三荷座前遺跡〔神奈川県〕14, 230
御蔵山中遺跡〔埼玉県〕12

未検証 1, 7, 8, 27, 29, 32, 39, 41, 45, 48, 49, 148, 153, 157, 159, 161, 177, 178, 192, 193, 227, 228
水口 58, 61, 148
水場 14, 120, 122
水深遺跡〔千葉県〕18, 132
水元飯塚遺跡〔東京都〕13
三沢公家隈遺跡〔福岡県〕61
三ツ俣遺跡〔神奈川県〕15, 33
南大谷遺跡〔東京都〕120
南通遺跡〔埼玉県〕13, 209
南橋遺跡〔東京都〕13, 68
南原B遺跡〔神奈川県〕15
南溝手遺跡〔岡山県〕30
峰岸遺跡〔群馬県〕60
三直中郷遺跡〔千葉県〕134, 155
宮内遺跡〔神奈川県〕13
宮内信雄 103
宮尾淳 103
宮地淳子 152, 159
宮ノ台(期) 26, 49, 52, 53, 130, 132, 134, 137, 154, 157, 158, 171, 173, 210, 229
宮ノ台遺跡〔千葉県〕17
宮ノ前遺跡〔山梨県〕30
宮原遺跡〔神奈川県〕214
宮山中里遺跡〔神奈川県〕15, 34, 137, 138, 158
民俗学(的) 31, 53, 85

―ム―

向原遺跡〔神奈川県〕16, 212
ムギ・麦(類) 25, 31, 38, 40, 79, 80, 84, 85, 86, 87, 95, 96, 97, 98, 100, 101, 228
武蔵野(面) 13
武蔵国 56
武蔵野台地 11, 12, 13, 68
武藤雄六 102
棟(木) 221
無文土器時代 80
村上行弘 35
村田川 18, 153, 156, 158, 194, 196, 198, 199, 214

―メ―

明渠 58, 59, 62, 71, 74

目黒身遺跡〔静岡県〕32
妻沼低地 11, 33, 146

　　　　ーモー
木製農具 25
糯（米・粟）85, 86
持田遺跡〔神奈川県〕16
元石川遺跡〔神奈川県〕14
籾 30, 57, 80, 86, 99
籾圧痕 30
モモ 31, 36, 46, 78, 79, 82, 89, 95, 96, 97
森岡秀人 36
森浩一 35
森貞次郎 25, 29
森戸原遺跡〔神奈川県〕214
森本六爾 25, 144
モロコシ（粉）85, 87
門前池遺跡〔岡山県〕225

　　　　ーヤー
矢板（列）30, 64, 149
八木宇廣遺跡〔千葉県〕167, 168, 169
八木奘三郎 76, 97
焼畑 4, 31, 37, 228
矢代遺跡〔神奈川県〕15
野生種 47
谷津丘陵 15, 16, 135
矢那川 18, 89, 131, 132, 187
柳田國男 85
矢野遺跡〔徳島県〕123
山ノ寺式 30, 64, 75
八幡一郎 20, 25, 144
八幡丘陵 15, 16
ヤマ 53
山崎純男 24, 64
山田橋大塚台遺跡〔千葉県〕191
山田橋大山台遺跡〔千葉県〕191, 230
山田橋表通遺跡〔千葉県〕191
山伏作遺跡〔千葉県〕131, 186, 189
ヤマブドウ 31
弥生時代像 1, 7, 8, 23, 24, 25, 26, 40, 41, 82, 130, 183, 227, 228
弥生社会 1, 2, 9, 24, 25, 30, 34, 38, 42, 43, 44, 45, 76, 77, 82, 97, 98, 183, 197, 228, 231
弥生集落 1〜4, 9, 15, 16, 21, 23〜28, 33, 36, 39〜45, 47〜49, 54, 62, 68, 71, 130〜132, 134, 143, 145, 146, 150, 152, 153, 158, 161, 177, 178, 183, 184, 187, 189, 191, 193, 194, 198, 199, 201, 210, 212, 217, 221, 223, 225〜228, 230, 233, 234
弥生食 32
弥生人 8, 10, 11, 95, 96, 236
弥生都市論 28
弥生農業 32, 33

　　　　ーユー
唯物史観 7, 19, 20, 21, 23, 26, 39, 42, 43, 51, 73
夜臼遺跡〔福岡県〕29
夜臼式 29, 30, 64, 65, 66, 75

　　　　ーヨー
用木山遺跡〔岡山県〕4, 221, 222, 223, 224, 225, 226
影向寺遺跡〔神奈川県〕14
用土・平遺跡〔埼玉県〕12
養老川 11, 18, 153, 214
横浜市道高速2号線遺跡群〔神奈川県〕14, 77
吉ヶ谷遺跡〔埼玉県〕12
吉崎昌一 76
余剰（生産物）26, 40, 231
代継・富士見台遺跡〔東京都〕89, 90
四辻遺跡〔岡山県〕225
四葉地区遺跡〔東京都〕13, 83
淀橋台 13

　　　　ーリー
利害関係 8, 23, 215
陸耕 22, 25
陸稲 31, 39, 94, 96, 100
罹災 165, 171, 181, 226
リスク 2, 8, 44, 95, 96, 97, 215
立地環境 10, 11, 78
粒食 40, 46, 84, 85, 86, 87, 88, 122
流通 21, 36, 125, 127
龍門寺遺跡〔福島県〕62
簗田寺南遺跡〔東京都〕105, 119, 120
リョクトウ・緑豆 31, 78, 98
臨海型大型集落 143, 184, 187, 192
輪作 96, 177, 199, 228
リン酸 96

　　　　ールー
累世的 230
累代 230

　　　　ーレー
冷害 40, 57, 59, 61, 62, 64, 215
レプリカ法 30, 95
連作障害 94, 95, 96, 177
レンズ状の堆積 180, 220
連続する（細別）土器型式 4, 49, 161, 162, 169, 177, 178, 179, 209

　　　　ーロー
牟尻台遺跡〔神奈川県〕214
ローム粒 164, 165, 166, 167, 168, 172, 173, 174, 175, 176
六甲山麓 35

　　　　ーワー
若尾山遺跡〔神奈川県〕15
若杉山遺跡〔徳島県〕102, 103, 107, 122
枠組み 7, 23, 24, 25, 32, 36, 45, 183, 228
倭国（大）乱 25, 35, 36, 184, 191
和島誠一 20, 21, 73, 233
和田定 58
渡辺務 189
渡辺誠 31, 101, 109
渡部義通 21
和田吉野川 12
渡内遺跡〔神奈川県〕118, 119
藁科川 149

著者紹介

浜田晋介（はまだ・しんすけ）

1959年 神奈川県生まれ。日本大学文理学部卒。
川崎市市民ミュージアム学芸員を経て、日本大学文理学部教授。
博士（歴史学）。
主要著書
『墓から探る社会』雄山閣 2009（共著）、『南関東の弥生土器２』六一書房 2009（共著）、『続美術館・博物館は「今」』日外アソシエーツ 1996（共著）、『美術館・博物館は「今」』日外アソシエーツ 1994（共著）

＊本書の出版費用の一部は、日本大学文理学部出版助成によっている。

2011年5月25日 初版発行　　　　　　　《検印省略》

弥生農耕集落の研究
―南関東を中心に―

著　者	浜田晋介
発行者	宮田哲男
発　行	株式会社 雄山閣
	東京都千代田区富士見2-6-9
	ＴＥＬ：03-3262-3231 ／ ＦＡＸ：03-3262-6938
	ＵＲＬ：www.yuzankaku.co.jp
	振　替：00130-5-1685
	e-mail：info@yuzankaku.co.jp
印　刷	ワイズ書籍
製　本	協栄製本株式会社

Ⓒ Shinsuke Hamada 2011　　　　ISBN978-4-639-02166-7 C3021
Printed in Japan　　　　　　　　NDC210 270p 27cm